KB021835

건국과 나라 수호를 위한

이승만의 대미 투쟁 (상)

-편지와 일기, 신문기사로 엮은 건국사의 결정판-

(1942-1960)

Syngman Rhee and American Involvement in Korea 1942-1960

건국과 나라 수호를 위한

이승만의 대미 투쟁 (상)

− 편지와 일기, 신문기사로 엮은 건국사의 결정판 −

(1942-1960)

로버트 T. 올리버 著 / 한준석 譯

Syngman Rhee and American Involvement

in Korea 1942-1960

비봉출판사

추천사

한준석 형과 나는 50년 지기(知己)이다. 서로 못 만난 지 50년 가까이 됐으나 내가 그의 얼굴과 이름을 잊을 수 없는 특별한 마음의 벗이었다.

작년 늦가을에 서울 정동의 정동교회에서 매달 두 번째 목요일 2시 반에 열리며 내가 빠진 일이 없는 〈이승만 포럼〉에 나갔더니 우연히 그가 보이는 것이 아닌가! 나는 나도 모르게 주위를 개의치 않고 큰 소리로 "한준석씨 아닌가?" 하고 반가워 얼싸 안았다. 그도 내 얼굴을 알고 한참 함께 반가워하고 난 뒤, 형이 나더러 "자네 이름이 뭐였지?" 하고 묻기에 "박일영이야!" 했더니 형은 깜짝 놀랐다. "아니 박 형이었나?" 나는 그가 왜 내 이름을 듣고 그렇게 놀랐는지 영문을 알 수가 없었다.

그런데 나중에 알고 보니 그렇게 깜짝 놀란 특별한 이유가 있었다. 근자에 로버트 T. 올리버 박사의 책 『이승만이 없었다면 대한민국 없다』란 책의 역자가 박일영이란 사실을 알고서, 박일영과 가까운 사람을 찾아서 자연스럽게 만나보려 하고 있었던 참이기 때문이었다. 박일영이 바로 나인 줄 모른 채.

그 후 우리는 한 달에 한 번식 포럼에서 만나 나란히 앉았고, 특별한 약속이 없으면 저녁을 같이 하면서 지나간 이야기와 서로가 아는 친구의 이야기 등 많은 이야기를 주고받았다.

내가 번역한 『이승만이 없었다면 대한민국 없다』와 그가 번역한 『건국과 나라 수호를 위한 이승만의 대미투쟁(1942–1960)』의 대본이 같은 올리버 박사의 『*Syngman Rhee And American Involvement in Korea,*

1942-1960: A Personal Narrative』라는 것은 우연이지만 기이한 우연이다.
두 사람이 같은 책에 큰 감동을 받은 것은 서로 유사한 면이 있기 때문인
지 모르겠다. 어느덧 나는 한 형의 새 번역도 잘 되기를 바랐다.

한준석 형은 서울상대를 수석으로 졸업한 수재로, 그는 남달리 민족과
나라를 사랑하는 마음이 강한 사람이다. 그 나이에 간단치 않은 이 큰 책
을 번역한 것은 필경 이 책의 번역에 특별한 의의를 발견했기 때문임이
분명했다.

나는 번역 결과가 궁금했다. 그러던 중 출판사가 정해지고 탈고가 되
어 사진이 꽤 많이 들어 있는 그 편집 원고를 내가 볼 기회가 있었다.
훌륭한 번역이었다. 나도 심혈을 기울여 번역했던 책이므로 중요한 대목
은 아직도 기억하고 있어서 새 번역을 훑어보았다. 알기 쉬운 번역이었고
미묘한 구절을 매우 잘 소화한 훌륭한 번역이었다.

한마디로 좋은 책이 나오겠다고 생각했다.

내 느낌을 감지한 그가 불쑥 "박 형, 내 책에 추천서 하나 써주면 어
때?" 하는 것이 아닌가. 갑작스런 제안이었으나 "도움이 된다면 그러
지." 한 것이 이 추천서를 쓰게 된 동기이다.

나는 이 책을 젊은 세대들이 많이많이 읽어주기를 바라마지 않는다.
그리하여 현대사에 대한 올바른 지식을 가지고 건국의 아버지 이승만 대
통령을 존경하며 자랑하게 되기를 바라마지 않는다. 충심으로 많은 사람
들이 읽어주기를 바란다. 이미 내 책을 읽은 사람들도 새 번역을 통하여
다시 한 번 감동받기를 바란다.

2013년 6월 13일

朴 日 泳

역자 서문

이승만을 흔히들 미국의 후원에 의해 권력을 잡고 유지한 친미파라고 생각하고 있다. 그러나 그의 행적을 구체적으로 알게 되면 그와 전혀 반대의 인물임을 알게 된다. 그는 파란만장한 일생을 살았으나, 평생 미국을 등져서는 안 되지만 미국의 정책이 한국의 자유민주주의에 지장이 된다면 서슴지 않고 미국 정책에 반대해 온 대미투사(對美鬪士)였다.

그의 미국생활은 처음부터 암담했다. 1905년 말 이승만이 고종의 밀사로 미국에 도착했을 때에는 세상은 이미 일본 천하가 되어 있었다. 한국 공사도 일본정부의 지령을 받고 있었다. 천신만고 끝에 미국 일류대학의 석·박사 학위를 최단시일 내에 끝냈으며, 한국인으로서는 처음으로 세계의 정치사에 대한 충실하고 해박한 지식을 갖추었으나, 한국의 독립을 호소하는 일은 산 넘어 산이었다. 선교와 자유민주주의의 나라 건설, 즉 독립운동을 위하여 1910년 귀국했으나 이미 일본의 식민지가 된 한국은 일본의 감시와 탄압이 점차 거세져서 부득이 다시 미국으로 망명할 수밖에 없었다.

그리하여 1920년 초 일시 한국 임시정부 대통령으로서 상해에 일인의 눈을 피해 잠입하고 있었을 때를 제외하고는 해방이 되어 귀국할 때까지 줄곧 미국에 머무르게 되었다. 한국(Korea)은 이름도 Chosen(朝鮮)의 일본어 표기)이라 바뀌고 망각된, 지구상에서 없어진 나라가 되어 갔다.

일본인의 한국침략 통치를 정당화하려는 일본의 선전은 한국을 형편없이 미개하고 부패 무능한 정부가 있는 나라였다고만 선전되어 있었다. 외국인이 한국을 안다고 하면 일본인들이 선전한 내용이었고 미국인도 예외가 아니었다. 슬프게도 전 세계에서 한국의 독립을 돕겠다는 나라는 한 나라도 없었다. 한국에 인접한 동양의 일본과 러시아는 호시탐탐 언제나 한국을 노리는 나라였으며, 그 외는 무관심한 나라였다. 러시아는 공산주의 나라가 되어 표면상으로 노동자 농민과 약소국을 돕겠다고 하고 있었으나 부동항 확보를 위해 한반도를 노리고 있었던 것이다.

그러나 미국은 한국에 대한 영토적 야심이 없는 나라로서 여론의 나라이기 때문에 홍보 선전을 잘하면 한국에 관심을 갖게 하고 도움도 얻어낼 수 있는 나라라는 것이 이승만의 연구결과였으며 판단이었다.

그는 미국 대중과 국회의원, 정책 당국자에 대한 한국의 홍보 선전과 한국독립의 타당성에 대한 설득에 심혈을 기울였다. 그 과정에 미국의 정책 당국자와는 왕왕 대립 충돌하였다. 그의 일생은 어떻게 보면 미국의 정책 당국자와 싸운 투쟁의 일생이었다. 소위 미국이 후원하는 단순한 친미파가 아니었다. 특히 2차대전 말엽에는 공산주의에 유화적이며 타협하려는 미국 고위층에 항상 반대한 투쟁의 일생이었다. 더욱이 해방 후의 하지 미군사령관과의 대립과 충돌은 극한적인 것이었다. 두 사람은 해방 후의 짧은 밀월 시기 이후에는 점차 대립이 격화되어 갔다.

이승만이 남북협상에 반대한 것은 공산측이 제안한 남북협상이 결과적으로 남쪽까지 완전히 적화시킬 것이 분명했기 때문이었다. 김규식과 김구가 협상에 응했던 것은 통일에 대한 그들의 갈망도 있었지만 미·소 타협을 성취하려는 하지의 강력한 종용이 그 배경에 있었다. 하지의 목적은 미·소 협력이었고 한국의 자유민주주의 국가 건설 그 자체가 아니었다. 자유민주주의 나라 대한민국이 수립된 것은 미국의 영향이 아니라 미국 정책과 싸운 이승만의 투쟁의 결과였다.

지금도 그렇거니와 그때의 한국 사람들은 우선 미국과 미군에 대한 인식이 제대로 되어 있지 않았다. 미군은 한국을 해방시켜 주기 위해 한국에 온 해방군으로 흔히들 착각했다.

미군은 일본군을 무장해제하고 한국을 점령하러 온 점령군이었다. 하지는 일본 총독 대신에 한국을 통치한 총독이었다. 하지의 언론통제는 일본인이 손기정의 일장기 말살 사건으로 동아일보에 내린 조치보다 월등히 강력한 언론통제였다. 그러기에 1947년 초여름에 3개월간 이승만을 가택 연금했으나, 그것도 전화도 끊고 외부와의 접촉을 일체 차단하여 24시간 MP(헌병)가 가택을 순회 감시하는 철저한 것이었음에도, 일체 보도가 안 되었을 뿐만 아니라 그 후 오늘날까지도 완전히 비밀에 부쳐져 있었던 것이다.

이승만의 대미 투쟁은 건국과정에만 국한된 것이 아니었고 한국전 종결을 위한 휴전협상 때에도 목숨을 건 필사적인 것이었다. 전쟁이 예상외로 장기화하자 미국은 관과 민 모두 지쳐서 할 수만 있으면 형식에 관계없이 하루 빨리 손을 털고 한국을 떠나고 싶어 했다. 중공도 북한도 지쳐 있었다. 그러나 한국의 입장은 달랐다. 통일이 안 된 마당에서 휴전이 된 후 이북의 재침공이 있을 경우에 대하여 확고한 방위 보장이 없이는 휴전에 응할 수 없었던 것이다.

쉽게 끝날 것으로 예상했던 휴전 협상이 이승만의 결사반대로 장기화되자 미국은 이승만을 언제라도 체포하여 강제로 실각시킬 계획까지 짜 놓고 있었다. 이 사실은 이승만이 사망한 뒤 미국에서 비밀이 해제되어 발표되었다. 1953년 7월 한국에 최후통첩 겸 이승만을 설득하기 위해 로버트 선 특사가 파견되었다. 일주일 안으로 끝내고 귀국하려던 로버트 선 특사는 거꾸로 이승만에게 설득당하여 2주일 이상 체류하면서 끝내 상호방위조약의 필요성을 미국 정부에 건의하게 되었다.

미국과 한국이 마치 대등한 나라인 양 상호의무를 지는 조약이 체결되었던 것이다. 이 조약으로 철수하려던 미군이 계속 체류하게 되었고, 그 후 오늘날까지 한국의 안보가 유지되고 번영을 이룰 수 있는 기틀이 되었다. 이 대통령의 혜안과 끈질긴 투쟁이 없었더라면 한국은 다시 공산군의 침략을 받게 되었을 것이다. 이 얼마나 감사한 일인지 모른다.

이런 사실을 알게 되면 건국의 아버지 이승만에 대한 존경심이 생긴다. 우리 국부(國父)에 대한 긍지는 우리의 긍지, 우리 미래에 대한 자신감의 뿌리이다. 이러한 사실들은 마땅히 우리의 현대사에 반영되어야 할 중요한 내용이다. 현대사가 사실에 입각한 진실의 역사로 올바르게 쓰여지게 되면 우리 모두가, 특히 미래의 주인공이 될 차세대들이, 우리의 역사와 우리의 국부에 대해 긍지를 가질 수 있게 될 것이다. 그러나 역자도 4·19때는 물론 그 한참 뒤까지도 이런 사실을 전혀 몰랐었다.

4·19 전날인 1960년 4월 18일 오후, 나는 성균관대학 강의실에 들어갔다. 학생 수가 적고 무언가 어수선하다고 느끼는 순간 우당탕탕 복도를 뛰어가는 소리가 들리자, 앉아 있던 몇 안 되는 학생들마저 뛰어 나갔다. 창문으로 아래 교정을 내려다보니 사방에서 학생들이 나와서 교문 쪽으로 운집하고 있었다. 수위가 재빨리 교문을 잠갔다. 교문이 잠긴 것을 보자 학생들은 교문을 기어 올라갔다. 학생들이 새까맣게 교문에 올라붙자 무게에 못 견디어 교문이 쾅! 하는 폭음을 내며 넘어졌다. 학생들은 쏟아져 나갔다. 데모였다. 부정선거에 항의하는 학생데모였다.

나는 학생들의 데모 광경을 보고 싶었다. 가방을 든 채 데모하는 대로가 아닌 뒷골목을 빠져나가 효자동 진명여고 옆까지 나갔다. 학생들이 앉아서 경찰과 대치하고 있었다. 경찰의 해산 요구에 학생들이 응하지 않자 드디어 공포를 쏘기 시작했다. 이어 물 호수로 물리치자 맨 앞줄 학생들은 물러서기 시작했으나 여전히 해산하지 않자 드디어 실탄을 쏘기 시작

했다. 한둘의 부상자가 난 듯 학생들이 흩어지기 시작하고 데모대가 물러
섰다. 나도 뒷길로 해서 광화문 쪽으로 빠져나갔다. 어느새 날이 저물어
어두워지고 있었다. 학생들은 다 돌아가고 출동하는 군인이 보이기 시작
하고 차 위에 빨간색과 파란색 등이 돌아가면서 반짝이는 미군 헌병대
차 한 대가 광화문을 순시하고 있었다. 나는 서둘러 집으로 돌아갔다.

이때까지만 해도 이 대통령에 대한 나의 생각은 일반대중과 별로 다르
지 않았다. 그래서 광화문을 순시하는 미군 헌병대 차도 이 대통령을 무
언지 도우려는 움직임이라고 상상할 정도였다.

그날은 다소 착잡한 심정으로 잠이 들었다. 다음날 아침 4월 19일자
조간신문은 대문짝만한 특호 활자로 데모기사 제목이 1면을 채웠다. 신
문이 온 국민의 마음을 들끓게 만들었다. 전국의 모든 신문들이 국민들을
한껏 선동하고 있었던 것이다. 국민들의 마음에 불이 붙게 마련이었다.
제한 없는 자유를 갈망하는 자유방임의 국민 기질은 이기붕의 부정선거
를 보고는 4·19를 일으키지 않을 수 없었다. 4·19는 필연적인 귀결이었
다. 어쩌면 운명적인 것이었다고 할 수도 있다. 그날 4·19 전국학생데모
가 일어나고 계엄령이 선포되고, 4·26에 이 대통령의 무혈 하야에 이르
는 일련의 일들이 연달아 일어났다.

이 대통령은 이화장으로 물러간 다음날, 이화장에서 서울을 내려다보
는 사진을 남겼다. 그는 필경 "자유민주주의여, 영원하라! 자유민주주의
가 이 나라에 번영의 꽃을 피워 줄 것을 믿고" 그렇게 되기를 기도했을
것이다.

4·19로 국민이 얻은 것은 무질서한 사회와 총선에서의 민주당 압승,
민주당의 신구 양파 분열, 신파의 집권, 그리고 무질서에 국민이 염증을
느끼기 시작할 무렵 일어난 5·16군사혁명이었다.

데모 만능은 국민 에너지의 낭비를 가져왔고, 다시 통제사회가 되어

자유는 다소 제약되었으나 국민이 바라는 실질, 즉 보릿고개를 없애고 지속적 경제성장의 기반이 구축됨으로써 일부 정치인의 강한 반발이 있었음에도 불구하고 4·19때와 같은 전 국민의 저항은 야기되지 않았다. 5·16이후 십수년 동안 사회적으로나 개인적으로나 큰 변화가 있었으나 이 대통령에 대한 나의 이미지가 바뀌게 될 일은 일어나지 않았다.

내 생각이 바뀌고 진실에 눈을 뜨게 해준 계기가 두 번 있었다. 한번은 1970년대 중반 일본 동경대학의 일본 국제정치학계의 권위자인 요꼬다 교수의 책을 읽을 때였다. 1970년대 중반 나는 그 책을 읽다가 우연히 의외의 구절을 만나게 되었다. "2차 대전 후 새로 생긴 신흥국의 영도자들 가운데 국민들에게 가장 많은 자유를 허용한 것은 이승만"이라는 말이었다. 나는 깜짝 놀라서 책을 놓고 곰곰이 세계의 후진국 지도자들의 면면을 생각해 보았다. 그런데 그의 말이 맞는 말이 아닌가! 무언가 떳떳하지 못했던 건국 대통령이 자랑스럽게 느껴졌다.

그때부터 사십년이 지난 지금도, 중동 세계에서의 리비아의 카다피나 지금도 내전이 진행되고 있는 시리아의 아사드 등을 예로 들지 않더라도, 스스로 물러난 그가 얼마나 자기의 신조, 자유민주주의에 철저했는지 쉽게 알 수 있다. 해방 후의 혼란과 정치적인 난관이 적지 않았음에도 불구하고 자유당 시대는 독재라는 국민들의 이미지와는 달리 자유롭고 학문이나 언론의 자유가 보장된 사회였던 것이다.

그래서 나는 제1공화국, 즉 자유당 시절에 기자생활을 한 사람에게 그 당시의 취재의 자유에 대해 물어보았다. 이를테면 전 조선일보 회장이었던 방우영 형에게 물어보았다. 그는 자세한 설명 대신 예화로 대답하였다. "한번은 국방부에 큰 비밀회의가 있다는 것을 알고 미리 그 회의실에 잠입하여 회의 탁자 밑에 숨어서 회의내용을 다 취재했다. 회의가 끝

나자 몰래 빠져나와 다음날 조선일보 조간신문에 특종으로 크게 보도하
였다. 그런데도 아무런 추궁도 받지 않았소.” 하는 답변이었다.

말하자면 지금까지 장면 정권을 제외하고는 가장 자유로운 시기였다는
것이었다. 대한민국은 처음부터 언론과 신문기자의 취재의 자유가 보장
된 나라였다. 나는 요꼬다 교수의 책을 읽고 난 뒤에 이 대통령에 대한
관심도 좀 더 커져서 예술의 전당에서 열린 전시회에도 가보고 유영익
교수의 책도 샀다. 1995년에는 뉴저지에 있는 딸네 집에 간 김에 올리버
박사에게 연락하여 그의 워싱턴 교외의 실버타운까지 찾아가서 3시간이
나 대화를 나누었다.

그러나 이때까지는 그가 뛰어난 인물이라는 것과 그가 자유민주주의를
신봉하는 자유민주주의자라는 것 이상의 지식은 별로 없었다. 그가 무슨
일로 인하여 얼마만큼 훌륭한지는 몰랐다. 말하자면 자랑할 콘텐츠가 아
직 빈약했다. 그런데 2011년 초에 그에 대한 더 자세한 책을 읽고 싶어졌
다. 그래서 찾아낸 것이 『Syngman Rhee and American Involvement in
Korea(1942-1960)』였다. 나는 읽기 시작하자 곧 예상 이상으로 감동적인
좋은 책임을 알게 되었다. 이것이 이승만의 실상을 제대로 알게 된 계기
가 되었다.

이 책을 통하여 역자 서문 도입 부분에서 쓴 단순한 친미파가 아니라는
사실 외에도 이 대통령이 독재자라는 비판을 받게 된 것은 공산당의 폭력
을 저지하고 경찰과 군에 미군정이 방만하게 침투시킨 공산분자를 축출
하기 위한 여수·순천 사건 등 때문이었다는 사실도 알게 되었다. 무조건
권력의 발동을 비판하고 자유를 선호하는 한국 신문과 지식인에 의해 형
성되는 여론과 그것을 근거로 한 외신에 의하여 상호 증폭되었던 것이
이승만은 독재자라는 비판이었다는 사실도 이해가 되었다.

역사학계에 대해서도, 객관적인 정리가 어려웠던 해방 후의 한국 정치 정세에 대하여 이 책은 건국을 이룩한 핵심 인물의 고백인 일기와 그와 가장 절친한 로버트 T. 올리버 박사와의 기탄없는 서신 등을 바탕으로 쓰여진 책이므로, 비록 일기나 서신의 주인공이 제한되어 있기는 하지만, 그 당시의 가장 중요한 핵심 인물의 고백(진실)이라고 생각하면 그 사료적 가치가 매우 크다는 것은 더 말할 필요도 없다. 따라서 본서는 가히 한국 현대사의 정사(正史)라고 해도 괜찮을 정도로 내용이 진실하고 충실하다.

그리고 특히 놀라운 것은 건국이나 국가의 방위와 주권의 유지를 위해 이승만은 부단히 미국 정책 입안자와 극한적인 대립투쟁을 벌여 왔다는 사실이다. 절대로 미국과 등져서는 안 되지만 그렇다고 미국의 정책에 그대로 따라갈 수는 없는 한국의 입장을 가장 충실히 대변한 인물이 다름 아닌 이승만이었다. 만약 그대로 따라갔다면 자유주의적인 대한민국은 살아남지 못하고 지구상에서 사라졌을 것이다.

하지가 전력을 다해 추진한 남북협상을 끝내 반대하고, 또 하지가 이승만은 절대로 한국 대통령이 되지 않게 하겠다고 한 호언장담을 뒤집고 대통령이 된 것도 미국의 바랐던 바를 뒤집은 것이다. 그는 결코 미국의 후원을 받은 친미주의자가 아니었다.

나는 이 책을 읽고 감동한 나머지 분량이 적지 않은 책이지만 번역하기로 결심했다. 곧 몇 사람의 추천을 받아 여러 사람과 접촉해 보았으나 공교롭게도 모두 어려운 조건들이 있어 맡기지 못했다. 하는 수 없이 혼자라도 번역을 하려고 결심하고 반쯤 번역을 끝냈을 때 우연히 동기생 모임에서 각자의 근황을 이야기하다가 나의 번역 이야기가 나오자 "자네 그 번역 끝내려다가는 죽어. 어디에 맡겨!" 하고 이구동성으로 반대했다. 나도 눈의 피로도 있고 하여 그 충고에 따르기로 했다.

그 직후 우연히 서울상대동문회 회장직을 맡고 있는 성기학 영원무역 회장을 만났다. 번역 얘기가 나오자 뜻밖에도 그가 "비용은 제가 부담하겠습니다. 1차 초역은 물론 감수까지도 맡기세요!" 하는 것이었다. 천우신조였다. 이 서문을 통해 다시 한 번 충심으로 감사를 드린다.

친구의 주선으로 나는 번역가협회를 통해 바벨 코리아를 알게 되었고, 또 거기에서 조일준 씨를 만나게 되었다. 그러나 내 나름의 기호가 있어서 내가 번역한 부분과 그 뒷부분도 대부분 나의 고집스러운 번역 스타일을 그대로 유지하였다. 다만 마지막 네댓 장은 까다로운 부분이 적고 조 선생도 성의를 다한 번역이어서 조 선생의 번역을 거의 그대로 두었다. 그리고 전체적으로 표현이 부드럽게 된 것은 그의 도움이었다. 깊은 감사를 드린다.

번역자를 공역(共譯)으로 할까도 생각해 보았으나, 전체적으로, 또 특히 델리케이트 한 부분은 나의 책임이므로 나의 단독 번역으로 했다.

마지막으로 출판을 기꺼이 맡아주고 꼼꼼히 편집의 노고를 다해 주신 비봉출판사의 박기봉 사장에게 특별한 감사를 드린다.

나는 차세대들에게 이 책을 꼭 한 번 읽어보라고 권하고 싶다. 그 이유는 우리 사회가 2차 대전 후 일본에서 유행하던 유행병에 오염된 많은 역사학자들이 역사학계의 대세를 이루어 유물사관에 입각하여 사실로 뒷받침되지 않은 교조적인 서술로써 틀린 지식을 교과서에 쓰고 가르치고 있기 때문이다.

그들은 잔인하고 철저한 1인 독재의 주인공인 김일성을 진보적 민주적 민족의 지도자라고 찬양하고, 이승만을 낙후된 독재적 후진적 지도자라고 매도하고 있다. 최근에도 "백일전쟁"이라는 허위 날조의 욕설을 마구 퍼붓는 동영상이 인터넷에 유포되고 있는데, 이것이 국가의 보조금까지 받은 좌파적 역사연구소의 연구 결과물이라고 한다.

공산당이 70년의 시험을 통하여 완전 실패하여 러시아에서 간판을 내리자 구라파에서는 공산당이 일제히 간판을 내렸다. 그런데 이상하게도 아직도 간판을 내리지 않고 있는 나라가 일본이다. 한국도 일본과 유사하게 전교조가 살아 있고 언론계에서도 설명하기 쉬운 유물사관적 기사가 우위를 차지하고 있다.

이 책은 이런 착오를 일깨워 줄 최적의 책이다.

2013년 7월

역자

차 례

[하권목차]

〈이상 2권〉

서 언

이 책에 나오는 내용은 대한민국이 건국되는 중요한 시기의 한·미 관계를 둘러싼 그 한 사람의 아주 개인적인 서술이다. 그것은 지금까지 공개되지 않았던 이야기를 들려준다.― 즉, 이승만과 그의 최측근 인물들의 시각에서 바라본 여러 사건과 인물들, 그리고 그 상황들에 대한 은밀한 기록이다.

나는 이것이 복잡하게 얽힌 문제들의 그 "참된" 이야기라고 주장하지는 않는다. 그렇게 할 수밖에 없었던 결정이나 떠맡은 행정 처리에 참여하였던 여러 핵심 인물들마저 난처하게 만든 외교적, 정치적 상황을 나타낸 그 복잡하게 얽힌 문제들의 그 "참된" 이야기라고 주장하려 하지는 않는다.

역사적 진실이란 결코 단순한 것이 아니다. 여러 가지로 관점을 달리해서 보거나 해석하게 하는 수많은 측면을 가지고 있는 것이다. 이승만 대통령이 "옳다"고 본 것이 한국의 정치적 동지나 미국을 비롯한 유엔의 우방국들에게는 가끔 "옳지 못하고" 때로는 그저 "마음 내키는 대로 하는 짓" 같이도 보였다.

그 복잡하고 골치 아픈 국제관계 속에서 한국의 대의명분(大義名分)을 대변하려고 노력하였던 우리들의 주변에서 전개된 여러 상황의 내막에 대한 기록으로서 여기에 서술된 이야기는 실제로 일어난 일이고 정확하다는 것을 감히 주장한다.

나는 이승만이 겪은 여러 문제에 동참하여 그 자신의 근본적인 동기(動機)와 의도(意圖)에 대한 매우 솔직하고도 충분한 설명을 은밀히 들었고 내가 너무나 잘 이해하고 있었기 때문에 매일매일 그리고 매달 전개되던 상황에 대한 매우 완전하고도 자세한 기록 문서에 근거하여 이 책을 쓰게 된 것이다.

이 책은 기본적으로 이승만의 이야기이다(내가 이해한 바에 따라). 이 책 내용은 역사가들이 마땅히 응분의 중요성을 부여하여야 할 이야기이다. 이미 발간된 해리 트루먼(Harry Truman) 대통령, 딘 애치슨(Dean Acheson)과 존 포스터 덜레스(John Foster Dulles) 두 국무장관, 더글러스 맥아더(Douglas MacArthur) 장군, 마크 클라크(Mark Clark) 장군, 그리고 그 밖의 인물들의 이야기와 더불어. 역사의 진리는 여러 사건과 그 궁극의 결과를 놓고 최종적으로 평가되어야 할 다양한 여러 관점으로 이루어진 하나의 합성체가 되어야 하는 것이다.

이승만을 누구보다도 신랄하게 비판하는 사람들은 비록 그가 목표하는 바가 옳았다 하더라도 그 추구 방법이 잘못된 경우가 많았다는 점을 끊임없이 주장하고 있다.

그가 취한 방법이 적절치 못한 경우가 많았고 시의적절(時宜適切)치 못한, 즉흥적인 일처리도 많았던 것 또한 사실이다. 정치 지도자들에게 흔히 그렇듯이, 그렇게 하게 된 이유들이 그가 좌우할 수 있는 범위를 벗어난 것이었기 때문이었다.

제2차 세계대전이 끝나고 난 후의 어려운 시절에 국제관계의 재편(再編)이 현기증이 날 정도로 빠르게 전개되고 있었다. 미국과 소련은 전시의 동맹관계에서 냉전의 적대국으로 대립하게 된 한편, 미국과 일본은 빠르게 적대관계에서 협력관계로 전환되었다. 중국 본토의 종주권(宗主權)은 국민당으로부터 공산당으로 넘어갔다. 새로 구성된 유엔은 분명하진 않았지만 공산권, 반 공산권, 제3세계권의 세 블록으로 여물어져 갔다.

변화의 소용돌이 속에서 한국은 완전한 자주권(自主權)을 가진 국가라기보다는 강대국들의 장기판의 졸(卒) 같은 존재였다. 한국을 위해서는 합리적이고 정당한 일이 세계적인 흐름과는 상충되는 경우가 많았다. 성취시킬 필요가 있는 과업이 반드시 수용되지 않으면 안 될 일들 때문에 심한 제약을 받았다.

대한민국에 대해 적대국이라고 공언하고 있는 국가뿐만 아니라 가장 가까운 우방국과 동맹국까지 포함한 세계열강들은 하나같이 이승만이 이루고자 했던 일에 반기(反旗)를 들었다. 북한, 소련, 중공은 이 박사 정부에 적극적인 반대투쟁을 전개했다. 미국, 영국, 인도는 이승만이 갖고 있는 기본적인 계획과 핵심적인 정책의 많은 부분에 대해 자제시키고 억제하거나 거부하였다.

이승만은 적과 동지 사이에서 샌드위치 신세가 된 것이다. 이를 극복하기 위해 그는 있는 힘을 다해 모든 수단과 방도를 다 동원하였다.

4반세기나 되는 짧지 않은 긴 세월 동안, 그가 집권하게 되는 과정과 그 권력을 행사하는 동안, 개인적으로는 친구가 되었고 그리고 국제문제에 있어서는 의논 상대가 될 수 있었던 것은 나로서는 영광스러운 일이 아닐 수 없다. 이 기간을 통해 우리 두 사람은 이 박사가 대처해야 할 여러 문제들과 인물들에 대해 아무런 격의 없이 자유롭게 서로의 생각과 심정을 자주 교환하였다.

우리가 주고받은 이런 친밀한 의견교환 중 다수는 해마다 여러 달 동안 매주 주고받은 여러 통의 장문(長文)의 자세한 서신들에 담겨져 있다. 이 서신들에는 또 내가 해마다 몇 개월씩 한국에서 그와 함께 일하면서 가까이서 주고받은 것들이 있다. 이 책에는 그러한 서신들이 광범위하게 인용되어 있다. 개인적인 나의 기억들은 사건이 일어날 때마다 적어두었던 일기장과 내 집으로 보낸 편지들로 보충되었다. 따라서 이 이야기들은 시사적이며 그 당시에 일어난 일에 대한 기록이다.

현시점에서 이런 경험들을 회고한다는 것은 역사상의 호기심 이상의 의미가 있는 일이다. 제2차 세계대전 이후로 가장 중요한 외교정책 관여 중의 하나를 놓고 그 기록을 보강시키는 것은 진정한 가치가 있는 일이다. 미국은 어떻게 본의 아니게 아시아의 본토 문제에 깊이 관여하게 되었는가? 왜 유엔은 그 역사상 최초로, 지금까지 유일하게, 전쟁에 직접 개입하게 되었는가?

그 정책 결정의 과정을 추적하고 무엇이 그런 정책 결정을 내리게 했는지를 기록에 남기고, 당시는 물론 오늘날까지도 일반에게 베일에 가려진, 흔히 정도를 벗어난 방법으로 해결 방안을 모색했던, 까다로운 방법들에 대해 기록하는 것은 깨우쳐 주는 바 크다.

1960년 이승만 대통령이 하야를 강요받은 그때로부터 충분한 시간이 지난 이 시점은 한·미 관계에 얽힌 그의 이야기를 기탄없이 털어놓을 수 있는 때가 된 것이다.

현시점에서도 아직은 여기에 서술된 이야기가 어떤 민감한 감정에 상처를 주게 될지도 모른다. 그렇기는 하지만 사건의 전개 과정에서 내가 본 그대로를 호오(好惡)에 편중됨이 없이 보고하는 것은 옳은 일이라고 생각된다.

나는 한 외국 국가 원수의 참모를 지낸 미국 사람으로서 자신의 역할에 대해 가능한 한 객관적으로 보고하고 있다. 기록을 보면 알 수 있듯이, 나는 때로는 옳았고 때로는 잘못도 있었다. 이승만 또한 잘못이 있고 어떤 경우는 매우 심각한 것도 있었다. 미국과 유엔 회원국의 당시의 정책 수립자들 또한 그들 나름의 결점이 있었고 잘못을 저지른 경우도 있었지만 비범한 장점으로 우리 모두가 자랑할 만한 업적을 남기기도 하였다.

이 책에서 논한 것과 같은 외교 및 전쟁 문제에 관심을 가지고 있는 미국과 한국 국민을 비롯한 다른 나라의 국민들도 이 기록이 오늘날 세계가 당면하고 있는 수많은 상황과도 무관하지 않다는 사실을 알게 될 것이다.

강대국과 약소국 간의 관계란 어떠한 것인가? 이 관계는 어떻게 발전하고 진행되는 것인가? 어떠한 압력이 가해지며 그에 대해 어떻게 대처해 나가는가? 이런 물음은 중동, 아프리카, 동남아시아 및 실로 전 세계적인 복잡한 상황에서 오늘날에도 중요한 의미를 가진다. 대한민국 건국 과정에서 일어난 이런 사건들은 앞으로도 계속 전개될 국제문제 분규의 수많은 현장에서 내려야 할 결정 사항들을 보다 현명하게 처리하는 데 있어 우리 모두에게 도움을 줄 것이다.

이 책을 통해서 내가 본 바 진정한 모습으로 이승만이 더욱 구체적이고 더욱 직접적으로 부각될 것이다. 그에 대한 나의 생각은 더할 나위 없이 우호적이었다. 또한 그것은 외부의 제3자 그 누구에게 주어져 왔던 것보다도 훨씬 더 친밀했던 관계에 근거한 것이다. 더욱이 그가 지휘한 여러 계획에 참여했던 한 사람의 참모로서 나는 때때로 그가 차지하였던 고독한 지위의 영향에 대해 나는 그 누구보다도 예민하게 알아차리고 있었다. 그의 어려움과 실패는 내가 개인적으로 참고 견뎌야 했던 핸디캡이기도 했었다. 나의 소원은 이 책이 실제의, 진정한, 사실 그대로의 이승만을 드러내 보여주는 것이다.

끝으로, 이 기록이 평가를 받을 때 한국 정치사와 한·미 외교사에 이승만 대통령의 역할이 재고(再考)된다는 하나의 결실이 있기를 바라마지 않는다. 이승만도 큰 결점이 없었던 것은 아니다. 그러나 그것은 한국의 정적이나 동지들도 마찬가지였고, 그가 상대했던 미국의 주요 관리나 군부, 민간인들도 그러했다. 또한 이 책에 기술된 여러 사건 속에서 상당한 영향력을 가졌던 영국, 소련, 인도 및 두 중국의 지도자들도 마찬가지였다.

이들 여러 지도자들처럼 그 역시 위대한 능력과 출중한 장점을 지닌 인물이었다. 균형 잡힌 견해는 이른바 일반적으로 한국문제라고 불리는 것을 구성하고 있는 복잡다단한 상황들 전체를 정직하게 충분한 정보를 갖고 숙려(熟慮)하는 과정을 거쳐야만 비로소 얻어질 수 있는 것이다.

이 책 각 장에 들어 있는 개인적인 여러 기록을 공개함으로써 이런 견해를 형성하는 데 도움이 되리라 믿는다. 우리가 과거를 올바르게 이해할 때만이 현재를 효과적으로 처리해 갈 수 있고 또 미래의 도전에 성공적으로 대처해 나갈 수 있을 것이다.

1978.

로버트 T. 올리버(Robert T. Oliver)

제 1 장
암담했던 워싱턴 시절(1942년-1946년)

미국의 수도 워싱턴, 그곳은 흥미로운 외국인들을 쉽게 만날 수 있는 곳이다. 이국풍(異國風)이 한층 더 물씬한 레스토랑에서, 워싱턴 시를 남북으로 관통하는 두 갈래 대로(大路) 매사추세츠 애버뉴 북단의 양쪽으로 빠져나가는 미로 같은 거리나, 번화한 조지타운 지구와, 코네티컷 애버뉴의 외곽이나 16번가 북부 지역의 무성한 나무로 둘러싸인 주택에서는 미국인들과 교분을 나누려고 열중하는 것이 다반사가 된 외국인을 쉽게 찾아볼 수 있다. 이들은 국회의사당의 복도나 하원 방청석, 상하 양원의 의원회관 같은 곳에 가면 항상 마주치게 된다.

내가 망명정부(亡命政府)의 망명 대통령 이승만을 만난 곳도 바로 이 워싱턴이었다. 40년이란 짧지 않은 세월을 그는 많은 미국 친구들을 사귀면서 그들의 관심을 불러일으키고 지원을 이끌어 내서 지난날 조국 한국이 누렸던 자유를 되찾기 위한 평생을 건 성스러운 전쟁에 자신의 모든 것을 바쳐온 사람이었다. 한국은 러일전쟁(1904-05) 종전(終戰) 협상의 결과로 일본에 나라를 빼앗겼었다.

나 역시 그즈음 워싱턴에서 마땅한 새 일거리를 찾고 있던 참이었다. 전시의 한시적인 식량보존 프로그램(the Food Conservation Program)의 국장(책임자)으로 일하고는 있었지만 관료조직의 틀 안에서 서류나 뒤적거리기

보다는 보다 의미 있는 일을 하고 싶었다. 이승만에 못지않게 나 역시 내가 하는 일이 아무리 풍차를 향해 무모하게 돌진하는 돈키호테 같은 이미지로 비칠지라도 국제적으로 잘못된 일들은 바로잡는 일을 하고픈 이상주의적인 기질을 갖고 있었다. 당시 워싱턴에 감도는 분위기로 앞으로 다가올 여러 사태가 예견되었다. 바야흐로 대서양 헌장이 선포되고 인류의 기본적 4대 자유인 궁핍으로부터의 자유, 공포로부터의 자유, 종교의 자유, 언론의 자유 등을 추구하고자 하는 사회적 분위기가 고조되고 있었다. 투쟁의 대상인 악(惡)이 있었고 쟁취해야 할 풍요로운 삶이 있었다. 소극적, 수동적으로 살아갈 시대가 아니었다. 희망에 찬 진취적 태도가 삶의 방식이 되고 있었다.

정치가가 펼치는 정책과 그 인물의 성격이 간혹 묘하게도 뒤얽혀 지는 경우가 있었다. 프랭클린 D. 루즈벨트, 이승만, 해리 트루먼, 딘 애치슨, 더글러스 맥아더 장군 같은 사람들의 시대에는 전 세계적으로 큰 영향을 미친 여러 가지 결정들이 이루어졌다. 그리고 해결되지 못한 어려운 문제들은 차세대의 리더들인 드와이트 D. 아이젠하워, 존 포스터 덜레스 같은 사람들에게로 넘겨졌다. 그 미해결 문제들의 여파는 오늘날까지도 남아서 아직도 해결되지 못한 많은 이슈가 상존하고 있으며 오히려 훨씬 더 큰 문제와 갈등으로 비화되고 있다.

역사적인 난제나 역설적인 사건에 대한 분명하고도 결정적인 해결책이 나온 적은 거의 없다. 어떤 사건을 분석하고 판단하는 데에는 다양한 관점이 있을 수 있다. 이 특정 개인의 역사기록의 한 토막도 하나의 그런 견해와 일련의 판단을 엿보게 해줄 것이다. 이 글은 1942년에 시작해서 이승만 박사의 서거까지 내 자신이 그와 쌓아온 친밀했던 교분을 토대로 해서 기술한 것이다. 초점이 그렇게 좁혀져 있지만 (오히려 그렇기 때문에 더 잘) 이승만이란 한 인간의 대통령으로의 부상(浮上)과 대통령 임기 중의

행적을 알아봄으로써 한국이라는 나라의 특성과 아울러 미국 외교정책의
역동관계(영향력과 정책변화)를 환히 들여다볼 수 있을 것이다.[1)

내가 그를 처음 만났을 때 이승만은 이미 67세의 적지 않은 나이였다.
그의 젊은이 같은 패기 넘치는 모습에서 비록 성과는 없었지만 한국의
독립을 위해 투쟁한 50년 긴 세월의 흔적은 거의 찾아볼 수 없었다. 우리
의 만남은 두 사람 모두에게 그저 그런 보통 만남이 되었을 법도 했었다.
왜냐하면, 전시의 워싱턴에서 점심을 먹으면서 일상적인 상담이나 회의
같은 것을 하지 않는 경우는 거의 없었기 때문이다. 하지만 그와 나와의
만남은 그렇지 않았다.

우리의 미팅 장소는 코네티컷 애버뉴의 남쪽 끝에 있는 숄스 콜로니얼
카페테리어였다. 그곳은 백악관과 국무부 옛 청사에 인접한 라파예트 광
장에서 조금 떨어진 곳이었다. 숄스 카페테리어(Sholl's Cafeteria)는 중견 관
리들이 서로의 의견을 나누고 정책을 비교하면서 간단히 점심을 때우는
장소로 인기가 있었다.

때는 1942년 9월 중순이었다. 나는 펜실베이니아 주 루이스버그의 장
로교회 에드워드 전킨(Edward Junkin) 목사의 주선으로 이 박사를 만나게
되었다. 전시 동안 나는 버크넬 대학교 교수로서 그곳에서 휴가를 보내고
있었다. 전킨 목사는 한국에 파송되었던 선교사의 아들로 한국에서 태어
나 한국 사람들의 오랜 친구로 살아왔다. 전킨 목사는 이승만에 대해 한

---

1) 미국 외교의 대외정책, 특히 대한민국의 건국과 관련된 미국의 개입 정황을 알기
위해서는 조순승 교수의 『세계정책 속의 한국(1940-1950): 미국의 책임에 대한 평
가』(*Korea in World Politics, 1940-1950: An Evaluation of American Responsibility*,
Soon Sung Cho, university of California Press, 1967)를 참조. 같은 주제와 관련된
다른 2권의 중요한 책은 『한국, 소용돌이의 정치』(*Korea: The Politics of the
Vortex*, Gregory Henderson, Harvard university Press, 1968)와 『유례없는 관계:
1945년 이후의 한미 관계』(*Without Parallel: The American-Korean Relationship
Since 1945*, Frank Baldwin, ed., Pantheon Books, 1973)이다.

국의 독립운동을 주도하고 대변하는 사람 정도로 먼발치에서 알고 있었
다.

이 박사는 최근 그의 두 번째 저서 『일본 군국주의의 실상』(*Japan Inside
Out*)을 출간했다. 이 책에서 그는 "일본을 자기들 섬으로 다시 밀어 넣는
데" 미국이 선도적 역할을 해야 한다고 주장했다. 전부 15장으로 구성된
이 책에서 이 박사는 "궁극적으로 미국과 일본의 충돌은 불가피하다"는
자신의 확신을 조목조목 설명했다. 이 책에서 그는 러시아가 레닌그라드
와 스탈린그라드를 방어하기 위해 나치와 싸우고 있는 동안 조만간 일본
이 시베리아 연안을 점령할 것이라고 주장하면서 영국이 유럽에서 발목
이 잡혀 있고 미국은 아직 전쟁 준비가 되어 있지 않기 때문에 일본은
남태평양을 침략할 것이라고 예견하면서 결론을 맺고 있다.

이 박사가 들려준 이야기의 대부분은 자신의 조국인 한국에 관한 것이
었다. 내가 한국에 대해 아는 바가 거의 없다는 것을 알고서 그는 한국이
4천 년의 유구한 역사를 가진 나라이며, 유럽보다 앞서 최초의 금속활자
와 측우기를 발명했고, 112권으로 된 백과사전을 편찬해 내었으며, 26자
모로 이루어진 한글은 중국과 일본의 표의문자와는 분명하게 대비되는
문자라는 것, 러일전쟁의 결과로 일본이 한국을 예속시킨 사실 등을 개괄
적으로 설명해 주었다.[2] 한국 국민들은 일본제국의 압제 아래서 절망적
인 삶을 영위하면서 모국어의 사용도 금지되었고 심지어 이름조차 일본
식으로 바꾸는 창씨개명을 비롯해 문화, 행동, 사고방식까지도 일본식으
로 바꾸도록 강요당했다고 말했다.

이 박사는 언변이 좋았다. 적절한 어휘 선택과 나무랄 데 없는 또렷한
발음으로 쉽고 조리 있게 말을 구사했다. 하지만 말보다는 그의 온 몸으

---

2) 『한국연구 2권』("한국의 문화" 백낙준, 1954년 5월, 3–6쪽), 김원용, 『한국의 초
   기 금속활자』(을유문화사, 1954년, 15쪽, 도판 및 한국어 원전(페이지 매김 없음),
   『한국의 지리, 국민, 역대 문화』(공저, 학원사, 1960년) 참조.

로 나타내는 표현이 더 웅변적이었다. 얼굴은 동적이고 눈은 빛났으며, 입과 눈가의 주름에서도 풍부한 유머 감각과 진지함이 묻어났다. 무엇보다 내가 받은 강한 인상은 그의 절제된 품위였다. 침착함과 자신감이 결연했지만 도를 넘지는 않았다. 나는 속으로 "이 사람은 대인이다. 자제력과 지도력을 겸비한 사람이다."라는 생각이 들었다. 그러면서도 남의 말도 경청할 줄 아는 사람이었다. 그의 말의 주된 목적이 내 반응의 본질을 알아내려는 듯했지만 그의 말 속에는 자신감과 더불어 탐구적인 자세도 묻어났다. 아무튼 그가 사람들과의 소통에 신경을 많이 쓴다는 점은 분명했다. 그리고 이승만이란 사람은 소통의 달인이었다.

한국의 민주주의와 독립을 위한 그의 오랜 투쟁경력을 알게 된 것은 그보다 한참 후의 일이다.3) 이승만은 1875년 3월 26일에 보수적인 불교도 가문에서 태어났다. 나이가 들자 어린 몸으로 부모 몰래 가출하여 서울에 있는 미국인 기독교 학교에 입학했다. 부모들이 기절초풍한 일이었지만 그는 크리스천이 되었고 영어를 공부하면서 서구의 자유와 평등사상을 받아들였다.

스무 살이 되었을 무렵 부패한 군주정치를 민주적으로 혁신하고자 하는 거리의 정치 선동가가 되었다. 1897년에 경복궁 앞에서 학생 연좌데모를 주도한 혐의로 체포된 후 6개월 동안 고문을 당한 끝에 종신형이라는 중형을 선고받았다. 감옥에서는 죄수들을 가르치고 『독립정신』(*The Spirit of Independence*)이란 책도 썼다. 이 책은 로스앤젤레스로 밀반출되어 출판되었고, 조선 근대화운동의 바이블이 되었다.

1904년, 러일전쟁에 조선이 개입된 결과로 조선의 국왕은 모든 정치범에게 대 사면령을 내렸다. 그 덕분에 이승만도 석방되어 미국으로 건너갔다. 6년 동안에 조지 워싱턴 대학에서 학사학위, 하버드대학에서 유럽역

---

3) 자세한 이야기는 본인의 저서 『리승만: 신화 속의 인물』(*Syngman Rhee: The Man Behind the Myth*), New York: Dodd Mead, 1954, 참조.

사학 석사학위, 프린스턴대학에서 정치학 박사학위를 취득했다.

이 박사는 우드로 윌슨의 총애를 받았는데, 1차 세계대전 발발 후 윌슨이 이 박사의 박사학위 논문 주제인 "아시아에서 미국의 중립 정책"(American Policies of Neutrality in Asia)을 인용한 사실에 대해 그는 무척 자랑스러워했다. 윌슨은 해양의 자유를 유지하는 정책의 방어논리를 전개하면서 이 주제를 인용했던 것이다. 1910년에 이 박사는 한국에 YMCA를 조직하기 위해 귀국했다. 비밀리에 한국의 독립운동 분위기를 조장하고 있다는 사실을 정확하게 꿰뚫어 본 일본 당국의 박해에 견디다 못해 그는 1912년 하와이로 떠났다. 그곳에서 그는 한국 학생을 위한 감리교 학교의 교장이 되었다.

숄스 카페테리아에서의 첫 만남에서 나는 1919년 3월 1일의 "만세 운동"을 알게 되었다. 당시 백만 명이 넘는 한국 사람들이 일본으로부터의 독립을 요구하며 평화적으로 시위를 했는데, 이것은 마하트마 간디가 영국의 인도 지배에 저항하기 위해 이와 유사한 전략으로 전개한 저 유명한 "바다를 향한 소금행진(salt march to the sea)"보다 10년이나 앞선 민중운동이었다.

3월 1일의 봉기 후 대한민국의 임시정부가 조직되었다. 서울, 시베리아, 만주 등지에서 개별적으로 애국지사의 회합이 이루어지고 이승만은 이 그림자 정부(shadow government)의 수반으로 선출되었다. 이 박사는 하와이에서 망명정부가 있는 상해로 건너가서 망명정부의 대통령에 취임하고 조각을 했는데, 그 내각의 최고위직 가운데는 시종일관 이승만의 정적이었던 두 사람이 포함되어 있었다. 즉 내무총장(나중에 국무총리대리) 안창호와 학자풍의 외무총장 김규식4)이었다. 그 후 이 박사는 워싱턴으로 돌

---

4) 이 시기에 한국 독립 지도자들 사이의 관계는 20년 후에 출판되었다. 이정식의 『한국 민족주의의 정치』(The Politics of Korean Nationalism, Chong-Sik Lee,

아와서 〈구미위원부〉(The Korean Commission)라고 불린 사무실을 개설했다.

이후 25년 동안 그는 두 가지의 큰 목표를 추구하였다. 그 하나는 미국 정부로부터 망명정부에 대한 외교적 지지를 얻어내는 것이었고, 또 하나는 미국 대중으로부터 한국에 대한 이해와 동정을 사는 일이었다. 하지만 이용할 수 있는 인적 물적 자원이 거의 없었기 때문에 두 가지 목표 중 어느 것도 제대로 달성하지 못했다. 한국(Korea)은 당시 일본의 "특수 영토(special territory)"가 되면서 "잊혀진 나라"가 되고 있었다. 그 이름조차 조선(Chosen)이란 명칭으로 바뀌게 되어 "잊혀진 나라"였다. 그래서 그 이름을 아는 미국 및 유럽 사람은 손가락으로 헤아릴 정도밖에 안 되었다.

복잡한 뷔페식당에서 오찬 테이블 하나를 차지하고 조심스럽게 음식을 나르는 손님들 사이에서 이 박사로부터 처음으로 한국이 겪은 과거의 영광과 현재의 비극적인 이야기를 듣고 나서 나는 감동한 나머지 이렇게 소리치지 않을 수 없었다: "왜 그런 이야기를 글로 쓰지 않으십니까? 그런 사실을 알게만 된다면 미국 사람들은 기꺼이 도와줄 것입니다." 그러나 그의 대답은 다소 저의가 있었다: "나는 작가가 아닙니다. 당신이 그걸 써보시면 어떻겠소?" 이 박사의 속셈이 무엇인가는 분명했지만 그렇다고 내가 그 제의를 거절할 수는 없었다.

그 후 몇 주 동안에 나는 다른 한국인들을 여럿 알게 되었는데 그들은 이 박사에게 그랬던 것처럼 나에게도 평생의 벗이 되었다. 이를테면 구미위원부에서 이승만의 가장 가까운 조력자인 임병직(林炳稷) 대령, 사학자이며 작가인 정한경(鄭翰景) 박사, 장기영(張基永), 김세선(金世旋), 이원순

Berkeley: University of California Press, 1963) 참조.

(李元淳)과 그의 부인 메리 여사 같은 사람들이었다. 이들은 모두 헌신적으로 이승만을 따랐다. 나는 또 김용중(金龍中)이란 다른 부류의 한국 사람도 만났는데 그는 독립운동에서의 이 박사의 주도권 주장을 신랄하게 반박하고 있었다. 그리고 그 후 또 그 허풍과 배짱 때문에 국무부의 하급 관료들 중에 친구가 생기고 있었던 또 다른 라이벌인 한길수란 사람도 만나게 되었다.

나는 이 박사의 절친한 미국인 친구들과도 사귀게 되었다. 워싱턴의 변호사인 존 W. 스태거스(John W. Staggers), 베테랑 뉴스 기자인 제이 제롬 윌리엄스(Jay Jerome Williams), 아이다호주 포카텔로시의 신문 발행인 프레스톤 M. 굿펠로우 대령 등이 그들이다. 굿펠로우는 한반도에 "잠입시킬(낙하산과 잠수함 중에 어느 것으로 작전을 수행할지는 아직 미정)" 100명의 한국계 미국인을 모병해서 훈련하는 특별 프로젝트에 이 박사와 협력하도록 미국 국방부가 지명한 사람이었다. 이들의 임무는 한국인들을 격려하고 지휘해서 공장과 철도의 태업 등 항일활동을 일으키려는 것이었다. 이것은 숨 막히는 감동적인 계획이었다. 제2차 세계대전의 비극적 계획의 틀 안에서 한 나라를 없애버리고 또 만들어내는 그 드라마의 핵심에 가까운 것이었기 때문이다.

나는 이 박사의 부인도 만났다. 결혼 전 이름은 프란체스카 도너(Francesca Donner), 아름답고 발랄하면서 매력이 넘치는 여성이었다. 그녀는 이 박사보다 25년이나 연하였는데, 이 박사가 일본의 만주 점령을 논의하기 위해 1933년 제네바에서 열린 국제연맹회의에 참석했다가 그곳에서 그녀를 만나게 되고, 바로 청혼해서 그 다음해 뉴욕에서 결혼을 했다. 그 후 프란체스카 여사는 평생의 반려자, 내조자, 비서로서의 역할을 다하며 이승만의 인생에 완벽하면서도 없어서는 안 될 한 부분이 되어 있었다. 두 부부의 결혼생활은 내가 알고 있던 사람들 가운데 누구보다도 완벽한 것이었는데, 두 사람을 보면 "어머니의 백성이 나의 백성이 되고, 어머니의 길이 나의 길이 되며…"라는 구약성경 룻기(Ruth)의 말씀이 떠올랐다. 이 박사처럼 프란체스카 여사도 친구가 되었고, 또 이 박사처럼 한국과 한국 국민에 대한 것을 속속들이 알도록 내게 가르쳐 주었다.

이 박사의 간청을 거역할 수 없어서 나는 한국에 관한 조사를 하고 한국에 대한 글을 썼다. 첫 기사는 장문의 특집기사로 "한국은 일본의 숙적이다"(She's Japan's Oldest Enemy)란 제목으로 1943년 3월 7일자 〈워싱턴 포스트〉지 일요판에 실렸다. 뒤이어 8월 8일과 12월 8일, 그리고 이듬해 7월 30일 같은 신문에 한국에 관한 기사가 잇달아 나갔다. 〈아시아와 미국〉지 1943년 3월호에는 정한경과 함께 쓴 "한국: 소홀히 다루어진 동맹국"(Korea: Neglected Ally)을, 〈월드 어페어스〉지 1943년 6월호에는 "한국, 미국이 망각한 나라"(Korea, The Country America Forgot)가 실렸다. 1944년 9월, 워싱턴의 퍼블릭 어페어스 출판사는 『한국: 잊혀진 나라』(Korea: Forgotten Nation)라는 내 책을 출간했다. 미국 대중이 한국을 모르고 있는데 그 이유가 그들이 알 기회를 갖지 못했기 때문이어서는 안 되겠다고 우리는 단단히 결심했다. 나는 한국을 잘 몰랐으나 한국에는 갈 수 없었기 때문에 도서관에서 자료를 찾아보거나 한국에서 살았던 사람들의 회상기나 견해들을 이용할 수밖에 없었다. 그러던 중에 1905년 10월 7일에 발간된 〈아웃룩〉(Outlook)이란 잡지에서 시어도어 루즈벨트 대통령의 친구인 조지 케넌(George Kennan)이 쓴 기사를 하나 발견했다. 한국에 대한 그의 견해는 루즈벨트에게 큰 영향을 미쳤으며, 왜 미국이 1883년에 체결된 한·미 수호조약을 노골적으로 위반해 가면서까지 일본의 한국 합병에 동의했는지를 그의 견해가 잘 설명해 준다. 케넌은 1905년 당시의 한국을 신랄하게 다음과 같이 묘사했다:

현재 한국정부의 활동과 국정 운영은 간단히 다음과 같이 요약될 수 있을 것이다. 한국 정부는 백성이 겨우 생존할 정도 외에는 모든 것을 직간접적으로 수탈하면서 그 반대급부로 주는 것이라곤 실질적으로 아무것도 없다. 생명이나 재산을 적절하게 보호할 힘도 없고, 눈에 띌 만한 교육시설도 제공하지 못하고 있으며, 도로 건설이나 항구도 개량하지 않고 있다. 또 등대도 없고, 도로 청소나 위생에도 전혀 관심을 갖지 않고 있으며, 전염병을 예방하거나 검사할 수 있는 수단도 없으며, 무역이나 산업을 진흥할 의지도 없고, 가장 낮은 수준의 미신적 관습들을 장려하고 있다. 또한 정부는 진실하지 않고, 정직하지 않고, 속이고, 잔혹하고 인권을 다루는 데 있어서도 현대사에 그 유례를 찾아볼 수 없을 정도로 세상을 비웃는 야만성을 보이는 본보기를 보임으로써 국민을 부패시키거나 부도덕하게 만들고 있다.

내가 이 기사와 다른 유사한 문구들을 보여주자 이 박사는 이렇게 말했다: "내가 왜 7년이나 감옥에 갇혀서 고문을 받았다고 생각하시나요? 내가 저항했던 것은 바로 이런 상황들 때문이었소. 그리고 내가 지금도 항의하고 있는 것은 일본의 한국 통치가 많은 면에서 더 나아진 게 없고, 어떤 면에서는 오히려 더 악화되었기 때문이오."

당시 워싱턴에서 이승만의 위치는 이상한 것이었다. 그가 대표하고 있다고 주장하는 정부는 인정을 받은 적이 없었다. 워싱턴 관료들의 입장에서 볼 때, 이승만은 압박받고 있는 한국민을 대변한다고 주장하는 몇몇 한국인 가운데 한 명에 불과했다. 이 박사의 자금 사정은 빈약하기 그지없었다. 비록 하와이와 로스앤젤레스의 한국인들이 열심히 일해 근검절약한 돈을 독립운동을 하는 그를 지원하기 위하여 아낌없이 헌신적으로 바친 자금이었으나 돈은 턱없이 부족하였다. 그래서 그가 받은 돈으로는 로비나 홍보 프로그램 그 어느 것도 지탱할 수 없었다. 이 두 가지 프로그램을 모두 하기를 원했지만 그건 꿈도 못 꿀 일이었다. 부족하긴 했지만 가지고 있는 자금으로 그는 할 수 있는 최선을 다했다.

1942년 1월 2일, 이 박사는 존 스태거스 및 제이 제롬 윌리엄스와 함께 국무부를 방문하여 앨저 히스와 스탠리 혼베크를 만났다. 히스는 코델 헐 국무부장관의 특별보좌관이었고 혼베크는 극동지역문제 책임자였다. 이 박사는 미국이 나치 지배하의 유럽에서 망명 정부들에게 주고 있는 수준의 국가 인정과 지원을 한국정부에도 부여해야 한다고 요청했다. 히스는 이에 대해 불가능하다는 답변을 했다. 미국정부는 이 박사가 실제로 한국 국민의 지지를 받고 있는지의 여부를 확인할 길이 없다는 것이었다. 그러자 이승만은 한국 공화국(Korean Republic)의 지도자를 종전 후에 미국의 관리들이 실시할 선거를 통해 선출한다는 단서를 붙여 대한민국을 인정해 달라고 재차 요구했다. 이 제안에 히스가 난처한 듯 침묵을 지키자, 이승만은 그렇게 서둘러 인정해 주어야 할 이유를 설명했다. 러시아는 시베리아 무역의 출구로 한국의 부동항들을 확실히 확보하기 위해 50년이 넘도록 계속 그 방도를 찾으려고 혈안이 되어 있다는 사실을 강조하고, 미국이 일본을 패배시킨 후 먼저 한국의 독립을 인정하지 않으면 러시아가 한반도에 진출해 한국을 강점할 것이라고 이승만은 단언했다.

히스(Alger Hiss)는 전시의 주요한 동맹국의 하나인 나라(즉, 소련)에 대한 공격을 조용하게 앉아 듣고만 있을 수 없다는 듯이 이승만의 말을 가로막으며 소리쳤다, 한국에 어떤 일이 일어날 것인가에 대한 문제는 일본의 항복 후에나 결정해야 할 문제라고. 이승만의 말처럼 미국이 소련의 기본 정책에 반하는 어떤 종류의 사전 행동도 취하지는 않을 것이란 것은 분명했다.

이승만은 국무부를 떠나면서 히스가 러시아를 위해 일하고 있다는 의심은 하지 않았지만 한 젊은이, 그것도 세계 문제에 대해 아무 경험도 없

는 애송이가 미국의 정책에 결정적인 영향을 주고 있다는 점에 대해 개탄
하지 않을 수 없었다. 그러나 이승만은 프랭클린 D. 루즈벨트 대통령과
윈스턴 처칠 내각의 당시 외무장관인 앤서니 이든(Anthony Eden)이 러시아
를 태평양 전쟁에 끌어들이기를 바라며 한국의 미래 지위를 요셉 스탈린
과의 회담에서 결정하자고 암묵리에 합의하고 있었다는 것은 생각하지도
못했다.[5] 이런 것이 강대국의 정치 거두들이 글로벌 체스 판에서 가지고
노는 졸(卒)들의 운명인 것이다.

　전쟁이 계속되는 몇 해 동안 이승만은 거듭거듭 국무부를 조여 들어갔
다. 때로는 직접적으로, 때로는 의회의 한국에 동정적인 의원들을 통해서
간접적으로, 한국에 대한 최소한의 국가 인정을 함으로써 당시 다른 대부
분의 망명 정부에 허용되던 원조인 무기대여법의 원조 대상 국가가 될
수 있도록 해달라고 요청했다. 이런 원조가 공여되면 한반도를 통해 중국
을 침공하고 있는 대규모의 일본 지상군에 공급되는 군수물자 보급로를
교란할 수 있을 것이라고 주장했다.[6]

　그는 한국 철도의 자세한 도면까지 제공했는데, 거기에는 다이너마이
트로 쉽게 파괴할 수 있는 20여 개의 주요 터널이 표시되어 있었다. 그때
가 일본의 진주만 공습 후였음에도 불구하고 아이오와주 상원의원 가이
질레트는 1941년 12월 18일과 22일, 이승만이 두 차례나 연이어 방문한
자리에서 국무부의 입장이 부정적이라고 전했다. 임시정부를 승인하거나
한국의 독립운동을 지원하게 되면 일본은 그것을 자기들에 대한 공격으
로 간주하여, 그로 인해 도쿄에 있는 미국 외교관들의 안전한 귀환에 차

---

5) 루즈벨트와 이든(Anthony Eden)의 회담은 1943년 3월 초의 일이었으며, 3월 말에 루
　즈벨트는 그 내용을 국무장관인 코델 헐에게 알려주었다. "1943년 3월 27일 국무부
　대담 비망록"("Memorandum of Conversation by the Secretary of State, March 17,
　1943" in U.S. Department of State, *Foreign Relations of the United States:*
　Diplomatic Papers, 1943, Washington, D.C., 1963, Vol. III, p.37)
6) 같은 책 Vol. III, p.1096.

질을 빚지나 않을까 하고 미 국무부가 우려하고 있다는 것이었다.

미국이 교전국인 일본의 기분을 상하게 할 것이라는 두려움 때문에 전쟁 중에 한국의 귀중한 전시 지원을 거부한다는 것은 있을 수 없다고 하는 것이 이 박사에게는 너무나 분명하였다. 이미 전쟁이 한창인데 전쟁 이상으로 공격적이 된다는 것은 도대체 무슨 말이란 말인가? 그 진짜 이유는 러시아의 한국에 대한 계략의 실체를 미국이 알 수 있었기 때문이라고 그는 믿었다.

그 한참 후에 코넬 헐이 『회고록』(Memoirs)을 출간했다. 그 책에는 1943년 3월 27일, 루즈벨트가 헐에게 시사한 내용이 기록되어 있었다. 그것은 "한국을 중국과 미국을 포함한 4, 5개 국으로 구성된 국제신탁통치 아래 둘 수 있다"는 것이다. 1943년 여름에 열린 태평양전쟁협의회 (Pacific War Council)에서 루즈벨트는 중국 외교부장 T. V. 송(宋子文)에게 한국의 저항운동에 대한 그의 견해를 물었다. 송은 이승만에게 30만 재일 한국인에게 영향력을 가지고 있다는 한길수란 사람과의 제휴를 촉구했지만 아무 소용이 없었다. 이승만은 서로 반목하는 제휴 관계에서 어떤 리더십이 나오겠느냐고 응수했다. 송은 성급하게 루즈벨트에게 한국인들이 단합을 하지 않으니 지원할 가치가 없다고 보고했다. 이로 인해 그나마 있었을지도 모르는 한국의 국가 승인이나 무기대여 원조 가능성은 완전히 물거품이 되고 말았다. 설상가상으로 러시아가 한반도에 진출할 수 있는 길마저 살짝 열리게 되었다.

38선을 경계로 북쪽에는 러시아군이, 남쪽에는 미군이 점령한다는 한반도 분할의 근원은 소련을 어떻게든 태평양 전쟁에 참전시켜 결정적 시기에 일본을 모든 방향에서 동시에 공격하기 위해 그에 대한 소련의 확답을 받아내고자 한 루즈벨트의 결심이었다. 만약 한국이 이 계획을 달성하기 위해 치러야 할 대가라면 루즈벨트의 입장에서는 별로 크지 않은 대가였다. 그러나 당연히 그 협의 내용은 기밀로 유지되어야 했다.

그러한 준비되어 있던 계획이, 1943년 12월 1일 카이로에서 루즈벨트, 처칠, 장제스(蔣介石) 세 사람이 자국의 제반 문제와 계획에 대한 의견을 교환하기 위해 회담을 가진 다음 발표된 선언문에서 처음으로 공개적으로 그 조짐이 나타났다. 회담이 끝난 후 나온 공동선언문에는 모호한 외교적 수사의 극치인 다음과 같은 문구가 들어 있었다: "앞에서 언급한 3대 강국은 한국 국민의 노예상태를 유념하면서 적당한 과정을 거쳐 한국을 해방하고 독립시키기로 결의하였다." 이 수사적인 문구의 뒤에 있는 진정한 의미는 무엇이었을까?

워싱턴에서 이승만은 아주 불길한 예감을 느끼면서 이 선언문을 읽었다. "적당한 과정을 거쳐"란 표현은 외교적인 면책 조항으로 한국이 원래의 독립국 지위를 되찾는 문제에 있어서 보기에는 장밋빛 약속을 하고 있는 것 같지만 실제로는 허용된 거부조항인 셈이었다. 이 한 마디의 문구로 인해 한국의 독립은 수 년 또는 영원히 연기될 수 있을 지도 몰랐다. 한편, 만약 루즈벨트가 일본의 항복 후 신속하게 한국을 독립시킬 의향을 가지고 있었다면 한국의 애국지사들과의 협력을 미루거나 무기대여 원조를 거부할 더 이상의 이유는 없었을 것이다. 그러나 그런 지원이나 협력은 전혀 없었다.

하나의 희망적인 논조가 나온 것은 섬너 웰스(Sumner Welles)가 쓴 한 신디케이트 신문 칼럼이었다. 그는 이 칼럼에서 카이로 선언에 대해 이렇게 논평했다: "한국이 독립을 되찾는다면 20세기 최악의 범죄 가운데 하나가 바로잡히게 될 것이며, 태평양에서 이룩해야 할 새로운 국제질서에 새로운 안정 요인이 더해지는 일이 될 것이다." 이 논평은 이승만이 국무부에 줄곧 호소하고자 했던 바를 잘 정리하여 요약해 놓은 것 같았다. 하지만 웰스는 코델 헐이 싫어하다 못해 증오했던 사람이었고, 미 정부를 이

미 떠난 사람이었다.

사실 한국은 한동안 연합국 관료의 일과표나 대중의 의식에서 지워진 상태에 있었다. 1944년, 이 한 해는 6월 6일의 프랑스의 노르망디 침공을 시작으로 오롯이 "유럽의 해"가 되어버렸다. 아시아와 관련된 정책들을 고려할 시간이나 기회는 전혀 없었다. 구미위원부라는 곳은 쓸쓸한 장소가 되었고, 이 박사는 평생의 취미인 서예를 다시 시작하고 가끔씩 이원순과 바둑을 두면서 세월을 보내고 있었다.

1945년 첫 주가 시작되자 한국 문제는 다시 현안으로 떠올랐다. 2월 3일부터 11일까지 루즈벨트, 처칠, 스탈린 세 정상은 얄타에서 회담을 가졌다. 주 의제는 동유럽의 전후처리 계획이었는데 루즈벨트가 가진 브리핑 페이퍼 중에는 한국과 관련된 다음과 같은 내용이 들어 있었다: "(1) 한국의 군사적 점령과, (2) 한국의 과도적 국제 행정기구, 또는 신탁통치의 실시가 결정되면 신탁통치에 참여할 국가의 선정과 관련하여 영국 정부와 중국 정부, 상황에 따라서는 소련 정부 간에 어떤 양해가 이뤄지는 것이 바람직하다."

루즈벨트를 위해 준비한 한국 문제에 대한 기록이 공표된 것은 토의자료에는 다음과 같은 놀라운 내용으로 결론 맺어져 있다: "극동에서 소련이 차지하는 비중을 감안하여 소련의 태평양 전쟁 개입 여부와는 상관없이 과도적 국제 통치기구에 소련을 참여시키는 것이 좋겠다." 7)

2월 8일 저녁, 루즈벨트와 스탈린 두 사람은 단독회담을 가졌다. 여기서 루즈벨트는 필요할 경우 영국의 참여를 전제로 미국, 소련, 중국이 공동으로 감독하는 한국 신탁통치위원회의 창설을 제안했다. 루즈벨트는 한국의 신탁통치가 2, 30년 계속 유지될 수도 있을 것이라고 가정했다.

---

7) 미국의 외교관계에 대해서는 *Diplomatic Papers: The Conferences at Malta and Yalta*, 1945, United States Government Printing Office, Washington, 1955, pp. 358-361. 참조.

스탈린은 기분이 흡족했다. 스탈린은 러시아가 한반도에서 부동항을 확보하는 문제는 "그리 어려운 일은 아닐 것"이며, "국제 자유무역항을 하나 만드는 것에도 반대하지 않을 것"이라고 말했다. 스탈린은 한 술 더 떠서 루즈벨트에게 영국의 기분을 상하지 않도록 신탁통치위원회에 영국도 참여시키는 것이 좋겠다고 조언을 했다. 회담이 끝날 무렵, 중국의 장제스 정부에 공산당도 참여시킴으로써 큰 '발전'이 이루어지도록 장제스를 설득해야 한다고 주장한 사람은 스탈린이 아니라 루즈벨트였다.[8] 소련으로서는 굳이 강조하거나 요구도 할 필요가 없었다. 루즈벨트는 스탈린이 원하고 있는 바를 미리 알고 있었던 것이다. 이 두 사람의 회담 내용이 공개된 것은 두 사람 모두가 사망하고 나서 또 10년의 세월이 흐른 뒤의 일이었다.

내가 시러큐스 대학에 강의를 하기 위해 워싱턴을 떠난 뒤인 3월 9일, 이 박사 내외는 다소 흥분된 어조로 쓴 편지를 내게 보내왔다:

여기 루즈벨트 여사의 기사를 동봉합니다. 우리 임시정부에 대해 누군가가 언급해 준 것은 이 기사가 처음입니다. 루즈벨트 여사에게 편지를 써서 직접 감사를 드리고 싶어서 여사를 방문할 수 있는지에 대해 물어 보았습니다. 며칠 전에 여사로부터 서신을 받았습니다. 목요일 4시에 만나고 싶다고 했습니다.

우리는 목요일에 여사를 방문해서 이 박사가 올리버 박사님의 저서 한 권을 선물했습니다. 우호적인 인사말을 나눌 것으로만 생각했으나 여사께서 단도직입적으로 물었습니다. "무기대여 원조를 받으려고 애쓰고 계시지요?" 그래서 이 박사는 일본과의 전쟁에 동참하기 위한 지원을 얻기 위해 미국 정부 당국자를 수없이 찾아간 사실, 그렇지만

---

8) 앞의 책 p.770-771.

지금까지 1달러의 지원금이나 단 1개의 다이너마이트도 도움을 받지 못했다는 사실을 여사에게 말씀드렸습니다.

이 박사는 우리에 대한 정보가 루즈벨트 대통령에게 제대로 전달되지 않은 것 같다고 생각한다며, 대통령께서 알고 계셨다면 상황은 달라졌을 것이라고 말했습니다. 루즈벨트 여사는 우리의 사정을 대통령께 꼭 전하겠다고 약속했습니다. "꼭 말씀드릴게요."라고 여사께서 말씀했습니다.

박사님께서 루스벨트 여사에게 여사가 기고한 글에 대해서 논평하는 편지를 써 보내주실 수 있겠는지요? 하지만 이것은 그저 제안해 보는 것이니 부디 부담은 갖지 마세요. 만약 그렇게 해 주신다면 될 수 있는 대로 빨리 보내주실 수 있도록 펜을 서둘러 놓습니다.9)

이것은 내가 이 박사 내외에게서 받은 최초의 편지였다. 이후 우리는 많은, 정말로 많은 편지를 주고받았다. 며칠 지나지 않아 이 박사는 내게 한국의 실정을 알릴 팸플릿을 작성해줄 수 있겠는지 물어왔다. 그는 팸플릿을 워싱턴의 관리들과 UN창설을 위해 조만간 샌프란시스코에 모여들 신문기자 및 외교관들에게 배포할 생각이었다. 다른 급히 처리해야 할 일10) 때문에 거절하기는 했지만, 만약 다른 사람을 구하지 못한다면 해

---

9) 루즈벨트 여사는 친절했고 계속 도움이 되고자 했다. 1945년 4월 9일, 여사는 내게 이런 편지를 보내왔다. "올 여름에 하이드 파크에 있는 도서관에 오실 수 있다면 저를 보고 가시지 않겠어요? 저는 6월 18일부터 그곳에 있을 예정입니다." 유감스럽게도 나는 너무 바빠서 그 초대를 받아들이지 못했다.

10) 일상적인 대학 수업 외에도 나는 나의 첫 저술인 『효과적인 화법』(Effective Speech, Dryden Press 출판)의 개정판을 한참 쓰고 있었고, 대학교의 야간강의를 '부업'으로 맡고 있었으며, 시러큐스 연합교회(Syracuse Congregational Church)에서 일요일마다 두 번씩 강론 중이었다. 또 시러큐스 대학교의 모금행사 용으로 일련의 팸플릿을 작성 중이었다. 그리고 톨리(Tolley) 총장의 요청으로 3개월 동안 대학의 신설 출판부의 부장 서리로 일했다. 그 이상의 일은 내게 필요하지 않았다.

보겠다고 말했다.

한창 팸플릿의 내용을 작성하고 있던 4월 9일, 이 박사는 내게 다음과 같은 편지를 보내왔다:

전에 말씀드렸듯이 박사께서 팸플릿을 써주겠다니 정말 기쁩니다. 이 일 때문에 너무 희생이 크지 않기를 바랍니다.

국무부 관리들은 일본인들로부터 들은 대로 한국인을 판단하는 습관이 있어요. 국무부 사람들은 한국 사람들을 아직도 어쩔 수 없는 쓸모없는 인간들이라 여기고 있소. 이런 점이 큰 문제입니다. 그 때문에 그들은 한국인은 다루기 쉽고, 감정도 없으며, 줏대도 없는 인간으로 취급하고 있는 것이오.

그러나 한국 사람들은 일본인으로부터 끊임없이 받아온 모욕감과 부당한 처사들이 가슴속 깊이 쌓여 감을 느끼고 있습니다. 한국 사람들은 1905년 일본의 굴레에 자신들을 넘겨준 미국 정치가의 배신에 분개하고 있소. 만약 미국 정치가가 한국인들에게 또 다른 강대국의 굴레를 쓰도록 한다면 한국 사람들이 미국에 대해 아무리 나쁜 감정을 가진다고 하더라도 그것을 비난할 사람은 아무도 없을 것이오. 당신은 미국 정치가의 그런 행동이 한국 사람들 사이에서 미국에 대한 좋은 감정을 일으키고 미국과의 통상관계에 도움이 될 것이라고 생각하시오? 또 그런 행동이 극동에서 평화의 대의(大義)를 증진시킬 수 있으리라고 생각하십니까?

유엔이 한국인들을 한 주인으로부터 다른 주인에게로 넘기려고 획책하고 있는데 어째서 한국 사람들이 왜놈들에게 저항하다가 죽어가야 한다고 생각하시나요?

만약 미국이 한국 사람들이 제대로 싸울 능력이 없다고 생각해서 무기대여 원조를 받을 자격이 없다고 생각한다면, 그럴 경우에도 한국 국민들에게 공정함을 보여주기 위한 명분으로도, 몇 푼어치 안 되는

2, 3천 발의 소총 탄약만이라도 민주주의란 무기고에서 그들에게 선물로 제공하는 것이 고려되어야 할 것이오. 오히려 한국은 공동 참전국의 축에도 끼지 못하고 있소. 따라서 공식적으로는 한국이 미국의 적이 되어 있는 셈이오. 왜 그리되어야 한단 말이오?

여기서 글을 끝맺는 것이 좋을 듯하오. 이런 부당함과 모욕감을 생각하게 되면 그 순간 나는 그만 자제력을 잃게 되오. 정말 내 자신이 어떻게 해야 할지를 모르겠소.

국무부의 "소인배 하급 공무원"들은 동양에 대한 잘못된 정보를 공급하는 "전문가들"이오. 그리고 그들의 상관들은 그런 잘못된 정보를 토대로 정책을 세우고 있소. 그 결과는 어떻게 되겠어요? 재앙, 진주만의 그것과 같은 재앙.

나는 말을 충분히 했다고 생각되오. 아무쪼록 이 편지에서 말한 나의 여러 생각이 팸플릿에 쓰려고 하는 구상에 어떤 영향도 미치지 않게 해 주시오.

훌륭한 작품이 나올 것을 확신하기 때문에, 우리를 위해 팸플릿을 만들어 줄 수 있는 것에 대해 한없이 기쁘다는 것을 거듭 말씀드립니다.

이 박사가 반대한 국무부의 주요 관리로는 조지 맥큔(George McCune) 박사가 있었다. 맥큔은 북한의 평양에서 선교사 부모에게서 태어났다. 그는 한국의 상황에 대해 각별히 정통했고 일본에 대한 한국인의 적대 감정을 잘 이해하고 있었다.[11] 그러나 맥큔은 이 박사보다 다른 한국 독립운동 지도자들에 대해 더 호의적이었다. 같은 평양 출신인 고(故) 안창호를 비

---

11) 맥큔(McCune)은 오웬 래티모어(Owen Lattimore)가 소장으로 있는 태평양 관계 협회 제10차 대회를 위한 연구보고서를 준비 중이었는데, 이 보고서는 나중에 그의 저서 『현대 한국』(Modern Korea, Harvard University Press, 1950)으로 출판되었다.

롯한 흥사단과 대한국민회(Korean National Association) 소속 안창호의 동료들이 그들이었다.

나는 "한국의 진상"(The Case for Korea) 이란 글을 쓰면서 미국 정부가 추구하고 있던 정책들과 관련을 갖고 있는 "하급 공무원들"을 비난하지는 않았다. 오히려 팸플릿에서 지적하고 있듯이, "소련을 **몇 군데 아시아 지역의** 전쟁에 개입시키려고 갈망하는 일부 인사들의 입장에서 본다면, 한국에 대해서 소련이 어떤 계략을 하고 있는지 그 의중이 보다 분명해질 때까지 한국에 대한 국가 인정을 유보했어야 했는지도 모른다." 이러한 한국의 국가 인정 유보에 대한 주요 구실에 답하면서 나는 내 글에서 다음과 같이 다시 분명히 했다: "그런 국가 인정은 오히려 한국인의 애국운동 그룹들 사이의 반목을 최소화할 것이다. 왜냐하면, 그런 반목은 자칭 한국의 대변인이라고 주장하는 사람들 가운데에는 다른 대변인보다 더 권위가 있는 대변인이 없다고 주장하는 미 국무부의 현 정책에 의해 조장되어 왔고, 또 현재도 조장되고 있기" 때문이다.

4월 11일, 이 박사는 이런 편지를 보내왔다: "정말 짧은 시간에 훌륭히 일을 마무리하셨소. 만들어주신 팸플릿은 바로 우리가 원했던 것을 잘 다루었습니다."

그는 한 달 뒤 샌프란시스코에서 또 편지를 보내왔다. 그는 그곳에서 유엔 창설을 위해 모인 외교관들에게 한국인의 통일된 목소리를 만드는 것을 주도하고 있었는데, 그 편지에서 이 박사는 〈뉴욕타임스〉에 전면광고를 내는 것을 포함해서 두 세 곳의 유력 신문에 팸플릿을 대대적으로 광고할 계획이며, 이를 위해 한국 동포들은 3천 달러 정도를 모금할 수 있을 것이라는 생각을 가지고 있다고 했다.

5월 14일, 이 박사는 자신의 대의(大義)에 공감하고 있던 상원의원 오웬 브류스터(Owen Brewster)와 월터 F. 조지 및 하원의원 클레어 E. 호프만

(Clare E. Hoffman)에게 전보를 보냈다. 이 전문에서 그는 이렇게 썼다: "트루먼 대통령은 얄타에서의 비밀협정에서 한국을 소련의 통치 아래 넘겨주겠다고 했다는 정보를 입수했습니다. 이것은 틀림없는 소스를 통해 입수한 정보입니다. …"

7월에 열린 포츠담 회담에서 트루먼은 소련이 대 일본전에 참전한다면 소련의 북한 점령을 즉각 동의하기로 되어 있었다.[12] 그곳에서 벌어졌던 일 가운데 많은 사항은 상당한 시일이 흐른 뒤에야 알려졌다.

한편, 유엔 창설이 진행되고 있던 샌프란시스코의 분위기는 들뜰 정도로 희망적이었다. 미국은 국제연맹 설립시의 방관자적인 태도와는 달리 유엔 창설에서는 주도적인 역할을 했다. 그런데 유엔이 제대로 기능하려면 소련의 협력이 무엇보다 절실했다. 따라서 미국은 소련의 협력을 얻기 위해 필요한 대가라면 무엇이든 치를 생각이었다. 민주국가들과 공산국가들 사이의 협력은 필수적이었다. 이것은 미래의 전 세계적 차원의 패턴이 되게 되어 있었다.

이러한 패턴을 완성하는 데 있어서 작은 일부분에 불과했지만, 유엔이란 새 시스템의 가동성(可動性)을 향상시키는 데 한국은 그 형편에 맞지 않게 높은 대가를 치르게 되어 있었다. 동유럽 여러 국가의 경우처럼 좌우합작과 신탁통치까지 수락되도록 강요되어야만 했다.

한국의 여러 민족주의 정파들은 "한국통일위원회"(United Korean Committee)를 구성했는데, 그 배후에는 미 국무부의 격려와 암묵적인 지원이 있었다. 이 위원회에 기대한 것은 범(凡)한국 연립정권을 수립하는 데

---

12) 포츠담 회담을 준비하면서 트루먼은 해리 홉킨스(Harry Hopkins)를 모스크바에 파견해서 태평양 전쟁에 소련이 참전할 수 있는지에 대해 스탈린과 협의해 보도록 했다. 5월 28일, 두 사람은 한국에 대해 논의했고, 스탈린은 한국을 4개국이 신탁통치를 하도록 해야 한다는 점에 확실하게 동의했다.(U.S. Department of State, *Foreign Relations of the United States: Diplomatic Papers, The Conference of Berlin (Potsdam Conference)*, 1945, Washington, 1960, Vol. I, p.310−315)

있어서 공산주의자들과의 협력을 보장하는 것이었다. 충칭(重慶)에서 김
구는 중국 정부로부터 적절한 지원을 받아 한국 임시정부의 주석직을 맡
고 있었다. 한편 옌안(延安)에서는 공산주의자들로 구성된 한국 독립연맹
(Korean Independence League)이 활동 중이었다. 이곳 미국에서는 한길수와
김용중이 한국에서 어떤 형태로든 정권을 수립하는 데 있어서 미국과 유
엔의 지원을 얻어낼 수 있는 유효한 수단으로 생각하여 연립에 찬성하는
쪽이었다.[13)

이승만은 그런 연립(좌우합작)정부는 한국을 공산주의에 넘기는 짓이라
는 이유로 그 제안을 거절했고, 따라서 한국 통일위원회를 와해시키고 말
았다. 그의 주장은, 한국인에게 자유선거를 통한 스스로의 정부를 선택할
수 있는 자유가 부여되어야 한다는 것이었다. 그러나 한길수와 김용중이
대변하고 있는 연립의 정서는 국무부의 정책이기도 했기 때문에 통일위
원회는 이승만의 이런 주장을 거부했다.

이 박사는 샌프란시스코를 떠나 워싱턴으로 돌아갔다. 국무부의 관리
들과 그의 정적들은 이 박사의 그런 행동을 거세게 비난했다. 나는 시러
큐스에서 워싱턴으로 날아가서 그에게 연립에 동참하도록 설득했다. 동
유럽에서의 그런 시도가 명백한 실패라는 사실이 드러나기 전까지는 연
립한다는 것이 전 세계의 협력과 평화를 위한 넓디넓은 고속도로처럼 생
각되었다.

이 박사는 평생을 일본의 한국 통치에 대항해 싸워왔는데 자신의 삶을
또다시 소련의 한국 통치에 동의하는 일로 끝낼 수는 없다면서 나의 제안
을 거절했다. 그런 그의 태도 때문에 독립운동에서 더 이상 리더십을 발
휘할 수 없게 될 것이라고 내가 경고하자 이 박사는 내 말이 맞을 수도

---

13) 미국 내의 여러 한국 그룹에 대한 완전하고도 권위 있는 저서로는 『미국의 한국인
들』(*The Koreans in America*, Hyung-chun Kim and Wayne Patterson, Oceana
Press, 1974).

있을 것이란 점을 잘 알고 있다고 대답했다.

그러면서 그는 다음과 같은 말을 덧붙였다: "나는 아내와 그 문제에 대해 충분히 의견을 나누었는데, 우리 자신의 유익을 위해서 한국을 팔아넘기는 짓을 할 바에야 은퇴하고 아이오와로 가서 자그마한 양계장에서 여생을 보내는 것이 더 나을 것이라는 생각을 했다오."

나는 그가 어쩌면 잘못된 결정을 한 것은 아닐까라고 생각하면서도 그러나 자신이 옳다고 여기는 바를 관철하려는 그의 용기와 조국에 대한 헌신을 우러러 보면서 시러큐스로 돌아갔다.

그 후 중요한 사건들이 연달아 일어났다. 7월, 포츠담에서 트루먼 대통령은 스탈린을 만나서 소련군이 북한지역을 점령하는 문제를 매듭지었다.

8월 6일, 미국은 최초의 원자폭탄을 히로시마에 투하했다.

8월 9일, 두 번째 원폭이 나가사키에 떨어졌다.

8월 10일, 소련은 서둘러 군대를 만주 및 북한 지역으로 투입하기 시작했다.

마침내 8월 15일, 일본은 항복했다.

9월 8일, 오키나와의 미24군단 사령관 존 R. 하지 중장은 제6 보병사단과 제40 보병사단을 이끌고 인천항에 상륙하면서 남한의 미군 점령이 시작되었다. 하지를 수행하기로 되어 있던 훈련된 미 군정 인사들은 캘리포니아에 그대로 남아 있다가 5주가 지난 후에야 한국에 도착했다.[14]

하지(Hodge)는 미 정부로부터 하달 받은 정책지침이 거의 없었으며, 자신에게 부여된 상상을 초월한 민감한 업무에 대해 전혀 준비가 되어 있지 않았다. 인천항 부두에서 한국 환영위원단을 만났을 때, 하지는 그들을

---

14) 『한국에서의 미군정』(*American Military Government in Korea*, E. Grant Meade, King's Crown Press, Columbia University, 1951) 참조.

거칠게 밀쳐내며 이렇게 선언했다. "내가 알고 있기로는 한국인은 일본인과 동일한 종류의 고양이들이다. 나는 그들을 일본인처럼 다룰 것이다."[15]

일본 지배 하의 한국에서 용감하게 저항운동을 해왔던 독립 지도자인 여운형(呂運亨)과 박헌영(朴憲永) 두 사람은 하지 장군에게 자신들이 조선인민공화국(People's Republic of Korea. 원래는 조선 건국준비위원회)이란 조선연립 지하정부를 이끌고 있음을 밝히면서, 조선인민공화국은 한국의 국민 전체를 대변하는 40개에 달하는 광범위한 정파를 대표한다고 주장했다.

한편, 도쿄에서는 더글러스 맥아더 장군이 일반명령 제1호(General Order Number One)를 발표했다. 한반도를 38선으로 나눈 것은 "예상치 못한" 러시아의 한국 진출에 대응하기 위한 "임시" 방책이었음을 밝힌 것이다. 이것은 한미관계의 새로운 장을 여는 불길한 시작이었다. 그 정책들에는 기만성이 깊숙이 박혀 있었다.

워싱턴에 있던 이승만에게 태평양 전쟁이 막바지에 접어들 무렵의 몇 개월은 희망과 혼란, 좌절이 교차하는 시기였다. 엘리너 루즈벨트 여사는 이 박사에게 길을 열어주기 위해 최선을 다했다. 이 박사 내외를 만난 후, 여사는 전 미국 신문들에 게재되는 3월 12일 칼럼에서 이렇게 썼다. "나는 이전에 이 박사를 만난 적은 없었지만 그의 얼굴에는 아름다운 정신이 빛나고 있고 한국인이 오랜 세월 길러낼 수밖에 없었다고 느껴지는 인내력이 그의 부드러운 표정 속에 분명히 묻어 있었다." 그가 지닌 그 인내심이 송두리째 쓰디쓴 시련을 겪어야만 했다.

---

15) 하지의 한국 도착에 대한 대체적인 상황은 "남한의 사회−정치 구조에 미친 미국 점령정책의 영향"(Impact of the U.S. Occupation Policy on the Socio− Political Structure of South Korea, 1945−1948, Won Sul Lee, 미 출판 박사학위 논문, Western Reserve University).

1945년 6월 11일자로 나와 여러 친구들에게 보낸 서신에서 그는 독립
운동의 리더십 문제에 대해 언급했다. T.V. 송은 충칭에 본부를 둔 임시
정부의 내각을 우선적으로 배려해 주도록 국무부와 협상 중이었다. 임시
정부의 김구, 김규식, 김약산, 조소앙 등은 공산주의자들과의 연립에 대
한 연합군의 계획을 수용할 준비가 되어 있었다.

이 박사는 미국 국민의 지원이 필요하다는 점을 아주 잘 인식하고 있었
다. 그는 9월 12일 내게 다음과 같은 편지를 썼다:

　　미국 국민의 분위기도 아주 많이 달라졌으니 당신의 글을 좀 더 인
기 있는 잡지들에 게재했으면 좋겠소. 그래서 종내는 〈리더스 다이제
스트〉지에 재차 실렸으면 합니다. 나는 이곳에서 〈월간 차이나〉지에
글을 써 줄 사람을 찾고 있습니다.

　　어제와 그제의 〈뉴욕타임스〉 사설을 읽어보셨나요? 오늘 조간 〈워
싱턴포스트〉에 실린 사설 하나를 동봉합니다. 저는 미국인들이 이런
기사를 읽고 크게 영향을 받을 것이라고 확신합니다. [두 신문 모두
한국의 조기 독립에 호의적입니다.]"

그리고 다음과 같은 추신을 달았다:

　　동봉한 메모에는 우리가 미국 국민에게 꼭 알리고 싶은 몇 가지 내
용이 담겨 있습니다. 미국인들은 자신들도 모르는 사이에 한국 국민들
에게 저지른 몇 가지 잘못을 알아야만 합니다.

이 박사는 연립정부 계획이 실행되기 전에 한국으로 돌아가기를 간절
히 원했습니다. 그는 여권 발급을 요구했고 국무부는 9월 5일 여권을 내
주었다. 또한 이 박사는 한국에 입국할 수 있도록 군 당국의 허가증도 요
청했는데 맥아더 장군은 즉시 이를 발급해 주었다. 그러나 그 허가증에서

이 박사를 '미국 파견 한국 고등판무관'이란 신분으로 표기되어 있음을 알게 된 국무부는 그의 여권발급을 취소했다. 그런 후, 이 박사가 한국으로 돌아가는 경로 및 여행수단 등과 관련하여 여러 가지 논의가 계속되는 가운데 그의 귀국은 더욱 지연되었다.

10월 16일, 마침내 이 박사가 미 군용기를 타고 도쿄를 출발하여 서울에 도착했을 때 미군 점령지역은 혼란 상태였다. 공산주의자가 되어가고 있던 혁명주의자 허헌(許憲)은 자신이 이끌고 있던 조선 인민공화국을 합법정부라고 선언하고, 한국 국민들은 자기들을 따라 줄 것을 요구했다. 김구도 자신이 주석으로 있는 임시정부에 대해서 비슷한 요청을 했다. 당시 54개의 정당이 미군정 본부에 등록을 했다. 하지 중장은 보좌관들에게 그 상황을 다음과 같이 설명했다: "한국인은 동양의 아일랜드인이라 할 수 있다. 그들은 정치의식이 예민하여 물 한 방울 떨어져도 싸울 태세가 되어 있는 사람들이다."

과거 선교사로 왔던 사람들 이외에는 한국어를 말할 수 있는 사람이 거의 없었다. 한국으로 다시 오게 된 선교사들은 대단한 환대를 받았으며 일본인들로부터 접수한 시도(市道), 대기업 등을 관리하고 있던 군정 장교들의 고문으로 임용되었다. 인구의 3% 정도 되는 한국 내의 모든 일본인들은 소집된 후에 속속 일본으로 송환되고 있었다.

한편, 한국인들은 일본인이 떠난 후 직급 고하를 막론하고 그 자리를 관리할 만한 최소한의 경험도 없었고 훈련도 되어 있지 않았다. 이로 인해 남한에서 정부를 운영할 줄 아는 사람은 인종과 국적을 불문하고 눈을 씻고 봐도 찾기 힘든 위험한 상태였다. 당시 중졸 이상의 교육을 받은 한국 사람은 2만5천 명을 넘지 않았다.

더욱이 한국에 대한 국제사회의 지원도 불투명하였다. 소련군과 미군의 충돌을 방지한다는 이유 말고 한반도를 38선으로 나눈 목적이 무엇인지, 그리고 그것이 얼마나 오래 유지될 것인지를 알고 있는 사람은 아무도 없었다. 하지 장군은 미군의 남한 점령의 목적이 "질병과 소요를 예방하는 것"이라는 기본적인 훈령만 받은 상태였다. 다른 훈령을 받은 것은 거의 없었다.

하지는 북한과 남한 사이에 정상적인 우호관계를 시작하기 위한 노력의 일환으로 화차 1량에 물자를 가득 실어 북한으로 보냈다. 그러면 소련은 그 차에 석탄을 답례로 보내줄 것이라고 기대했다.[16] 그러나 소련은 그 화차마저 돌려보내지 않았다. 한국 문제는 빠른 시일에 해결되지 못할 것이란 것이 점차 분명해졌다. 이승만이 한국에 도착했을 때는 그런 혼란만이 있었다.

한 주일을 지낸 후 10월 21일 5시 30분, 이 박사는 침대에 앉아 내게 다음과 같은 편지를 써 보냈다:

친 전(親展)

아직 조선호텔에 머물고 있소. 나의 귀국이 발표된 후 온 나라가 흥분상태에 있는 것 같소. 수 백 명의 군중이 호텔 입구에 몰려들어 나를 만나고 싶어 하고 있소. 하지 장군과 나는 우리가 준비될 때까지 내 귀국을 알리지 않기로 합의했었지만, 다음날 장군은 나를 찾아와서 미국 신문기자들이 귀국 사실을 알고는 인터뷰를 요청했다고 말하였소. 그래서 우리는 서둘러 경복궁으로 갔소. 나는 하지 장군과 아놀드 장군(아키발드 아놀드 소장: 남한의 군정장관)의 에스코트를 받으면서 회견장으로 들어갔고, 하지 장군은 나를 소개했소. 그리고 나는 영어와

---

16) 1945년 11월 18일의 국무부 『회보』(Bulletin), p.813에서 볼 수 있듯이, 하지는 북한의 소련군 사령관과 함께 지역의 문제들을 해결함에 있어 재량권을 부여받았다. 반면에 소련군 사령관은 독자적인 결정을 내릴 권한이 없었던 것이 분명하다.

한국어를 섞어가며 연설을 했소. 그 이후로 호텔 정문 앞에 군중들이 장사진을 쳐서 나는 한 순간도 쉴 틈이 없었소. 어제 오후에는 군중들에게 각자의 생업으로 돌아가라고 소리를 지르지 않을 수 없었소.

나는 하지 장군의 귀빈 자격으로 3층의 큰방 하나를 쓰고 있는데 친구가 아무리 많이 찾아와도 여유 있게 식사를 할 수 있는 별개의 식당과 미팅을 할 수 있는 대형 회의실이 딸려 있소. 그리고 리무진도 한 대 배정받았소. 스미스 중위라는 보좌관이 있고, 소총으로 무장한 두 명의 헌병이 나를 경호하고 있소. 편지 쓸 시간이 없기 때문에 새벽 5시 30분에 일어나 침대에서 이 편지를 쓰고 있소. 윤치영(尹致映)이 곧 여기로 올 것이고 다른 사람들도 뒤따라 올 것이오. 그 사람들은 동대문 밖에 큰집을 한 채 구해서는 내가 거기로 옮겨가 살 수 있도록 준비하고 있소. 그 집은 언덕 위에 있는데 내 마음에 드오. 하루 이틀 사이에 그곳으로 옮길 수 있기를 바라고 있소.

우리는 충칭에서 김구와 다른 인사들이 귀국할 수 있도록 배려할 계획이지만, 공산 집단(조선 국민혁명당: 김구와 적당히 거리를 두고 연대하고 있는 김원봉(金元鳳) 주도의 공산주의자 그룹)은 제외할 생각이오. 모든 정당과 국민들이 나를 확고하게 지지하고 있소. 여운형과 그의 아우는 내가 시키는 일은 무엇이든 하겠다고 말하고 있소.

던(Dunn)을 비롯해서 여섯 사람이 이곳에 올 수 있도록 군 당국에 허가를 신청했지만 하지 장군은 그들에게 기다리도록 명했고 윤병구(尹炳求)만 한국에 올 수 있는 허가를 받았소. 장군은 우리의 좋은 친구 프레스톤 굿펠로우 대령도 한국으로 나올 수 있도록 조처를 취하고 있소. 장군은 나에게 국무부에 보내는 보고서의 사본을 보내왔는데, 거기에는 국무부가 초기의 정책을 전환하지 않으면 상황이 더욱 악화될 것이라는 등의 내용이 들어 있었소.

오늘 오후 나는 각 정당 및 단체의 지도자들과 회견을 하려 하는데 그들이 중앙위원회를 설립할 수 있게 되기를 바라고 있소. 무엇보다도 우스운 사실은, 공산당이 나를 수반으로 하는 정부를 구성했다는 것이오. 나는 그들에게 소련이 반공주의자라고 비난하는 나를 공산당의 지도자로 삼아주니 정말 영광이라고 말해 주었소.

앞서 말했던 지도자들이 속속 도착하고 있어서 이 편지를 오늘 붙일 수 있도록 여기서 펜을 놓아야 할 것 같소. 저 유명한 삼인방인 이승만, 김구, 김규식, 이 세 사람이 얼마나 빠른 시일 안에 덕수궁에서 자리를 함께 할 수 있을까요? 하지 장군이 나를 만나기 위해 도쿄에 왔을 때, 그는 내가 거주할 수 있도록 낡은 궁궐을 수리하겠다고 말했지만 나는 그렇게 하지 말라고 했소. 이 편지를 존 [스태거스]에게도 보여주면 좋겠소.

이틀 후인 10월 23일, 이 박사는 저명한 정치 지도자들이 모두 참석한 회의를 주재하였다. 이 회의에서 한국 독립촉성 중앙협의회(Central Committee for Korean Independence)가 결성되었다. 만장일치로 신탁통치가 거부되었고, 한국의 독립은 고려하지 않고 있다고 말한 지난 9월의 트루먼 발언에 대해 연설자들은 모두 "엄청난 모독"이라면서 비난했다. 일부 연사는 한국인의 독립에 대한 의지를 보여주기 위해 시민불복종운동을 전개하자고 제안했다.

한편, 한국의 운명을 결정하고 있던 국제적인 여러 정책에 대한 이 박사의 반대는 탄력을 받게 되었다.

11월 12일, 그는 내게 이런 내용의 편지를 보냈다:

… 얄타와 테헤란에서 군사전략이 논의되었을 때, 미국은 동해를 38선까지 순찰하면서 일본 선박의 통행을 방해하기 위해 기뢰를 부설하는 등 모든 필요 조치를 취한다는 데 합의했소. 미국이 원자폭탄에 온 신경을 집중한 나머지 일본과 한국의 점령에 대한 대책을 세우지

못하고 있을 때, 소련은 미국 정부에 38선까지 진격할 것이라고 일방적인 통보를 했던 것이오. 국무부나 군 당국 양쪽 모두 이와 관련해 사전에 아무것도 알지 못했고 나중에 기정사실에 대한 정보만을 통보받았을 뿐이었소.

한편, 프란체스카 여사를 서울로 모셔오기 위한 준비작업이 완료되었다. 이 박사는 나를 초빙하여 한국에서 자기와 함께 일할 수 있는 방법이 있는지를 알아보고 있었다. 12월 17일, 프란체스카 여사는 내게 다음과 같은 편지를 보내왔다:

저는 늦어도 이달 말이나 1월에 떠나 2월 초에는 한국에 도착할 것 같습니다. 이 박사에게 한국에서 우리의 가장 좋은 친구인 하지 장군에게 말해서 당신에게 적당한 교육고문 같은 관리직이 있는지를 알아봐 달라고 했습니다. 이 박사는 제게 미군정에는 많은 고문이 필요하며 당신을 필요로 하는 자리는 얼마든지 있다고 했습니다. 그렇게 되면 당신은 여러 가지 특혜를 받게 되는데, 항공권을 우선 배정받고 무료로 비행기 여행을 할 수 있으며, 당신이 떠나 있는 동안 가족에게는 봉급이 정확하게 지불될 것입니다.

한국인들이 지급하는 봉급은 한국화폐인 원화로 지불할 것인데 원화는 당신이 미국으로 송금할 수 없기 때문에 미국의 가족에게는 별로 소용이 없을 것입니다. 하지만 군정청에서 받는 급여는 이곳 미국의 가족에게 송금할 수 있을 것으로 확신합니다. 이 박사는 당신의 노고를 높이 평가하고 있으며 한국에서 하는 일들에 대해서도 확실하게 보상을 받게 될 것입니다. 그곳에서 돈의 가치가 얼마나 되는지 알지 못해 정확한 급여 액수는 말씀드리기가 어렵습니다만, 가족에게 봉급이 지급되는 이상은 당신께서 잘 꾸려나갈 수 있으리라 생각합니다.

이 박사는 제게 보낸 편지에서 존 카터 빈센트(John Carter Vincent)가 신탁통치에 대한 자기 계획을 실행에 옮기기 전에 당신이 한국에 빨리 와주기를 바란다고 말하고 있습니다. 이것은 미국의 최고 정책들이 "조무래기 관료들"에 의해 입안되고 있다는 이 박사의 또 다른 의구심의 예증입니다.[17] 물론 당신이 한국으로 빠른 시일 안에 오실 수 없다는 것을 잘 알고 있지만, 그래도 너무 늦지는 않길 바랍니다. 이 박사는 이렇게 말씀했습니다. "올리버 박사가 지금 이곳으로 와서 나를 도울 수 없더라도 신탁통치가 시행된 후에라도 우리의 반대투쟁을 도울 수 있을 것"이라고요.

사실 한국에 대한 신탁통치 계획은 이미 소련과 미국 정부의 고위층 간에는 원칙적인 합의를 본 사항이었으며, 그 발표가 1945년 12월 27일 모스크바 회담에서 공식화되었을 뿐이다. 이의 실행을 위해 미·소 공동위원회(Joint Soviet-American Commission)가 설립되었고, 소련 대표로는 소련 북한 점령군 사령관인 이반 시티코프 중장이, 미국 대표로는 남한의 A. V. 아놀드 소장이 임명되었다.

공동위원회는 12월 말경에 첫 회담을 시작했지만 소련 측이 38선을 따라 철의 장막을 강경히 유지하겠다고 주장하여 회담은 시작하자마자 곧바로 중단되고 말았다. 다음 회담은 1946년 5월에 개최되었는데 그때는 이미 미·소간의 협력은 척하는 시늉조차 남아 있지 않은 상황이었다.

1946년 1월 3일, 프란체스카 여사는 한국에 가는 교통편을 기다리고

---

17) 국무부 『회보』, 1975년 10월 25일자 p.57의 보고에서 보듯이, 빈센트(Vincent)는 대외정책협회(Foreign Policy Association) 포럼 연설에서 이렇게 말했다. "일본 지배 후의 한국은 즉각적으로 자치를 할 준비가 되어 있지 않다. 따라서 우리는 한국이 독자적인 행정권을 인수받을 준비가 될 수 있는 일정 기간 동안 신탁통치를 주장한다. 그 기간이 얼마나 될지는 누구도 알지 못한다. 다만 그 기간이 짧으면 짧을수록 더 좋다는 데에는 동의할 것이다."

있던 시애틀에서 내게 편지를 보냈다. 이즈음 이 박사와 하지 장군의 관계는 긴장이 고조된 상태가 되어 있었다. 그들을 갈라놓은 문제는 두 사람 중 그 누구도 무시해 버리거나 해결할 수 있는 그런 것이 아니었다. 이 박사는 "조속한 한국 독립의 실현"을 맹세한 반면, 하지 장군은 한국에 대한 미·소의 신탁통치 정책을 실행에 옮겨야만 한다는 것이었다. 두 사람 모두 "이성적으로" 서로 협력하지 않고 있다는 이유로 비난을 받아 왔다. 하지만 그런 상황에서 두 사람이 협력할 수 있는 중용(中庸)이라는 것이 있을 수 있겠는가?

프란체스카 여사의 편지에는 다음과 같은 문구가 포함되어 있었다:

이 박사께서 작성한 성명서 사본을 보냅니다. 그는 이 성명서를 하지 장군에게 보여주었는데, 하지 장군은 그 성명서의 내용에 대해 긍정적인 듯했으나 그 때문에 이 박사가 다칠지도 모르겠다고만 말했습니다. 당신도 아시다시피 이 박사는 그런 것에 신경을 쓰실 분이 아닙니다. 이 성명서를 어떤 식으로든 마음대로 활용해 주세요. 걱정되는 점은, 늘 그랬듯이, 이 박사의 생각이 너무 앞서 나간다는 것입니다. 하지만 당신께서 성명서의 내용에 손질을 좀 하셔서 사람들이 잘 이해할 수 있게 해주셨으면 합니다.

이 박사의 성명서에는 즉시 비상국민회의를 설립해서 한국의 독립을 촉진시킬 조치들을 시작하자는 내용을 담고 있었다. 이 회의는 실제로 2월에 소집되고 주요한 한국의 정치지도자들로 구성된 남조선 민주의원(the Representative of Democratic Council of South Korea)이라는 단체가 만들어졌다. 이 단체의 공식적인 역할은 하지 장군에게 정치적 자문을 하고, 한국인의 여론을 대변하는 것과, 한국 국민을 "교육"해서 모스크바에서 합의된 신탁통치의 준수와 그 필요성을 받아들이도록 하자는 것이었다.

물론 뒷부분의 역할 때문에 미국 정부는 이 단체의 설립을 승인했다.

이 박사가 의장으로, 김구와 김규식은 상임 부의장으로 선출되었다. 여운형은 민주의원 의원직을 수락했지만 공산주의자들에게 두 번이나 납치되어 "세뇌"당한 후 사퇴했다. 한 번은 "세뇌교육 중"에 납치자들은 여운형을 남산의 절벽 위로 끌고 가서 그가 "정신이 번쩍 들도록" 설득하기도 했다. 민주의원 중에는 신탁통치를 수용할 생각을 가진 사람은 아무도 없었다. 이 민주의원은 곧 한국의 지도자들이 한국에 대해 계획된 국제정책에 반대할 수 있는 장소가 되었고, 동시에 그들 간의 의견차이가 더욱 두드러지고 양극화되는 장이 되기도 했다.

한편 유엔은 이미 활동을 시작했고, 자유진영은 유엔에 많은 것을 기대했다. 세계를 분열시키는 불화(不和)는 해소될 것이고, 현안은 타협될 것이며, 충돌은 합의(合意)로 대체될 수 있을 것으로 기대되었다. 요컨대 세계를 분열시킨 근본적인 현안들은 해결이 아니라 덮어버릴 수 있게 된 것이다.

한국과 워싱턴에서의 어두움은 흩어져 사라지기보다 오히려 더욱 짙어질 것처럼 보였다. 일본의 패전은 한국의 식민지 상태를 확실히 종식시켰다. 제2차 세계대전의 종식과 유엔의 창설은 전 인류에게 건설적인 협력을 위한 활기찬 기회를 제공하였다. 하지만 갈등의 근원은 깊이 뿌리를 내리고 있었다. 이승만에게나 한국 독립운동의 측면에서나 어려움은 점점 가중되어 갔으며, 여러 가지 문제점은 엄청나게 쌓여가고 있었다. 우리가 워싱턴에서 겪었던 고난의 세월은 악화일로에 있는 한국의 상황에 비하면 비교적 평온한 전주곡에 불과했다.

이미 독일-이탈리아-일본 축국국에 대한 연합국의 압승은 그 대부분이 환상이었다는 점이 분명해졌다. 그 이유는, 연합국 정치가들 사이의 뿌리 깊은 불화, 소련의 야심에 대해 루즈벨트 대통령이 취했던 핵심적인 양보로 인해 대서양 헌장의 정신이 훼손되었기 때문이다. 분명한 사실은 제2차 세계대전의 "열전(熱戰: fighting war)"이 민주진영과 공산진영 사이의 "냉전(冷戰: cold war)"으로 아주 신속하게 전환되었다는 점이다.

이것이 이승만이 해결하려고 노력하고 있던 상황이었다. 이러한 상황에서 그가 나의 지원과 자문을 구하고 있다는 사실에 나는 감명을 받지 않을 수 없었다. 우리가 모두 준비되어 있지 못했지만 전 세계의 고위직에 있는 외교관들이 넘쳐나는 수많은 문제를 해결하는 데 있어서 더 잘 준비되어 있지 않았다는 것은 불행하게도 사실이었다.

미국과 유럽의 정치·문화·역사에 눈을 뜨게 해준 배재학당

▲ 1885년 아펜젤러가 세운 배재학당

▲ 이승만이 영어회화를 배운 미국인 제
중원 여의사 화이팅 자매. 영어로 적
힌 글은 이승만의 친필이다. 1894.
한 달에 20불씩 받고 한국말을 가르
쳤다.

▲ 배재학당의 설립자 아펜젤러의 가족사진.
이승만을 아꼈던 그는 1902년 해난사고로
사망했다.

옥중 동지와 옥중 저서 — 평생 지침이 된 『독립정신』『한영사전』 원고

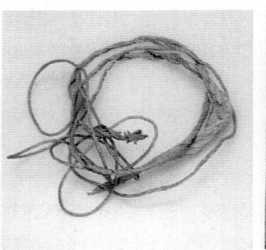

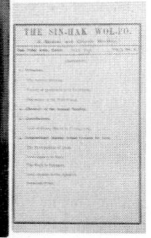

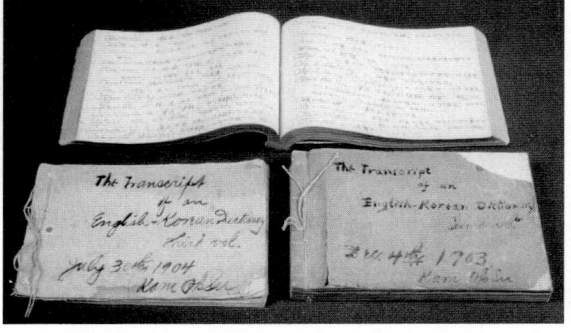

고종의 밀사로 미국에 갔으나 세상은 이미 일본세상이었다.
– 한국총영사도 일본지시에 따랐다

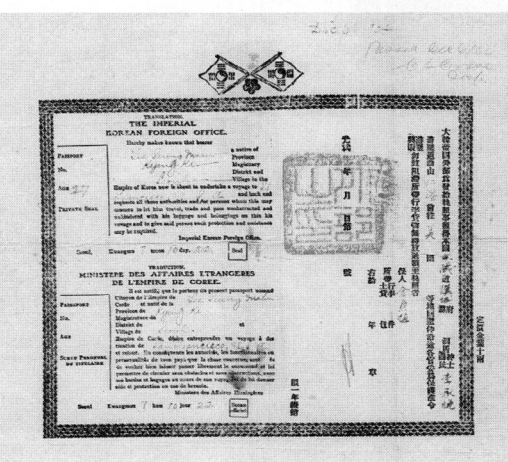

▲ 대한제국이 발급한 이승만의 여권.
발급 날짜는 광무 8년(1904년) 10월 22일.
선교사들의 도움으로 고학(학문)의 길로 가다

▲1907년 여름 대학 졸업

▲ 대학 재학 당시 이승만을 물심양면으로
도와준 보이드(Boyd) 여사. 1914년에 찍
은 사진으로 보인다.

▲ 하버드대학 석사 학위증

1910. 7. 18.
한국인 최초로 미국 유
명 대학의 박사학위 취
득. 그것도 학사, 석사,
박사 모두 2년씩 6년이
란 최단 시일에.

귀국 후 조국에서의 첫 활동 YMCA 총무

▲ 서울 YMCA 성경연구반 학생들

▲ 1911년 6월에 〈기독학생 하령회〉가 열렸던 개성의 한영서원(韓英書院).
이승만이 정문 중앙에 서있다.

미국 망명생활(독립운동) 근거지 하와이

▲ 한성정부의 '집정관총재'로 선출된 다음 한인기독학원 〈이승만 설립〉에서 개최된
이승만 박사 '대통령' 취임 축하행사

◀ 4만여 달러를 들여
1938년 4월 광화문
을 본떠 지은 호놀룰
루 한인기독교회, 이
승만을 후원해준 대
한부인 구제회 멤버
들의 기념촬영

임시정부 대통령 시대

◀1920.1.
상해에서 환영

◀그 당시 중국옷으로
변장한 모습

1933 제네바 방문에서 만난 프란체스카

▼그 프란체스카 부인의 도움으로 출간된
일본의 선제공격을 예언한 일본내막기

구미위원부의 활동

▲구미위원부 앞에서 찍은 기념사진, 앞줄 왼
쪽부터 이승만, 배서 에이븐, 법률고문 폴
프, 뒷줄 서재필, 정한경

▲ 김규식과 함께

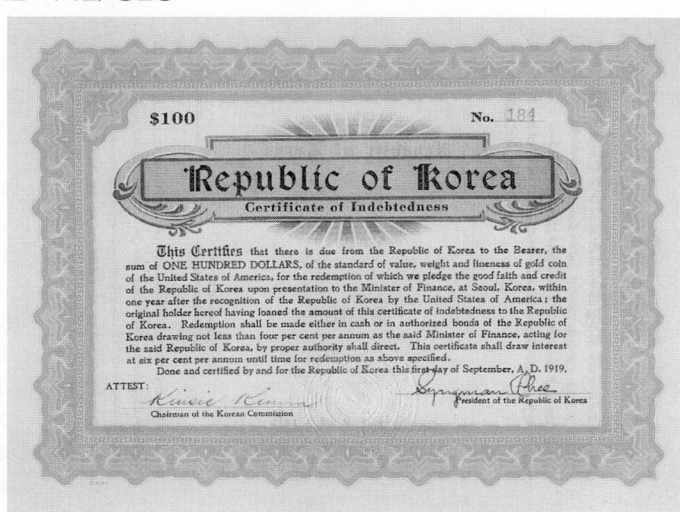

▲첫 사업으로 자금모집을 위해 발행한 공채. 이승만 김규식 공동명의

▼ 1944.8.9. 열린 임정승인촉구 한미협의회 모임. 뉴욕 아스토리아호텔에서

▲ 미국우표에 태극기를 넣었다. 1944.11.

제2장
1946년 여름: 서울

미국 관리들은 이 박사가 신탁통치에 무조건 반대할 것이 아니라 신탁
통치의 의미와 그 시행 방식에 대한 보장과 함께 자유선거와 독립에 대한
분명한 보장을 요구해야 한다는 것이었다. 한 마디로 워싱턴 당국은 미국
과 소련이 동유럽에서는 전혀 이루지 못했던 타협을 한국에서는 이룰 수
있을 것이란 점을 이 박사가 무조건 믿어야만 한다고 생각했다. 말하자
면, 연립 과도정부를 거친 후 완전한 한국의 자치정부로 이행할 수 있다
는 사실을 믿어야 했다는 것이다.

그러나 이 박사는 그렇게 되면 자기 역할이란 결국 한국의 주인을 일본
에서 공산주의자로 교체하는 데 합의해 주는 셈이라고 생각했다. 두말할
것도 없이 그는 이런 제의를 거부했다.

1946년 연초에 하지(Hodge) 장군은 이 박사를 한국에서 "우리의 가장
좋은 친구"라고 평했다. 그러나 그 해가 다 가기도 전에 두 사람의 우정
에는 금이 갔고 갈등은 공개적으로 표출되었다. 이 박사는 워싱턴으로 날
아가서 국무부에는 개인적으로, 언론에는 공개적으로, 하지 장군과 미군
정을 비난했다.

정치적 대 격변은 한국에서만 일어나고 있었던 것이 아니다. 1946년
3월 5일, 윈스턴 처칠은 미주리주 풀턴의 한 작은 대학에서 당시 많은

사람들이 공감하고 있던 유엔을 통한 국제협력이라는 보랏빛 희망은 물거품이 돼버렸다는 사실을 공개적으로 선언하는 역사적인 강연을 했다. "철의 장막(iron curtain)"이 전 유럽대륙에 드리워졌고 그에 따라 동유럽의 전 지역은 감옥상태처럼 되었고, 소련의 "끝없는 패권주의와 공산주의 확장"이라는 야욕으로 전 세계가 위협받고 있는 상황이라고 처칠은 주장했다.

한국의 경우, 소련과의 합의를 통해 4개국의 신탁통치 아래 민주적으로 선출된 과도정부를 구성하여 한반도를 재통일한다는 미국의 정책이 다소 삐걱거리고는 있었지만 그래도 아직 완전히 폐기된 상태는 아니었다.

4월 18일, 미·소공동위원회는 "공고문 제5호"를 발표했다. 여기에는 한국의 재통일과 관련하여 양측은 "협의의 대상"이 될 수 있는 한국인으로는 먼저 (1) 한국의 신탁통치를 요구한 모스크바 협정을 수용하고, (2) 과도정부 구성을 위한 선거 방식, 공직자의 자격 요건, 과도정부의 역할 범위 등에 대한 미소공동위원회의 결정 사항을 준수할 것을 밝힌 선언문에 서명한 자에 국한하도록 하는 것에 합의하였음을 알리고 있다.

그러나 그렇게 할 경우 공산주의자와 그 동조자들만이 그런 선언문에 서명할 것이기 때문에 미국은 난관에 부딪쳤다. 미국은 모스크바 협정의 포기를 의미하는, 신탁통치 아래에서 한국을 재통일하려는 희망을 단념하거나, 아니면 어떻게든 한국의 민족주의 지도자들에게 공고문 5호의 조건들을 수용하도록 압력을 가해야만 했다.

후자의 경우는, 한국 지도자들에게 압력을 행사하지 않을 수 없게 되므로 장군으로서는 그리 마음 내키는 일이 아니었다. 당연히 이 박사도 그런 조건과 정책에 완강히 반대했다. 소련이 수용하지 않는 한 해결책이 없다고 하는 명제에 미국이 묶여 있는 한, 한국의 민족주의자들과 미군정

당국과의 협력은 불가능했다.

그 결과 1946년이 시작될 무렵에는 거의 모든 사람들이 받아들였던 이 박사의 독립운동 지도력에 대해 그해가 다 가기도 전에 미국의 정책입안자들이 도전하게 되고 부정하게 되었다. 또한 영향력 있는 많은 한국 지도자들도 이 박사의 지도력에 대해 의구심과 거부감을 품게 되었다.

1946년 한 해는 잘못되어 간 일이 많았다. 그 책임의 일단은 아직 막도 열리지 않은 무대에 오른 몇몇 배우들의 탓이 크다. 하지 장군과 이 박사는 두 사람 모두 오산과 실수가 있었다. 그러나 그 책임의 상당 부분은, 공산주의자와 반공주의자가 합의만 하면 그에 따라서 협력, 타협, 연립과 같은 것을 서로 수락할 수 있을 것이라고 생각한 이루어질 수 없는 꿈 때문이었다. 장기적이고 세계적인 측면에서 보면 그런 희망은 이루어질 수 있는 여지가 있었을는지 모르지만, 냉전이란 맥락에서 보거나 공산주의자와 한국 민족주의자들 간의 상반된 목표를 고려해 볼 때, 미국이 선택한 과정은 현실적 정책이 아닌 이루기 힘든 판타지에 불과했다.

5월 8일, 미·소공동위원회의 소련 측 대표 책임자인 테렌티 스티코프(Terenti Shtykov) 장군은 하지 장군을 찾아와서 느닷없이 모스크바로부터 훈령이 와서 회담을 중단하고 북으로 돌아가야 한다고 말했다. 그러면서 "그 주된 이유는 … 소련이 한국과 가까운 이웃에 있기 때문에 소련에 충성스러운 과도 민주정부를 한국에 수립하는 데 관심이 있기 때문"이라고 말했다.[18] 소련의 속셈을 그대로 드러낸 스티코프의 이 미련스러운 말을 들은 미국의 정책입안자들은 바로 소련의 목표에 등을 돌리고 그 대신 진정한 한국의 독립을 위해서 진정한 한국의 애국자들과 협력해야 했다는 것을 분명히 알았어야 했다. 그러나 미국인들은 여전히 전 세계의

18) 칼 버거(Carl Berger)의 책에서 인용. 『한국의 혼란』(*The Korean Knot*), Philadelphia: University of Pennsylvania Press, 1957, p.69.

화해와 조화라는 "샌프란시스코의 환상"과 모스크바 협정에서 합의된 신탁통치 프로그램은 반드시 수행돼야만 한다는 생각에 사로잡혀 있었다.

한국은 미-소 경쟁의 와중에 꼼짝 못하게 잡혀 있었다. 1946년과 1947년, 이 두 해 동안 한국은 양 강대국의 미래관계가 결정되는 중심점이란 사실이 더욱 확실해지고 있었다. 그에 따라 이 박사가 "고래 싸움에 새우등 터진다(In the battle of the whales, the shrimp get crushed.)"라는 중국의 고사를 인용하는 횟수도 늘어났다.

정치투쟁을 관찰해 왔거나 직접 참여해 본 많은 사람들은 결론적으로 이 박사가 자신이 가진 완벽한 솜씨를 충분히 발휘하지 못했다고 말한다. 하지 장군 역시 외교술이 부족하다고 많이 비난받았다. 그러나 이 박사, 하지 장군, 김규식, 김구, 여운형, 워싱턴의 정책 입안자들이 태도를 바꾸었다고 하더라도 사태는 크게 달라진 것이 없었을 것이다. 제2차 세계대전 후의 한국은, 이전의 오랜 역사에서 그러했던 것처럼, 동북아에서 한반도를 둘러싼 야심찬 강대국들의 각축의 중심이 될 수밖에 없는 그러한 위치에 놓여 있었다.

그런데 더 중요한 사실은, 한국 문제는 전후 미·소 관계에 따라서 발생한 문제였다는 점이었다. 유엔의 입장에서 세계를 바라본 정치 원리가 타당하다고 가정한다면, 한국 문제에 대한 "타협"을 위한 노력은 일출(日出) -더 정확히 말하면 일몰(日沒)-처럼 피할 수 없는 일이었다. 그렇다고는 해도 소련이 북한에서 더 자유로웠다는 점은 주목할 만하다. 그렇다고 해서 북한의 소련 동조자들이 교조주의적 마르크스주의자들이었다는 뜻은 아니다. 오히려 그것과는 거리가 한참 먼 사람들이었다. 그들에게 있어서 이데올로기 문제는 별 의미가 없었으며, 그들은 "전 세계의 노동자들을 단결시키는 일"에도 관심이 없었다. 반대로, 그들의 공산주의적 성향의 근본은 민족주의였다. 그들은 자기 국가의 주권 회복을 도와줄 친구를 찾고 있었지만 그런 친구를 쉽게 찾을 수는 없었다.

한국 전체가 적어도 완전히 한 세대 동안은 "친공적(親共的)"이었다. 일본이 한국을 합병한 1910년 이후, 소련은 한국 민족주의자들의 생각에는 유일한 친구처럼 보였다. 1903년의 영일(英日)조약에서 밝혀졌듯이, 미국은 대체로 영국의 노선을 따랐으며, 그로 인해 일본은 극동에서 강대국 중 하나의 지위를 누릴 수 있었고 극동에서의 안정과 평화는 일본에 의존되고 있었다.

윌슨 대통령이 "민족자결권"을 선포하고 있던 1919~1920년에도 미국에서는 한국의 독립 요구를 지지하는 어떤 조짐도 없었다. 그러던 중에 1925년, 서울에서는 조선공산당이 창당되었다. 소련은 시베리아로 망명한 한국 애국지사들을 환영하고, 시베리아와 만주의 망명 지사들을 지원했으며, 소련만이 대 일본 한국 게릴라전 및 사보타지 활동을 도와주었다.

중국공산당과 국민당 정부는 자기들이 일본과 전쟁에 들어간 후에야 한국의 민족주의자들을 지원했다. 당연히 한반도 전역에는 친 공산주의 정서가 형성될 이유가 있었고, 실제로 그러한 정서는 만연되었다.[19]

북한의 경우는 일본이 항복을 하기도 전에 소련의 지령에 따라 중앙인민위원회가 조직되었다. 북한을 점령한 소련군은 군정을 하지 않고 대신 한국인들로 구성된 중앙인민위원회란 것을 만들어 소련의 통제 아래 자치권을 부여하였다.

---

19) 이 점에 대해서는 한국의 공산주의에 관한 단연 뛰어난 스칼라피노(Robert A. Scalapino) 박사와 이정식 공저 『한국의 공산주의』(*Communism in Korea*), Ⅱ Vols. Berkeley: University of California Press, 1972, 1장 등 참조.

1946년 2월 9일, 중앙인민위원회는 5명의 상임간부회의가 이끄는 23명으로 구성된 임시인민위원회로 대체되었다. 상임간부회 및 간부회의의 의장은 한국인으로 소련군 소령으로 진급되어 있었던 김일성으로, 소련군은 그를 북한 인민들에게 공식으로 김 장군으로 소개하였다. 5월에 서울에서 미·소공동위원회가 재개되자 김일성은 "미래 한국정부의 기본정책"이란 문서를 발표했는데, 여기에는 모든 인민을 위한 자유, 평등, 정의, 번영을 약속하는 20개 조항이 포함되어 있었다.

한편, 미군정의 통치 아래에 있던 남한에서도 공산당은 정치 및 선전활동에 완전한 자유를 허용 받고 있었는데, 그들의 궁극적 목표는 북한과의 "통일"에 맞춰져 있었다. 그러나 제반 여건은 민주주의를 위해서는 희망적인 것이 아니었다.

1946년으로 접어들자 이 박사에게는 1945년 10월 환국 시에 가슴에 벅차오르던 행복감은 이미 거의 사라져버렸다. 이구동성으로 이 박사 지지를 표명하면서 주위에 모여들었던 많은 한국의 정치가들은, 이 박사가 서로 다른 원칙과 정책뿐만 아니라 적대적인 지도자들까지도 포용하는 연립정부를 위한 타협적인 정책강령과 계획을 내어 놓을 것으로 기대했었다. 이미 70세가 넘은 이 박사의 나이를 고려해서 그들은 그가 명목상의 수반, 다시 말해서 그 이름과 명성을 자신들의 목적에 맞게 이용할 수 있는 상징적인 원로 정치가로 남아 있기를 원했다. 하지 장군과 장군의 국무부 고문단은 이 박사를 치켜세워 겉치레뿐인 고위직을 주어 그를 우대하면 미국의 프로그램에 대한 한국인들의 지지를 얻는 수단으로 이 박사를 이용할 수 있을 것이라고 확신했었다.

그러나 그들 자신의 목적을 위해 이 박사를 이용할 수 있을 것이라는 그들의 생각이 비현실적이었다면, 이 박사 자신의 생각 역시 현실적이지 못했다. 그는 한국 국민들이 자신을 특별한 지도자이자 대변자로 생각한다고 확신하고 있었고, 이런 생각은 일련의 사건들로 비춰볼 때 대체로 옳았다. 또 이 박사는 한국인이 자신이 선택한 지도 방침대로 잘 따라와 줄 것이라고 생각했다. 그러나 이것은 더욱 불확실한 생각이었다. 따라서 그는 미군정이 한국문제에 대한 자신의 해결책을 받아들이지 않을 수 없을 것이라고 확신했었다. 이런 가정은 장기적으로는 기본적으로 옳았던 것으로 입증되었으나, 그러나 오랫동안 많은 갈등과 좌절을 겪어야만 했다.

그 기나긴 불화와 공개적인 갈등의 시간 동안, 이 박사는 굽히지 않는 강인함을 유지해 나가면 결국엔 이길 수 있다는 확신을 가지고 있었다. 타협은 필연적으로 공산주의에 항복하는 결과를 가져올 것이라고 믿었기 때문에 그는 원칙적으로 그것을 거부했고, 또한 타협이란 원래 이 박사의 성격상 맞지 않는 일이기 때문에 거부했다.

확신은 그의 평생을 지탱해 준 강철의 보루였다. 그런 확신이 없었다면 과거 낡은 왕정 반동주의에 처음 저항을 시작한 이래 50년 동안 겪어온 여러 번의 좌절 앞에서 그는 포기하고 말았을 것이다. 하지만 그를 비판하는 사람들, 심지어 그의 많은 친구들에게도 이 박사의 그 옹고집은 눈에 띄었다. 또한 그런 완고함은 한국의 정적들이나 미국의 당국자, 국내외 언론들이 이 박사에게 던진 주된 공격거리였다.

가장 중요한 것은, 이 박사의 뇌리에 뿌리 깊게 자리 잡고 있었고 또 그가 미국에서 귀국할 때 간직하고 돌아온 반(反)공산주의 정서가 미국 정부의 연립 정책과 직접적으로 충돌했을 뿐만 아니라, 한국인들 사이에 널리 퍼져 있었던 친(親)공산주의 정서와도 정반대였다는 사실이다. 이 박사는 귀국해서 얼마 지나지 않아 소련 공산주의에 대한 우호적인 분위기가 남한에 널리 퍼져 있음을 알게 되었다.[20]

출판예정인 미군정에 관한 가장 면밀한 연구서에서[21] "국내외에서의 독립운동은 대체로 공산주의자들이 주도했으며" 그리고 "한반도에서 이 핵심적인 지하 공산주의자 일꾼들이 없는 지역은 거의 없었다"고 지적하고 있다.

공산주의자들은 그 일반적인 전술에 따라 신문과 영화관을 장악하는 데 집중했고, 학교를 파고들었으며, 지역의 노동조합 및 농민단체와 긴밀하게 협력했다. 이 박사는 한국에서 반(反)공산주의 정서가 당연하게 받아들여진다고 생각할 수 없다는 것을 분명히 알게 되었다.

제1장에서 언급했듯이, 이 박사가 1945년 10월 16일에 귀국했을 때 공산주의자들 역시 그를 환영했었다. 그들은 실제로 이 박사에게 공산당의 명목상 수반직을 제안했다. 미국 당국자들도 한국 문제를 해결하기 위해서 소련과 협력하겠다고 약속했다는 점에서 강력한 "용공주의자"들이었다. 머지않은 1950년에 밀어닥친 미국의 반공주의 매카시즘 선풍의 정서와는 극명히 대비되게, 남한의 미군정은 공산주의당을 합법적인 정당으로 인정했다.

---

20) "좌익" 학자들은 1945년 한국에서 친(親)공산주의 분위기가 만연했다는 점에 대해 의심하지 않는다. 이와 관련해서 가장 주목할 만한 연구서 가운데 하나는 『1918–1948년 기간의 한국 공산주의 운동』(The Korean Communist Movement, 1918–1948), Dae–Sup Suh, Princeton: Princeton University Press, 1967.이다. 〈신좌익 평론〉(New Left Reviews)의 편집인 존 할리데이는 "유엔과 한국"(The United Nations and Korea)이란 글에서 프랭크 볼드윈(Frank Baldwin)이 편집한 『평행선을 넘어서』(Without Parallel)를 인용하면서 진지하게 이렇게 천명했다. "1945년 한국에 관한 핵심 정치상황은 한국이 도전받지 않는 국가적 정체성을 가지고 인구의 절대다수가 지지하는 하나의 영웅적 [원문 그대로] 좌익 혁명운동을 하고 있던 유일한 국가였다"라고 선언한다. p.110 참조. 할리데이의 태도가 편향되기는 했지만 그럼에도 그의 결론은 한국인의 정서를 반공주의로 돌리기 위한 이 박사의 노력이 얼마나 힘든 과정이었는지를 잘 보여준다.

21) 『한국에서의 미군정』(American Military Government in Korea), E. Grant Meade, p.38, p.42. 참조.

1945년 11월 21일, 이 박사는 한국의 라디오 방송을 통해 공산주의를 격렬하게 공격하였다. 이러한 그의 행동에 하지 장군은 깜짝 놀랐고 큰 충격을 받았다.

12월 27일, 모스크바에서 한국의 신탁통치 시행을 위한 협정이 발표되었다.

이 박사는 이틀 동안 칩거에 들어갔으며, 하지 장군과의 밀월을 끝내야만 한다는 사실이 서글프기만 했다.

12월 29일, 이 박사는 안타까운 심정으로 신탁통치는 철회되어야만 하며, 모든 한국인은 신탁통치를 받아들이지 않겠다는 결의를 보여야 한다고 선언했다.

그의 선언에 따라 총파업이 시작되었다. 중앙청의 난방은 끊겼고 수도관들은 동파되었다. 쓰레기도 수거되지 않았고, 공공건물 곳곳에 오물이 넘쳐나기 시작했다. 버스와 전차는 운행을 멈추고, 전국의 주요 도시에는 데모의 물결이 넘쳤다.

그러자 하지 장군은 "신탁통치는 확정적인 것이 아니며, 한국 국민들이 더 잘 협력해 준다면 필요하지 않을지도 모른다"는 성명서를 발표하면서 통치력의 회복을 시도했다. 하지만 신탁통치는 실제로 미국의 정책으로 공고된 것이었기 때문에 이 기묘한 성명서는 오히려 한국인들의 의심과 혼란을 부채질했다.

이후 몇 주 동안 이 박사는 병이 나서 별로 활동을 하지 못했다. 1946년 2월 23일, 이 박사는 이런 편지를 보내왔다:

> 다행히 이제는 침실 밖으로 나올 수 있을 정도로 회복되었소. 지난 두 달 반 동안은 꼼짝없이 침실에만 있다 보니 편지 한 통 쓸 수 없었구려.…

> 이제부터는 편지를 계속해서 보낼 수 있을 것이오. 굿펠로우 대령은

이곳에서 한국을 위해 큰일을 하고 있다오. 극히 최근에야 우리는 위원회 조직을 끝내고 그 본부를 덕수궁에 두었소. 어제는 덕수궁을 세 번째로 찾아가 회의를 주재했소. 등골까지 오한이 들어 집에 돌아와서 몸을 따뜻하게 하고 있소. 아직도 의사와 간호사들의 보살핌을 받고 있으나 차차 회복되어 가고 있소.

당신에게 계속 사태의 진전 상황을 알려드리겠소. 우리가 여기에서 하듯이 귀하께서도 계속 건투해 주시기 바라오.

굿펠로우(Goodfellow) 대령은 5월 24일 퇴역할 때까지 서울에 머물렀다. 대령의 주요한 공헌은 이 박사와 하지 장군의 깨어진 업무상 협력관계를 수습하여 새롭게 했다는 것이다. 그것은 이승만과 다른 한국 지도자들이 미군정에 "자문"하도록 되어 있었던 민주의원 창설에서 상징적으로 나타났다.

그러나 미 당국자들은 한국에 대한 신탁통치 설치안을 두고 소련과 합의하기로 언약한 반면, 이승만뿐 아니라 공산당을 제외한 모든 한국 사람들은 한국의 독립에 헌신하고 있었기 때문에 이 박사와 하지가 협력할 수 있는 여지는 사실상 거의 없었다.

1월 3일, 한국 공산주의자들은 신탁통치의 찬성을 공식적으로 선언했으며, 그에 따라 남한의 조직화된 정치 그룹들 가운데 유일하게 공산주의자들만이 미국의 정책을 지지하는 기묘한 판국이 빚어졌다. 자연히 남한의 도시 및 농촌 전 지역에서 이러한 공산당의 연합은 한국의 항일운동을 지원한 공산당의 과거사와 더불어 친소(親蘇) 정서를 더욱 고조시키는 결과를 가져왔다.

이 박사는 완전히 건강을 되찾자 곧바로 남한 전역에 걸친 유세를 시작해서 대중을 상대로 매일, 때로는 하루에도 몇 차례씩 연설을 했다. 그리고 연설 중간 중간에 지역 지도자들과 협의하는 시간을 가졌다. 연설의 주제는 항상 같았다. 즉, 공산주의는 무서운 전염병인 콜레라와 같다. 공산주의와는 타협이나 협력이 불가능하다. 유일한 선택은 공산 독재주의에 굴복할 것인가 저항할 것인가 하는 것뿐이다. 한국 민족주의를 구원할 유일한 길은 신탁통치와 더불어 공산주의를 철저하게 거부하는 길뿐이라는 것이었다.

이 박사의 바로 이 캠페인으로 인하여 한국의 국민감정의 물결을 뒤엎고, 그때까지 줄곧 강화되어 온 공산주의를 거부하는 시발점을 만들었던 것이다. 서울로 돌아와서도 그는 매주 라디오 연설을 통해 그 캠페인을 지속했다. 이 박사가 한국 국민을 확신시키는 데 거둔 성공은 특기할 만하다. 한국에 있는 많은 미국인들도 개인적으로는 이 박사의 캠페인에 박수를 보냈다. 하지만 모스크바 신탁통치 협정을 이행할 방법을 찾아야 하는 책임을 지고 있었던 미국의 관리들은 분개하고 노발대발했다.

1946년 여름은 나에게 개인적으로 특기할 만한 시기였다. 처음으로 한국에 가서 여러 제1차 정보를 입수할 수 있었기 때문이다.

1945년 9월 19일, 이 박사는 워싱턴에서 내게 편지를 보내온 적이 있었다. 자기가 한국으로 귀국하기 전에 내가 대학을 사임하고 자기들의 홍보업무를 도와줄 수 있겠는지를 확인하고 싶다는 내용이었다. 나는 대학을 그만두기는 어렵지만 이곳 미국에서 내 일과 연관해서 기꺼이 온 힘을 다해 일해 나가겠다고 답신한 적이 있었다. 이승만은 한국의 미군정에서 내게 적합한 일자리를 찾을 수도 있을 것이라고 또 편지를 써 보냈다. 시러큐스 대학교의 봄 학기가 끝나가고 있었기 때문에 이 박사는 서울의 부유한 섬유회사 사장이자 보성 전문대학(고려대학교 전신)의 설립자인 김성수 씨를 통해서 내가 한국에 와서 일련의 강의를 할 수 있도록 주선했다.

그해 여름에 내가 작성해 두었던 여러 메모들은 이 장(章)의 나머지 부분의 기초자료가 되었다. 이 메모들은 나중에 그 당시 상황에 대한 해석이 아니라 당시 현장에서 내가 직접 본 상황을 그대로 반영한 것들이기 때문이다.

1946년 6월 3일, 나는 서울에 도착했다. 당시의 상황은 나에게는 "정치적으로 교착상태에 빠져 있던 이 박사에게 모든 게 서서하게나마 유리하게 전개되어가는 것"처럼 보였다.

다음날 아침, 나는 하지 장군과 부사령관 겸 남한 군정장관 아서 L. 러치 장군의 미팅에 호출되었다.

내 메모에는 이렇게 적혀 있었다: "두 사람은 많은 시간을 할애해서 나와 얘기를 나눴고, 나를 몹시 만나고 싶어 했던 것 같았다. 분명히 두 사람은 내가 큰 도움이 될 수도 있고 아니면 큰 골칫덩이가 될 수도 있는 존재라고 느끼는 것 같았다. 그들은 이 박사가 과대망상증으로 거의 정신이 나간 사람이라고 말한다. 실제로 하지 장군은 이 박사에게 은밀히 면담해 보도록 정신과 의사와의 만남을 주선하기도 했다. 그들은 이 박사가 개인적으로 대화를 나누면 아주 쾌활하고 좋은 사람이지만 대중 집회에 나가면 극도로 과격해지고 소련과 한국 공산주의자들을 비난해서 자신들의 일을 어렵게 만들고 있다고 말한다. 하지는 이 박사가 미군정에 더 이상 효용가치가 없어져가고 있으며 공개적으로 비난해서 그를 '파멸' 시켜야 할지도 모르겠다고 말했다."

그리고 하지 장군은 내 쪽을 바라보면서 아주 진지하게 이렇게 말했다: "당신을 한국에 오게 한 이유는 딱 한 가지입니다. 이 박사를 좀 자제시켜 주세요. 당신이 그렇게 못하게 되면 그 사람은 끝장입니다. 이 박사 때문에 우리가 한국을 통일시키기 위해 소련과 합의에 도달할 수 있는 가능성을 이미 망쳤을지도 모릅니다. 그는 한국 정계에서 가장 탁월한 분이고, 내가 보기엔 거의 유일한 정치가라고 말할 수 있습니다. 그러나 공산주의에 대한 공격을 멈추지 않는 한 한국 정부에 그분이 설 자리는 결코 없습니다."

내 메모는 당시 한국에서 나타나고 있는 몇 가지 대비되는 사항들을 보여준다:

오늘 오후 보성전문학교에서 몇 시간을 보냈다. 이 대학은 서울 외곽의 아주 황무지 같은 곳에 있지만 약간 변형된 고딕 형식의 회색 대리석 건물 두 동이 매력적인 캠퍼스 위에 아주 멋지게 우뚝 서 있다. 외관상으로는 미국 대학과 거의 흡사하게 보였다. 러치 장군 사무실로 돌아가기 전에 그 중의 한 건물을 둘러볼 시간을 가질 수 있었다.

이 대학은 미국 대학보다 더 민주적으로 운영되고 있는 것 같았다. 학장이 나를 개인적으로 만나 강의 일정을 조정하는 것이 아니라 모든 교수진이 총장 사무실에 모여 자유롭고 활발하게 토론을 벌였는데, 교수들은 학내 문제를 토론하고 결정하는 데 익숙해 보였다. 자연스럽게 몇몇 교수가 토론을 주도하고 다른 교수들은 그들을 따랐다. 내가 보기에 이것은 직급이 높아서라기보다는 타고난 지도력 때문처럼 보였다.

이 대학의 영어학 교수 이인수는 런던에서 6년간 공부하여 그곳에서 석사학위를 받았다. 철학교수 한 사람을 비롯하여 몇몇 다른 교수들은 미국 대학에서 박사학위를 받은 사람들이었다. 몇몇은 일본 대학교에서 학위를 받은 것으로 짐작되었지만 그들은 굳이 그에 대해 언급하지 않았다. 교수들은 모두 반일 성향을 가지고 있으며 당시 한국이 처해 있는 상황이 왜놈 때문이라고 비난하고 있다.

이 박사는 순회연설 여행 중이어서 외지에 있다. 프란체스카 여사도 함께 갔다. 보성전문으로 오는 길에 우리는 잠시 이 박사 집에 들렀다. 그 집은 아주 멋있고 사방이 담장으로 둘러싸여 있는 넓은 마당에는 다양한 종류의 관목이 심어져 있고, 연못과 그 사이로 작은 시냇물이 흐르게 조경되어 있었다. 집 뒤에는 산이 있었다. 최소한 6명의 경찰관이 경비를 서고 있었다. 집은 모든 한국 주택이 그런 것처럼 단층집이며 외관이 아주 멋있게 보였다. 우리는 집안으로는 들어가지 않았다.

6월 12일, 집으로 보낸 편지에 한국에서 가진 이 박사와의 첫 미팅 소감을 이렇게 적었다:

월요일 저녁, 이 박사의 리무진을 타고 가서 그들 내외와 저녁식사를 함께 했다. 프란체스카 여사는 안색이 안 좋아 보인다. 많이 여위었고, 그 어느 때보다 불안한 모습이다. 두 부부는 항상 어디를 가든 동행할 것을 고집하고 있으며, 여사는 한국 남성들은 리셉션 같은 행사에 참석할 때는 반드시 부인을 대동해야 한다고 주장한다. 이것은 한국의 관습과 배치되는 일이라는 점과, 서양인이라는 사실과, 부인의 신경이 날카로운 긴장감 등이 합쳐져서 여사는 한국인이 다소 안 좋아하는 인물이 된 것 같다. 여사는 이 점을 잘 알고 있지만 그런 태도를 바꾸지 않기로 작정한 듯하다.

여사는 한국 여성의 위상을 높일 수 있는 큰 기회가 왔다고 생각하고 있으며 진정으로 그 일을 할 작정이다. 여사는 내게 기생을 불러들이는 연회에는 참석하지 말고 남자들에게 부인과 함께 참석하도록 정중히 요청해 달라고 촉구했다. 여사는 가정에서는 한국 여성이 절대적이라고 말했다. 다시 말해서, 한국 부인들은 미국 부인들보다 남편에 대한 영향력이 더 크다고 말한다. 따라서 해야 할 가장 중요한 일은 한국 부인들의 신뢰와 존경심을 얻어내는 것이라고 그녀는 생각하고 있다. 그러면 남편들이 올바른 길로 가게 될 것이라는 것이며, 또한 여성들은 이미 정치 그룹들로 조직되어 있으며, 기회가 주어진다면 그들은 민주주의 제도의 진정한 보루가 될 것이라고 하면서, 여성들은 존중되어야 하고 가장 좋은 자리에 앉도록 해야 한다고 주장하여 여러 모임에서 자신이 남성들의 분노를 샀다고 말한다. 여사가 어떻게 행동하는지를 상상해 볼 수 있지요!

이 박사는 전보다 훨씬 더 건강해졌고 그 어느 때보다 좋아 보인다. 그는 겉으로는 평온함이 있었으나 쉽게 깨어질 그런 평온함이었다. 그는 숙면을 취하지 못하고 쉽사리 극도의 흥분상태에 빠진다. 이 박사는 하나의 상징적 존재로서 위대한 역할을 하고 있는데, 그런 면에서 볼 때 그는 과장이 불가능할 만큼 그 역할을 훌륭히 수행하고 있다. 대중들이 그에게 모여드는 것을 보면 놀라움을 금할 수 없다. 그의 연설은 확실히 압도적인 효과를 발휘하고 있다.

그는 사람들에게 이렇게 말했다: "나는 50년 전에 여러분이 나를 따라 하나로 뭉쳐 주기를 역설했습니다만 여러분은 거부했습니다. 그 결과로 여러분이 어떤 고통을 받아왔는지를 잘 알고 있을 것입니다. 이제 나는 여러분에게 호소합니다. 하나로 뭉쳐줄 것을! 그러면 내가 여러분을 이끌어 한국을 위대한 자유의 나라로 만들 것을 약속합니다."

청중의 반응은 프랭크 시나트라(Sinatra)가 울고 갈 정도로 뜨거웠다. 20만 명이나 되는 남녀노소의 엄청난 군중이 이 박사를 직접 보고 그의 연설을 듣기 위해 뜨거운 땡볕이거나 쏟아지는 빗속도 아랑곳 하지 않고 몇 시간이고 서 있었다고 프란체스카 여사는 말한다.

이 박사는 정치적 견해와 상관없이 내가 모든 계층의 한국인들과 친해지기를 바란다고 말했다. 그리고 그는 부탁하기를, 말은 극도로 적

게 하고 상대의 말을 귀 기울여 잘 듣고 미소를 지으면서 "아주 좋습
니다!"라고 말하라는 것이다. 이 점은 나도 꼭 그러고 싶기도 한 것
이기 때문에 마음이 편해지고 기뻤다.

나는 이 박사가 자기 마음에 들지 않는 사람들을 만나지 못하게 하
거나 사람들에게 자신의 사고방식을 주입시켜 달라고 요구할까봐 걱
정했다. 사실 그는 다른 사람의 도움이 없이도 사람들에게 영향을 미
칠 수 있는 자기 능력에 절대적인 확신을 갖고 있는데, 실상 그가 그
런 자신의 능력을 잘 발휘하고 있다는 사실을 부인할 수가 없다.

소련 문제의 경우, 이 박사는 미국이 전쟁을 선포하는 일 외에는 다
른 대안이 없다고 생각한다. 그래서 즉각 선전포고를 하지 않는 우리
미국이 정말 어리석다고 생각한다. 그가 보기에는 만약 지금 소련의
야망을 그대로 묵과하면 조만간 우리가 과거 일본을 키워준 것과 같은
종류의 침략세력을 키우는 꼴이 될 것이라는 것이다. 문제는 그의 견
해가 맞을지도 모른다는 것이다. 이곳의 미국인들도 한결같이 그 말에
동의하는 것처럼 보인다.

한편, 하지 장군과 러치 장군은 당연히 소련의 협력을 확실하게 얻
기 위한 모든 대책을 강구해야만 했다. 그래서 그들은 날이 갈수록 이
박사를 목안의 가시처럼 여기게 되고 있다.

6월 23일, 나는 또 다른 인상적인 사실들과 경험한 사실 등에 관해 이
렇게 기록했다:

웨인 가이징거(Wayne Geissinger) 소령과 경기도 군정관 앤더슨 대령
과 함께 차를 타고 서울에서 북쪽으로 80킬로미터 거리에 있는 개성
으로 갔다. 우리는 좋은 이야기를 많이 나눴다. 이 박사는 3시간 후에
나 나올 예정이었지만 그를 환영하기 위해 도로에는 사람들이 길게 늘
어서 있었다.

나는 두 사람에게 이런 군중을 모을 수 있을만한 다른 한국의 지도자들이 있는지를 물어보았다. "단연코 없습니다! 그럴만한 지도자는 없어요! 자기를 추종하는 소수의 군중이라도 모을 수 있는 한국 지도자는 달리 없습니다."라고 두 사람은 말했다. 그건 다소 과장된 말이기는 하지만, 비록 하지 장군이라도 자기의 공개적인 비난 하나로 이 박사를 "파멸"시킬 수 있다고 생각하는 것은 어리석은 생각이고, 이승만은 한국에서 강력한 힘을 가진 지도자라는 사실에는 의심의 여지가 없다.

지난해 12월 이 박사가 영향력을 적극 발휘하고 있을 때, 아놀드 장군이 자중해 줄 것을 요구한 일이 있었다는 사실을 가이징거 소령이 말해 주었다. 국무부가 늘 그래 왔듯이, 아놀드 장군은 이 박사에게 이렇게 말했다. "나에게 당신은 단지 한 사람의 한국인일 뿐이오. 당신은 그 누구도 대표하고 있지 않소!"

이 박사는 즉시 서울 시민에게 "나라의 명절"을 지켜 쉬라고 호소했다. 3일 동안 서울에서는 아무도 일을 하지 않았다. 심지어 화부가 석탄을 실어가 버려 불을 지필 수도 없었다. 호텔과 사무실의 라디에이터는 얼어붙었다. 한국인들은 남대문에서 서울 중앙청까지 3킬로미터에 달하는 거리를 가득 메운 대규모 시위행진을 했다. 아놀드 장군은 깜짝 놀라서 이 박사에게 도움을 청하고 두 손을 들고 말았다. 이 박사는 민주의원의 의장이 되었다. 그 이후 어느 누구도 이 박사의 힘을 크게 의심하지 않았다.

가이징거 소령과 앤더슨 대령은 이승만이 한국을 공산화로부터 구하는 데 가장 중요한 역할을 하고 있다고 생각한다. 나는 한국신문협회의 김동성 회장과 오래 동안 이야기를 나눴다. 그는 어느 쪽의 편도 들지 않는 영리한 사람이지만 날카로운 상황 판단력을 지닌 사람이다. 그는 인민당 당수인 여운형이 "정말 바보"라고 단언하고, 이 박사가 공산주의를 너무 심하게 공격하고 있으며, 그가 공산당이라고 비난하는 사람들 가운데는 많은 사람이 실제로는 그렇지 않다고 생각하고 있었다. 그러나 김동성 씨는 이승만이 근본적으로는 사리분별력이 있는 한국의 진정한 지도자라는 점에는 전적으로 동의하고 있다.

개성에서는 38선 북쪽에서 내려온 일본 난민이 있는 캠프에 갔다. 일본 난민은 6일의 검역 기간을 거친 후 서울을 거쳐 일본으로 수송되는데 지금은 2천 명 정도만 남아 있다. 캠프의 수용인원은 7천 명에 불과하지만 때로는 1만4천 명이 넘는 사람이 수용되기도 했다. 캠프는 꽤 안락하고 음식도 충분한데 주식은 쌀이 조금 들어간 으깬 옥수수밥이다. 난민은 여러 방법을 통해 내려왔다. 대다수의 난민은 산악지대를 통해 300~600킬로미터를 걸어서 왔다. 소련은 공식적으로 난민이 북한을 떠나는 것을 허용하고 있지 않지만, 모든 재산을 북한에 남기고 간다면 비공식적으로 탈북에 눈을 감아주고 있다.

노인들 중에는 정말 불쌍한 처지에 있는 사람도 있다. 그들은 불평을 별로 하지 않는다. 개인적으로 고통을 당한 사람들도 있었지만 대부분의 경우는 그렇지 않았다. 일본 난민은 북쪽의 사람들이 갈수록 거칠어지고 불안해하고 있다고 말한다. 38선은 개성에서 겨우 1~2킬로미터밖에 되지 않는다. 우리의 최전방 전초기지가 주둔하고 있는 언덕에서는 개성을 굽어볼 수 있다. 개성의 상수도 저수지는 소련군의 영역에 있는데 아직까지 저수지의 수문은 차단되지 않았다.

6월 28일, 요즈음 이 박사는 하지 장군이 어떤 형태로든 김규식을 수반으로 하는 과도정부를 수립할 것 같다고 내게 말해 주었다. 이승만은 자신이 이런 임시 준정부의 수반이 될 생각은 전혀 없다고 분명하게 말했다.

이 박사는 그러한 계획이 한국 국민의 여론으로 볼 때 불신을 사게 될 것이라고 확신하고 있다. 그는 과도정부가 자신이 지지하는 경우에만 유지될 수 있을 것이라고 자신한다. 그 때문에 그는 과도정부에서 물러나 선거를 기다릴 계획인데, 이 박사는 선거에서 자신이 압도적인 지지로 선출될 것이라고 굳게 믿고 있다. 아마도 그의 생각이 맞을 것이다. 하지만 그런 선거는 몇 년 뒤로 연기될지도 모른다. 한편, 과도정부의 수립은 여러 면에서 도움이 될 것이다. 우선 과도정부는 한국인이 외국과의 무역이 가능하도록 하는 환율 제도를 만들 수 있다는 것이다.

7월 2일, 프란체스카 여사와 함께 김규식의 집을 방문했다. 내가 보기에 김규식은 "분명 지적이기는 하지만 패기가 없어 보였고, 별 인상적이지 못했으며, 누구에게나 마음에 들도록 하는 능력을 정치적으로 이용하는 인물" 같았다.

1주일 뒤인 7월 8일, 나는 상당히 색다른 한국인을 만났다:

오늘 저녁 김극로(金克魯)란 사람이 나를 찾아왔다. 그는 일리노이 대학교에서 공학을 공부했으며, 7년 동안 미국 중부의 워바슈 철도에서 일했던 사람이다. 1930년 이후 그는 한국과 중국에서 철도 및 광산 관련 일을 했다. 그는 내가 한국에 오기 전에 두 공산당계 신문이 나에 대해 쓴 기사를 보고, 내가 한국에서 비즈니스를 진흥시키는 데 관심이 있는 미국인 금융인일 거라는 생각으로 나를 방문했던 것이다.

나는 차분하게 그가 환상에서 벗어나도록 말해 주면서 자신의 아이디어를 피력하는 그를 격려해 주었다. 내가 의견을 나누어 본 여느 한국인과는 달리, 그는 정치 따위에는 관심이 없었다. 김극로는 신탁통치나 미군정의 존속 여부 따위에는 관심이 없었으며, 뭐니 해도 한국을 구제하려면 비즈니스와 산업을 진흥시켜야 한다고 생각하고 있다. 그러나 지금과 같은 통화 불균형 상태에서는 어느 정도의 산업을 시작하는 데 필요한 자본을 투자하도록 사람들을 설득하기가 아주 힘들다고 지적한다. … 그는 나를 가까운 공장 몇 군데에 데려가 주겠다고 약속했지만 실제로 그렇게 할지는 모르겠다. 그는 내가 좋은 투자처를 찾고 있는 것이 아니란 사실을 알고는 실망하였다.

김극로 씨에 대한 또 다른 특이사항은, 정치가가 아닌 사업가로서 현재의 체제에 대해 상당한 거부감을 갖고 있다는 것이다. 그는 일부 미군장교는 업무를 잘 수행하고 있지만, 가망이 없을 정도로 무능력한 장교들도 있다는 것이다. 하지만 자질의 유무를 떠나서 장교들의 일반적인 업무 분위기는 관련 부서의 한국인 책임자를 불러서 해야 할 일과 하는 방법을 정확히 설명하는 정도에 불과하다는 것이다. 그는 장교들 가운데 어느 누구도 회의를 소집하여 한국인과 아이디어를 나눈 적이 없다고 말한다. 대부분의 장교는 자신들이 아주 인내하고 있다는 표정을 지으면서 자기 생각을 설명하는데, 마치 아무것도 모르는 아이들에게 말하는 것처럼 여러 번 강조하고 아주 쉬운 용어로 말한다는 것이다. 그리고 만약 한국인이 감히 자신의 생각을 말하려고 하면 그 장교는 자신이 방금 설명한 사항을 그 사람이 이해하지 못했다고 단정하고는 처음부터 다시 설명한다. 김극로 씨는 이런 비즈니스 방식에 아주 큰 거부감을 느끼고 있는데, 그럴 만도 하다. 그는 심지어 장기적인 정책도 한국인이 어떻게 생각하고 있는지에 대해서는 별로 (또는 전혀) 알아보려 하지 않고 이런 식으로 결정해버린다고 말한다.

이틀 뒤인 7월 10일:

글쎄, 이는 마치 내가 우쭐해진 기분이다. 공산주의자들은 내가 좀 더 관심을 가질 만한 가치가 있는 대상이라고 생각한 듯, 또 다른 "올리버 사건"이 일어났다.

몇몇 공산계열 신문들은 주요 기사로 하지 장군이 내게 7월 15일까지 한국을 떠나라는 명령을 내렸다고 내가 말한 것으로 인용 보도했다. 그 명령의 원인분석 기사도 함께 게재했는데, 내가 한국을 착취하려는 거대 금융 이익단체들을 대표하고 있다거나, 이 박사도 거기에 연루되어 있다는 식으로 그들의 이전 주장이 거짓이 아님이 "입증되었다"는 것이다.

내가 처음 이 소식을 알게 된 것은 하지 장군이 사람을 보내서 오늘 오후에 와서 그 문제에 대해 얘기 좀 해보자고 해서이다. 하지 장군은 아주 유쾌하고 친절하게 나를 대했으며 내가 추방된다는 뜻으로 곡해될 수 있는 말을 무심코 한 적이 있는지를 알아보고자 했을 뿐이다. 그런 말은 한 적도 없고, 공산당 신문기자를 본 일도 없다고 확인해 주자, 그는 해당 신문들에 취소 기사를 내도록 명령하고, 아마도 기자 몇 사람은 명예훼손 혐의로 징역을 살게 될 것이라고 말했다.

7월 11일:

오늘 공산당의 공격에 관한 취소 기사가 신문에 실렸다. 편집자가 그냥 책상에 앉아서 모든 기사를 꾸며내서 썼다는 것이다. 러치 장군은 내게 명예훼손으로 고소할 것을 촉구하고는 소송과 관련해 조언해 줄 자신의 수석 법률보좌관을 보내주었다. 보좌관은 내가 소송에서 물론 이길 수 있지만 아마도 6개월 동안은 재판으로 바빠서 꼼짝 못할 것이며, 그 동안에 나는 한국에 머물러 있어야만 할 것이라고 말했다. 나는 점잖게 소송문제에서 손을 떼었다.

다시, 7월 12일:

흥미로운 저녁을 보냈다. 한국의 미군정에 관한 국방부 전사(戰史) 담당관 윌리엄스 소령을 방문해서 저녁식사를 밖에 나가 하자고 했더니 그가 이를 받아들여 우리는 약 6시간 동안 자리를 함께 했다. 소령은 콜럼비아 대학교의 교수로 그 대학에 동양문명의 특별강좌를 개설한 사람이다. 그 이전에는 2년 동안 스크랜튼의 키스톤 주니어대학 학장으로 재직한 적이 있다. 그가 들려준 말에 새로운 점은 별로 없었지만 나름대로 여러 가지를 재확인하는 데는 도움이 되었다. … 이제 한국인에 대한 내 인상들이 군정에 대한 내 인상만큼이나 정확하다고 한다면 내가 크게 빗나가지는 않게 될 듯하다.

7월 18일:

　오늘 밤 나는 군정의 수석 홍보관 그린 대령과 술잔을 기울이면서 두 시간 동안 대화를 나눴다. 나는 취하지 않았지만 대령은 많이 취했다. 이건 정말 유리한 상황이 아닐 수 없다! 대령은 절대로 공표해서는 안 된다고 하면서 비밀사항 몇 가지를 말해 주었다. 그것은 군정의 운영방식에 있어서 매우 중요한 사항인 것이다.

　군정은 여러 가지 문제를 놓고 정기적으로 여론조사를 하고 있는데 최근에는 여러 한국 지도자들에 대한 인기도를 조사했다. 70%의 한국 국민이 이 박사를 선호하는 것으로 나타났다. 하지만 이런 결과는 군정의 뜻과는 배치되기 때문에 그린은 러치 장군의 명에 따라 보고서 내용을 조작해서 이 박사의 지지율을 과반수가 되지 않도록 했다.

　다른 재미있는 토막 뉴스 하나:

　여러 지방에서 지방행정직에 대한 선거가 있었는데 공산당은 어느 곳에서도 21% 이상의 득표를 한 곳이 없고 그 후보자 가운데 겨우 15%만이 선출되었다고 한다. 이 뉴스 또한 차단되었는데, 소련을 달래기 위해 공산당을 50 대 50 비율로 인정해 주자는 것이 군정의 정책이기 때문이다. 이 박사가 감정을 가질 법도 하다! 하지만 그는 이런 특별한 사실들에 대해 모르고 있고, 나는 이 박사에게는 절대 말하지 않기로 그린에게 약속했다.

7월 19일:

　아침 9시부터 회의에 참석중인데, 오늘 저녁 회의는 특별히 비밀 사항을 다루는 모임이었다. 나는 세부 내용은 비밀에 부칠 것을 서약했다. …

　군정은 왜곡되고 역설적인 견해를 전개시키고 있다. 군정 지휘관들은 이 박사가 한국 국민의 진정한 '대표'라는 사실을 차츰 확신하게 되면서도 동시에 소련에게는 이 박사가 집권하지 못하도록 하겠다는 약속을 계속 해왔다. 그가 강력하게 공산주의를 공격해 왔기 때문이다. 그래서 군정 지휘관들은 이 박사가 한국 국민의 지지를 받고 있지 않다는 점을 보여주어야만 하는데, 그렇게 하는 것이 갈수록 어려운 일이 되고 있다.

　군정 지휘관들은 근본적으로 정직한 사람들이기 때문에 스스로 만든 함정에 빠져서 허우적거리는 자신들의 모습을 지켜보는 일은 유쾌한 일이 아니다. 나는 때때로 그 모든 혼란스런 상황이 정말 역겨워져서 그런 일을 차라리 몰랐더라면 하고 바라기도 한다. 가끔은 그런 이야기의 최소한 일부분이나마 말할 수 있는 곳으로 되돌아가기를 열망하게 된다.

7월 20일:

　오늘 변영태(卞榮泰) 교수가 찾아왔다. 변 교수는 작은 회색 거위처럼 보였는데, 에르퀼 포아로(Hercule Poirot: 아가사 크리스티 탐정소설의 주인공)나 되어야 알아챌 수 있었을 그런 점잔 빼는 태도를 약간 풍겼다. 연신 눈을 깜빡거리면서 입가에는 미소를 띠고 있었지만 자기 나라가 공격받는다는 느낌이 들 때는 몽구스처럼 사납게 변했다. 어느 편인가 하면, 그는 어떤 문제도 너무 심각하게 받아들이는 편인데, 이 점은 그 나름대로 장점이 되기도 해서 해결해야 할 난제가 생길 때면 항상 바로 발 벗고 나선다는 뜻이기도 했다.

변 교수는 일본 식민지 기간 동안 중학교에서 영어를 가르쳤다. 그의 영어는 독학으로 배운 것이어서 자칫하면 우스운 영어가 될 법도 했지만 뛰어난 화술에는 거부할 수 없는 매력이 있었다. 변 교수는 미·소공동위원회에 대한 한국 국민의 반응을 얘기해 주면서 이렇게 말했다: "우리는 그 향연에 참여도 하지 못한 채 그저 다모클레스의 검(the Sword of Damocles) 아래, 즉 위태로운 상황에 놓여 있는 것이다. 당연히 그 향연은 다른 누군가를 위한 것이다. 우리는 무엇이 점잖은 것이고 정의인지 묻고 있다. 우리가 그동안 해온 일들이 결국엔 신탁통치라는 부끄러운 비열하고 위선적인 노예상태가 되기 위해서였단 말이오?"

변 교수와 나는 군정을 지지하는 한국인들의 부류에 대해 토론한 결과 그들은 세 부류로 분류되었다:

1. 공산주의자와 소련 동조자 — 이들은 군정 하에서 언론과 행동의 완전한 자유를 누린다. 사실 군정은 이들의 실제 숫자에 합당하지 않게 더 많은 인정과 지위가 주어져야 한다고 주장한다. 이들은 한국 정부가 수립되면 활동이 위축되지 않을까 우려한다. (올바른 판단일 듯.)

2. 친일 부역자 — 일본 지배 하에서 가장 열심히 그리고 성공적으로 일했던 이들 한국인들은 군정의 종식을 걱정한다. 이들은 한국 정부가 수립되는 즉시 동포들이 자신들에게 보복을 하지나 않을까 두려워한다. 물론 한국인이라면 누구나 생존하기 위해서 어떤 식으로든 일본에 협력해야만 했다. 그러나 결정적 차이는 그 협력의 정도에 있었다.

3. 친미주의자(아첨꾼) — 일부 한국인은 미군정 하에서 기대 이상으로 훨씬 높은 지위를 얻었다. 그런 사람이 너무 많다. 이들이 다른

한국인들에 미치는 영향력은 적지만 군정 장교들에게 미치는 영향력은 아주 커서 실질적으로 군정이 운영 유지되도록 할 정도이다.

오늘 늦게 나는 한국 문제와 관련한 가장 우울한 인터뷰를 가졌다. 하지 장군 사령부 휘하 24군단의 재정부장인 스타이거 대령은 한국의 국제통화 환율을 정하는 일과 관련된 최근 상황에 대해 이야기를 나누었다: "무슨 말씀을 하는 거요?" 그는 소리쳤다: "우리는 아직 일본을 위해서도 환율을 정하지 못하고 있단 말이오!" 대령의 반응은 아주 단호하고 진지해서 한국이 일본보다 훨씬 열등하고 훨씬 덜 중요하다는 속내가 분명히 드러났다. 나는 대령에게 단도직입적으로 그가 말한 것이 그런 뜻으로 한 것인가를 물어보았다. 대령은 언짢은 듯 헛기침을 하면서 어깨를 으쓱거린 후 아무 말이 없는 것이었다. 그런 그의 태도는 대령이 가진 생각을 즉각적으로 대변하는 것이었다. 하지만 진짜 우울한 사실은 환율 확정 과정 내내 보여주고 있는 (이곳 한국에서, 도쿄의 맥아더 본부에서나 워싱턴에서) 의심의 여지가 없는 그들의 자세이다: "일본은 중요한 나라이다. 일본의 문제점들은 해결되어야만 한다. 한국은 하찮은 존재다. 우리는 다른 문제들을 처리할 때까지 한국 문제는 유보해도 된다." 서울의 미군정이 갖고 있는 정서는 "한국의 순번은 늘 꼴찌에 있다"라는 것이다. 인력이나 병참, 정책 조정 등 이용 가능한 것은 무엇이나 도쿄에서 일본이나 일본 군정을 위해 우선권이 주어졌으며, 그런 연후에 남아 있는 것이나 다른 곳에서 원하지 않는 경우에 그것이 한국의 몫이 되는 것이다. 한국과 관련해 적절한 해법이 조만간 나오리란 희망은 갈수록 사라지고 있다.

내일 이 박사 내외가 이곳 내 숙소로 점심을 함께 하기서 위해 온다. 나와 숙소를 함께 쓰고 있는 군정장교 반 잰트 소령과 나는 몇 가지 좋은 음식재료를 준비했기 때문에 맛있는 점심을 대접할 수 있을 것이다. 그러나 이 박사가 이곳에 있는 동안 안전에 대해 다소 염려가 된다. 지난주에 한국 지도자들에 대한 두 건의 암살 시도가 있었기 때문이다. 그리고 이것은 특별한 행사이다. 이 박사가 귀국 후 개인 집에서 식사를 하기 위해 사저를 나서는 것은 처음이기 때문이다. 당연히 이런 행사에는 특별한 경호 시스템 같은 것은 없다. 우리는 결국 군정 당국에 전화를 해서 경호를 위해 헌병의 지원을 요청했다. 쓸데없는 짓처럼 들릴지 모르지만, 이곳의 상황은 그만큼 험악하다. 그리고 이 박사는 그 어떤 한국인 보다 가장 중요한 인물이기 때문에 반드시 특별 예방조치를 취해야 하는 것이다.

7월 22일:

오늘 같은 날은 참 기분이 좋다. 나는 일찍 시내로 나가서 오전 내내 장교들과 회견도 하고 귀중한 자료들도 얻었다. 오후에는 줄곧 이 박사와 함께 지냈다. 그는 나에게 시러큐스 대학을 그만두고 한국에 와 있어 주면 좋겠다고 그 어느 때보다 강력하게 권했다. 미국에서는 다른 사람들도 내가 하던 일을 할 수 있지만 지금 여기서는 내가 꼭 필요하며, 나 말고는 다른 사람은 안 된다는 식으로 나의 잔류를 촉구했다. 나는 확고하게 그 제의를 거절했지만 딱 잘라 "안 됩니다"라고 말하기가 무척 힘들었다. 특히 이 박사가 한국의 이익을 위한다는 분명한 자세를 보였을 때 더욱 그랬다. 저녁 내내 이 문제에 대해 숙고하는 동안 한 가지 해결책이 떠올랐다. 이 박사에게는 그를 보좌할 전문가 그룹이 필요하다. 저녁 식사에 두 명의 젊은 장교와 변 교수를 초대하여 대화를 나누어 보았다. 그건 아주 고무적인 일이었다. 그 사람들은 지적이면서도 열정적이다. 한 사람은 리처드 워너메이커 대위이고 다른 한 사람은 데이비드 코윈 중위였다. 코윈 중위는 30세도 안 되었지만 미군정 대외무역국 책임자로 주 프랑스 미국 대사관의 통상고문 경력이 있는 사람이다. 코윈 중위는 프린스턴대학 출신으로 프랑스와 독일에서 공부를 했으며 성품이 착한 사람이다. 바로 이런 그룹이 이 박사가 필요로 하는 그런 사람들이 아닌가! 라는 생각이 떠올랐다. 이 박사에게 이에 대한 이야기를 하기로 했다. 이 그룹을 통해서 이 박사는 조언과 정보를 얻고 토론을 통해 자신의 생각을 가다듬을 수 있는 기회를 가질 수 있을 것이다. 그러면 나는 안심하고 미국으로 돌아가서 그곳에서 내 몫의 일을 할 수 있지 않겠는가!

7월 24일:

이 박사 내외가 다시 내 숙소를 방문하여 대화를 나누고 갔다. 그리고 내일은 나의 사회적 신분이 높아질 것이다. 프란체스카 여사는 황실 대비(大妃)의 남동생에게 나를 소개시킬 예정인데, 그는 엄격한 의전에 따라 아직 그의 누님이 왕족 신분으로 살고 있는 왕궁을 안내해 줄 것이다. 이제 이 박사는 나의 미국행을 받아들이고 있다. 사실 지금 그는 오히려 내가 빨리 돌아갔으면 하는 기분인 것이다! 하지만 이 박사는 먼저 군정에 제시할 "예의를 갖춘" 공격적인 글 하나를 써줄 것을 바라고 있다. 그는 이 글을 갖고 있다가 필요한 경우에 발표할 생각이다. 또 그는 미국에서 모금활동에 사용할 팸플릿과 한국학교 건립을 위한 모금활동에 필요한 팸플릿도 작성해 주길 원하고 있다. 내 시간이 한 순간도 헛되이 사용되지 않으리란 것은 분명해 보인다.

7월 26일:

오늘 오후 나는 김규식과 거의 두 시간 동안 대화를 나눴다. 처음엔 서로에 대해 약간 의심을 하며 신중하게 탐색전을 벌였다. 그러나 어느 정도 시간이 흐르자 꽤 친밀해졌다. 김규식은 품성이 선량했다. 박식하고 신중했으며, 정치가적 기질이 있는 것은 확실하다. 하지만 그는 이 박사가 가지고 있는 마음을 끄는 매력 같은 것은 없다. 김규식은 자신이 정말 애는 쓰고 있지만 공산주의자들과 거래를 한다는 것은 거의 불가능한 일이라고 분명하게 말한다. 과도정부를 위한 계획을 놓고 여운형 및 그의 일파와 가까스로 합의에 이르렀는데, 그들은 어제 회의에 5개 항의 새로운 요구조건을 가지고 참석했다. 그리고 최종합의를 상징하는 공동성명을 통해서만 각자의 입장을 공표를 할 수 있다는 양해에도 불구하고 공산주의자들은 곧바로 그 5가지 요구사항을 언론에 발표해버렸다. 그래서 김규식은 월요일에 그들에게 제시함과 동시에 언론에 발표할 더 잘 준비된 8개 항의 대응 제안 리스트를 가지고 그들을 찾아갔다. 그들의 연합은 오래 가지 못할 것처럼 보인다! 김규식은 내가 하고 있는 일에 대해서도 상당히 많이 알고 있었다. 물론 내게 그런 인상을 주기 위해 노력했겠지만, 그는 이 박사의 충실한 지지자처럼 보인다. 이 박사와 마찬가지로 김규식도 상당한 수준의 경찰 보호를 받고 있다.

7월 27일:

오늘 아침 그들이 보낸 차를 타고 하지 장군의 한국 자문기구인 민주의원 회의에 갔다. 이 박사는 그 의장이지만 오늘 아침회의에서는 공산주의자들과의 합의와 관련된 작업 계획을 토의할 예정이었기 때문에 그는 참석하지 않았다. 나는 의원 회의에 소개되고 연설 제의를 받았다. 그래서 혁명적인 활동을 부추겼다는 비난을 받지 않도록 누구의 귀에도 거슬리지 않게 적절한 수위로 연설을 했다. 어쨌든 내가 소개되었을 때 큰 박수가 있었고 연설 후에도 박수갈채를 받았다. 그들 중에는 밖에까지 쫓아 나와서 직접 인사말을 해주는 의원도 있었다. 유일한 여성 출석의원 한 사람은 북한에 있는 자기 가족에 대해 아무런 소식도 듣지 못하고 있다면서 울음보를 터뜨렸다.(전설적인 동양의 극기심은 어디로 갔는지?) 그 여성 의원은 남한으로 넘어온 북한 학생 들에게는 먹을 음식도 머물 장소도 없어서 아주 힘든 생활을 하고 있 다는 것이다. 덧붙여서 내가 미국에 돌아가면 사람들에게 소련을 한국 에서 즉시 내보내는 일이 얼마나 중요한지를 전해 달라고 간절히 말했 다. 나는 무엇보다도 그들에게 내가 얼마나 영향력이 없는 사람인지를 이해시키지 않으면 안 된다. 이들을 모두 집단으로 미국으로 보내서 직접 말하게 할 수 있는 방법이 있었으면!

7월 29일:

이 박사 내외는 어제 오전에 잠시 들러서 나를 데리고 자신들이 한 달쯤 후에 이사 갈 집을 구경시켜 주었다. 방 두 개를 더 만드는 추가 공사가 끝나는 대로 옮긴다는 것이다.[22] 그 집은 한강변의 절벽 위에 외따로 서 있었는데 사방이 벽으로 둘러싸여 있었다. 그 집은 지금 살 고 있는 집만큼 마음이 끌리지는 않지만 규모는 더 크고 마당도 더 넓 었다. 보수가 끝나면 아주 멋진 집이 될 것이다. 우리는 그곳에서 점심 으로 소풍 도시락을 먹었다. 산들바람이 살짝 불어왔다. 아마도 그곳 은 서울에서 가장 시원한 곳 가운데 하나일 것이다.

7월 30일:

오늘 오후 남한 전역 어디든지 여행할 수 있는 "여행 명령서"를 받 았다. 그래서 금요일 밤 부산행 열차표를 예약했다. 그래서 분명히 한 반도 남단까지 가게 될 것인데, 그곳에서 히치하이크로 여러 곳을 둘 러볼 수 있게 되기를 바라면서.…

---

22) 『허정 회고록』(샘터사, 1979년)에 따르면, 이 집은 약 30명의 한국 사업가가 돈을 갹출해서 이 박사 내외를 위해 구입한 것이라고 한다.

오늘 저녁에 반 잰트(Van Zant) 소령과 함께 이 박사 댁에 저녁식사 초대를 받고 갔다. 황실의 두 왕자, 닥터 윤과 미스터 민도 동석했다. 두 사람은 아주 온화한 신사들이었다. 문으로 들어가야 할 경우라든지 그런 경우에 그들은 양보하여 우리더러 먼저 들어가라는 등으로 고집하는 것이었다. 두 사람은 내가 한국에 대해 글을 쓴다는 말을 들어서 그런지 표가 날 정도로 나를 깍듯이 대해 주었다. 그 자리에는 황실의 분위기가 물씬 풍겼다! 기분이 좋아진 이 박사는 한국 고대사에 있는 몇 가지 이야기를 들려 주었다.

어제 시청에서는 소규모의 소요가 벌어졌다. 위조지폐와 관련해 공산당 지도자들에 대한 재판이 열렸기 때문이다.[23] 많은 공산당원이 모여 재판의 진행과정에 대한 자신들의 의견을 주장하는 탄원서를 제출하고 시위를 벌였다. 시위는 난투극으로 발전하여 한국 경찰총장의 팔 관절이 탈골되었으며 3명이 사망하고 35명이 부상당했다. 그러나 서울은 큰 도시이기 때문에 나 역시 도심에 있었음에도 나중에야 그 소식을 들었다.

8월 1일:

오늘 저녁에 이 박사 댁에서 또 다른 만찬이 예정되어 있다. 이번엔 김규식 씨 내외분, 김구 씨도 동석한다.

내 경험으로 볼 때 이승만은 언제나 주인 역할을 잘했다. 편안하고 자기를 내세우지 않고 기분이 밝았다. 오늘 저녁에도 이 박사는 여느 때처럼 한국 역사에 대해 말했는데 무용담과 충절에 관련된 사례와 재미있는 일화, 예를 들면, 조선왕조 시대에 골짜기에 살고 있던 농부에 대한 이야기가 있는데 그 농부는 언덕 위쪽으로 한 번도 눈을 들어본

---

23) 서울의 공산당 본부 지하실에서 미군정 군표(軍票)를 찍어내고 있던 인쇄기가 발견되었다.

적이 없었는데, 그 이유인즉 그곳에는 지주가 살고 있어서 주인의 눈
과 마주치게 되는 것은 공자의 말씀대로 불경스러운 행동이라고 생각
했기 때문이란 이야기 등을 되새겼다. 또 항상 그랬듯이 이 박사는 듣
기를 잘 하는 사람이었다. 남의 말을 경청하며, 바로 상대방의 말에
기분 좋은 말로 맞장구를 쳐주기도 하고, 상대방이 농담을 하면 바로
허허 웃거나 우스꽝스러운 표현으로 즉각 곧잘 응대하였다. 김구 씨는
무덤덤한 표정으로 조용히 있었으며, 김규식 씨는 이 박사가 이야기를
계속 하도록 공손하게 기분을 북돋아 주었다. 나는 참석한 인물들을
비교하기에 바빠서 말은 별로 하지 않았다. 프란체스카 여사와 김규식
의 부인은 내내 미소만 짓고 말은 거의 하지 않았다.

8월 3일:

　　부산에서의 첫날 하루만으로도 여기까지 내려온 보람이 있었다. 이
곳의 군정관인 벤튼(Benton) 대령은 점심 후 자기 차와 운전병을 내가
이용할 수 있도록 배려해 주었다. 그래서 우리는 4시까지 시골로 차를
몰아 작은 마을 한 곳에서 가정집 몇 군데도 둘러보았다. 4시에 벤튼
대령과 함께 부두로 가서 일본으로 귀환하기 위해 대기하고 있는 3천
6백 명의 일본인들을 점검했다.

　　저녁 식사 후에 나는 벤튼 대령, 실바 대위와 함께 한국 및 미군정
에 대해 아주 솔직한 대화를 나눴다. 내가 내린 결론에 두 사람이 동
의하는 것을 보고 나는 더욱 내 생각을 굳히게 되었다. 한 가지 그렇
지 않은 것이 있었다. 벤튼 대령은 이 지역에는 공산당이 대세라는 것
이다. 나도 이곳이 남한에서 핵심적인 공산당 지역이란 것을 알고 있
다. 그러나 내가 알고 있는 정보에 따르면, 공산주의자들은 이곳 인구
의 20%를 넘지 못하고 있다는 것이다. 그날 저녁 늦게 다른 몇몇 장
교와 이 문제에 대해 이야기를 나누었다. 그들은 한결같이 공산주의자

들이 선거에서 15% 이상을 차지하지 못할 것이며, 이 박사가 쉽게 압도적인 승리를 거둘 것이라고 확신하고 있는 것이다.

오늘 아침에는 마을 몇 군데를 방문하고 가축 검사소를 조사하면서 보냈다. 검사소의 장비는 우수하지만 인력들은 제대로 훈련을 받지 못했다. 내일부터 며칠 동안은 마산과 주변 시골지역을 둘러볼 예정이다.

오후에는 나의 최초이자 마지막이 될 나병요양소 방문을 했다. 그곳의 자연풍광은 아름다웠지만 황량하고 외진 계곡에 자리 잡고 있는, 일본군이 버리고 간 막사들을 요양소로 사용하고 있었다. 그곳은 거대한 창고 같은 건물들로 볼품이 없고 무엇보다도 안락함 같은 것을 느낄 수가 없었다. 총 500여 나환자가 거주하고 있다. 나환자는 한 건물에 100명씩 살고 있으며, 다른 한국인들처럼 사생활이란 전혀 보장되지 않은 채로 바닥에 멍석을 깔고 잠을 자고 있다. 많은 환자가 가족과 함께 살고 있고 아이들도 많이 있는데, 아이들 대부분은 나병에 감염될 것이다. 우리는 한 개신교 교회의 예배가 진행 중일 때 도착했다. 예배는 막사 한 곳에서 한국인 목사의 집전 아래 드려지고 있었고 약 150명이 참석하고 있었다. 남성 신자와 여성 신자가 양쪽으로 나뉘어져서 모두 작은 짚방석에 웅크리고 앉아 있었다. 우리가 도착했을 때 신자들은 매우 구슬픈 찬송가를 부르고 있었고 흐느끼는 사람들도 있었다. 그리고 아주 긴 기도가 이어졌는데, 대부분은 앞으로 엎드려서 기도했으며 "아이고!"라고 가끔 절규하는 사람도 많았는데 마치 감리교 캠프 집회 같았다. 그러고 나서 나환자들이 거처하는 곳과 콩과 쌀로 밥을 짓고 있는 큰 주방도 둘러보았다. 그곳에 있는 나환자들은 모두 표정이 밝았으며, 슬픔이 있는 환자들이 교회로 가는 것 같았다. 우리는 침대에 누워만 있는 중환자들은 보지 못했다. 하지만 우리는 충분하게 본 것이다. 코, 귀, 손가락, 발가락이 썩어 떨어져 나가고,

살은 변색되고, 생김새가 뒤틀린 사람들의 모습을! 더 이상 보고 싶지 않다! 돌아오는 길에 우리는 별로 말이 없었다. 나는 돌아오자 맨 먼저 뜨거운 물로 목욕을 했다. 비누칠을 듬뿍 했다. 목욕을 할 수 있다는 사실이 무척 기뻤다.

저녁 식사 후 벤튼 대령과 함께 부두로 가서 일본으로부터 막 도착한 배에서 내리고 있던 1천5백 명의 한국인을 보았다. 그들은 무리를 지어 검역소에서 각자의 소지품을 검사받은 후 신속하고 효과적으로 빠져나갔다. 콜레라 예방주사를 맞고 DDT 분말 세례를 받은 후, 일부는 열차에 탔으며 일부는 큰 창고로 인도되어 그곳에서 식사를 하고 하룻밤을 묵게 될 것이다. 정말 바쁜 하루였다!

부산에서 서울로 오는데 폭우가 쏟아졌다. 나는 마지막 열차에 몸을 실었다.

8월 7일:

기차 궤도가 또 유실되어 차편을 얻으려면 며칠, 경우에 따라서는 몇 주가 걸릴 수 있단다. 나는 차를 탈 수 있어서 천만다행이었다. 그런데 우비를 도둑맞아 비를 쫄딱 맞고 집에 돌아와 보니 집안이 썰렁하기 그지없다. 반 잰트 소령은 맹장이 터져 병원에 입원 중인데 병세가 심각하다고 한다. 우리 부엌 집기와 집에서 일하는 사람들은 모두 다른 곳으로 이동시켰다고 한다. 나는 교통수단을 확보해 도심에 있는 비젠야 호텔로 숙소를 옮겼다.

20년이 흐른 뒤, 지난날 아내와 아들에게 보낸 편지에서 한국에 대해 이처럼 급하게 느낀 그대로를 쓴 글을 지금 다시 보니 순진한 면도 있고 틀린 점도 많은 것 같다. 그래도 이런 한국에 대한 인상은 그 후 몇 달 동안 내가 쓰고 행한 것들을 좌우한 마음가짐을 형성했다.

8월 14일, 나는 인천항에서 S. S. 윌리엄스 빅토리 호에 몸을 싣고 요코하마, 시애틀을 거쳐 일로 집을 향해 귀국길에 올랐다. 그 날아갈 듯한 기분은 말로 다 표현할 수 없을 지경이었다. 1946년 여름의 한국은 신경이 피곤하여 힘든 격변의 시기였다. 이제 내가 할 일은 이 모든 것을 잘 소화시켜서 그 대처 방안을 강구할 수 있도록 내가 할 수 있는 최선을 다하는 것이었다. 왜냐하면 이 박사에게는 고난의 시기가 이제 막 시작되고 있었기 때문이다.

해방! 환호와 독립에의 꿈

▲ 많은 한국인이 일본의 패망을 해방의 기쁨에 취해 독립으로 착각했다.

◀ 일본의 패망으로 해방이 되자 그날 부터 서울역전 남대문 거리 벽에 이승만을 수반으로 하는 각종 대자보가 붙기 시작했다. 이것은 여운형 주도의 〈건준〉의 발표. 1945. 9. 6.

밀월이 계속되던 시기의 이승만과 하지

◀ 1946년 1월 3일 까지는 좌파 우파 모두 신탁통치 결사 반대였다. 그런데 좌익들은 공산당의 지령을 받고 갑자기 찬탁으로 입장을 바꾸었다. 이때부터 하지와 거리가 생기기 시작했다.

제3장
실망, 의견 불일치 그리고 대결
(겨울, 1946년~1947년)

1946년 9월, 나는 시러큐스 대학에서 다시 강의를 맡았다. 이 박사와의 서신 왕래는 그 어느 때보다 수월해졌지만 한편으로는 어렵게 된 점도 있었다. 미군정이 그에게 A.P.O.(미군 특별 우편 서비스)를 이용할 수 있는 예외적인 특권을 부여한 것이 쉬워진 점이고, 더 어려워진 점은 모든 우편물은 검열을 받게 되었기 때문이다. 10월 1일자 편지에서 이 박사는 앞으로 자기 앞으로의 "모든" 우편물은 검열관인 E. E. 스텍 소령 전교(轉交)로 보내라는 것이었다.

이 조치는 정말로 상징적이었다. 이 박사가 남한 전역에서 지도력을 널리 인정받고 있는 한국인의 한 사람으로서 차지하고 있는 그 위치가 이론의 여지없는 독보적인 것이었기 때문에, 미군정은 그에게 특별한 신분을 인정할 수 있었고 또 그렇게 하지 않을 수 없었다.

그러나 바로 그런 한국에서의 그의 영향력과 더불어 미국이 약속한 한국 공산당과 제휴한다는 정책 노선에 반대한다는 사실 때문에, 미군정은 긴급하게 이 박사의 행동은 물론이고 가능하다면 그의 생각까지도 면밀하고 지속적인 감시를 해야만 했던 것이다.

이 박사가 처해 있는 상황을 또 다르게 극명하게 보여주는 일이 있었다. 1946년 가을 몇 달 동안에 그가 이사할 새 집이 수리를 마쳤다는 사실

이다. 서울 시내가 내려다보이는 산중턱에 자리 잡은 저택과 그 정원은
너무나도 매력적이었다. 그 위치와 경관이 놀랄 정도로 뛰어난 곳이었다.
저택은 마치 이 박사의 정치적 위상을 말해 주듯이 다른 주택들과는 거리
를 둔 곳에 사방이 높은 석벽으로 둘러져 있었다. 이때에는 미군정은 물
론이고 대부분의 한국 정치가와 워싱턴의 관리들도 이 박사가 남한의 실
질적 지도자라는 사실을 인정하고 있었으며, 이런 사실을 마땅치 않게 생
각하는 사람들조차도 현실은 부정할 수가 없었다. 이 박사의 정치적 힘은
근접할 경쟁자가 없는 봉우리 위에 있었지만, 그러나 동시에 그는 장막에
둘러싸인 외로운 존재였다.

이 박사와 하지 사이의 긴장상태는 여전했고 협조는 산발적으로 이루
어질 뿐이었다. 미국은 신탁통치를 고수하고 이 박사는 이를 막으려고 작
심한 상황에서 하지가 취할 수 있는 유일한 길은 이승만 이외의 다른 한
국의 지도자들에게 힘을 실어 주어 키워 보려는 방도였다.

신탁통치를 유일하게 지지하는 안재홍(安在鴻)이 그나마 영향력이 있고
미군정의 여러 부서에서도 비교적 인기가 있는 고문이었다. 김규식과 여
운형은 "남북한 전역에서 좌익과 우익의 통합"을 위해 일한다는 서약 아
래 좌우합작위원회(Unification Committee)를 조직하라는 권유를 받았다.
내가 한국에 있을 때인 1946년 6월 29일, 하지는 과도 입법기구의 설립
을 발표했다. 그는 이 입법기구를 통해 한국인들이 바라는 바를 정확히
파악하고자 했고, 선거는 가을에 실시하기로 했다.

한국 사람들에 대한 이 박사의 영향력을 다른 신축성 있는 정치적 라이
벌에게 넘기려는 하지의 노력은 한동안 잘 되어가는 듯 보였다. 이런 시
기에 이 박사는 자기를 제약하려는 미군정이 더 우월해지고 자신을 더
어렵게 만드는 처신을 하고 있었다. 일리노어 루즈벨트가 너무나도 길고
힘들었던 2년 전 1944년에 묘사했던 "아름다운 고요함"은 이제 자주 깨

어지고 있었다. 이승만은 미국 정책의 성격과 그 결과에 대해 너무나 잘 알고 있었기 때문에 매우 곤혹스러웠고 마음이 산란해졌다.

이 박사는 세계정세를 이렇게 진단했다. 프랭클린 루즈벨트가 시작한 여러 가지 잘못된 정책과 그런 잘못된 정책을 바로잡을 지혜도 없고 능력도 없는 트루먼 대통령으로 인해 한국만이 아니라 자유진영 전체가 무의미하게 피해를 보고 위험에 처하게 되었다는 것이다.

소련 제국주의는 광란하고 있고 곳곳에서 기막힐 정도로 큰 성공을 거두고 있었다. 모든 동유럽 국가에서 소련이 통제하는 공산정권이 몇 개월도 되지 않아 완벽하게 정권을 장악하게 되었다. 강력한 이탈리아와 프랑스의 공산당은 자국의 현 정권을 위협할 정도로 성장했다. 소련은 북한에서 확고하게 뿌리를 내렸다. 중국 공산당은 본토 정복 작전을 추구해 가는 동안에도 미국의 마셜 미션(Marshall Mission)으로부터 원조와 지원을 계속 받고 있었다. 일본에서는 공산당 창당이 허용되었고 그들이 국민에게 미국의 지배에 대한 대안을 제시함으로써 일본 대중의 광범위한 지지를 얻어 주요 정치세력이 되고 있었다. 또 동남아시아 전역에서 공산주의가 그 세력을 계속 강화해 가고 있었다.

인도의 경우, 영국은 서둘러 인도의 독립을 승인함으로써 용공정책을 가진 J. 네루에게 권력이 넘어갈 것이 확실했다. 이승만이 진단한 세계정세는 이런 것이었다.

민주주의적 자유가 살아남기 위해서는 미국이 압력을 가해 러시아를 기존의 국경선 뒤로 물러서게 하는 것뿐이라는 것이 이승만의 생각이었다. 미국은 그렇게 할 수 있는 능력이 있다는 것이다. 미국은 유일한 원자폭탄 보유국이자 경제적으로도 월등한 힘을 가지고 있기 때문에 그럴 의지만 있으면 할 수 있다는 것이었다. 그러나 미국은 그렇게 하기는커녕 재빨리 무장해제를 하고 화해의 십자군, 아니 항복의 십자군으로서(이 박사가 보기에는) 세계를 주도하고 있는 비극적 실수를 저지르고 있다는 것이다. 당시 미국 정책을 가장 잘 보여주는 "한 발 물러나 시간을 벌자", "아시아에서 분쟁이 가라앉을 때까지 기다리자"라는 당시의 슬로건은 미국의 정책을 가장 달 보여주는 것이었다.

7월 하순 어느 날 저녁 무렵, 내가 서울 반도호텔로 하지 장군의 국무부 고문 한 사람을 찾아갔더니 내게 그 슬로건의 뜻을 소상하게 설명해 주는 것이었다. 그는 이 박사의 "위험하고 비현실적인" 정견을 지지하지 말라고 내게 권고하면서 이런 말을 했다: "우리가 아시아에서 해야 할 일은 일단 한 걸음 물러나서 소련의 기세가 자연히 수그러들 때까지 그대로 두고 보자는 것이다. 그러고 난 후에나 소련과 항구적인 문제의 타결을 위한 협상을 하는 것이다. 우리가 쿠바에 소련의 기지를 용납하지 않는 것처럼 소련은 한국에 미국 기지를 두는 것을 용납하지 않을 것이다."

한국을 공산당의 손에 넘기려는 정책을 자인하는 듯한 그의 이런 말에 내가 이의를 제기하자, 그는 양자택일이라는 식으로 이렇게 반박했다: "그렇다면 당신이 원하는 것은 무엇인가? 또 다른 전쟁을 하자는 것인가?" 사실 전쟁을 제외하고는 동북아시아에서 소련의 영향력을 막을 수 있는 실질적인 수단은 달리 없는 것 같았다. 게다가 미국은 어떤 대가를 치르더라도 또 다른 전쟁은 반드시 피한다는 결정을 내린 상태였다.

미국의 한국 정책은 전 세계적인 여러 상황을 고려하여 결정되는 것이라고 국무부 고문들이 여러 차례 내게 말한 적이 있다. 미국의 입장에서는 한국은 일본보다 중요도가 훨씬 낮았고, 국무부의 우선순위에서도 다른 지역 및 현안보다 훨씬 낮은 자리에 있었다.

미국의 정책 입안자들은 한반도에서 전쟁이 일어날 것이란 예상은 전혀 하지 않고 있었다. 왜 전쟁을 해야 하는가? 미국은 한국을 위해 피를 흘릴 생각은 조금도 없었다. 소련은 이미 북한을 점령했기 때문에 미국과 더 이상 싸울 필요가 없었다. 북한에는 1년 내내 따뜻한 부동항이 있고 광물, 목재, 수력 등 자원도 풍부하다. 더구나 1946년 당시의 미국 정부 고위층 가운데 그 어느 누구도 공산당이 정치적 수단을 통해 남한을 전복하려 한다는 생각은 하지 못하고 있었다. 바로 이런 점이 신탁통치와 연립정책이 노리는 정략의 주안점이었다.

이 박사가 갈수록 고립되어 간 것은 놀라운 일이 아니었다. 김규식과 여운형은 비록 둘 사이에 문제가 있었지만 좌우합작 위원회를 통해 그런대로 협조가 이루어지고 있었다. 김구는 자신의 독립적 정치기반을 구축하려는 시도를 하고 있었는데, 독립 후에 그 기반을 통해 그는 대통령까지도 바라볼 수 있다는 것이다. 안재홍은 미군정 내의 한국인 고문들을 상대로 추종세력을 모으고 있었다. 하지가 미군정에 한국인 지도자들이 참여하고 있다는 인상을 줌으로써 한국인을 달래기 위해 조직한 단체인 남조선민주의원(南朝鮮民主議院)은 미군정 정책에 그리 영향을 미치지 못한 것과 마찬가지로 한국 국민들도 이 단체를 받아들이지 않았다.

미군 정책 집행의 실패가 이런 한국의 상황 때문이 아니라 그 원인이 이승만에게 있다고 워싱턴 관가에서는 보고받고 있었다. 미 당국은 민주의원의 의장인 이 박사가 개인적 인기를 이용하여 한국 문제와 관련된 미·소 양국 간의 교착상태를 해결하려는 "건설적 조치"에 한국 사람들의 지지를 끌어낼 것으로 기대했었다. 이를 테면, 미국 관리들은 이 박사가 신탁통치에 무조건 반대하지 않고 신탁통치의 의미와 그 시행 방식에 대한 보장과 함께 자유선거와 독립에 대한 분명한 보장을 요구해야 한다는 것이었다.

한 마디로, 워싱턴 당국은 미국과 소련이 동유럽에서는 전혀 이루지 못했던 타협을 한국에서는 이룰 수 있을 것이란 점을 이 박사가 무조건 믿어야만 한다고 생각했다. 말하자면, 연립 과도정부를 거친 후 완전한 한국의 자치정부로 이행할 수 있다는 사실을 믿어야 한다는 것이다. 그러나 이 박사는 그렇게 되면 자기 역할이란 결국 한국의 주인을 일본에서 공산주의자로 교체하는 데 합의해 주는 셈이라고 생각했다. 두말할 것도 없이 그는 이런 제의를 거부했다.

전 세계의 언론에서나 미국 정책 입안자들이 생각하고 있는 지나치게 단순화된 상투적 용어에 불행하게도 한국 문제는 두드려 맞춰져버렸다. 그들은 모든 한국 정당과 지도자를 세 그룹으로 분류했다. 왼쪽에는 공산주의자가 있고 중간에는 자신들에 대한 보장책만 있다면 공산주의자와 연립도 하고 협력도 기꺼이 하려는 "온건파"가 있다. 오른쪽에는 신탁통치를 비롯하여 타협이나 연정(聯政)을 모두 거부하는 보수파가 있다.

이 박사는 가장 강력하게 노골적으로 신탁통치 등에 대한 거부의사를 표명하고 있었기 때문에 "극우파"란 꼬리표가 붙었다. 합리적인 사람들은 본래 온건주의를 선호하기 때문에 미국인과 세계 여러 나라 사람들의 지지 속에 중도파의 수는 꾸준히 증가했다. 동시에 이 박사가 극우 반동주의자라는 견해는 갈수록 유포되어 갔다. 그의 사회경제적 견해가 아무리 진보적(liberal)이었다고 하더라도 이런 이 박사의 견해는 (미국이) 소련과 합의에 도달하려고 노력하고 있는 마당에서는 아무런 소용이 없었다.

그러나 결국에는 두 가지 사실로 인해 이 박사의 생각이 정확했다는 것이 증명되었다. 그 첫 번째는, 그가 한국 국민 절대 다수의 지지를 받고 있다는 단순한 사실이었고, 두 번째는 더 추상적이고 약간 알기도 어렵지만 소련과의 "타협을 통한 평화"란 실현 불가능하다는 것이 점차 넓게 인식되어 가고 있었다는 사실이다. 그러나 정책은 종종 현실을 바로 뒤따라가지 못한다. 한국의 경우, 미국의 정책은 소련과 계속적으로 타협책을 모색하여 미군을 한국으로부터 명예롭게 철수시키는 것이었다.

하지 장군은 이런 목적을 달성하기 위해 서두르지 않고 신중하게 가급적 이승만과의 직접적인 대결을 피하면서 일을 진행시켜 나갔다. 그러나 이승만이 보기에는, 그는 한국의 독립과 심지어 전 세계 자유진영의 생존에도 치명적이 될 거라고 생각되는 여러 정책들을 계속 추구해 나가고 있었다.

6월, 하지는 민주의원을 대체할 남조선 과도 입법의원(National Democratic Council)을 설립하고 이 박사를 다시 의장으로 지명했다. 하지가 입법의원에 제시한 첫 번째 제안 가운데 하나는 남한에 과도정부를 수립하자는 것이었다. 이것은 복잡하게 뒤얽힌 문제였다. 공산주의자들이 북한에서 이미 그와 유사한 제한적 정권을 운용 중이었기 때문에 남한에도 그런 정부를 세우지 않을 수 없었던 것이다. 미국으로서는 남한의 과도정부 수립이 한국인들과 소련 양측에 한국의 독립을 공약한 카이로 선언을 충실히 이행할 의사가 있음을 보여줄 수 있다는 것이었다. 한편, 남한의 과도정부는 미군정이 적절하게 제약하고 통제하여 미·소 공동위원회가 합의하는 신탁통치 등의 계획에 방해물이 되지 못하도록 되어 있어야 한다는 것이었다.

그러나 한국 문제를 조용히 정리하고자 했던 이런 시도는 외부의 압력으로 인해 차질이 생겼다.

9월 23일, 당시 상무부 장관이었던 헨리 월레스(Henry Wallace)는 매디슨 스퀘어 가든 연설에서 이런 말로 자유진영을 경악시켰다: "사회경제적 정의를 주장하는 러시아의 이상주의가 전 세계의 거의 1/3을 지배할 것이다."

다음 날 소련 대사 안드레이 그로미코는 유엔 안전보장이사회에서 "비적성(非敵性: non-enemy)" 국가에 주둔하고 있는 미군과 영국군 때문에 전 세계의 평화가 위협받고 있다고 주장했다. 소련은 북한에 과도정권을 세우고 표면적으로는 소련군을 철수 또는 철수 예정이라고 주장함으로써 재빨리 그로미코의 주장에 힘을 보태 주었다.

북한에는 러시아제 무기와 러시아군이 훈련시킨 북한 공산군이 남겨졌다. 소련의 지원군은 북한 국경선 바로 너머 시베리아에 있었다. 그럼에도 이 같은 러시아의 제스처로 인해 미국은 남한 점령을 종식시키라는 압력을 더 심하게 받게 되었다.

이 박사가 하지 장군을 방문했으나 이 방문은 결국 신랄하고 결정적인 만남이 되고야 말았다. 대화의 주제는 곧 실시하게 될 남조선과도 입법의원의 구성을 위한 선거와 관련된 문제였다. 하지 장군은 견제를 위해 45명의 선출직 외에 45명의 지명직(관선)도 두자는 계획이었는데 이 박사가 이를 반대한 것이다. 적대적 발언이 오갔고 인신공격까지 있었다.

하지는 이 박사가 "권력"을 잡도록 허용할 생각이 전혀 없다고 선언했다. 이 박사는 자신이 하지 장군을 한국인으로부터 보호하려고 그동안 애써 왔지만 앞으로는 공개적으로 그에게 대적할 것이라고 응수했다. 하지는 화를 내며 미국은 어떠한 위협에도 굴복하거나 겁먹지 않는다고 대응했다. 그는 이승만에게 미국의 프로그램에 협력해야 하며, 그렇지 않으면 끝장날 것이라고 윽박질렀다.

하지 장군을 만난 뒤 이 박사는 김구를 만나 공동 전략을 구상했다. 김구는 충칭에서 운영되던 그대로의 대한민국 임시정부가 한국의 사실상 합법정부이며, 모든 한국 사람들은 이 정부에 복종하고 미국 점령군은 철수해야 한다는 내용의 성명서를 발표하자고 제의했다. 이에 대해 이승만은, 그런 성명을 하게 되면 충돌사태가 벌어질 것이며, 만약 미군 병사가 한 명이라도 한국군과 싸우다가 죽게 되면 미국은 외교적 지원을 중단할 것이고 한국을 그대로 공산당의 손에 내어주는 결과가 될 것이라고 대답했다.

유일하게 남아 있는 길은 미국 정부와 미국 대중의 공정성에 호소하는 수밖에 없다고 이 박사는 주장했다. 김구는 그런 이승만의 생각은 겁쟁이

나 하는 짓이고 소용도 없을 것이라고 생각했다. 하지만 결국 김구는 이 박사가 그런 계획을 시도해 볼 수 있도록 몇 주 더 기다려 보는 데 동의했다.

이 시기는 이 박사가 개인적으로도 많은 압력을 받으면서 즐거운 일은 거의 찾아볼 수 없던 그런 때였다. 그는 남한 전역의 선거구에 위원회를 조직하느라 정신이 없었다. 여기에 집안 사정도 안정되지 못했다. 옮겨갈 새집은 9월까지는 수리가 끝날 예정이었지만 공사가 계속 지연되고 있었다. 짐은 일부 꾸려놓았지만 이사는 할 수 없었다. 10월 1일, 프란체스카 여사는 내게 이런 편지를 보내왔다:

이 박사와 저는 건강에 문제는 없지만 늘 그렇듯이 두 사람 모두 과로하고 있습니다. 집은 아직도 수리 중인데 크리스마스 때까지는 이사할 수 있었으면 합니다. 일반 가정에서 그렇듯이, 집안 문제는 끊임이 없네요. 오늘은 관리인이, 내일은 요리사가, 또 어느 날에는 누군가가 문제를 일으킵니다. 아시다시피 여기는 다른 오락거리가 별로 없습니다. 한국 영화든 미국의 것이든 영화도 보러 가기가 쉽지 않아요. 하지만 가끔 장교 가족들이 찾아와 주어 단조로운 생활에서 조금은 벗어날 수 있습니다. 지난 일요일에는 러치 장군 내외가 주최한 연회에서 최신 스타일들이 모두 선보였고 뷔페 만찬도 있었습니다. 나는 러치 부인을 비롯하여 여러 부인들을 위해 창덕궁의 공식 알현실에서 연회를 열었습니다. 아쉽게도 비가 내렸지만, 그래도 매우 즐거웠습니다.

11월에 남조선 과도입법의원의 선거가 실시되었다. 이 선거는 촌락에서 읍(시)·면(동)으로, 그리고 각 도 단위로 4단계에 걸쳐 연속적으로 진행되었고, 투표권은 세금 납세자와 지주들로 제한되었다. 선거의 모든 단

계는 미군정이 감독하고 진행하였으며, 김성수의 한국민주당, 김구의 한
국독립당, 이 박사의 독립촉성회 등 우익정당 후보 31명이 선출되었으
며, 12명은 "무소속"이지만 우익성향을 가진 후보들이 선출되었다. 좌익
은 제주도에서 단 2명만이 선출되었다. 김규식이 하지 장군에게 선거가
불공정하게 실시되었다고 주장하자 하지 장군은 김규식의 건의에 따라
서울과 지방 한 곳의 선거 결과를 무효 처리했다. 그러나 재선거에서도
동일한 후보들이 다시 선출되자 하지는 그들이 해방 전 수년간 일본에
부역을 했다는 사실을 구실로 김성수를 포함하여 3명의 민선 입법의원
의 자격을 박탈했다.

한편 이 박사의 집안에서도 문제가 많았다. 11월 15일, 프란체스카 여
사는 이렇게 편지를 썼다:

   할 일은 너무 많고 시간이 없다는 변명만 항상 하게 됩니다.… 집안
일은 갈수록 늘어나고 있지만 그걸 처리할 방법은 보이지 않습니다.
몇 가지 집안 문제가 생겼어요. 한국인 요리사가 아무 이유 없이 내
침모와 티격태격 합니다. 이유를 물어볼 수도 없습니다. 어떤 사람들
은 천성이 꽉 막힌 성품으로 타고났는지 서로 협력하게 할 방도가 없
습니다. 하지만 내가 요리사 편을 든다면 가여운 침모는 어떻게 될까
요? 요리사를 해고해야 할 것 같습니다.

이런 어려움 속에서도 이 박사는 짬을 내어 미국에 있는 친구들에게
편지를 보내 미국 국민들이 한국 독립을 더 많이 지원해 주도록 더욱 힘
써 달라고 격려했다.

11월 14일, 이 박사는 내게 장문의 편지를 보내서 워싱턴에 있는 자기
의 다른 지지자들과 협력해 줄 것을 요청했다. 특히 이 박사 내외가 오랫
동안 다녔던 파운드리 감리교회의 목사이자 미국 상원 예배당의 원목인

브라운 해리스에 대해 언급했다. 그 편지는 이렇게 계속된다:

〈뉴욕타임스〉에 실린 당신의 기사는 UP 통신을 통해 서울의 여러 일간지에 전송되었고, 당신이 지적한 모든 사항이 여러 일간지에 전부 실렸소. 국민들은 그 기사에 대단한 관심을 보이고 있소. 며칠 전 아침 내가 참석했던 협의회에서 사람들이 말한 것처럼, 우리 국민들은 그 보도에 대단한 관심을 가지고 있소. 참석자들은 모두 그것이 완벽한 프로그램으로 우리가 요구하고 있는 바로 그것이라고 말하고 있소. 그 기사가 미국의 모든 신문에 실려서 많은 반향을 일으킬 수 있으면 얼마나 좋겠소.

이 박사가 언급한 기사는 11월 10일 〈뉴욕타임스〉 일요판에 실린 장문의 내 편지였다. 그 편지에서는 주로 "미·소 협력관계의 재앙과 같은 실패"와 미군정의 여러 결점에 대해 논하였다.

이 박사가 언급한 "프로그램"이란 "미국은 어떻게 해야 하는가?"라는 질문에 대한 해답이었다:

우리는 한국에서 미군정을 해체하고 38선 이남에서 진정한 한국정부를 세워야 한다. 우리는 한국에 대한 소련의 공격에 대비하기 위해 존 R. 하지 장군의 지휘 아래 남한에 있는 병력을 그대로 남겨두어야 한다. 우리는 한국이 통일될 수 있도록 가능한 모든 수단을 통해 소련의 북한 철수 약속을 지키도록 촉구해야 한다. 우리는 한국이 직접 자신의 문제를 호소할 수 있도록 유엔의 한국 승인을 후원해야 하며, 일본에 적용하고 있는 각종 제약을 한국에 대해서는 즉시 제외되도록 해야 한다. 우리는 한국이 물품 수입을 할 수 있도록 한국 통화에 대한 국제 환율을 정해야 하고, 한국이 일정 수준의 번영을 누릴 수 있도록 남한의 경제재건에 물질적으로 원조해야 한다.

이 프로그램은 원래 우리가 1946년 여름 내내 나눴던 대화의 내용을 피력한 것으로 이 박사의 견해를 요약한 것이다. 거기에 나의 신념을 덧붙였다: "한국이 공산화되는 것을 막을 가장 강력한 보루는 이승만 박사이다." 그리고 이런 경고도 했다: "그러나 지금 이 박사의 입지가 갈수록 위축되고 있다는 점도 명심해야 한다."

이 박사는 앞에서 말한 11월 14일자 서신에서 당시 상황을 이렇게 설명했다:

　특별한 일이 발생하지 않는다면 입법의원은 이번 달 20일에 첫 번째 회의가 시작될 것이오. 이번 선거는 성공적이었다고 생각되며 누가 선출되었든 우리는 입법의원을 장악할 수 있을 것이오. 의원들은 여러 가지 안건에 대한 토의를 시작했고, 내가 정부의 수반이 되기를 원하고 있소. 미 당국자들이 다른 인물을 물색해서 그 자리에 앉히려 하기 때문이오. 물론 하지 장군은 내가 과도정부의 수반이 되면 미·소 공동위원회를 재개하기 위해 러시아를 끌어들이기가 더 어려워질 것이라 생각하고 있소.

　김규식 박사는 이미 실수를 너무 많이 해서 국민들은 그를 수반으로 받아들이려고 하지 않을 것이오. *그러나 나는 정부에 참여하고 싶지 않소. 왜냐하면, 앞에 나서기보다 뒤에서 과도정부에 힘이 되어주는 것이 더 큰 도움이 될 것이기 때문이오.*[편지 원문 자체가 이탤릭체임] 만약 과도정부에 들어가서 여러 모로 제약을 받게 되면 나도 힘들 것이고, 또 누가 있어서 자유롭게 옳은 말을 하겠소? 민간인으로 남아있는 편이 훨씬 더 많은 일을 할 수 있을 것이오.

그러나 편지에서 말했던 것처럼, 이 박사의 그런 막후 역할은 오래 가지 못했다. 이 박사의 성품이나 한국의 여러 정황으로 볼 때 그런 역할은

맞지 않았다. 하지와의 관계나 김규식, 여운형과의 관계 때문에 이 박사
가 무대 뒤로 물러나 있었다면 과도정권에 큰 영향력을 발휘할 수 없었을
것이다. 또 이승만의 기질로 보아서도 입법의원의 구성 방식과 관련된 현
안 때문에도 물러나 있지 못했을 것이다.

하지 장군은 45명의 선출직 의원 덕분에 이 박사가 새 입법부를 확실
하게 장악할 것처럼 보이자 자신이 임명직 45명을 뽑기 위해 김규식 박사
에게 후보자 명단을 요청했다. 후보는 모두 김 박사의 지지자들이었다.
입법의원은 12월 12일 개원되었다. 90명의 의원 가운데 서울에 거주하는
52명만이 참석했는데 대부분이 김 박사의 지지자들이었다. 입법의원의
첫 활동은 김규식을 의장으로 선출하는 일이었다. 그리고 신탁통치를 비
난하는 결의안을 채택했는데, 반대자는 안재홍이 유일했다. 그 후 즉각
하지 장군은 미군정의 지침 아래 한국 관련 업무를 관장하는 민정장관
(Korean Directorate) 직을 신설하고 그 자리에 안재홍을 임명했다.

그러나 이런 드라마를 전개하고 있는 참여자 그 누구도 다른 사람을
회유하고 싶은 기분이 나지 않았다. 모두가 배신당했다는 생각이 들 정도
로 이용당한 기분이었다. 하지 장군과 김규식은 이승만이 부정한 방식으
로 그 선거에서 승리했다고 생각했다. 지주와 지방 유지들이 이승만이 추
천한 후보들에게 투표했기 때문이었다. 이승만은 김구를 어렵사리 설득
해서 임시정부의 정통성을 "선포하려는" 그의 결심을 포기하라는 것이
아니라 연기하도록 만들었다. 여운형은 자신과 김규식이 좌우합작위원회
에서 작성했던 프로그램이 고의적으로 파기되고 김규식이 부정하게 입법
의원을 장악하고 있다고 생각했다. 이 박사는 이들이 선거의 결과를 무시
하고 번복시키려는 것으로 믿었다. 사실 모스크바 협정으로 인해 운신의
폭이 제한되어 있었기 때문에 참여자 그 누구도 모두를 만족시킬 만한
해법을 찾을 수가 없었다.

이승만과 하지의 또 다른 극한적인 대립은 이 박사가 하지 장군을 찾아가서 자신의 워싱턴 방문을 위한 협조를 요청하자 일어났다. 이 박사는 워싱턴에 가서 한국에서 시행되고 있는 정책과 프로그램들에 대해 공식적으로 항의하려고 했는데, 하지는 자기와 "아무런 상의도 없이" 워싱턴과 접촉하려는 이승만의 의도에 "기분이 상했다"고 대답했다. 하지는 자신의 정치고문단은 국무부에서 온 사람들이며, 전문(電文)을 통해서 워싱턴과 계속 접촉하고 있다고 지적했다. 워싱턴 당국자에게 말할 필요가 있는 사항이 있다면 서울에서 하면 된다고 주장했다. 이승만은 만약 자신이 정책을 바꾸도록 직접 호소하기 위해 미국에 가지 않으면 김구가 미군정의 통치권에 공개적으로 도전해서 남한을 혼란에 빠뜨릴 것이라고 말하고 싶었지만 김구와의 협력관계 등을 생각해서 그만두었다. 다만 자기는 반드시 가야만 하며 꼭 가겠다고만 고집했다.

11월 25일자 한국의 여러 신문에는 이 박사의 여행계획이 발표되었다. 민주의원은 그를 지원하기 위해 50만원(약 1만 달러)을 모금했다.

12월 1일, 이 박사는 도쿄로 가서 맥아더 장군이 제공한 군용기를 타고 워싱턴을 향해 떠났다. 호놀룰루에 잠시 기착했다가 12월 7일 워싱턴에 도착해서 칼튼 호텔 스위트룸에 여장을 풀고는 바로 시러큐스 대학으로 내게 전화를 해서 만나자고 했다.

이승만은 워싱턴의 분위기가 서울보다는 훨씬 더 우호적이란 사실을 알게 되었다. 남한, 서독과 오스트리아의 미국 점령지역에 대한 관할부서를 국방부에서 국무부로 이관하는 조율작업이 이미 상당 부분 진행되고 있었다. 언론인들과 미국 관리들 사이에서는 하지가 비민주적이고 공정치 못하며, 현명치 못한 방식으로 과도 입법의원의 의원들을 임명함으로써 선거 결과를 실질적으로 무의미하게 만들었다는 공감대가 크게 형성되어 있었다. 게다가 당시 미국 국민들은 소련이 목표로 하는 전 세계의 공산화에 크게 놀라서 경각심을 갖게 되었고 정책을 근본적으로 수정하라고 요구하고 있었다. 전쟁에 승리하기 위해 어깨를 나란히 한 국가들이 정작 평화를 이룩하는 데는 그렇지 못했다. 정세를 새로이 판단할 필요가 있었다.

존 R. 힐드링(John R. Hilldring) 장군이 국무부의 점령지역 담당 국무차관보로 임명되었다. 그는 맥아더 장군의 친구로서 장차 남한 국민의 지도자로 추정되는 이승만을 그렇게 대하고 싶어 했다. 이 박사의 칼튼 호텔 스위트룸은 일종의 비공식 대사관이 되었다. 그러나 우호적 분위기가 실질적인 성과를 낳지는 못했다. 공식적인 정책의 변경은 서서히 진행되었고, 독립된 한국 정부의 수립과 관련해서는 어떠한 일정이나 어떤 보장도 해줄 수 있는 사람은 아무도 없었다.

크리스마스 전 2주 동안 우리는 철저하게 현 상황을 분석했다. 그리고 도움을 받을 수 있을 만한 하원의원, 행정부 관리, 민간인, 언론인 등을 점검하고 가능한 행동방법을 분석해 보았다. 국무부에 제출하기 위한 약 4,000단어에 달하는 다음과 같은 6개 항의 프로그램을 준비하고 이에 대한 보충자료를 작성했다:

1. 남북한이 통일될 때까지 남한에 과도정부를 수립하며, 통일 후 즉시 총선거를 실시한다.
2. 한국에 대한 통상적인 미·소간의 협의에 구애되지 않고 과도정부는 유엔에 가입되어야 하고, 한국의 점령 및 기타 중요한 현안들에 대해 소련 및 미국과 직접 협상할 수 있도록 허용한다.
3. 대일 청구권 문제는 한국경제의 재건에 도움이 되도록 신속하게 처리되어야 한다.
4. 기타 국가들과 평등한 입장에서 한국에게 완전한 통상권이 부여

되어야 하며, 한국은 어느 국가에게도 특혜를 주지 않는다.

5. 한국 화폐는 국제 환율에 따라 안정되고 제도화되어야 한다.

6. 미 · 소의 두 점령군이 동시에 철수할 때까지 미국은 치안부대를 남한에 주둔시킨다.

나는 가족과 크리스마스를 보내기 위해 시러큐스로 돌아왔다. 그리고 12월 30일, 이 박사로부터 이런 감동적인 편지를 받았다:

새해가 시작되는 첫날부터 곧바로 새로 선출된 의원들과 접촉해야 할 것 같아요. 그래서 당신이 한 달 정도 짬을 내서 이곳에 와서 그 일을 위해 전념해 줄 수 있겠는지 알고 싶소.

한 달이라도 강의를 중단하도록 요청하는 일이 주저됩니다만, 이 일이 얼마나 긴급하다는 사실을 귀하가 잘 이해하실 줄 믿소. 한국의 상황과 관련된 기사를 쓰느라 귀중한 여가 시간을 보내고 있다는 점에 대해 내가 정말로 고맙게 생각하고 있음을 알아주시기 바라며, 또 내가 새 의원들을 만나는 일과 우리가 하는 여러 가지 일에 조언을 해주시기 위해 한 달 동안 완전히 시간을 쏟을 수 있도록 채비해 주실 수 있었으면 하오.

워싱턴에서 한 달 동안 하는 일로 인해 강의를 못해서 발생할 것을 충분히 보상해 드리려면 어떤 재정적 준비를 해야 할 것인지 조속히 알려 주었으면 하오.

*추신

우리는 몇 가지 중요한 계획을 고려중인데, 결정을 내리기 전에 당신의 조언이 필요하오.

문제들이란 분명했다. 즉, 한국독립당의 지지를 잃지 않으면서 김구를 견제하는 방법, 김규식—여운형의 좌우합작 운동에 대항하는 방법, 국무부의 지원을 얻어내면서 신탁통치 정책을 방해하는 방법 등이었다. 그러나 이런 중요한 문제점들 외에 다른 자잘한 문제들이 수없이 많았다. 남한에서 문제가 없기를 바라는 것은 불가능한 일이었다. 문제점의 리스트를 적어내려 가는 일조차도 너무나 많은 시간이 필요해서 정작 그 문제들을 해결할 시간은 없을 정도였다. 어찌됐든 나는 이 박사의 간청을 거절할 수가 없었다. 그래서 시러큐스 대학에 한 학기 휴직원을 내고 떠나왔다. 다시는 복귀하지 못할 것이라고는 꿈에도 생각하지 못하면서.…

워싱턴에 도착하자마자 이 박사의 "한 달"이란 조건은 전혀 의미 없는 말임을 알게 되었다. 그는 $10,000의 연봉을 제시했는데, 그의 재력과 한국의 형편으로 볼 때 그것은 적지 않은 액수였다.

한국에서의 생활이 어떤 형편인지는 12월 11일자 프란체스카 여사의 편지에서 그 일단을 엿볼 수 있었다:

> 박사님이 떠나신 후 차디찬 북풍이 몰아치고 사람들은 말할 수 없는 어려움을 겪고 있습니다. 한국 사람들은 자부심이 높은 민족으로 자기 집이 얼마나 추운지 어떤지 하는 그런 말들은 잘 하려고 하지 않습니다. 그들의 의복은 남루하기 그지없습니다. 장갑조차도 시장에서 살 수 없고 암시장에나 가야 미국산 장갑이 더러 나와 있을 뿐입니다. 그것도 한 켤레에 500원(=5 달러)이나 합니다. 그리고 10일 정도 쓸 수 있는 장작은 8,000원(=80 달러)이나 하는데, 여기에 증기난방비는 별도입니다.
>
> 석탄은 광부들이 파업 같은 것을 하는 것도 아닌데 거의 구하기가 힘듭니다. 우리는 운 좋게도 계속 조달하고는 있지만 석탄 값이 워낙 비싸서 아침에만 난방을 하고 오후에는 온기 없이 지냅니다. 전기가 들어올 때에는 작은 전기스토브를 사용합니다. 하지만 3일 전부터 오

후 5시 이후에는 전기가 들어오지 않습니다. 저는 촛불을 켜놓고 혼자 저녁을 먹습니다. 분위기를 내려고 그러는 것이 아닙니다. 저녁 후에는 할 일이 없기 때문에 잠자리에 들어서 초라한 촛불만 바라보고 있습니다.

▼ 올리버 박사 소개장

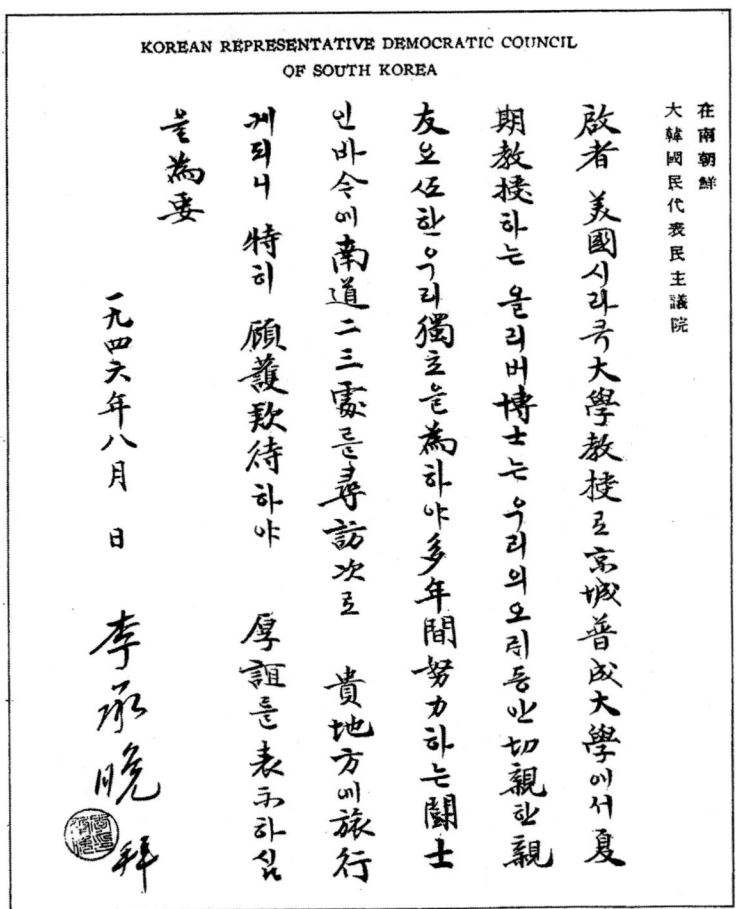

In July, 1946, Dr. Rhee wrote this document to introduce Dr. Oliver to Korean leaders in Pusan.

▼ 1946년 7월, 이 박사가 부산의 한국 지도자들에게 올리버 박사를 소개하기 위해 쓴 글.

SYNGMAN RHEE

Carlton Hotel
December 30, 1946

Dear Dr. Oliver:

I was very glad to receive your letter of December 28 and the enclosed copy of your letter to Mr. Vincent.

I am sure the article on Korea that you have just completed will be very interesting and I am anxious to read it. Let us hope you succeed in getting it published in one of the journals with a nation-wide circulation.

Immediately after the first of the year it will be necessary to contact the new Congressmen and I wonder if you could possibly arrange to spend a month here and devote your entire time to that purpose.

I hesitate to ask you to leave your college work, even for the period of a month, but I know you realize the urgency of this request. I want you to know that I appreciate the fact that you are spending your valuable spare time writing articles on the situation in Korea and I am hopeful that you will be able to arrange to devote a month's full time work to see the new Congressmen *and helps in guiding every movement we make.*

I wish you would let me know immediately what financial arrangement we can make so that you will be completely compensated for leaving the college for a month to work for us here in Washington.

With best wishes to you and your good family for the New Year,

Sincerely yours,

Syngman Rhee

SYNGMAN RHEE

Dr. Robert T. Oliver
231 Strong Avenue
Syracuse, N. Y.

R:gf

P. S. We need your advise in deciding several very important ... — R.

프란체스카 여사의 편지는 워싱턴에서 해야 할 우리의 임무가 정치적 타결 못지않게 남한 경제개발 수단도 확보해야 한다는 사실을 생생하게 상기시켜 주었다. 그러나 문제는 산더미 같이 많았다. 우선 한반도를 38 선으로 분단한 것은 한국경제를 파탄에 빠뜨리려는 악마의 계교처럼 보였다.

북한에는 프랑스 전체의 양에 버금가는 수력발전 자원이 있었지만 당시 남한의 가정과 공장에는 전혀 공급되지 않았다. 북한에는 13억4천만 톤의 무연탄과 4억1천만 톤의 유연탄을 포함해 한국 전체가 800년 동안이나 사용할 수 있는 석탄 매장량이 있지만 이 또한 남한에는 전혀 공급되지 않았다.[24] 북한에는 적어도 2천만 톤에 달하는 고급 철광석을 비롯해서 약 7억 톤 정도의 저급 철광석 매장량도 있고, 여기에 각종 광산, 제련소, 금속조립공작소 및 종합 비료공장들도 있었다. 일본의 진주만 기습 전에 한국은 전세계 금 생산량의 3%를 생산한 것으로 추정되는데 모두 북한 지역에서 생산된 것이었다. 반면에 한국 인구의 2/3와 대부분의 비옥한 농토와 상업시설은 남한에 있었다.

38선은 사실상 한국경제의 머리와 몸통을, 그리고 근육과 신경을 절단했다. 남한의 불황은 피할 수 없었으며, 북쪽의 경우는 풍부한 기초자원 덕분에 경제상황이 훨씬 좋았다.[25]

이외에도 정말로 심각한 또 다른 문제는 거의 모든 공장, 제작소, 배급소 및 소매상, 모든 농지의 약 54%가 일본인 소유였다는 점이다. 북한의 경우, 일본인 소유주를 추방하면서 국가가 비교적 쉽게 소유권을 확보했다. 남한의 경우, 목표는 사회주의가 아니라 민간기업의 육성이었기 때문

24) 북한의 전기, 석탄, 광물 자원은 『현대의 한국』(*Modern Korea*), Andrew J. Gradjdanzev, John Day Co., 1944년, 제7장에 잘 분류되어 있다.
25) 1947년 여름 중까지 공업생산고는 세계 2차대전 전의 20%에 불과했다. 자세한 분석은 『남한의 재건과 발전』(*Reconstruction and Development of South Korea*), John P. Lewis, National Planning Ass'n., 1955, 참조.

에 소유권을 민간인에게 공평하게 분배하는 방법은 정치적으로 폭발성이 큰 까다로운 문제였다.

더욱이 남한에 있는 거의 모든 생산시설은 일본의 전시 총동원령 때문에 한계점에 이를 정도로 착취당했다. 이를 테면, 농지는 비료를 제대로 주지 않아 황폐해졌고, 철도는 노후화되고 도로는 손보지 않고 방치되었으며, 많은 공장과 사무실 건물은 파손된 채 남아 있었고, 상품의 재고도 바닥이 나 있었다. 한 마디로, 미국 점령군과 남한 사람들이 일본에서 물려받은 땅은 필수적인 기본 원자재와 전력의 공급이 차단되어 있는 상태여서 가동할 수 있는 시설물이 거의 전무한 그런 곳이었다.

세 번째로 중대한 경제적 문제는 어디에도 정부의 행정력이 미치지 않았다는 것이다. 이 때문에 이 엄청난 문제들을 해결하기 위한 건설적인 조치가 나올 수 없었다. 미군정이 본국으로부터 받은 기본훈령은 "질병과 소요를 예방"하면서 동시에 공동위원회를 통해 미군이 철수할 수 있도록 소련과 합의하는 것이었다. 이런 본국의 훈령에 따라 미군정은 장기적 경제 프로그램을 시작하거나 미군 점령기간 이후에까지 미칠 수 있는 정책 공약을 할 힘이 없었다.[26]

한편, 일반 물자 수입은 말할 것도 없고 심지어 주한 미군의 보급품까지도 항상 부족했으며, 그 수입은 부정기적이었다. 남한은 "줄의 맨 꼴지"에 있어서 일본의 미군 점령군에 우선적으로 배정된 후 남은 물자들을 받았기 때문이다. 맥아더 장군의 지휘 아래 일본 재건은 대대적으로 시작되었다. 하지 장군의 지휘 아래에 있는 남한에 대한 경제적 프로그램은 목숨을 유지시킬 동냥 수준에 지나지 않았는데, 그나마도 부족한 실정이었다.

---

26) 남한에서의 "정책 진공상태(policy vacuum)"에 대해서는 『한국 문제』(*Korean Affairs*), Soon-Sung Cho, 1965. 의 4권 No.1 p.58-74에 있는 "하지의 딜레마"(Hodge's Dilemma) 참조.

경제문제를 악화시킨 것은 미군정의 권한이 부족했다는 점 말고도 개인이든 정부에든 그런 문제를 다룰 만한 한국 사람이 없었다는 것이다. 안재홍이 책임자로 있던 남한 민정장관실은 장단기 경제정책을 계획할 권한이 없었다. 이처럼 경제와 관련해서 책임을 질 수 있는 사람은 아무도 없었고, 처음부터 순탄치 못했던 상황은 계속 악화되어 갔다.

칼튼 호텔에서 이 박사와 이런 여러 가지 주제를 놓고 논의를 했지만 긴급한 문제일수록 거기에는 훨씬 더 시급한 정치적 문제가 항상 따르기 마련이었다. 한국의 4대국 신탁통치를 결정한 모스크바협정을 번복시키기 위해 우리가 할 수 있는 일은 무엇인가? 남북한의 통일을 위한 협약의 첫 단계가 성사된다면 그것은 "연립"이 강요되었던 루마니아와 체코슬로바키아 등 동유럽 사태에서 보듯이 남북한을 소련에 그대로 넘겨주는 짓이 될 것이라고 우리는 확신했다.

그렇다면 어떻게 해야 남한에서 자주적 한국정부를 안전하고 신속하게 수립해서 한국의 독립을 회복하고 경제문제를 처리하기 위한 자주권을 확보할 것이며, 다른 국가와 외교적 관계를 시작하고 충분한 국방력을 갖게 할 수 있을까?

어떻게 하면 이 박사와 하지 장군을 비롯한 다른 한국 지도자들과의 관계를 개선할 수 있겠는가?

그리고 우리가 어떻게든 생각해 내야 할 하나의 문제가 있다면 그것은 바로 재정적 자원이나 힘 있는 재정적 연줄도 없는 상황에서 미국인에게 한국 정세를 이해시켜 동정과 지지를 받게 할 대대적인 홍보 캠페인을 어떻게 진행시키느냐 하는 매우 절박한 일이었다.

이 박사가 즉시 한국으로 돌아가야 한다는 것은 분명한 사실이었다. 그의 귀국 계획을 짜고 있던 1947년 3월 중순, 귀국 문제는 아주 쉽게 해결될 듯해 보였다. 하지 장군은 이 박사의 한국 재입국에 필요한 인증서를 발행해 주었고 미 국방부는 미 군용기로 귀국하는 문제에 동의했다.

3월 31일, 이 박사는 국방부의 지시대로 공군수송사령부 터미널에서 도쿄행 항공료로 수중에 남은 돈 거의 전부인 900달러를 지불했다. 다음 날 아침 8시에 출발 예정인 수송기가 배정되었다. 그러나 그날 저녁 아무런 설명도 없이 전화 한 통화로 수송기 이용이 취소되었다는 것이다. 내가 그 전화를 받았는데, 취소 통보를 하던 공군대령 자신도 영문을 몰라서 당혹스러워 했다.

다음날 오전이 되어서야 그 이유를 알게 되었다. 국무부의 어느 하급 관리가 국방부에 "이 박사의 귀국은 공군 수송사령부 군용기를 배정할 만큼 중요한 사안이 아닌 것으로 판단된다."고 전화를 했다는 것이다.

우리는 서둘러 힐드링 국무차관보를 찾아갔다. 그는 쉽게 만나주었고 무척 동정적이었다. 힐드링도 우리만큼이나 놀라고 당황한 것 같았다. 그의 사무실에 앉아 기다리는 동안 그는 국방부로 전화를 걸어 국무부는 이 박사의 귀국을 분명히 지지한다고 말했다. 그럼에도 국방부 대변인은 이 박사의 귀국 취소를 "변경할 수 없다"고 하는 것이었다. 누가 그런 결정을 내렸는지를 조사할 이유도, 그럴 수 있는 시간도 우리에게는 없었다. 힐드링과 우리는 결국 그 불가해한 결정을 받아들일 수밖에 없었다. 힐드링 같은 사람조차 아무런 힘도 쓸 수 없는 것으로 보아 그 결정은 최소한 전쟁장관(역주: 1947년 이후 육군장관으로 명칭 변경)인 케네스 C. 로얄이나 국무부 장관 조지 마셜 정도의 고위층이 내린 것임에 틀림없었다. 우리는 그대로 수용할 수밖에 없었다.

얼마 후 힐드링은 이 박사에게 전화를 걸어 노스웨스트 항공이 여객기 운항을 준비 중인데, 그 준비의 일환으로 도쿄까지 "시험 비행(pilot run)"을 할 예정이어서 국무부의 승인을 받아 좌석을 확보해 놨다고 알려

주었다. 4월 초에 비행기가 출발하여 스케줄에 따라 도중에 여러 곳에 기착했다.

4월 19일, 이 박사는 상하이에서 내게 이런 편지를 보내왔다:

> 우리는 21일 월요일에 서울로 떠날 것 같소. 여행 동안에 겪었던 관공서의 번문욕례(繁文縟禮)를 얘기하자면 정말 끝이 없을 것이요. 노스웨스트 항공기는 4월 8일에야 마침내 미니애폴리스를 이륙했소. 도쿄에서는 맥아더 장군과 두 시간 정도 대화를 나누었고, 그곳으로부터 이곳 상하이에 도착하자마자 많은 중국 관리들이 찾아 왔고 연회도 열어 주었소. 장제스 총통 부처가 한커우(漢口)에서 이곳으로 나를 찾아와 유쾌하면서도 중요한 대화를 나누었어요. 장 총통 내외는 내가 귀국할 때 자기네 전용기를 타고가라고 합니다. 서울에서 먼저 착륙허가를 받아야 한다는 사실도 알게 되었다오.

> 한국의 친구들에게 이 소식을 타전했는데 이틀 후에 회신이 왔소. 서울의 중국 영사관을 통해서 장 총통이 공식적으로 요청하도록 하지 장군이 요구했다고 해요. 중국 정부는 즉시 요청서를 타전했소. 그러자 이번엔 항공기 인식번호를 확인하는 또 다른 허가서를 받아야 한다는 말이 있었소.

> 너무 화가 나서 맥아더 장군에게 전문을 보내려 했는데 오늘 오후 중국외교부로부터 21일 월요일 아침 9시에 떠나게 될 것이라는 공식통보를 받았소. 그래서 마침내 귀국길이 열렸구나, 하는 생각이 듭니다.

한국의 당시 정세는 폭발 직전이었다. 미국은 한국 문제의 타결을 위해 소련과 몇 가지 사항에 합의하려고 긴박하게 움직이고 있었다. 이것이 이 박사의 귀국을 계획적으로 지연시킨 근본 원인이었다. 그러나 이 박사의 귀국을 꺼려한 사람은 하지 장군만이 아니었다.

3월 2일 김구는 한국 전역에서 대의원 1,500명의 대표로 구성된 이른 바 한국 국민대표회의(Korean People's Representative Assembly)를 소집하여 대한민국 임시정부의 수립을 승인해 달라고 요청했다. 몇 시간에 걸친 격론 끝에 김구는 자기가 이 박사를 지지하는 국민정서를 과소평가해 왔다는 사실을 알게 되었다.

대의원들은 한국의 자주권을 즉각 선언해 달라는 김구의 요구를 거부했다. 김구는 임시정부 주석에서 물러나고 이승만이 대신 선출되었다. 이로써 암울해 보였던 미군정과의 대립을 겨우 피할 수 있게 되었다. 이승만은 김구의 의도와는 달리 임시정부를 저항적인 정부가 아닌 하나의 정치정당으로 조용히 바꾸어 나갔다. 김구와 이승만은 두 번 다시 서로 합작하지 않았다.

한편 과도 입법의원의 경우, 김규식은 여운형의 지원에 힘입어 독립한국정부의 헌법 초안을 만들려는 의안을 위원회에서 보류시키고 있었다. 이승만, 여운형, 김규식 같은 애국지사들의 힘으로 그 법안은 계류되고 있었지만 내부의 압력은 갈수록 높아지고 있었다.

이 박사는 이런 압력을 완화시키는 한편 지지자들에게 워싱턴 여행에 성과가 있었다는 확신을 주기 위해 아직 워싱턴을 떠나기 전인 3월 22일, 아주 희망적인 성명서를 언론에 발표했다. 힐드링과 가진 비밀회동을 토대로 한 내용의 성명이었다. 그러나 이 박사의 발표처럼 힐드링이 특별히 보장할 만한 발언을 해 주었을 것 같지는 않다.

내 추측으로는, 이 박사가 발표문 내용의 일부 또는 전부를 힐드링에게 말해주었고, 힐드링은 상례적으로 하는 호의적인 말과 미국이 한국 독립을 촉진하기 위해 최선을 다할 것이라는 정도의 말을 장담했을 것이다. 그리고 이 박사가 언급한 몇 가지 특별한 사항에 대해 분명하게 부인하지 않음으로써 이 박사는 성명에서 대담하게 여러 가지 주장을 할 수 있었을 것이다. 미국에 압력을 가해 그 성명을 이의 없이 수용케 하거나 무조건 부인할 수 없게 만들고자 했을 가능성도 크다. 그것도 아니라면 다른 프로그램으로 대응해 주기를 기대했을지도 모른다.

어찌됐든 미국의 정책 대변인들은 그 성명에 대해 조용히 무시하는 태도를 취했으며 언론의 질문에도 일체 대답하지 않았다. 성명서의 내용은 다음과 같다:

남한의 독립은 곧 기정사실이 될 것이다. 4천 년 역사의 독립을 회복하기 위한 한국의 오랜 투쟁은 결정적으로 새로운 국면으로 접어드는 것 같다. 새 프로그램의 핵심 원칙에 대해서는 사실상 합의가 되었다.

새 프로그램은 소련을 설득해서 북한에서 철수하겠다는 약속을 준수하게 하고, 그에 따라 한반도 전체의 통일과 완전독립이 이뤄질 때까지의 과도기 동안 한·미 협조의 탄탄한 기반을 마련하는 것이었다. 새 프로그램의 기본 원칙은 다음과 같다:

1. 과도적인 독립정부를 30~60일 이내에 남한에 수립한다. 이 정부는 적산(敵産)의 처리를 제외한 한국의 모든 국내 문제에 대해 완전한 통제권을 갖는다.— 적산의 처리는 배상금에 대한 일반적인 합의가 이뤄질 때까지 유예한다.

2. 과도 독립정부가 유엔 회원국 가입을 신청할 때 미국은 이를 지원할 것이며, 워싱턴과 기타 국가 수도에 외교 대표부를 두기로 한다.

3. 미국은 남한에 대사급의 민간인 고등판무관을 파견한다. 고등판무관은 미국 대통령 및 국무부에 직접 보고하며 한국의 미군사령관의 권한을 대신한다.

4. 소련군이 철수할 때까지, 그리고 총선거를 실시하여 통일한국의 안정적인 정부가 수립될 때까지, 미군은 치안부대로 남한에 계속 주둔한다.

5. 한국의 재건을 지원하고 한반도의 분단으로 인한 경제적 피해의 일부를 보상하는 차원에서 미국 정부는 새로운 한국 정부에 상당한 차관 공여를 미국 의회에 요청한다.
6. 과도적인 독립 한국정부는 미군 및 미국 민간인들을 각 부처의 고문으로 활용할 수 있다.

이 성명은 두 가지 이유로 나를 깜짝 놀라게 했다. 첫째, 내 정보로는 이 성명서는 사실일 수가 없었기 때문이다. 미국 정부는 여전히 공식적으로나 행정집행 면에서나 모스크바 협정을 전적으로 준수한다고 되어 있었다.

내가 놀란 두 번째 이유는, 이 성명을 발표하기 전에 이 박사는 나와 어떤 협의도 한 바 없었고, 알리지도 않았을 뿐만 아니라, 그 후에도 발표가 가져올 예상되는 파장에 대해서도 아무런 논의도 하지 않았기 때문이다. 우리가 지금까지 가져온 업무관계와 너무나 어긋나는 일이어서 나는 그런 이 박사의 태도를 도무지 이해할 수 없었다. 그러나 나는 존 스태거스(John Staggers)와 제이 제롬 윌리엄스와 같은 옛 동지들(임병직이 나보다 훨씬 가깝게 지냈던)과 어떤 사안에 대해서는 계속 일하고자 한다면 그것은 이 박사의 특권이라고 결론지었다. 나는 그저 이번 발표에 국무부가 어떤 공식적 반응도 보이지 않을 것이며, 미국 언론의 관심도 거의 받지 못할 것이란 점만 지적했다. 이 성명의 유일한 목적은 한국 내에서 이 박사 자신의 정치적 입지를 높이려는 것이라고 나는 보았다. 그리고 그것은 내 영역 밖의 일이었다.

5월 22일, 서울에서 미·소공동위원회가 재개되었다. 처음에는 이 회의가 성공할 것처럼 보였다. 공동위원회는 협의 대상이 되기를 원하는 한국의 정치 그룹들로부터 신청을 받았다. 남한에서는 39개의 정당과 386개의 사회단체가, 북한에서는 3개의 정당과 35개의 사회단체가 신청했다. 7월과 8월에는 어떤 그룹을 협의 대상자로 선정할 것인가를 놓고 공동위원회는 곤경에 빠졌다.

위원회가 재개되자 하지 장군은 한국 측에 신탁통치에 대한 모스크바 협정은 "불변의 법칙"이며 반드시 준수되어야 한다고 경고했다.[27])

이 박사는 봄부터 여름까지 사실상 가택연금 상태에 놓이게 되었다. 전화도 철거되었고, 헌병들이 24시간 그의 집을 감시했다. 모든 우편물은 철저하게 검열되었다. 그를 만나기 위해 한국에 온 방문객은 못 만나도록 종용되거나 방해받았다. 이 박사가 매주 하던 라디오 담화와 국민들과 접촉할 수 있는 모든 수단도 중단되었다. 그러나 그가 남한 전역에 확립해 놓았던 광범위한 정치조직까지 군정청이 제거하거나 억제할 수는 없었다. 그리고 워싱턴에 있던 우리 같은 이 박사 지지자들의 활동도 막을 수 없었다.

3월 12일, 결정적 전기(轉機)를 맞게 되었다. 이는 다른 모든 결정적 사건들처럼 훗날에 가서야 완전히 이해되거나 평가될 수 있었지만. 이날 트루먼 대통령은 공산주의자들의 팽창정책에 맞서 싸우기 위해 의회에 4억 달러를 요청한 것이다. 이것은 미국의 대외정책의 새로운 노선을 제시한 이른바 "그리스와 터키에 대한 트루먼 독트린(the Truman Doctrine on Greece

---

27) 하지 장군과 전쟁부가 국무부의 입장과 얼마나 동떨어져 있었는가에 대해서는 하지의 이런 발언과 국무부 극동문제 담당 국장 존 카터 빈센트의 공식 성명과 비교하면 잘 알 수 있다. 빈센트 국장은 1946년 1월 27일에 이렇게 말했다. "신탁통치는 하나의 절차에 불과하다. 한국의 독립이 목적이기 때문에 신탁통치는 필요할 수도 있고 그렇지 않을 수도 있다." 이보다 한 달 전에 국무부장관 제임스 번스도 이와 비슷한 내용의 말을 했다. 하지는 분명 그런 메시지를 받지 못했던 것이다. 『국무부 회보』, 1946년 1월 27일 p.108 참조.

and Turkey)"으로 알려지게 된다. 이 독트린의 의미는 아주 간단하다. 소련과 협력해 평화를 구축하려는 전후의 노력은 끝났으며, 앞으로는 공산 제국주의에 대항함으로써 평화와 안정이 추구되어야 한다는 것이다. 새로운 분위기가 형성되었다. 3월이 되어서야 프란체스카 여사에게 편지를 보낼 수 있었다: "새로운 프로그램이 조만간 시작될 것이며, 이에 따라 남한 정부와 관련해 우리가 원하는 바를 실질적으로 모두 얻어낼 수 있으리라 확신합니다." 힐드링 차관보는 성심성의껏 최선을 다해 도와주었다.

당시 이 박사는 힘든 시기를 보내고 있었다. 그러나 1947년 여름 동안은 계속해서 낙관적인 일들이 많이 예상되기 때문에 나는 그에게 인내심을 갖고 미군정에 가능한 협력하라고 조언했다.

7월 8일, 이 박사에게 대략 다음과 같은 내용의 긴 편지를 보냈다:

이 같은 상황에서 고위층 인사들이 당연히 원하는 것은 한국이 미국의 프로그램에 그대로 승복해 주는 것입니다. 그들은 박사님이 어느 정도 지연되는 일들을 양해해 줄 것과, 혼란을 이겨내면서 그 동안의 여러 가지 큰 실책에 대해 너그러이 봐주기를 바라고 있습니다. 박사님의 명성은 국무부에서 그 어느 때보다 높지만 한편으로 박사님을 비난하는 관리들도 있을 것입니다. 그 이유는 간단합니다. 한국에서 박사님이 직접 반공주의 상징이 되어 있기 때문입니다. 그들이 좋아하든 싫어하든 박사님은 그들의 사람이며 그래야만 합니다.

이들이 실제로 원하는 것은 박사님이 한국에서 반공주의 정신을 계속 고양해 공산주의자들이 더 이상 세력을 확장하지 못하도록 해 주는 것이지만 아무도 알아채지 못하게 박사님이 조용한 가운데 그 일이 진행되기를 바랍니다. 말하자면, 박사님이 기적과도 같은 힘을 발휘하는 슈퍼맨이 되어 미국의 계획에 대해 전폭적으로 협조해 주길 그들은 바라고 있는 것입니다. 그들이 한국을 포기하지 않을 것이라는 그들의 말은 진실한 것입니다. 그들이 우리에게 "한국은 전 세계적 사태의 일부에 지나지 않아"라고 말하는 것은 직설적인 표현을 피하는 완곡한 표현으로, 미국을 변함없이 지지해 줄 "동구권 블록(eastern bloc)"을 창설하여 유럽에서 미국의 입지가 크게 강화될 때까지 한국 문제에 대한 실질적인 해결책을 강구하는 일이 일단 보류되어야 한다는 의미입니다.

같은 편지에서 나는 매일 국무부의 힐드링이나 다른 관리들과 나누는 대화는 물론 우리가 입수할 수 있는 모든 정보를 토대로 1947년 중반의 세계정세 추이에 대해 그에게 알려주려고 했다. 우리가 워싱턴에서 본 정세는 이 박사가 서울에서 고립된 상태에서 인식하고 있던 그것과는 사뭇 다르게 보였다. 이 박사를 설득해서 좀 더 인내심을 갖게 하여 미군정과의 신뢰관계를 회복하는 것이 필요하다는 것이 이곳 우리의 판단인데 반해, 이 박사는 김구의 지지자들을 다독거리려면 독립과 관련하여 워싱턴에서 확실한 보장을 해주는 것이 필요하다는 생각이었다. 그래서 우리는 미국과 이 박사 모두를 만족시키려면 공산주의자들과의 연정 및 타협정책이 결국에는 폐기되고 말 것이란 점을 이 박사에게 납득시켜야 했다.
이런 생각들을 가지고 나는 7월 8일자 편지에서 다음과 같은 글을 써 보냈다:

다시 한 번 여러 사건이 결정적 전기를 맞고 있는 것 같습니다. 우리는 한국과 프랑스 파리에서 진행되고 있는 상황에 촉각을 곤두세우고 있습니다. 양쪽의 상황은 같은 패턴으로 엮여져가고 있는 듯합니다. 파리의 경우, 소련은 의도적으로, 심지어는 허세를 부리며 유럽의 경제재건을 위한 마셜 계획을 거부하고 있습니다.
한국의 경우, 소련은 협의 대상자를 선정하는 일과 관련해 오만한 태도로 합의를 위배하고 있습니다. 협정의 대부분이 소련의 의도대로 타결된 것임에도 말입니다. 소련이 "독자적으로 나간다"라는 돌이킬 수 없는 결심을 굳힌 것이 분명해 보이고, 미국 언론계의 논설위원들도 앞 다퉈 이 점을 강조하고 있습니다. 또 겉으로는 미적거리던, 아니면 극도의 "인내력을 보이던" 최근의 미국 정책이 결국에는 큰 이득을 보고 있다는 점도 분명합니다.

다시 말해, 우리는 지금까지 소련이 스스로의 함정에 빠지도록 만들어 왔습니다. 우리는 가능한 모든 것을 양보해 왔지만 그들은 여전히 협력을 거부하고 있습니다. 오래 전부터 예견되었던 하나의 세계가 두 개의 진영으로 분열되는 상황이 이제 곧 실제로 일어날 것 같습니다.

이런 상황은 한국에 무엇을 의미하는 것입니까? 모든 것이 더 지연되고 더 큰 혼란 상태를 뜻할지 모르지만, 한국 문제는 아무리 일이 잘못된다고 해도 미국이 한국을 소련에 절대로 넘겨주지 않을 것이고, 한국에 연립정부가 들어서는 일은 없을 것이라고 믿어도 좋을 것 같은 생각이 듭니다. 물론 남한정부의 수립이 지연되는 일은 어쩔 수 없을 것 같습니다.

현재 미국은 유럽에 전념하고 있기 때문에 동양 문제에 대한 중요한 발언이 나올 가망은 거의 없을 것입니다. 미국이 동양 문제에 조금이라도 관심을 보일 경우에도 그것은 일본이나 인도, 그 다음 중국이나 인도네시아가 될 것이며 한국은 마지막이 될 것입니다. 또 한국의 자유를 파괴하는 악독한 책략이든 진정한 어떤 계획이든 그 어느 쪽으로도 한국에 대한 전반적인 계획이 수립되지도 않고, 게다가 그런 계획을 담당할 우수한 요원도 없기 때문에 혼란은 불가피해 보입니다.

미 의회는 한국에 전혀 관심이 없습니다. 의회의 우리 "친구들"이라는 자들에게 설득은 하고 있지만 그들조차 관심이 없습니다. 심지어 언론계의 친구들도 현재로선 일시적으로 무관심합니다. 유럽, 유럽, 유럽만이 온통 그들의 머릿속을 채우고 있습니다. 더구나 미국 대통령 선거가 다가오고 있습니다. 그래서 지연과 혼란사태를 우리는 한참 동안 감수해야만 할 것 같습니다.

그러나 내가 극히 최근까지만 해도 한국이 소련으로 넘어가는 것이 아닌가 생각해 왔지만 지금은 그런 일은 일어나지 않으리라 믿고 있습니다. 하지 장군과 당시 미·소공동위원회 미국 측 대표 단장 브라운 장군에게 내려진 지령은 가능한 한 오래 공동위원회를 파행으로 몰아가되 파국은 방지하며, 그 유명한 "인내심"을 좀 더 발휘하면서, 미국의 최고위층은 소련이 그런 기회를 절대 잡지 않을 것이라고 지금은 확신하고 있지만, 소련에게 모든 기회를 주도록 할 것과, 유럽이 안정될 때까지 한국에서 대립은 지양하되 어떤 수단을 써서라도 실질적인 양보는 하지 말라는 등의 내용이라고 생각합니다.

마지막 항목을 제외하고는 위에서 말씀드린 모든 내용은 우리를 낙심하게 만드는 일들입니다. 비록 미국 정부가 한국 문제를 그렇게 뒤로 미루어 두었다고 하더라도 결국엔 우리가 미국의 전폭적이고도 효과적인 도움을 기대할 수 있으리라 생각합니다.

돌이켜 보면, 이런 판단은 옳았던 것 같다. 한국에서 사실상 외부 접촉이 거의 차단되어 있던 이 박사에게는 분명히 이런 지연과 혼란은 불가피한 일이었다. 내가 희망적인 징조들이라고 생각했던 점들이 그에게는 분명하지 않았던 것이다. 아마도 하지의 가장 큰 실수 가운데 하나는 이 어려운 시기인 지난 몇 달 동안 이 박사를 철저하게 격리시킨 일일 것이다. 암흑 속에 갇힌 최악의 시간이었다.

내 편지를 받고 이 박사는 7월 20일자로 다음과 같은 "메모"를 답신으로 보내왔다. 메모는 정부 관리, 언론인, 영향력 있는 친구들에게 "배경"을 설명하듯이 제3자적 관점에서 작성된 것이었다. 그리고 이런 호소를 덧붙였다: "남한의 국회의원 선거, 남북한 과도정부에 대비한 헌법의 채택 등과 같은 우리의 프로그램에 대해 설명해 주시오." 이 메모는 격리된 상태에서 나타나는 생각이 얼마나 편협해질 수 있는지를 잘 보여준다:

하지 장군이 실패한 것은 한국인의 의사를 고려하지 않았다는 데 있다. 유능한 군인으로서 그는 부하들이 무조건 자기의 명령에 복종하는 것에 익숙하다. 그는 한국 국민이 자신의 병사가 아니라는 생각을 결코 버리지 못한다. 한국 사람들은 그의 명령이 자기들에게 이로운 것인지 해로운 것인지 자기들끼리 생각하고 토론한다. 만약 그 명령이 자신들의 이익에 반한다고 생각하면 명령에 저항한다. 이것은 보편적인 자연의 법칙인 것이다.

장군은 이 박사의 영향력을 이용해서 한국 국민들에게 자신이 그들의 진정한 친구이며 그들이 원하는 것을 제공해 줄 친구라고 믿게 만들었다. 이 박사도 처음에는 장군을 믿었고 국민들에게도 그렇게 믿도록 했다. 그러나 한국 국민들이 지금 자기들이 원하는 것을 가져서는 안 된다는 것이 하지 장군의 생각이란 사실을 알게 되자 이 박사는 하지 장군에게 더 이상 그를 지지할 수 없다고 말했다. 그는 국민들에게 하지 장군의 계획은 잘 실행되지 못할 것이며 따라서 자신은 다른 방향을 모색할 것이라고 말했다.

하지 장군은 그를 제쳐두고 두세 개의 다른 그룹을 두고 그에 대항하면 될 것이라고 생각했다. 그러나 장군이 이 박사의 신뢰성을 떨어뜨리려 하면 할수록 한국 국민들은 그를 더욱 지지하게 되었으며, 미국인들과 하지 장군에 대한 반감은 갈수록 높아졌다. 그러자 장군은 이 박사가 반미주의자이자 반(反)하지주의자라고 비난했다. 하지는 한국 국민들이 그들이 원하는 한 가지, 즉 한국의 독립을 위해 자신의 모든 것을 바치려는 사람을 추종할 것이란 사실을 알지 못했던 것이다.

맥아더 장군의 말을 인용해 보자: "한국인이 자치(自治)할 능력이 없다는 말은 어리석은 말이다. 동물조차 스스로를 돌보는 법은 안다." 하지 장군은 그렇게 생각하지 않는다. 그에게 한국인은 너무 어려 칼도 다룰 줄 모르는 애송이들의 집단에 불과하다는 것이다. 당연히 한국인은 이에 크게 분노한다. 현명한 부모라면 하지 장군이 한국인을 다루듯이 자기 아이를 다루지 않을 것이다. 장군은 자신이 한국인을 위해 최선을 다하고 있다고 주장한다. 이런 점이 장군이 가진 문제의 근본적 원인이다. 왜 한국인에게 칼을 주지 않는가? 그들은 기어이 칼을 갖겠다고 결심한다. 그들은 자기 손가락을 벨지 모르지만 두 번 다시는 베지 않을 것이다. 이것이 인간의 삶에서 무언가를 터득하는 가장 좋은 방법일 것이다.

미국의 민주주의도 하룻밤 사이에 생겨나지 않았다. 모든 역사학도는 미국인이 지난 170년 동안 민주주의를 실험하면서 겪어왔던 고난의 시기들, 특히 남북전쟁 후의 재건의 시기에 대해 잘 알고 있다. 한국 사람들 역시 분명히 역경에 처하게 될 것이다. 그러나 한국의 지도자 대부분은 민주주의의 발전과정, 특히 미국 정부의 발전과정을 배워서 잘 알고 있다. 따라서 한국인들은 미국의 초기 실패들을 교훈삼아 자신들에게 적합한 민주주의를 확립하는 방법을 찾아낼 것이다. 따라서 그들은 지름길을 찾을 수 있을 것이다.

한국인들은 다른 사람들이 자기들을 위해 할 수 있는 것보다 스스로, 독력으로 훨씬 더 훌륭하게 자신들을 위해 일을 수행할 수 있다고 믿고 있다. 그들에게 그런 시도를 해볼 수 있는 기회가 주어져야 한다.

문제를 다루는 우리의 방식이 미국인의 기준으로는 맞지 않을지도 모른다. 그러나 미국의 기준 자체가 한국에게는 불필요할지도 모른다는 점을 명심해야 한다. 거대한 규모의 방식을 한국에 적용하는 것은 맞지 않을 수도 있다. 우리는 전체 구조를 고려한 후 밑에서부터 차근 차근 단계별로 구축해 가야만 한다. 우리는 그 방법을 알고 있다고 생각한다.

미국이 우리에게 너희는 그렇게 할 수 없으며 그래서 미국인이 대신해 줄 것이라고 계속 주장한다면 머지않아 미국인들은 자신들이 실수를 저지르고 있다는 사실을 알게 될 것이다. 먼저 한국인은 미국의 동기를 오해하게 될 것이고 그것에 저항할 것이다. 마음이 내켜 하지 않는 국민을 강압하게 되면 미국은 많은 금전적 대가를 지불해야 될 것이고 한국 국민의 호의도 잃게 될 것이다. 그리고 한국 국민들에게 많은 피를 흘리게 할 것이다. 결과적으로 미국은 앞으로 오랫동안 3천만 명이라는 시장의 고객을 잃게 될 것이다. 또한 한국에서의 분쟁은 극동에서 영원한 분란의 소지가 될 것이란 것은 입증하려면 입증할 수도 있는 문제이다.

이 메모는 이 박사의 혼란스런 심리상태와 여러 정책으로 인해 발생한 난처한 문제에 대한 책임을 다른 사람의 탓으로 돌리는 그의 적절치 못한 성향을 잘 보여주고는 있지만, 한편으로는 당시 상황에 대한 이 박사의 견해에 상당한 변화가 있었다는 점도 잘 보여준다.

워싱턴을 방문하여 힐드링과 여러 번 만난 후로 이 박사는 더 이상 한국이 소련의 야욕에 희생될 것이란 두려움은 갖지 않게 되었다. 이제 그가 우려하는 것은 한국인이 자치정부를 운영할 능력이 없다는 구실로 한국의 독립이 계속 지연되고 있는 사실이었다.

사실 한국인의 무능력 문제는 미군정 인사들의 대화에 늘 대두되는 하나의 주제였다. 그들은 한국인의 무능력에 관한 주제로 다음과 같은 여러 가지 사례를 열거했다.

음식점이나 소규모 공장 수준의 조금 복잡한 비즈니스조차 경영해 본 한국인은 거의 없다. 일본인은 한국인에게 경영을 경험해 볼 기회를 거의 주지 않았다. 더구나 민주주의는 한국인에게 새롭고도 낯선 개념이었으며 한국의 군주제 역사나 일본에 예속된 기간 어디에서도 민주주의의 전례가 없었다. 또한 교육을 받은 한국인도 그리 많지 않았기 때문에 새로운 방식을 배운다는 것은 쉽지 않을 것이다. 대부분의 한국인은 문맹이었다. 일본의 지배 하에서 학교교육을 받은 소수의 사람들조차 한국어가 아니라 일본어를 사용해야 했다.

한편, 한국이 독립을 위한 준비가 되어 있지 않았다는 사실은 처리되어야 할 다른 중대한 문제들로 해서 더욱 심각한 상황을 만들었다. 즉, 앞에서 언급한 심각한 경제상태, 자국 통화를 거의 쓸모없게 만든 천정부지의 인플레이션, 최소소비 수준에도 훨씬 못 미치는 식료품 및 생필품의 생산성, 전무한 국방력 등의 문제가 있었다. 전 세계의 어떤 정부도 이런 복합적인 난제를 제대로 처리해 나가지는 못할 것이다. 자치정부란 것이 무엇인지 아무것도 알지 못하는 한국인에게 독립이란 것은 사실 모험적인 시도처럼 생각되었다. 하지 장군 혼자만이 우려하는 일이 아니었다.

그러나 한국인들은 지배당하는 일에는 이미 진력이 나 있었다. 그들은 한시라도 빨리 자치할 수 있게 되기를 갈망했다.

워싱턴이란 유리한 위치에서 보았을 때 그 전망은 밝아 보였다. 당시 벌어지고 있던 일 가운데 몇 가지 사실과 그에 대한 우리의 대응 방안은 내가 힐드링 차관보에게 보낸 7월 28일자 편지에 지적되어 있다:

　　　이 박사와 하지 장군 사이의 회담을 다시 추진하는 데 있어서 마셜 국무장관이 간여한 것은 시의적절 하였고 큰 도움이 될 것이라고 믿고 있습니다. 현 상황에 대해 내 나름의 해석으로는 사태가 폭발 직전으로 위험할 정도지만 이 박사는 그런 불만을 계속 억제해 나갈 수 있기를 바라고 있습니다. 물론 선거법의 통과는 현 상황과 관련해서 이 박사에게 큰 도움이 되고 있습니다.

　우리가 바야흐로 "화해의 시대로" 진입한다는 사실은 그 전망이 매우 밝아 보입니다. 이 박사는 기꺼이 협력하겠다는 뜻을 분명히 하고 있으며 긴밀한 한·미 협력이 가능한 수준까지 상황이 개선되기를 바라고 있습니다. 느릿느릿 움직이던 자동차가 올바른 방향으로 달리는 것 같습니다. 이런 상황 개선에 당신의 큰 역할이 있었음을 알고 있으며 이에 대해 진심으로 치하를 드립니다.

　그 희망과 축하는 너무 성급했던 것 같았다. 서울에서는 6월 23일과 7월 26일, 두 차례에 걸쳐 학생들이 거리로 뛰쳐나와 신탁통치를 반대하면서 미·소 공동위원회의 소련 대표들에게 돌을 던지는 일이 발생했다. 7월 12일에는 1945년 인민공화국의 수반이었으며 공산주의자들과의 연립에 호의적이었던 여운형이 서울의 중심가를 달리던 차 안에서 암살당했다. 8월에는 일제 검거 선풍이 몰아쳐 서울시경은 한국의 좌익 지도자들을 체포하였다. 미국 외교정책의 주된 기조는 사실상 달라져 있었고, 불확실하게나마 점진적으로 올바른 방향으로 나가고 있었다. 그러나 곳곳에 모래톱, 모래웅덩이, 역류하는 소용돌이 같은 함정이 도사리고 있었다. 그 후로도 오랫동안 여러 사건들이 발생하여 물길을 헤쳐 나가기가 아직 힘듦을 알게 해주었다.

제4장
진통을 겪으며 정책이 전환되다
-고통스런 정책 전환 (1947년 가을)

　최봉윤 교수는 1971년에 출간된 『한국: 하나의 역사』에서 "하지와 이 박사의 우호관계는 미국이 이 박사의 테러 전술을 용인하거나 동의할 수 없었기 때문에 깨져버렸고, 하지는 이 박사의 주 관심사가 자신이 내건 조건대로 권력을 잡는 데 있다고 믿었다"라고 결론짓는다.[28] 이것은 한국 국민을 마치 사병 다루듯이 명령해 대는 하지의 군인 성향 때문에 여러 가지 어려운 문제가 발생했다고 하는 이승만의 결론과 마찬가지로 거의 맞는 말이다.

　1948년 2월 2일, 하지 장군은 브라이언 맥마흔 상원의원에게 보낸 편

---

[28] 『한국: 하나의 역사』(*Korea: A History*, Bong-youn Choy, Charles H. Tuttle, Co., 1971)' p.233. 최 교수는 이 책의 435 페이지에서 미국 국무부에 여권을 신청하고 발급받았기 때문에 "이 박사는 미국에 귀화한 미국 국민이었을지도 모른다"고 추론했다. 그러나 그 여권은 당시 "무국적자"였던 이 박사가 "한국 국민"으로서 발급받은 것이다. 한국에 대한 일본의 종주권이 더 이상 인정되지 않았기 때문이었다. 여권은 프란시스 비들 법무장관의 결정에 따라 1942년 2월 9일에 발급되었다. 이 박사는 독일, 이탈리아, 일본 국적을 거부한 미국 내의 모든 오스트리아인, 오스트리아-헝가리인, 한국 교포들을 아우르는 특별 그룹에 속해 있었으며, 이들은 모두 미국의 보호를 받고 있었다. 자세한 내용은 내가 쓴 『대한민국 건국대통령 이승만』(*Syngman Rhee: The Man Behind The Myth*): 황영일 역 『이승만, 신화에 가린 인물』, p.178-180와 p.210-211 참조.

지에서 자신의 의견을 피력했는데, 그 또한 사실과 크게 어긋난 것이었다. 하지는 이렇게 쓰고 있다: "이 박사는 독립된 한국정부를 수립하려는 미국의 노력에 1년이 넘도록 협조하기를 거부해 왔으며 지금도 여전합니다. 사실 그는 우리의 일을 오히려 더 힘들게 하고 있습니다. 그는 지난해 점령군과 미국 정책에 대한 한국 국민의 불신감을 불러일으키려고 많은 작용을 했습니다."

기록을 통해서도 분명히 알 수 있듯이, 불화의 참 원인이 정책 그 자체 — 루즈벨트가 소련을 태평양 전쟁에 끌어들여 참전시키려고 유도했던 지난 몇 년 동안, 얄타에서 싹이 트고 모스크바협약에서 그 결실을 본 그 정책에 있었다.

그 기본 정책은 "한국을 하나의 독립국으로 탄생시키는 것"이 아니라 한국에 4대국의 신탁통치를 실시한다는 것이었다. 그러나 돌이켜 보면 누구나 알 수 있듯이, 신탁통치를 실시한다는 것은 결국 소련의 지배를 완성시키는 중간단계에 불과한 것이었다. 이승만과 하지 두 사람 모두 상처받기 쉬운 성격의 소유자로서 대결 상황에서는 그런 성격이 더 두드러진다. 두 사람은 분명히 상대를 대하면서 멋쩍은 실수를 저지른 것 같다. 하지만 이런 요인은 부차적인 것들이었다. 두 사람의 관계를 저해한 것은 성격이 아니라 정책 때문이었다. 그런 독소를 끝내 없애버리려면 정책의 변경밖에 다른 길이 없었다.

기본 정책과 그 정책을 집행하는 방법을 구분하기가 쉽지 않은 경우가 많다. 이 시기의 한미 관계를 연구하는 정치학자들은 그 저서에 "정책"과 그 정책을 집행하는 "행정 절차"를 각각 따로 1장(章)씩 할애해서 기술해야 할 것이다. 실제로 미국은 한국에서 미국의 정책을 집행하기 위한 "권한 행사의 채널"을 선택하는 문제 그 자체에서 중대한 실수를 저질렀다.

24군단 사령관 하지 장군에게 남한에 진주해 점령하라는 명령을 내린 시점부터 한국은 사실상 전시의 군사 "작전지역"처럼 취급되어 버렸다. 하지의 통수권은 국무부가 아니라 국방부와 연계되어 있었고 명령의 하달은 국무부(퍼기 보텀)가 아니라 국방부(펜타곤)로부터 받았다. 그리고 국무부 소속의 관리로 구성된 고문단이 하지에게 배속되었는데, 고문단의 인력은 자주 교체되었고, 그들은 국무부에 하지의 행정내용을 보고하는 것이 임무였고, 가끔 업무처리나 판단에 영향을 미치는 일이 있기는 했다. 사실 1946년부터 1947년까지 국무부의 관심은 온통 유럽에 집중되어 있었으며, 남한에 대해서는 소련과 적절하게 합의가 성사될 때까지 독자적인 행동을 유보하고 국방부의 지휘를 받는 미군의 "점령지" 상태로 남겨 두었다.

명목상으로 하지 장군은 맥아더 장군의 지휘 "아래" 있었다. 하지만 맥아더는 일본의 안정과 재건이라는 더 중요하면서도 권한도 비교적 명확한 임무를 맡고 있었다. 맥아더의 생각이나 미국의 정책에 있어서 이 책무는 한국에서 발생하는 어떤 문제보다도 훨씬 더 우선순위가 높았다. 아마도 하지 장군은 맥아더에게 자신만이 남한에서 "야전 지휘권"을 가지고 있다는 잘못된 주장을 했을 것이고, 맥아더는 일본에서 할 일도 많고 한국 상황에 내재되어 있는 어려운 문제들을 알고 있었기 때문에 기꺼이 하지의 주장에 동의했을 것이다.[29]

그 결과 하지 장군은 한국에서 미국 정책을 "집행"하는 데 있어 일반적으로 예상되는 것보다 훨씬 큰 재량권을 갖게 되었다. 물론 모스크바협

---

29) 예컨대, 하지 장군은 맥아더 장군을 통하는 대신 직접 트루먼 대통령에게 보고하고 있었다. 『시련과 희망의 시대』(*Years of Trial and Hope*, Harry S. Truman, Doubleday, 1956) p.322 참조. 맥아더의 권한은 모호했다. 극동군 총사령관으로서 그의 관할구역에서 한국은 분명히 배제되었다. 반면, 극동 미 6군사령관이란 직함에서는 한국이 포함되어 있다. 실제로 맥아더는 한국문제 결정에 대한 책임은 하지에게 있다는 하지의 견해에 대체로 동의했다.

약과 카이로 선언의 제약 안에서였지만. 워싱턴의 관료 중에 하지가 수행해야 할 전술에 대해 "지시"하려 하거나 또는 지시할 수 있다고 생각한 사람은 아무도 없었다. 국무부에는 그런 권한이나 책임이 전혀 없었다. 국방부에는 작전 지역의 주민을 다루는데 있어 "현지 사령관"에게 광범위한 자유가 허용되어야 한다는 뿌리깊이 확립된 관념이 존재하고 있었다. 경제적 요인이나 정치적 사회적 요인 등을 군사적 요인과 분리하려는 노력은 아무 소용이 없는 일이다. 사회의 전체구조는 그 구성요소가 모두 서로 연관되어 있기 때문에 그 지역 주둔 사령관은 당면한 상황을 처리하는 데 있어서 자신의 판단에 따라 최선을 다해야만 한다. 이 말은 현지 사령관이 반드시 제3자가 보는 바에 따를 필요 없이 자신이 인지한 상황에 따라 처리해야 한다는 뜻이다.

이 때문에 존 R. 하지 장군은 1945년 9월 7일부터 대한민국이 정식 수립된 1948년 8월 15일까지 약 3년 동안 미국의 남한 정책 및 그 집행수단이란 두 측면에서 더글러스 맥아더 장군이 일본에서 가졌던 것만큼의 권한을 휘두를 수 있었던 중요 인물이 되었다.

이것은 하지 장군이 원해서 맡은 일이 아니었다. 하지는 갑자기 남한을 점령하라는 명령을 받았는데, 그때까지 이것이 자기 임무가 될 것이라고는 전혀 생각하지 않았다. 사실 국방부는 원래 그 자리에 중국북부 미군 사령관인 알버트 C. 웨드마이어(Wedemeyer) 중장을 앉히려고 했다. 하지만 두 가지 이유로 그는 임명되지 않았다. 첫째, 전투가 끝난 오키나와에서는 하지 중장의 군대가 더 이상 필요하지 않았지만 만주에서는 아직 웨드마이어 중장의 군대가 필요했다. 둘째, 소련이 북한을 통과해서 남한으로 이동하는 것을 허용하지 않아서 웨드마이어 부대를 만주에서 남한으로 보낼 방법이 없었기 때문이다. 국방부가 두 번째로 고려한 사람은 10군 사령관인 조셉 스틸웰 장군이었다.

물론 다른 미군 지휘관들과 마찬가지로 하지는 그런 임무에 대해 훈련을 받은 적도 경험도 없었다. 그러나 이보다 더 심각한 문제는 아마도 하지가 정치적 문제를 다루는 데 필요한 자질이 부족했다는 점일 것이다. 이런 자질 문제는 얼마 지나지 않아 곧 여지없이 드러났지만 상황이 이미 복잡해질 대로 복잡해진 혼란의 시기에 잘못이 누구에게 있고 무엇이 잘못된 것인지를 확실히 하는 일은 쉬운 일이 아니었다.

한국 정세를 뒤덮고 있는 먹구름이 간혹 변덕스러운 익살로 잠시 밝아지곤 했다. 물론 그런 익살도 시간이 흐른 나중에 가서야 겨우 알아차릴 수 있었지만. 한참 뒤에 손자들에게 자신의 경험담을 들려줄 때에는 태풍에 5~6미터나 날아갔던 재앙도 아주 우스운 이야기로 들릴 수 있는 것이다.

1947년 7월 1일, 하지 장군은 자기도 그 이름을 익히 알고 있는, 한국 국민들의 존경을 받고 있는 원로지도자 한 분을 한국으로 모셔왔다. 이미 50년 전에 한국인 최초로 미국에서 의학박사 학위를 취득한 서재필 박사였다. 애국자로서 서 박사의 명성은 1897년 7월 서울에서 독립협회를 창설한 데에 연유한다. 독립협회는 사회 및 정치 개혁을 목표로 활동했으며, 이 박사도 여기서 공적인 활동을 시작했었다. 이 박사가 개혁운동으로 투옥되어 있는 동안 필립 제이슨(Philip Jaisohn. 서재필이 사용한 영어 이름) 박사는 한국을 떠나 필라델피아에 정착한 후 병원을 개업했다.[30]

한국의 독립운동을 좌지우지하기 위해 한국 민족주의의 상징이자 대표

---

30) 펜실베이니아 대학교의 정치학 교수인 이종식(Chong Sik Lee) 박사의 저서 『한국 민족주의의 정치학』(*The Politics of Korean Nationalism*)에서 인용. 이종식 박사는 1910년–1945년의 한국의 정치 지도자와 관련하여 최고의 권위자 중 한 사람으로 1975년 6월 17일 내게 이런 편지를 보냈다. "나는 서재필 박사가 비극적인 인물이라고 생각합니다. 1884년의 쿠데타(갑신정변)에 참가한 대가로 모든 가족이 처형당했습니다. 박사는 1895년부터 1898년까지 한국을 개혁하려 했지만, 압박을 받아 미국에 돌아와야 했습니다. 박사는 1919년부터 1921년까지 모든 재산을 한국을 위해 바쳤으며, 결국 파산했습니다. 박사는 미국인이 되고자 하다가 환멸을 느낀 사람이었습니다."

인물로 이 박사를 대신해서 제이슨, 즉 서 박사를 내세우려고 한 하지의 고육책이 비현실적인 것이었음을 이보다 더 적나라하게 보여주는 사례도 없다. 이것은 미군정 고문관으로 임명된 한국계 미국인 정치학 교수 임창영(林昌榮)의 설득과 "중도" 그룹의 찬성을 얻은 것으로, 서재필 박사가 좌우합작 정책을 지지할 것이며 한국 국민은 서재필 박사의 영도를 따를 것이라는 것이었다.

1947년 5월 6일경 이 박사는 나에게 이런 편지를 보내왔다:

서재필 박사가 미국을 떠나 이미 서울에 들어왔다고 생각했는데, 샌프란시스코까지 와서 건강 문제로 다시 돌아갔다고 해서 놀랐소. 오늘 아침 한 신문에서는 서 박사가 자신의 건강에는 문제가 없는데 국방부가 못 가게 방해했다는 성명서를 발표했다고 해요. 환영 준비를 하던 어떤 단체는 실망했을 것이오. 일반적인 정서로는 그의 귀국이 어느 한 그룹에는 도움이 되겠지만 전반적인 정세에는 혼란을 줄 것이라고 생각되는군요.

서재필은 마침내 7월 1일 오후 4시에 인천항을 통해 귀국했다. 부두에는 김규식과 여운형 두 사람을 비롯해서 많은 지지자들이 환영해 주었다. 당시 그의 나이는 85세였다. 건강은 좋지 않아 보였고, 은퇴생활에서 나오기를 꺼려했다.

나는 그가 귀국하기 바로 2개월 전에 펜실베이니아 주 메디어 시에 있는 그의 사무실에서 나눴던 대화를 생생하게 기억할 수 있었다. 오래 전 (1895~1898년, 1919~1921년) 한국의 독립을 되찾기 위해 그랬던 것처럼 활동을 재개해 달라고 간곡히 요청하자 박사는 조용히 듣기만 하더니 이렇게 말했다. "올리버 박사, 나는 미국인입니다. 우리 미국인은 한국 사람들이 하는 일에 관심이 없습니다." 그때의 반어법은 7월 7일 미군정 본부 서

박사의 새 사무실에서 한국 언론과 가진 첫 회견에서 다시 되풀이되었다:

    문: 한국에 대한 인상은 어떻습니까?

    답: 아직 무슨 말을 할 처지는 아닙니다만 나는 기독교인입니다. 그래서 무슨 일을 하더라도 애정과 동정과 이해심을 바탕으로 해 나갈 것입니다.

    문: 특별고문으로서 하시는 일은 어떤 것입니까?

    답: 한국인과 미국인에게 조언을 할 것입니다. 그런 조언을 통해 나는 한국과 한국인에게 봉사하기 위해 노력할 것입니다. 만약 내 조언이 어떤 성과도 내지 못한다면 나는 미국으로 돌아갈 것입니다.

    문: 이 박사의 반탁운동에 대해서는 어떻게 생각하십니까?

    답: 분명하게 말씀을 드리기는 어렵습니다만, 이 박사는 진정한 애국자이며, 이 박사의 반탁운동은 한국의 이익을 위한 것이라고 믿습니다. 그러나 말만으로 일이 되는 것은 아닙니다. 결과와 행동이 실제로 국민에게 좋은 성과를 갖다 주어야 하며, 그 결과가 국민에게 이롭지 못한 것이라면 그것은 진정한 애국이 되지 못하는 것입니다.

    문: 한국의 과도정부 수립에 대한 미국인의 여론은 어떻습니까?

    답: 미국인은 한국인 대다수의 뜻에 따라 민주적인 방식으로 과도정부가 수립되기를 바랍니다.

    문: 6개월 후에 미국으로 돌아가신다고 알고 있습니다. 그동안 한국이 완전히 독립할 것이라고 생각하십니까?

    답: 말씀을 드리기 어렵습니다. 그 기간이 끝난 후에도 만약 내가 있어야 한다면 남아서 할 수 있는 모든 일을 할 것입니다.

7월 12일 오후, 서울운동장에서 서재필 박사를 환영하는 군중대회가 열렸다. 이 박사, 김구, 여운형, 그 밖에 몇몇 인사가 연설을 했다. 이즈

음에 날짜가 명기되지 않은 한 편지에서 이 박사는 하지 장군의 이런 지
도자 교체 조작극에 대한 자신의 생각을 피력했다:

　서재필 박사는 나에게 해를 입힐 목적으로 이따금씩 여러 가지 말을
하고 있어요. 공적으로나 개인적으로나 나는 일체 대응을 하지 않고
있어요. 그의 이런 말들은 역효과를 내고 있는데, 누구보다도 박사 자
신에게 해를 주고 있어요. 그런 말로 인해 자신의 입지가 사람들에게
분명해지고 있기 때문인 것이오. 국민들은 하지 장군이 이 박사의 영
향력을 줄이기 위해 미국 시민인 그를 데려왔다고 생각하오. 서재필
박사가 범한 최악의 실수는 기자회견에서 "한국인들은 비누 한 개도
제대로 만들 줄 모르는데 어떻게 자치(自治)를 할 수 있겠는가?"라고
말한 사실이오.

　최근에 과도정부가 수립되면 대통령직을 수락하라고 서재필 박사에
게 촉구하는 여러 종류의 전단지가 서울 시내 전역에 뿌려지고 있는
데, 그들은 그런 전단지를 통해 100만인 서명을 받으려 하고 있어요.
많은 중도파, 좌익, 대부분의 불평분자들이 이런 책략을 지지하고 있
소. 서재필 박사는 한국을 돕기 위해서라면 미국 시민권을 포기할 용
의가 있다고 공개적으로 자주 언급하고 있어요. 이것은 하지 장군이
한국을 떠나기 전에 획책하고 있는 마지막 책략인 것이오. 그는 자기
가 할 수 있는 한 모든 수단을 써서라도 한국 사람들의 일에 관여해서
그들을 편안하게 그냥 내버려두지 않겠다는 것이오. 이것은 이전에 했
던 것과 똑같은 책략이오. 이 박사와 이 박사의 정책에 불신감을 조성
하기 위해서 한국을 분열시키려는 것이 그 목적이오.

서재필 박사는 자신도 모르는 사이에 또 다른 논란에 말려들었다. 대
한적십자사가 1946년에 조직되었을 때 아놀드 장군은 이 박사에게 총재

가 되어달라고 요청했다. 조직위원회 또한 이 박사에게 총재를 맡아달라
고 요청했다. 그때 하지 장군은 김규식을 총재로 지명해버렸고, 이 박사
는 그런 하지의 선택을 지지했다. 그러나 위원회내부는 심각하게 분열되
어 적십자사는 제 기능을 하지 못했다. 김규식은 사임했고, 위원회는 이
박사에게 다시 총재직을 제의했다. 그러자 미 군정은 서재필을 총재로 추
대했다. 그 이유로 그는 미국 시민으로서 미 국무부의 승인을 얻어 미국
사람들로부터 적십자 활동에 필요한 기부금을 확보하는 데 도움이 될 수
있다는 것이었다. 그러나 서재필은 이 제의를 거절했고 대한적십자사의
위상은 애매한 상태가 되고 제대로 활동도 할 수 없게 되었다.

몇 년 뒤, 이 박사의 전기(傳記) 『이승만: 신화 속의 인물』(*Syngman
Rhee: The Man Behind the Myth*)을 집필하기 위해 자료를 수집하는 동안,
나는 서재필 박사에게 이 박사에 대한 그의 견해를 물었다. 그는 1949년
9월 12일자의 장문의 편지에서 1896년과 1919년에 겪은 자신의 경험을
회고했다. 그리고 이렇게 덧붙였다.

　　이승만 박사가 최근 몇 년간 해온 일에 대해서는 귀하께서 잘 알고
　있으리라 생각합니다. 이 박사는 수많은 난관에 직면했지만 미국 국민
　에게 한국 상황을 알리려는 노력을 한시도 멈춘 적이 없습니다. 일본
　에 대해 유화정책을 쓰고 있는 미국의 태도에 어떤 변화를 가져오게
　하지는 못했지만 어떤 사건이 발생하여 미국의 한국 정책이 바뀔 것이
　란 희망을 포기한 적은 없습니다.

　　미국의 정책 변경을 가져온 것이 일본 그 자신이란 점은 묘한 일이
　아닐 수 없습니다. 그래서 최소한 현재 한반도의 남쪽 절반은 미국에
　의해 독립된 공화국으로 인정받고 있습니다.

　　내가 바라는 바는, 모든 한국인이 미국인과 계속 협력하여 한국을
　자립, 자치국으로 재건하는 것입니다. 이렇게 하는 것이 미국 국민의

친절과 배려에 감사의 뜻을 표하는 가장 좋은 방법이라 생각합니다.

이것이 한 용기 있는 노인으로부터의 마지막 정중한 인사였다. 하지만 서재필 박사는 1947년에 자신도 모르게 휘말리게 되었던 당시의 정쟁을 감당해낼 기력도 의지도 없었다. 조용히 은밀하게 그는 국민의 관심에서 사라졌다. 그리고 대한민국이 수립된 후 그는 "우애의 도시"(city of brotherly love) 필라델피아의 교외, 메디아에서 은퇴생활로 되돌아갔다. [31]

그러나 이 박사의 또 다른 오랜 라이벌 한 사람이 7월에 한국에 들어왔는데 애국지사의 귀환으로서 공식적인 환영을 받았다. 워싱턴에서 온 김용중이라는 사람이었다. 그는 "중도파"들과 손을 잡았지만 현명하게도 공식성명 같은 것은 발표하지 않았다. 7월 12일 여운형이 암살당한 그 순간에 그는 차 뒷좌석에 여운형과 함께 앉아 있었다. 사건 직후 김용중은 미국으로 돌아가 버렸다.

7월에 서울에서 학생들의 데모가 한창일 때 아서 L. 러치 장군은 군에서 퇴역하여 남한의 군정장관직에서 물러났다. 최종 보고를 위해 워싱턴에 와서 장군은 이 박사와 하지 장군의 대립관계를 타개하기 위해 마지막 노력을 다했다. 러치 장군은 임병직 대령이 주최한 만찬에서 장군은 장시간 그 대립상황을 논의했으며, 미국의 정책이 모스크바 협약 준수에서 독립적인 한국정부 수립 방향으로 전환 중에 있음을 재차 강조했다.(국무부 차관보인 존 힐드링도 내게 이런 다짐을 했었다.)

다음날인 7월 15일 러치 장군과 나는 여러 번의 수정작업을 거쳐 이 박사에게 보낼 무선전보의 문구를 만들었다. 러치가 작성하고 내가 서명한 후 보내기로 한 그 전문의 첫 초안은 이런 내용이었다:

---

31) 임창영의 저서, 이 박사에 대한 간략한 찬미 전기 『미국이 한국에 드리는 최고의 선물』(*America's Finest Gift to Korea: The Life of Philip Jaisohn*), 1952년 판, p.89. 참조.

본인은 국무부 및 국방부의 고위관리들과 얘기를 나눴음. 그들은 남한에서 미국의 입장을 반대하는 것처럼 보이는 선동은 모두 러시아의 손에 놀아나는 것이 된다고 한결같이 같은 의견임. 모든 미국 관리들이 한국에서 추구되고 있는 기본 정책들에 대해 전적으로 합의하고 있는 상황에서 하지 장군이 워싱턴의 미국 정부의 방침에 반하는 정책을 추구하고 있다는 박사님의 성명은 박사님의 오해의 결과일 수밖에 없을 것임. 본인은 물론이고 이곳의 박사님 친구들의 의견도 모두 이제 남아있는 중요한 일은 38선을 없애야 한다는 것임.

박사님이 미국 사람들에 반대하고 있다는 언론보도들로 인해 이곳에서 박사님의 명망이 크게 훼손되고 있음. 지금까지 본인은 박사님 친구들과 함께 현재의 미국 정책을 지지하도록 박사님을 충고하는 것을 삼가 왔음. 박사님의 현재 정책을 이곳 사람들이 오해할 위험이 있기 때문에 조만간에 있을 웨더마이어 장군과의 회담 전까지 성명을 잠시 보류해 주시기 바람. 박사님의 개인적인 희망이 무엇이든 간에 이제 미국의 정책을 지지하는 일은 한국 독립을 위한 유일한 길처럼 보이기 때문에 지금 박사님이 미국 정책을 전적으로 지지한다는 공식성명을 발표한다면 위대한 정치가로서의 박사님의 명성을 고양하는 데 일조하면서 한국 문제의 해결에도 실질적인 도움이 될 것임.

이 박사가 이런 충고를 따르지 않을 것은 명약관화했다. 우선 그의 전문 초안은 내가 서명하여 보증한 것처럼 되어 이 박사가 한국에서 그동안 미국 정책에 반대해 왔다는 견해를 강조하고 있었다. 또한 워싱턴에 있는 그의 친구들도 이 박사의 견해에 반대한다는 점을 분명히 하고 있었다. 또 이 박사의 전술이 서툴고 현명치 못하여 "러시아의 손에 놀아나고 있다"고 딱 잘라 분명히 말하고 있었다. 초안에는 미국에서 이 박사의 입지가 크게 약화되어 있다는 판단까지도 포함되어 있었다. 게다가 이 박사의 정책과 행동이 순전히 "개인적인 욕망"에 기인하고 있으며, 다시 말해, 그는 어리석게도 자신의 야망을 위해서라면 한국 국민의 이익과 미국과의 동맹관계를 기꺼이 내던질 수 있다고 가혹하게 빗대고 있었다. 나는 러치 장군이 그래도 우호적이고 도움을 주기 위해 노력해 왔다고 생각하고 싶었던 만큼, 이와 같은 가혹한 메시지 초안을 보고 놀라지 않을 수 없었다.

물론 근본적인 문제 하나는 어떤 메시지도 은밀히 전달될 수 없다는 데 있었다. 남한으로 가는 모든 우편물과 그 발송은 군사채널을 통해서 들어가야 했다. 특히 전문 같은 것은 취재기자의 눈을 벗어날 수가 없었다. 그리고 이 전문은 하지 장군의 의도대로 아주 잘 이용될 수 있는 것이기 때문에 즉시 한국 언론에 공개하여 이 박사가 진정한 애국자가 아니라는 낙인이 찍히게 될 것이고, 미국 언론에는 이 박사를 방해꾼으로 알리기 위해 공표될 것이었다.

러치 장군에게서 초안을 받고서 나는 그에게 초안은 "아주 잘 된" 것 같지는 않지만 그 내용은 세심하게 검토해 보겠다고 말했다. 초안에는 잘못된 내용이 많았지만 정확한 점도 많았다. 신탁통치에 반대하는 것은 이 박사와 다른 한국의 애국자들에게 하나의 의무이자 권리이기도 했다. 더욱이 수많은 충직한 미국인들이 이런 반대운동에 동참할 수 있었고 실제로 동참했다. 그들은 소련의 영향권 아래 들어간 동유럽 국가에서 벌어진 일들을 잘 알고 있었기 때문이다. 워싱턴에서 우리가 파악했듯이, 이제 미국의 정책은 전환 과정에 있었다. 웨드마이어 장군은 현지 조사보고를 위해 극동으로 가고 있는 중이었다. 소련에게 더 이상 양보하면 미국인들에게 더 큰 불쾌감을 주게 될 것이다. 새로운 신뢰와 더 많은 인내심을 보일 때다. 이것이 내가 이 박사에게 전달할 필요가 있다고 느꼈던 메시지였다.

그날 러치 장군이 떠난 후 종일토록 나는 거의 같은 내용의 다른 초안을 연달아 두 번 작성했다가 차례로 폐기해 버렸다. 마침내 다음과 같은 전문을 작성하여 서명한 후 전송했다:

한국 상황에 대한 이곳 국방부와 국무부의 긴장감은 아주 높음. 우리의 노력과 박사님의 여러 선언에도 불구하고 관리들은 여전히 그 데모들을 미국의 계획에 반대하는 것으로 여기고 있으며, 그런 데모 때문에 소련과 교섭하는 미국의 입장을 약화시키는 것으로 느끼고 있음. 한국의 분단을 종식하고 가능한 한 빠른 시일 안에 선거로 정부를 수립하기 위해 늘 그래왔듯이 지금도 한미 간의 협력을 위해 힘쓰고 있다는 식으로 입장을 정리한 성명을 발표하신다면 이곳의 상황 개선에 도움이 될 것임.

선거법의 통과와 웨드마이어 사절 파견은 전적인 협조가 가능하게 할 새로운 토대가 될 것임. 이런 정신으로 박사님이 웨드마이어와 회담을 하면 긴장이 크게 완화될 것이며, 따라서 한국 문제 해결에도 실질적인 도움이 될 것임.

7월 21일, 이 전문에 대한 답신을 받았는데 그 답신에는 변명이나 잘못이라는 표현 같은 것은 보이지 않았지만 우리가 바라던 상당 부분을 수용하겠다는 의사표시가 있었다:

우리는 지금까지 항상 그러했듯이 한국의 분단을 종식시키고 선거에 의한 정부를 수립하기 위해 지금 한미 간의 협조를 지지하고 있음. 하지 장군과 다른 인사들도 총선거 실시에 동의했음. 우리는 그에 따라 준비 중임. 만약 미·소공동위원회 결과가 만족스럽게 된다면 우리 프로그램은 포기할 것임. 데모는 신탁통치가 발표된 후 그리고 이따금 되풀이되었음. 우리는 미국이 신탁통치를 우리에게 강요하려 한다고 생각하지 않음. 누구도 우리가 미국에 반대하고 있다고 말할 수는 없을 것임.

이 전문 덕분에 워싱턴의 이 박사에 대한 적대감이 크게 해소될 것이라 생각했고, 실제로 그런 효과가 있는 것처럼 보였다. 전문에 언급된 선거는 하지 장군의 승인 아래 남조선 과도입법의원이, 의결한 날짜는 정해지지 않았지만, 가을쯤에 남한에서 선거를 통해 이미 북한에서 실시되고 있는 유사한 정권에 대항하기 위해 남한에서 제한적인 자치권을 행사할 수 있는 과도적인 정부를 수립한다는 계획이었다. 그러나 이후 여러 사건이 발생한 결과 이 선거는 실제로는 실시되지 않았다.

이와 같은 여러 상황으로 볼 때, 하지 장군이 트루먼 대통령에게 이 박사가 신탁통치 반대의 주동자이며 미·소공동위원회의 노력을 "방해"하고 있다고 계속 보고한 점은 유감스러운 일이다. 사실 미국은 시급히 그 상황을 새롭게 분석해 볼 필요가 있었다.

앞의 전문에서 러치 장군이 언급했던 웨드마이어 사절단에게 우리는 큰 희망을 걸었다. 1947년 여름, 웨드마이어 장군은 국무부 장관 조지 마셜로부터 남한과 중국을 방문하여 양국에 대한 미국의 정책에 어떤 변화가 필요한지를 잘 살펴보라는 "임무"를 위임받았다. 나는 웨드마이어 장군이 워싱턴으로 귀환하자 그의 집무실을 방문하여 그의 임무가 실패한 이유를 물어보았다. 그의 대답은 이러했다: "귀국 후 보고서를 마셜 장군의 책상 위에 놓고는 이렇게 말했지요: '자, 이제 장군님이 명하신 지저분한 일을 마쳤으니 정책 변경이 효과를 내도록 하고 우리가 휘말렸던 혼란을 정리합시다.' 그러자 마셜 장군은 이렇게 말하는 것이었습니다: '알, 귀관의 보고서는 파일함에 처넣어 버려야겠어.'" 이것이 웨드

마이어 사절단의 결과였다.32) 그 무렵 미국의 정책은 실제로 변하고 있었
다. 한국에 대해서는 개선의 방향으로, 중국에 대해서는 더 불리한 방향
으로 바뀌고 있었다. 그러나 그런 변화는 일반 국민이나 이 박사 같은 핵
심 인물들에게도 아직 알려지지 않았다.

1947년 7월이 되어서야 국무부는 미·소공동위원회가 결코 효과적이지
못하다는 사실을 깨달았고 모스크바 협약은 수정되어야만 한다고 했다.
한국에 대한 신탁통치는 그 명분이 사라졌는데, 그 이유 중 하나는 남한
국민들의 신탁통치에 대한 단호한 반대 때문이고, 또 한편으로 공산주의
자들이 "연립"이 진정으로 의미하는 것이 무엇인지가 동유럽에서 분명
하게 드러났기 때문이다.

미국의 정책 입안자들은 한국과 관련하여 새로운 접근 방법과 해법을
찾고 있었다. 그들이 내린 결정은 UN의 승인을 얻어 분단된 한국을 재통
일하는 총선거를 실시한다는 것이었다. 이 같은 갑작스런 정책변화는 모
양새가 좋지 못해서 미국 관리들은 그것이 소련의 비타협적인 태도 때문
이란 것을 보여줌으로써 그런 반전을 정당화하려고 했다. 그들이 생각하
는 가장 이상적인 상황은 이 박사가 한국 중도파들과 힘을 합쳐 전 한국
적인 연립정부를 수립하는 데 합의하는 것이었다. 이렇게 되면 세계는 한
국이 미국의 피보호자가 되는 것을 "합리적인 결정"으로 받아들일 것이
라고 생각했다. 그들은 또 이러한 제안에 대해 소련이 "비합리적으로"
거부할 것이라고 확신했다. 그러면 세계는 미국이 모스크바 협약을 파기
하는 일을 지지하게 될 것이다.

그러나 국무부 관리들은 이 박사에게 이런 비밀을 공개할 수 없다고

---

32) 이 보고서는 공식기록을 위해 10년 뒤에 "파일 함에서" 꺼내졌다. 『웨드마이어
보고서』(Wedemeyer Reports), Albert G. Wedemeyer, Henry Holt, 1958. 참조. 유용
하게 쓰이기는 너무 늦었지만, 1951년에 웨드마이어의 "한국 보고서"는 미상원 군
사위에 "정보용"으로 제출되기도 했다.

생각해서 그 전략에 대해 그에게 설명할 수가 없었다.

국무부의 힐드링 차관보는 정책의 근본적인 변화가 진행되고 있다는
사실과 이 박사도 그런 변화에 만족할 것이란 언질을 내게 조심스럽게
했다. 이 해 여름에 보낸 나의 편지들을 통해 이 박사에게 미래에 대한
전망을 믿도록 촉구했다. 그러나 새로운 프로그램이 어떤 것이 될 것인지
에 대해서는 나도 몰랐기 때문에 설명할 수가 없었다. 하지 장군 역시 우
리보다 더 나은 정보를 받을 수는 없었을 것이다. 왜냐하면 곧 폐기될 정
책들을 이 박사가 수용하도록 계속 심하게 몰아붙이고 있었기 때문이다.
회고해 보면, 워싱턴의 정책 입안자들만이 그 계획되고 있는 코스를 볼
수 있게 되어 있었으나, 정작 벌어지고 있는 위험하고 잔인한 희극 가면
무도회의 주역들은 눈이 가려진 채 무대 위에서 뛰어야만 했다. 당시로서
는 그것을 우습다고 말할 형편이 아니었다.

7월 13일, 이 박사는 나에게 보낸 장문의 편지에서 그 상황을 나름대로
분석했는데, 다음의 발췌 내용에서 그 분위기를 느낄 수 있다.

> … 하지 장군은 한국 문제 해결에 공산주의자와의 협력이 필수라는
> 주장을 아직도 고수하고 있소. 장군은 신탁통치를 포함해 모스크바 결
> 정이 "불변의 원칙"이며 따라서 한국인은 그대로 수용해야만 한다는
> 입장이지요. 한국인은 그것이 자주 독립의 원칙에 반하므로 모스크바
> 결정에 반대하고 있소. 그리고 3대 강국이 소위 그 결정을 내릴 때 한
> 국인과 협의하지 않았고, 또 미·소공동위원회가 한국인이 남한의 공
> 산화를 저지하지 못하도록 하는 "연립 정부"를 수립할 것이기 때문에
> 반대하는 것이지요.
>
> 하지 장군은 러시아와 합의를 할 수 있다는 쓸데없는 노력을 기울이
> 는 한편, 모든 민족진영 그룹의 반대에도 불구하고 김규식과 여운형을

공동의장으로 하는 "좌우합작위원회"란 것을 발족시켰소. 하지 장군은 지난 4월에 미·소공동위원회 회담의 재개를 준비하면서 공동위원회의 회담 기간 동안 찬반을 막론하고 신탁통치와 관련된 모든 정치집회나 시위 및 언론의 토론을 금지하는 명령을 내렸소.

하지 장군은 모든 민족진영 지도자들에게 신탁통치를 지지하는 선언문 제5호에 서명하라고 위협하면서 윽박지르고 회유하곤 했소. 그러는 한편, 하지는 이 박사가 미·소공위(共委) 활동을 방해하고 있고 한국 독립을 지연시키고 있으며, 또한 이 박사는 반미주의자라는 말 등을 공개적으로 표명하고 있어요. 게다가 그는 이 박사가 폭력단의 암살 음모에 관여하고 있다고 비난하고 있어요.…

그동안에 워싱턴에서는 웨드마이어 장군이 막 자신의 "임무" 수행을 위해 떠나려는 참이었기 때문에 나는 임 대령, 존 스태거스, 제이 제롬 윌리엄스와 함께 장문의 한국 관련 제안 각서를 보냈다. 그 제안서의 상당 부분은 이미 〈뉴욕타임스〉와 여타 지상에 발표된 제안을 부연 설명한 것이었다. 다만 각서는 두 개의 제안 사항이 추가되어 끝을 맺었다:

5. 현시점에서 38선 이북의 한국인 가운데 추정컨대 약 80%는 이 박사를 지지하며, 따라서 그들은 반공주의자들이며, 또 북한의 유명인사들 가운데 많은 수가 남한 정부에 참여할 수 있기 때문에 그 정부는 당연히 한국 전체를 통치할 책임을 가지는 데 방해를 받아서는 안 된다. 이것은 현재 한국 국민을 분열시키려는 세력들을 억제하는 가장 효과적인 방법이 될 것이다.

6. 하지 장군과 그의 주한 국무부 고문단은 교체되어야 한다. 하지 장군은 자기가 공표한 목표, 즉 자유 독립의 한국 정부를 수립하기 위한 그의 능력에 대해 한국 국민의 신임을 잃었다. 과거의 난국에 대

한 책임 소재를 떠나서, 효율적인 한미관계의 발전을 도모하려면 과거의 잘못으로부터 자유로운 새 인물을 임명하는 것이 큰 도움이 될 것이다.

우리는 우리의 이 제안이 트루먼 독트린과 마셜 플랜에서 표명된 바와 같은 미국의 정책과 정확하게 궤를 같이 하고 있다고 믿는다. 또한 우리는 이 제안이 채택되면 한미 협조 문제는 해결될 것이라고 믿는다.

웨드마이어의 건의는 마셜 국무장관에게 제출한 보고서에 포함되기는 했지만 그 공개는 한참 후에나 이루어졌다. 그의 제안은 단순히 비밀문서로 정리되었기 때문에, 우리는 웨드마이어가 현지조사를 통해 우리의 제안과 같은 결론을 내렸는지의 여부는 당시에는 알 수 없었다.[33] 내가 분명히 알고 있었던 모두는 웨드마이어가 워싱턴으로 돌아온 후 나와 나눈 대화를 통해, 그가 이 박사의 처지에 동정적이었으며 자신이 제안했던 사항들을 정부가 고려하지 않은 점에 실망했다는 것이다.

한국 내부는 들끓고 있었다. 7월에 소련은 느닷없이 모든 소련군이 북한에서 철수했으며— 그것을 입증할 외부 인사의 북한 내 입국은 불허한 채—, 이어서 신속하게 이 지역은 전 한국의 합법정부라고 주장하는 임시 조선인민공화국의 통치 아래 들어간다고 발표했다. 서울의 남조선 과도 입법의원 역시 전 한국의 관할을 주장할 수 있는 한국정부를 수립하기 위해서 남한에서 즉시 선거를 실시해야 한다고 요구함으로써 이에 대응

33) 나중에 드러났듯이, 웨드마이어가 제안한 사항은 모스크바 결정을 지지하는 과도 한국정부의 조기 수립이었다. 『한미 관계의 역사적 개요』(A Historical Summary of United States-Korean Relations), U.S. Department of State, November, 1962, p.66. 참조.

했다. 김구는 충칭에서 온 임시정부(3월에 김구 자신이 소집한 국민회의가 새로 이 박사를 수반으로 선출했음에도 불구하고 김구는 여전히 자신이 임시정부의 수반이라고 주장했다.)가 사실상 모든 한국인을 대변하는 합법정부라고 주장하는 성명을 발표했다.

이런 혼란 속에서 8월 12일, 이 박사는 내게 이런 편지를 보내왔다:

김구 씨가 마음속으로는 이 박사를 지지하고 싶어 하지만 중국에서 귀국하기 전에 그곳 사람들과 협력하자는 약속을 했기 때문에 이제 그들과 헤어지기가 어렵다는 것을 알고 있소. 이 때문에 지금과 같은 어려움이 생겼소. 국민회의 공동회의의 최근 몇 차례의 토의에서 의원들은 그런 어려움의 원인을 알게 되었고, 국민의 정서도 즉각적인 선거 실시 쪽으로 기울어질 것이오. 김구 씨 자신도 여론에 따라 국민회의에 합류할 것이라고 나는 확신하고 있어요. 국민회의는 선거준비 위원회를 구성할 의원 30명만 남기고 어제 폐회했소.

이 박사를 둘러싼 긴장의 심각함과 그 범위는 막 한국으로 떠나려는 정한경 박사에게 8월 27일에 쓴 내 편지에 나타나 있다. 다음은 그 편지의 일부이다:

박사님이 떠나시기 전에 이야기를 나눌 수 있는 기회가 있기를 바랍니다. 몇 가지 하고 싶은 말은 있지만 글로 쓰기에는 망설여집니다. 문서 메시지는 한국에 들여갈 수 없을 것입니다. 그들은 철저하게 수색할 것이며, 러치 장군과의 친분 덕분에 그런 무례를 당하지 않도록 하지 않는 한, 박사님은 이 박사의 친구이기 때문에 요주의 인물이 될 것입니다. 하지만, 이를테면 러치 장군은 당신이 어떤 서신도 휴대하지 않고 있다는 약속을 해주기를 요구할지 모릅니다. 그러나 도착 후에는 아무도 이 박사와의 대화를 방해할 수 없을 것입니다. 그 정도의 자유는 아직 남아 있습니다!

사건들은 신속하게 새로운 양상으로 전환되어 가고 있었다. 8월 11일, 마셜 국무장관은 신탁통치와 관련된 모스크바 협약을 대체할 새로운 계획을 세우기에 앞서 준비 절차로 한국 상황을 즉시 재검토할 것을 몰로토프에게 제안했다.

8월 26일, 로버트 로베트(Robert Lovett) 국무장관 서리는 4대국 회담(미국, 소련, 영국, 중국)을 개최해서 모스크바협약을 재검토하고, 한국 정부 수립을 위한 한반도 전역에서 선거를 실시하는 방안을 논의하자고 제안했다. 소련은 이 제안을 거부했다.

9월 17일, 마셜 국무장관은 "한국의 독립 문제"를 UN 총회의 의제로 올릴 것을 제안했다. 신탁통치는 더 이상 "불변의 법칙"이 아니었다. 이런 기본적인 정책 전환에 한국 지도자들은 여러 가지로 즉각적인 반응을 보였다. 이 박사는 워싱턴에서 중구난방으로 진행되고 있는 활동들을 한데 모으기로 했다.

9월 10일, 그는 국민회의 상임위원회로부터 다음과 같은 신임장을 한글과 영문으로 작성하여 내게 보내왔다. 나를 아직 존재하지도 않는 외국 정부의 비공식 대사로 임명한 것으로, 내가 알기로는 나는 그처럼 흥미롭고 모호한 신분의 직책을 갖게 된 최초의 미국인이 된 것이다. 그 신임장 내용은 다음과 같았다:

대한민국 국민회의의 이름과 권한에 따라 본인 이승만 의장은 본인에게 부여된 권한에 의거 **로버트 T. 올리버를 미국의 한국 대표 고문으로** 임명하며 올리버에게 한국의 제반 문제를 논의하는 데 있어 전권과 권위를 부여한다. 모든 관계자는 올리버의 언행에 대해 전적으로 신뢰해야 하며, 본 신임장 이상의 것을 요구해서는 안 된다.

단기 4280년, 서기 1947년 9월 10일
대한민국 국민회의 의장 이 승 만

9월 25일, 미군정의 직접 통제를 받는 남한 과도정부의 한국인 간부회의는 만장일치로 "남한의 현 상황에 대처하기 위한 조치들"과 관련된 선언문을 채택했다. 이 선언문의 가장 흥미를 끄는 특색은 워싱턴에서 진전되고 있는 새로운 정책을 반영시키지 않고 있다는 점이었다. 이것은 미군정과 미군정의 한국 앞잡이들이 "줄의 맨 끝"에 매달려 있다는 또 다른 하나의 반증이다.

선언문은 "남한이 극도의 혼란에 있다"고 지적하면서 "진정한 민주주의"에 입각한 "완전한 국가 독립"을 제안했다:

> 우리가 뜻하는 "진정한 민주주의"란 개인의 가치와 표현의 자유를 가장 신성시하는 정치적 전형이 되는 제도를 말한다. 개인의 권리 및 사유재산의 권리는 사회의 공동이익을 해치지 않는 한 보장되어야 한다. 사회는 인간의 경험과 지식의 도움으로 다수결 원칙에 따라 발전적으로 개혁되어 나가야 한다. 따라서 우리는 사유재산제의 폐지와 혁명적인 사회변혁 수단에 반대한다. 나아가 우리는 봉건주의는 물론 개인이나 계급을 불문하고 어떤 형태의 독재에도 반대한다.

한국인 간부회의 사람들이 민주주의의 의미에 대해서는 분명하게 정의했지만 독립의 목표에 대해서는 그렇지 못했다. 독립과 관련해 그들은 이렇게 선언했다:

> 남한의 애국적 국민들은 미군정이 한국의 국가적 독립을 준비하고 완성시키는 수단이자 대리기관이라는 점을 믿고 소중하게 생각하고 있다. 더욱이 그들은 한국의 진정한 통일이 미군정의 노력과 영향력을 통해 달성될 수 있을 것으로 믿고 있다.
>
> 이에 따라 우리 3천만 한국인은 미군정을 한국인 자신의 정부로 사실상 받아들여 왔고, 앞으로도 계속 그래야 한다. 우리는 미군정에 성의를 다해서 협력해야 하며, 그렇게 함으로써 미군정은 강력해질 것이

고 명실상부하게 우리의 정부로 전환될 수 있을 것이다.

간부회의 사람들은 남한의 현 정치적 상황을 다음과 같이 묘사했다:
　남한의 정치 및 사회단체들의 정치적 활동을 검토해 보면 우리는 뚜렷이 대립되는 두 진영이 있음을 알게 된다. 한 진영은 애국적이고 친미적이며 미군정에 협조적이고 건설적이다. 다른 한 진영은 반한적이고 반미적이며 반군정적이고 파괴적이다. 후자는 소위 좌익이라는 집단이다. 좌익의 범죄적인 행동은 경찰, 사법, 군사위원회, 군사재판소의 기록이 이를 증명하고 있다.
　위에서 언급한 불법단체들이 일소되고 정상적인 정치활동이 정착될 때까지는, 그리고 그렇게 되지 않는 한, 우리는 "불편부당", "중립", "중도노선", "연립" 등의 용어에 내포되어 있는 이론을 안심하고 적용할 수 없다. 준법 상태의 분위기가 회복된 이후에나 "우익", "진보", "좌익"의 진정한 구분이 가능할 것이다.

이 선언문에 뒤따른 "운용 지침"은 다음과 같은 극도로 이상한 내용의 것이다:
　최근 미·소공동위원회의 소련 측 대표는 미국 측 대표에게 늦어도 1948년 초까지는 소련군과 미군이 각자의 점령지역에서 철수하자고 제의했다. 전혀 예상하지 못했던 제안은 아니다. 소련이 한반도 전체를 대상으로 하여 결정한 바 있는 계획을 달성하기 위한 준비가 북한에서 완전히 완료되었음을 알고서 소련 대표가 이처럼 외견상으로는 남한을 위하는 듯한 제스처를 취해 온 것이다. 북쪽에서는 모든 무대장치가 끝나고 주연배우와 그에 따르는 집단이 남한에 붉은 정권을 수립하기 위한 공산주의 게임을 해보자는 것이다.
　지금의 국내외 상황으로 볼 때 철수 문제를 논의하는 것은 시기상조이다. 미군의 철수는 다음과 같은 조건들이 충족된 이후에나 지장 없이 논의되고 실행될 수 있다.

(1) 북한의 경제적 및 사회적 조건들이 해방 전 상태로 회복된 상태에서 국제 감시 하에 공명정대한 총선거를 통한 남북한의 통일.

(2) 미래의 통일한국 과도정부가 국내 치안문제를 담당할 수 있는 수준까지 경찰력 및 국방력의 강화와 통합절차가 이루어짐.

(3) 외국의 간섭과 침략에 대비한 UN에 의한 국제적 보장의 제도화.

1947년 한 해 동안 어수선한 한국정세 속에서 떠돌던 이야기들이 많았지만 그 중에서도 이 이상스런 문서는 사이비 익살의 백미(白眉)라 할 수 있다. 또 이것은 한국인에게 미군정을 "믿고 소중하게 생각"하라고 요구하며 "그들의 사실상의 정부"로 받아들이라고 요구한다. 또 이 선언문은 한국의 주권이 미국 점령군 사령관의 손에 있다고 단언하고 있다. 이렇게 되면 한국이 다시 통일되고 총선거를 통해 정부가 수립된 후에라도 이 정부는 여전히 "임시"정부에 지나지 않게 된다. 이 정부는 명시되지 않은 기간과 명확치 않은 조건 아래에서 일종의 국제적 통제를 받게 된다. 그런 통제의 주체가 미국이 될 것인지 미·소 양국이 될 것인지, 아니면 UN이 될 것인지는 밝히고 있지 않았다.

선언문이 지적하듯이, 한국인 간부회의는 모스크바협약을 통해 신탁통치를 강행하려는 미·소의 노력을 "전폭적으로 지지"해 왔다. 그들은 여전히 "과도정부"의 수립을 위해 미·소 간의 협약을 통한 "한국문제의 평화적 해결"을 희망했다. 그리고 "표현의 자유"는 "가장 신성한 것"이라고 말하면서 모든 "반국가적", "반미적", "파괴적" 운동은 금지되어야 한다고 주장한다.

이 선언문의 발표 시점 또한 내용만큼이나 웃기는 것이었다. 선언문이 채택되기 1주일 전, 한국 신문들은 미국이 한국에 대한 권한을 미소공동

위원회에서 UN으로 이관하려는 제안을 내놓기 시작했다고 보도했다. 그
런데 믿을 수 없게도 이 간부회의의 한국인들은 "주권을 가진" 미 군정
이 "임시" 한국정부를 설립하여 무기한 관리를 받아야 한다는 제안을 계
속했다. 선언문의 취지는 마치 서재필 박사가 한국 사람들은 자치를 할
준비가 되어 있지 않고, 심지어 비누 한 개도 만들지 못한다고 말한 것이
옳았다는 사실을 입증이라도 하기 위해 작성된 것처럼 보였다. 또한 이
선언문은 하지 장군이 1946년 6월 "이 박사는 한국에서 가장 위대한 정
치가이기 때문에 유일한 정치가라고 말할 수 있을지 모른다"라고 한 말
이 정확했음을 입증하려고 작성된 것처럼 보이기도 했다.

　간부회의에서 "만장일치"로 승인되어 발표된 이 선언문의 서명자는
조병옥과 안재홍이었다. 조병옥은 강인한 경찰행정관으로 군정청의 경무
부장이었으며, 훗날 이승만 대통령 내각에서 경찰을 관장하는 내무장관
을 거쳐 UN대사 등을 역임했다. 1960년, 조병옥은 대통령 선거에서 이
박사의 상대후보로 지명되었다. 선거운동을 하는 도중 불치의 암에 걸린
것이 알려져 치료차 워싱턴의 월터 리드 병원에 입원해 있던 중 선거 직
전에 사망했다.

　안재홍은 1946년 12월에 설립된 남조선 과도입법의원의 임명직 의원
가운데 한 사람이었다. 입법의원이 심의한 최초의 결의안인 신탁통치에
유일하게 찬성표를 던진 후 하지에 의해 남한 민정장관에 임명되었고, 미
군정 산하에 설립된 한국인 간부회의의 수장이 되었다.

　당시의 상황이 얼마나 심각했는지는 그 해 가을 〈뉴욕타임스〉의 군사
전문 기자인 핸슨 볼드윈(Hanson Baldwin)과 내가 그의 뉴욕 사무실에서 나
눈 대화가 잘 보여준다. 볼드윈은 이 신문의 편집기자인 로버트 오라 스
미스와 포스터 헤일리, 한국 특파원 리처드 존스턴 등과 더불어 나의 좋
은 친구이자 상담역이었다.

그 자리에서 볼드윈은 이번 일과 관련하여 내게 빨리 "이 박사와의 관계를 끊고" 동시에 모든 한국 민족진영 그룹과의 관계에서 손을 떼라고 성화같이 충고했다. 그러면서 "미국 정부는 한국에서 완전히 철수하고 그곳을 소련에게 넘기기로 결정했다"고 말했다. 내가 의아스러운 표정으로 쳐다보자 그는 단호하게 이렇게 부언했다: "내 생각이 아니란 말이오. 이건 사실이오. 그런 정책이 기술되어 있는 국방부 문건을 내 눈으로 직접 봤소."

나는 먼저 볼드윈의 사려 깊은 친절이 고마웠고 그의 지식과 판단에 대해 깊은 존경의 마음이 생겼다. 그렇지만 미국이 그동안 아시아에서 해왔던 약속과 행동이 복잡하게 얽혀 있었기 때문에 그 문서에 어떤 말이 적혀 있든 철군은 불가능하다고 나는 응답했다. 당시의 상황으로 볼 때 한국에서 철수하고 한국을 소련에 내준다는 말은 무모하게 극동 전체를 포기한다는 말과 같았다. 나는 미국이 그렇게 하지 않을 것이라고 확신했다. 볼드윈은 어깨를 으쓱거린 후 화제를 바꿨다. 내가 "배와 함께 침몰하기"로 결심했다면 그건 어디까지나 나의 선택이었던 것이다.[34]

하지 장군이 이 모든 사태와 관련해 어떤 생각을 갖고 있었는가는 자기 친구에게 한 말 속에서 잘 나타나는데 만약 자신이 군인이 아니었고 명령을 받는 입장이 아니었다면 "100만 달러를 준다고 해도 이 일을 하지 않았을 것"이라는 취지의 말을 했다고 한다.[35]

---

34) 볼드윈이 언급한 문서는 1947년 9월 미국합동참모본부가 작성한 "신중한 연구 보고서"였다. 그 문서에서 합참은 사실 "군사 안보적 측면에서 볼 때 미국은 한국에서 현재의 군대와 기지를 유지하는 것은 전략적으로 이익이 거의 없다."는 결론을 내렸다. 앞서 인용한 트루먼의 『시련과 희망의 시대』(*Years of Trial and Hope*) p.325-26. 9월 29일의 국무회의 오찬에서 마셜 국무장관은 다른 국무위원들에게 "한국에서 철수하는 문제에 대해 면밀한 조사를 시키고 있다"고 말했다. 앞서 인용한 조순성 교수의 『세계정치 속의 한국』(*Korea in World Politics*), p.228.

35) 마크 W. 클락(Mark W. Clark) 장군의 저서 『다뉴브강에서 압록강까지』(*From the Danube to the Yalu*, New York: Harper and Brothers, 1954) p.15 참조.

만약 그리스의 희극작가 아리스토파네스가 다시 태어나서 1947년 남한의 정치정세에 대한 대본을 쓰려고 한다면, 풍부한 소재와 이를 훌륭히 뒷받침할 충분히 흥미 있는 배역들을 찾을 수 있을 것이다. 하지만 그 드라마에 등장한 배우들의 연기는 희극이 아니라 비극처럼 보였다. 인생사에서 흔히 그렇듯이, 비애와 유머는 불가분의 관계로 서로 뒤섞여 있다. 때때로 발작적으로 튀어나오는 유머는 즐겁다기보다는 오히려 잔인하다. 드라마의 주인공들에게는 막간의 휴식시간이 전혀 없었는데, 장면에서 장면으로 허둥지둥 달려가 연기를 해야 했기 때문이다. 관중들은 똑같은 상황의 되풀이되는 반복에 지루해 하다가 때때로 졸기도 했을 것이다. 마치 미국 국민들이 실제로 한반도라는 멀고도 생소한 곳에서 벌어지고 있는 상황들에서 관심을 돌린 것처럼. 그리고 드라마에 참여하는 사람들에게는 미친 듯한 사건의 빠른 진행, 여러 갈등으로 인한 괴로움, 무대 연출의 모호함 또는 신뢰할 수 있는 무대 연출의 결여, 서로의 역할에 대한 이해의 어려움 등, 이 모든 것들이 결합되어 그들은 계속 기진맥진해지고 마음은 산란해져 있었다.

워싱턴이란 멀리 떨어진 곳에서 그러한 상황을 지켜보면서 한국의 지위 문제가 UN에 새롭게 이관되는 때에 즈음하여 이 박사에게 9월 22일자로 보낸 나의 편지에서 나의 느낌을 이렇게 기술했다: "박사님이 현명하게 추구해 오셨던 방향이 정확했다는 것은 이제 너무나 분명해져서 회의론자들이 설 자리는 없을 것입니다. 그들의 뒤늦은 대책이 박사님의 선견지명(先見之明)과 거의 같다는 것이 입증되고 있습니다."

이런 찬사가 다소 과장된 것처럼 들릴지도 모르겠다. 그러나 그 무대에 오른 다른 배우들의 서투른 연기 때문에 이 박사는 더욱 돋보일 수밖에 없었다.

대한민국 정부수립(건국) 식전의 모습

어지러운 해방정국과 잇다른 암살
- 5.10 선거 후 건국된 대한민국의 첫 정지작업

▼ 해방 후 암살된 3인의 거
물 정치가 송진우, 여운형,
장덕수

▲ 미군정이 군에 침입을 방치한 공산분자의 반란(여순
사건)과 그들의 잔인성

제5장
워싱턴의 한국 로비(1946년~1950년)

워싱턴의 로비스트들에게 던져지는 두 가지 큰 질문은 "당신들은 무슨 일을 이루고 싶은가?" 그리고 "그 일을 하기 위해 필요한 자금은 어떤 방법으로 마련하는가?"이다.

내 생각에 우리의 로비 목표는 한국 독립의 명분을 고취시키는 일이었다. 이것은 이승만 박사의 명성을 높여주는 일을 뜻하는 것이기도 하다. 그 이유로 두 가지를 들 수 있다. 첫째는 그가 지속적이고 효율적으로 한결같은 마음으로 조국의 자주독립을 요구해 왔으며, 신탁통치 문제를 비롯하여 공산당과의 연립에 대한 반대는 물론이고 소련이 바라고 종국에는 지배까지도 할 수 있는 "과도 정부" 수립 방안과 관련해서 어떠한 타협도 하지 않았고, 개인의 일시적 이익을 위해 국가 목표를 희생시키고 미군정에 아부하는 식으로 해서는 아무 문제도 해결할 수 없을 것이라고 주장한, 한국의 출중하게 선도적인 지도자였기 때문이다. 두 번째 이유는 어떤 쟁점이라도 강력하고 매력적인 인물과 결부되어 있지 않는 한 여론의 지지를 얻을 수도 없고 힘을 집중시킬 수도 없기 때문이다.

이렇게 로비의 목적이 분명하게 정의되자 이제 우리가 해야 할 일은 실제로 다음과 같은 두 가지 주제를 하나로 엮어서 제시하는 일이었다. 즉 대한민국 정부가 될 수 있는 대로 빨리 수립될 수 있는 분위기를 조성하는 한편 그 정부의 수립은 이승만 박사의 영도 아래 이뤄져야 한다는 것이었다. 사실 이 두 주제는 따로 생각할 수 없는 하나라는 사실에 대해 그 누구도 의심하지 않았다. 하지 장군과 국무부의 일부 관리들이 다른 인물을 강력하게 원했음에도 불구하고 미국의 정책 입안자들은 마지못해 또한 불가피하게 이승만을 선택하기로 한다는 결론에 이르렀다. 미국의 여론이나 전 세계의 여론도 전반적으로 마찬가지였다.

긴 안목으로 역사를 볼 때 이 두 가지 서로 얽힌 주제를 받아들이는 것은 단순히 그 저변에 깔려 있는 사실들을 분명하게 반영한 것이라고 주장할 수 있을 것이다. 한국 국민들은 독립을 굳게 다짐했고, 이승만은 실제로 그들의 지도자였다. 미국 정부와 미국 국민을 비롯한 전 세계의 동맹국들이 현혹되었던 공산주의자의 합리성에 대한 환상은 본래 그 정당성이 결여되어 있었으므로, 그들이 UN의 기능 안에서 협력하리라는 꿈도 하루 빨리 포기되어야 한다는 점이 분명해졌다. 결국에 가서는 아마도 그렇게 될 것이다.

그러나 만일 우리가 1945년부터 1948년까지 가만히 사태 진전을 지켜만 보고 사태가 진행되는 대로 그대로 방치했더라도 그 결과는 우리가 원하는 대로 되었을 것이라고 기대할 근거는 전혀 없었다.

소련과 중국에서는 공산주의자들이 역사적 사회 체제가 인위적인 작용 없이 형성되기를 가만히 보고만 있지는 않았다. 그들의 마르크스 철학은 자유기업 민주주의 붕괴와 전 세계 공산주의 확립이 "불가피함"을 가르쳤지만, 공산주의자들은 역사가 그런 식으로 진행되기를 누워서 기다리고 있었던 것은 아니다. 오히려 그들은 자유진영의 지도자와 외교적 군사적 협정을 추구하고 맺어감으로써 동유럽 전역에 대한 즉각적인 지배권을 확보하였고, 아시아에서는 공산주의 패권을 확립하기 위한 기회를 꾸준하게 확장할 수 있게 되었다. 또한 공산주의자들은 아프리카의 많은 신생국과 "개발"을 갈망하는 중남미의 기존 여러 나라들에 자신들의 이데올로기를 전파해 가는 활동을 결코 게을리 하지 않았다.

우리가 워싱턴에서 로비 활동을 하고 있던 시기에 공산주의가 거둔 압도적인 성공으로 인하여 우리가 우리의 목적을 달성하기 위해서는 가능한 모든 수단을 강구해야 된다는 것을 일깨워 주었다.

우리의 자원은 거의 무(無: nil)였다. 우리 자신의 각오와 타고난 창의력 말고는 이렇다 할 것이 우리에겐 없었다. 이 박사는 더 많은, 더 좋은 성과를 내도록 계속 다그쳤고, 우리도 우리대로 더 많은 노력이 필요하다는 사실을 결코 잊지 않고 있었다. 작은 사무실에서 비서 한 사람만 두고 매달마다 집세를 걱정하는 처지였지만, 우리는 열심히 임무를 수행했다.

우리가 안고 있던 전형적인 문제점이 이 박사가 1947년 5월 6일자로 내게 보낸 편지에 잘 나타나 있다. 그 편지에서 이 박사는 미국 관료들과 언론들이 자기에게 퍼붓고 있는 "미군정에 비협조적"이라는 비난을 막을 수 있도록 내가 더욱 힘써 주기를 촉구했다. 이 박사는 이렇게 썼다: "하지 장군이 연립정부를 수립하고 나를 뒷전으로 밀어내려고 온갖 수를 다 써왔지만 그 사람이 그럴수록 국민들은 나를 더욱 지지하게 되었소. 그 사람도 이 사실을 잘 알았으면 합니다. 하지와 대립해서는 안 된다고 말하는 모든 사람들에게 나는 이렇게 말해 주었소. 나를 지지하는 사람들은 지금이야말로 독립정부 수립을 위하여 헌신해야 할 때라고."

이 박사가 우리에게 부여한 임무를 어떻게 달성할 수 있겠는가? 또 그 자원(자금)은? 이 문제에 대해서는 그가 별 힘이 될 수 없었다:

재정에 관해서는 이곳도 사업자금이 극도로 어렵다고 말할 수밖에 없소. 내가 이곳을 비웠던 동안 하지 장군은 나를 위한 모든 모금활동을 금지시켰으며, 대한국민회는 250만 원이 넘는 돈을 내게 보내지 않고 자기들의 활동비로 써버렸다는 것이오. 이 사실을 알게 된 국민들은 우리 위원회에 더 이상 기부하지 않게 되었고, 그 때문에 지금 가장 중요한 일을 해나가는 데 필요한 자금도 없소. 많은 남녀 일꾼을 각 지역에 보내 그곳의 우리 사람들이 선거에서 공산조직들과 싸울 수 있도록 대비시키려 하고 있지만 자금이 어느 정도 들어올 때까지 기다릴 수밖에 없게 되었소. 우리는 최선을 다 해볼 것이며, 가능한 한 빨리 소식을 알려드리겠소. 자금사정은 틀림없이 곧 나아질 것이오.

우편료와 다른 긴급한 비용에 쓰도록 500달러 수표를 동봉하니 영수증을 보내주기 바라오. …

한 마디로 할 일은 많았지만 그런 일을 해나가기 위해서 가진 것은 거의 없었다. 그럼에도 불구하고 우리는 사람들에게 용기를 주기도 하고 또 어떤 사람에겐 근심도 끼치면서 많은 일들을 해 나갔다.

1947년 9월, 하지 장군은 서울에 주재하는 몇몇 미국 신문기자들에게 이 박사의 "워싱턴 로비"가 "잘못된 방향으로 가고 있음"을 깊이 우려한다고 말했다. 동석했던 〈뉴욕타임스〉의 리처드 존스턴 기자가 내게 일러준 바에 의하면, 하지는 특히 한국과 관련해서 쓴 나의 간행된 저작물과, 자기 생각에, 내가 이 박사에게 주고 있는 영향력에 대하여 엄청 화를 내고 있더라고 했다. 하지는 나의 활동 때문에 한국에서 미국의 정책을 집행하는 데 방해를 받고 있다고 화를 버럭 내면서 "올리버를 교수형에 처해야 할 것"이라고까지 말했다고 한다.

정부의 정책에 영향을 미치려는 싸움은 미국인에겐 익숙한 관행이다. 그럼에도 나는 미국 관리들 모두가 하지의 의견에 동조하는 것은 아니란 사실에 안도하고 흐뭇한 마음이 들었다.

국무부에서는 피점령국 담당 국무부 차관보 존 R. 힐드링이 나의 좋은 친구가 되어 주었다. 한국에 대해서 해야 할 일이 무엇인가에 대한 그의 견해는 나의 그것과 비슷했다.

힐드링은 우리의 자원 부족을 안타까워했으며, 비록 실패하기는 했지만, 우리를 도와주기 위해 미국 화폐와 한국 원화를 일부나마 환전할 수 있도록 주선해 주기도 했다. 대한민국 수립 후 몇 개월 뒤 애리조나 주 피닉스에서 은퇴해 살고 있던 힐드링은 우리가 당면했던 문제들을 회고하는 장문의 편지를 내게 보내왔다. 그 편지에서 그는 "이승만, 올리버, 임병직이 꾸준한 인내심을 가지고 노력한" 덕분에 "미국 관리들과 기자들의 마음을 한 사람 한 사람씩 바꾸도록 하여 한국 문제를 공정하게 다루도록 만들었다"고 쓰고 있다.

나는 힐드링에게 "아시아에서의 미국 정책: 미국 외교정책의 강점과 약점"(나중에 1949년 10월호 *Church Management*에도 게재됨)이란 제목으로 내가 쓴 논설의 원고를 보내주면서 여러 정책 상황을 내가 공정하게 평가했는지에 대한 그의 의견을 구했었다. 우리의 로비활동을 포함하여 워싱턴에서 진행되는 "외국의 로비활동"에 대한 알려진 비판들과 그가 차지하고 있던 위치를 고려해 볼 때 힐드링의 편지는 길기는 하지만 그런대로 음미해 볼 가치가 있다.

그 편지는 이렇게 시작했다:

> 이승만 대통령에 대한 원고 초안을 먼저 읽을 수 있게 해 주셔서 감사드립니다.[36] 이 글은 따뜻하면서도 고무적이며 여러 면에서 핵심을 잘 짚고 있습니다. 지금 이대로 출판해도 뛰어난 성공작이 될 것입니다. 그래서 내가 어떤 수정을 제안하기가 꺼려집니다.
>
> 그러나 의견을 구하셨으니 그렇게 해 보겠습니다. 말씀드리고 싶은 것은 두 가지 있습니다. 그 한 가지로, 처음 것은 좋은 착상인 것 같습니다만 두 번째 것은 확신이 덜 갑니다.

---

36) 힐드링(Hilldring)에게 보낸 초안은 이 박사의 서명을 받을 예정이었으나 우리는 글을 고친 후에 이 박사보다는 내가 서명하는 것이 좋겠다고 결정했다.

힐드링 차관보가 제시한 두 가지 제안은 한국경제와 국무부 정책에 관한 것이었다. 첫 번째 제안은 구체적이고도 현실적인 것이었다:

이 글의 중요한 목적 가운데 하나는 왜 미국이 한국에게 재정적 지원을 해야 하는지를 보여주는 것으로 정말 적절한 논문입니다. 그러나 그것을 입증하는 데 있어서 한 가지 중요한 요소, 특히 미국의 독자들을 이해시키는 데 있어서 중요한 요소가 누락되어 있습니다. 한국이 처해 있는 재정적 위기가 어떤 상황인지에 대한 참고자료가 없다는 점입니다.

이 글에서는 아시아 대륙에서 하나의 우방을 확보하는 것이 미국의 이익이 된다고 말하고 있습니다. 물론 그렇습니다. 또 이 글은 한국을 지원하는 일이 대(對) 내외적으로 공산주의에 대항할 활력을 가질 수 있도록 민주주의를 진작시킨다는 미국의 정책과도 일치한다고 말하고 있습니다. 물론 이 말도 맞습니다. 그러나 양키 상인들의 입장과 세금에 시달리는 납세자들의 시각으로 볼 때, 한국은 그들에게 어떤 종류의 위험부담이 된다는 것일까요?

사실 한국은 위험부담이 적은 도와줘 볼만한 나라이며, 내 생각에도 그렇게 말하는 것이 타당하리라고 봅니다. 우선, 한국은 국가적 부채가 없습니다. 이런 사실을 알고는 대부분의 미국인들은 놀라고 깊은 인상을 받게 될 것입니다. 한국은 비용을 지불하거나 채무도 지지 않고 한국 내의 막대한 일본재산을 갖게 될 것입니다. 한국은 아마도 일본으로부터 상당한 배상을 받게 되는 세계 유일의 국가가 될 것입니다.

그리고 한국 국민은 활력이 넘치고 자부심이 높으며, 자립심이 강한 사람들로서 자기 정부나 그 어느 누구로부터도 구호의 손길 같은 것을 바라지 않는다는 사실에 나는 항상 깊은 감동을 받았습니다. 그들은 단지 자신의 잘못으로 발생한 것이 아니라고 보는 현재 처해 있는 그

들의 경제적 난국을 벗어날 수 있을 정도의 원조만을 원하고 있습니
다. 이 정도의 최소한의 원조만 있다면 한국 국민은 개인의 노력과 독
창력으로 자신과 가족이 남부럽지 않은 삶을 영위할 것이며, 나아가
자유롭고 번영된 국가를 만들어낼 것입니다.

나는 이런 식의 성명으로 인하여 우리의 주장이 크게 설득력을 얻게
되리라 믿습니다.

하지 장군이 언급했던 견해들과 우리가 겪고 있는 수많은 고초를 생각
해 볼 때, 한미관계에 직접 책임을 지고 최고의 비(非)군사직을 가진 한
미국 관리로부터 이와 같은 호의적인 도움을 받았다는 사실에 특별히 큰
감동을 받지 않을 수 없었다. 하지만 더 고무적인 것은 편지의 나머지 부
분에 들어 있는 그의 견해들이었다:

저의 또 다른 제안은 10쪽 하단에 있는 항목과 관련이 있습니다. 앞
서 말씀드렸듯이, 이 제안에 대해서는 확신을 못하겠습니다. 이 짧은
항목에 표현된 내용은 대한민국의 탄생과 관련해서 실질적으로 내가
이바지했던 그리 크지 않은 역할입니다. 따라서 당시의 진행 국면과
관련하여 겪은 여러 난관에 지나칠 정도로 감명을 받았고, 내가 부닥
쳤던 어리석은 대처로 인하여 동요를 느꼈을지도 모르겠습니다.

그러나 내가 이 박사에 대한 당신의 글을 읽고 느낀 솔직한 인상은
이렇습니다. 3년 동안의 그러한 곤경 속에서도 이 박사는 절제하고 관
용을 보였으며 지나칠 정도로 인내력을 발휘하면서 비판을 삼갔습니
다. 과거나 현재를 막론하고 이 박사가 지적하는 사항들에 반론을 펼
수 있는 미국 관리는 없습니다. 그러나 이 글을 읽는 대부분의 미국인
은 이렇게 생각할 것 같습니다. "워싱턴의 우리 관리들은 어떻게 그처
럼 미적거리고 까다롭게 굴고 그렇게 어리석을 수 있었단 말인가?"

그래서 마셜 장관이 "고르디우스의 매듭(Gordian knot: 굉장히 어려운

문제)을 푸는데" 왜 그처럼 꾸물거렸던가에 대한 설명이 그 글에 들어 있었더라면 미국인들의 이러한 의문을 피할 수 있을 것이며, 이 박사도 더 큰 신망을 얻을 수 있을 것입니다.

우리 두 사람 모두 알고 있듯이, 모스크바회담 후 채 몇 주도 되지 않아 모스크바의 한국 문제 선언에 조금이라도 관여했던 사람들은 거의 모두가 그 선언에 대해 깊이, 그리고 솔직히, 유감으로 생각했습니다. 그러나 실수를 후회하는 것은 후회하는 일이고, 그 실수를 고치기 위해서 국제협약을 폐기하도록 앞장서서 주장하는 일은 또한 전혀 별개의 문제입니다. 냉전은 이미 시작되었고, 그 때문에 소련과의 협약을 우리가 폐기하게 되면 그것은 재앙과도 같은 결과를 가져올지도 모른다는 것이 대부분의 관리들, 특히 직업 외교관들의 확신으로 더욱 굳어졌습니다. 어찌됐든 이것이 미국 정부의 딜레마였습니다.

냉전의 가장 긴박했던 시기의 몇 개월 동안 미국의 한국 정책을 실제로 기안하지는 않았지만 그 정책을 집행하는 최고위직에 있었던 한 사람의 이 회고담은 역사가들, 특히 이 박사의 하지 장군에 대한 관계를 비판하던 사람들이 깊이 되새겨 보아야 할 내용이다. 그의 회고담은 왜 미국의 여러 외교정책들이 사건의 실정에 잘 적응되지 못하는 것처럼 보였는가 하는 이유에 대해 가끔 궁금해 하는 수많은 미국인들과 전 세계 사람들에게 특별한 관심을 끌 만하다.

이와 함께 깊이 생각해 볼 것은, 자신이 어떻게 국무차관보에 이끌렸는가 하는 힐드링의 다음과 같은 언급이다. 조지 마셜 국무장관은 우리가 한 일이 효과적이었다고 생각했는데, 그것은 우리가 기대했던 이상으로 효과적이었다고 생각했던 것 같다:

[자기 편지의 앞 구절에 대해 언급하면서] 물론 그것을 정말 잘 알고 있습니다. 몇 개월 동안 그 속에서 지냈기 때문입니다. 1946년 4월 국

무부에 들어갔을 때 그 점에 대해 받았던 세뇌교육이 아직도 기억에 생생합니다. 미국이 한국에 대한 신탁통치를 포기하지 않으면, 나는 앞으로 뿌리치기 어려운 끈덕진 간청과 무서운 결과를 초래할 위협을 받을 표적이 될 것이라는 경고를 받았습니다. [이것이 당시 많은 미국 관리와 많은 신문기자들이 우리의 홍보 캠페인에 대해 갖고 있던 시각이다.] 또 나는 이에 대비해야만 하며 그런 일을 견뎌내야 할 것이란 말도 들었습니다. 물론 모두가 한국을 돕고 싶었지만 그 때문에 소련과 여타의 나라들과 노골적으로 불화가 발생해서는 안 된다는 점도 알아야 한다는 등의 말이 있었습니다. 당신도 나 못지않게 잘 아는 이야기일 것입니다.

힐드링의 편지 나머지 부분에는 과거에 우리의 워싱턴 로비가 맡아서 하려고 했던 활동에 대해 특별히 따뜻한 우정을 갖고 이해를 했다는 점과, 또 공개적으로나 공식적으로는 대부분 반대해야만 했었지만 사적으로는 공감했음에 대한 것이었다:

이런 외교적 풍토 속에서 한국 구미위원부가 워싱턴에서 그 대장정을 시작했습니다. 이 박사와 올리버, 임병직이 끈기와 인내심을 가지고 노력해 온 결과, 미국 관리들과 기자들 한 명 한 명씩을 설득한 결과, 그들이 차츰 마음을 바꿔서 한국을 거짓 없이 다루는 것이— 신탁통치가 잘못이라는 점을 그들이 공개적으로 분명하게 선언하는 것이—, 소련의 비위를 건드리는 것이 두려워서 지난 과오를 그대로 내버려두는 것보다, 훨씬 중요한 일이라고 생각하기에 이르렀다.

그것은 위대한 성전(聖戰: crusade)이었으며, 그 겁에 질린, 충격을 받은 반대자들을 뒤집어엎어 나가던 과정을 회고할 때마다 나는 지금도 환희와 기쁨으로 가득 찹니다. 그러나 이런 말은 물론 이 박사가 해서는 안 될 일입니다. 내 생각으로는 "미국 정부가 1946년과 47년에 당사자 소련과 겨우 합의를 본 협약을 폐기하는 힘겨우면서도 위험할 수 있는 과정을 거쳐야만 한국 문제를 올바르게 해결할 수 있는 후원자가 될 수 있었다”고 이 박사가 그 글에서 점잖게 슬쩍 지적해 주는 것으로 충분할 듯합니다.

당시 이 박사가 말하고자 했던 바는 아마도 이런 것이었다고 생각됩니다. 즉, 미국 정부가 딜레마에 빠져 있음을 미국 스스로도 인식하고 있다는 사실을 자신도 잘 알고 있었지만, 그래도 미국 관리들이 그 문제의 본질을 진정으로 이해했더라면 열정과 용기를 가지고 한국의 족쇄를 없앨 수 있었을 것이라는 확신이 있었다고 말하려 했던 것 같습니다. 이런 확신을 기반으로 이 박사와 그의 참모들은, 시간이 중요했기에, 시간과 날짜에 온 신경을 곤두세우고 미국이 강대국 소련에 대한 정략적인 방침을 포기하고 약소국 한국에 대해 공정한 자세를 취하도록 작업을 진행시켜 나갔던 것으로 생각됩니다. 이 박사는 그 일을 해냈고 마침내 미국을 자기편으로 만들었습니다.

물론 마셜이 1947년 9월에 모스크바 신탁통치 결의에 대한 폐기 성명을 발표한 후, 모든 일은 신속하게 제자리를 잡아 나갔습니다.

미국 정부의 고위직에 있었던 이런 인물이 말해 준 이와 같은 증언, 다시 말해, 우리가 하려고 했던 일, 그 목적을 달성하려고 애썼던 일, 이룩해 놓은 여러 성과에 대하여 말해 준 이와 같은 증언은 우리가 겪었던 개인적 어려움과 수많은 인신공격 등을 충분히 보상하고도 남을 것이다. 또 이런 증언은 1945~1948년의 한미관계 및 이승만 박사의 투쟁과 인격에 대해 근본적인 재검토가 필요한 충분한 이유가 되기도 한다. 그러나 이 모든 내용은 당시에는 “비공개” 사항이었다. 힐드링의 증언이 개인적인 만족감을 주기는 했지만 우리의 재정적 상황이나 대중적 이미지를 개선해 줄 수도 없었고, 주지도 못했다.

우리의 "로비활동"은 함축된 의미가 많은 "로비"라는 단어가 무색할 정도로 열악한 시설, 조직, 재정에다 운영체제도 형편없었다. 인력 면에서 볼 때, 상근직으로는 임병직 대령과 내가 있었고, 이 박사의 몇몇 옛 친구들, 특히 변호사 개업으로 바쁜 존 스태거스와, 뉴스 리포터 직에서 물러난 제이 제롬 윌리엄스가 자진해서 도와주면서 가끔 자문을 해주는 정도였다.

임병직은 1911년 서울 YMCA에서 이 박사의 국제관계학 강좌의 학생으로 이 박사와 인연을 맺게 되었다. 1912년 이 박사가 한국을 떠날 때 그는 박사를 따라와서 매사추세츠 주 노샘프턴(Northampton)의 마운트 허몬(Mount Hermon) 소년학교에 입학했다. 그 뒤 1년 동안 오하이오 주립대학을 다녔다. 1919년 3월 1일 "만세 운동"이 일어난 후 이 박사가 망명 한국정부의 대통령으로 선출되고 워싱턴에 한국위원회가 설립되었을 때 임병직은 학교를 떠나 이 박사의 비서가 되었다.

이 박사는 그의 신분의 위상을 높여주기 위해서 있지도 않은 한국 육군의 "대령"으로 임명했다. 그 뒤로 줄곧 이 박사가 하와이에 있는 동안, 그리고 1945년 한국으로 귀국한 후에도, 임 대령은 한국위원회의 의장으로 일했다. 그는 독학으로 공부했지만 폭넓은 독서와 뛰어난 판단력으로 외교 문제를 광범위하면서도 심층적으로 이해하고 있어서 동료들의 존경을 받았다.

1946~1948년 미스 루드 홍이 그의 비서로 일했으며, 때때로 일시 체류 중이거나 돈이 다 떨어진 한국 학자들이 자원봉사를 해주었다. 1947년 봄 한동안 나는 임 대령의 사무실 신세를 지다가 그해 6월 워싱턴 노스웨스트 아이 스트리트 1731번지의 낡은 건물 2층 방 2개를 임차해서 시러큐스에서 온 샬롯 리치몬드(Charlotte Richmond)를 비서로 채용했다. 리치몬드는 1960년 말 그 사무실 문을 닫을 때까지 우리의 일을 정말 잘

도와주었다.

임 대령과 나의 관계는 항상 우호적이었고 서로를 친구처럼 가깝게 대했다. 그러나 로비 활동에서 우리가 협력할 일은 우발적인 것으로 그다지 많지 않았다. 우리 둘 다 각자에게 정해진 직무가 있지는 않았고 상황에 따라 무엇이든 최선을 다해 업무를 처리했을 뿐이다.

1947년 9월, 나는 이 박사가 보낸 신임장에 따라 국무부와의 관계에서 박사의 임명직 대변인이 되었다. 임 대령 역시 한국위원회의 의장이란 자격으로 같은 업무를 수행했다. 우리는 서로의 우정 때문에 때로는 어려운 일이 생기는 경우에도 불화 없이 유사하거나 소관이 불분명한 업무를 그런대로 잘 수행해 나갔다. 그러나 서로간의 업무 협조는 거의 없었다. 조율할 시간이 부족하기도 했고, 우리 둘 다 어떤 기회만 허락되면 무슨 일이든 그것에 힘을 쏟았기 때문이다. 국무부에 보내는 공식 문서를 작성할 때에는 보통 함께 초안을 작성해서 서명은 임 대령이 했다. 때로는 서신 원고를 임병직, 스태거스, 윌리엄스 세 사람이 작성했는데, 내가 그 사실을 알게 된다고 해도 나중에 가서야 아는 경우가 많았다. 미국 관리를 공식적으로 만날 때에는 대개 임병직과 내가 함께 국무부에 갔다. 비공식적으로는 내가 보통 1주일에 한 번 이상 국무부나 국방부 관리들을 찾아갔다. 보도 자료는 대체로 임 대령이 발표했다. 우리는 강연 알선회사와 계약을 하여 기회가 있을 때마다 강연을 했다. 그들이 주는 강연료는 비록 적었지만, 우리에게는 아주 도움이 되는 소중한 기회가 되었다.

이 시기에 국무부를 방문하던 기억은 아직도 뇌리에 생생하게 남아있다. 힐드링 차관보는 항상 진심으로 따뜻하게 나를 맞아주었다. 내가 자주 만났던 월턴 버터워드의 태도는 이 박사의 그 당시 언행에 대한 국무부의 반응을 그대로 반영했다. 만약 이 박사가 한 일이 괜찮았다면 버터워드의 비서는 즐거운 표정으로 나를 맞이했고, 그를 기다려야 할 때는 책이나 잡지 같은 읽을거리를 건네주는 친절을 베풀기도 했다. 그러나 이 박사가 하지의 책략이나 연립정책에 반대 의사를 거듭 표명했을 경우에는 나에 대한 접대도 의도적으로 냉랭했는데, 국무부의 그런 분위기를 이 박사에게 전해 달라는 무언의 시위였다.

한번은 버터워드의 비서가 갑자기 그가 "너무 바빠서" 나를 만날 수 없다고 했는데, 실은 그때 그의 내실로 통하는 문이 활짝 열려 있어서 나는 그가 책상에 앉아서 창밖을 내다보고 있는 모습을 볼 수 있었다. 이번에는 읽으라고 신문도 주지 않았고 심지어 앉으라는 말도 없었다. 그런 것에 아랑곳하지 않고 그대로 기다리고 있다가 때가 되어 그의 사무실로 안내되어 들어갔다. 그가 앉으라는 말도 하지 않아서 나는 그의 책상 앞에 엉거주춤 선 채로 방문 목적을 설명해야만 했다. 서울에서 서로의 관계가 보다 좋았을 때에는 그는 시가를 권하기도 하고 내 가족의 안부도 물었으며, 개인적으로는 우리의 문제들이 신속하게 해결되기를 바란다고 말하기도 하면서 호의적인 반응을 보이기도 했었다. 우리 둘 다 이런 행동에 어떤 개인적인 감정은 없다는 것을 잘 알고 있었다. 이런 행동 방식은 단지 이 박사의 전술에 대한 국무부의 찬성과 반대를 강조하는 방법이었을 뿐이다.

내게는 해야 할 일이 정말로 많았다. 이 박사에게는 최소한 1주일에 한 번 또는 매주 여러 통의 편지를 보낸 경우도 많았는데, 그런 편지 가운데 몇 통은 우리의 "로비 활동"이 어떤 모습인지를 잘 보여준다. 1947년 8월 20일, 나는 이런 편지를 보냈다:

우리는 아직 선거 일자를 정하지 못하고 있다는 사실에 대해 당혹해 하고 있습니다. 어제 국무부를 방문했는데 그들이 아직 선거법의 사본

조차 받지 못했다고 불평하는 말을 또 들었습니다. 이는 정말로 믿기
지 않는 일입니다.…

며칠 안에 뉴욕을 방문하여 록펠러 재단 인사들을 만나 그들에게
(1) 그들의 감독 아래 한국 상황에 대한 객관적인 조사, (2) 의료 지원,
(3) 교육 지원 등을 위한 자금을 배정해 주도록 촉구할 계획입니다.
그들이 호의적인 태도를 보이고는 있지만 아무튼 좀 더 지켜봐야겠습
니다.…

하원이 한국지원 법안을 통과시키지 못한 점에 대해 박사님께서는
조금도 불안해하지 마시기 바랍니다. 법안 통과를 위해 박사님이 하실
수 있는 일이 전혀 없었기 때문입니다. 박사님이 보내실 수 있었을 어
떤 메시지도 그 법안을 통과시킬 수 없었을 것입니다. 그것은 솔직히
말해서 긴축경제 때문에 좌절된 것입니다. 그것은 "좋은 정치"라고
생각되지는 않습니다. 웨인 모스(Wayne Morse) 상원의원에게 반덴버그
(Vandenburg)와 함께 그 법안이 의회에서 심의될 가능성이 있는지 알아
봐 달라고 했는데, 의원의 대답은 "가능성이 전혀 없다"는 것이었습
니다. 마셜 장관은 방금 리오(Rio)에서 중남미 국가들에게 유럽의 "위
기"가 완화될 때까지 어떤 지원도 없을 것이라고 발표한 상태입니다.
늘 그래 왔듯이, 지금도 여전히 "유럽 우선(Europe comes first)"입니다.
내 희망은 웨드마이어의 보고서가 한국을 예외 국가로 인정받을 수 있
는 기초 자료로 이용되었으면 하는 것입니다.

하원은 (1)유럽에 대한 상당한 원조 요청, (2)중국을 위한 대규모 자
금 요청, (3) 앞서 말한 두 건의 원조 요청 가운데 하나라도 큰 장애가
발생하지 않는 한 한국을 위한 상당한 원조 요청도 받게 될 것 같습니
다. 물론 미국 대통령 선거가 다가오고 있기 때문에 의회는 몸을 사릴
것입니다. 나는 당분간 연구재단들을 상대로 한국에 대한 지원을 얻어
내는 데 전념하려고 합니다. 그 재단들은 상당한 영향력을 발휘하고

있습니다. 교회 단체들도 우리를 위해 많은 일을 할 수 있을 것입니다. 그래서 그들과 함께 어떤 일이든 시작할 수 있기를 바라고 있습니다. 그동안 우리가 이룩해 온 진척 상황을 보면서 용기를 냅시다.

이 편지에서 언급한 구체적인 여러 목표에 비추어 보면 사실 그때까지의 진전 상황은 그리 인상적인 것이 아니었다. 당시 록펠러 재단의 전무였던 딘 러스크(Dean Rusk: 오랜 뒤에 국무장관이 됨)는 큰 실망을 주었다. 러스크는 내 제안을 거부했을 뿐만 아니라 그것에 대한 관심이나 한국 국민에 대한 동정심 같은 것도 보여주지 않았다. 감동을 주는 청원이기를 바라는 나의 호소를 들으면서 그가 보여준 그 냉담하고 무표정한 모습은 내가 평생 동안 잊을 수 없는 우울한 경험들 중의 하나이다.

교회 단체들은 많은 도움이 되었다. 몇 개월 안에 장로교 선교위원회의 총무였던 고든 홀드크로프트(Gordon Holdcroft)는 많은 도움과 지원을 해주었다. 한국 독립을 위한 국민의 지지를 얻는 데 큰 도움을 준 또 다른 인사는 조합교회(the Congressional Church)의 선교위원회 총무 루드 시버리(Ruth Seabury)였다. 그녀는 매력적인 인품의 소유자이자 설득력 있는 연설가로 1947년이란 그 중요한 1년 동안 우리의 대의명분을 자신의 것으로 여겨 전심전력을 다했다. 그리고 워싱턴 D.C.에 본부를 둔 제7일 안식일 예수재림교회가 우리에게 정말로 실질적이고도 필요한 도움을 주었다. 몇 달 동안 수 천 달러를 한국 원화로 환전해 주어서 그 돈을 한국의 선교사업비로 사용했다. 여자기독청년회(YWCA)도 원화 대신 2천 달러를 우리에게 송금해 주었다. 〈크리스찬 사이언스 모니터〉지의 어윈 캔햄(Erwin Canham) 편집인과 로스코 드라몬드(Roscoe Drummond) 워싱턴 지국장도 특히 이해가 많고 호의적이었는데, 그것은 이 신문의 극동 특파원 고든 워커로부터의 한국에 대한 긍정적 보고 때문이기도 했다. 이 밖에도 일반적으로 도움을 주었던 인사들로는 미국 시민자유연맹 로저 볼드윈 전무와 미국사회당의 만년 대통령 후보인 노만 토마스가 있다. 그 친구를 보면 그 사람의 됨됨이를 알 수 있다는 옛 속담이 사실이라면, 우리가 이런 친구들을 가졌다는 점에서 특별히 운이 좋았던 것 같다.

9월 23일, 임병직과 나는 국무부에서 힐드링의 후임으로 새로 부임한 찰스 살츠먼(Charles Saltzman)과 "우호적이고 허심탄회하게" 장시간 대담을 나누었다. 그 자리에는 새로 임명된 살츠먼의 두 중요한 보좌관도 동석했다. 그들은 노련한 존 카터 빈센트의 후임자인 극동국장 월턴 버터워드와 북아시아문제 담당국장 서리인 존 앨리슨이었다. 그 대담의 분위기에 대해 나는 이 박사에게 이렇게 보고했다: "우리는 크게 환대를 받았지만 그 세 사람 중 어느 누구와도 어떤 결론에 이를 만한 대화까지는 나누지 못한 것 같습니다!"

9월 24자 편지는 우리 업무의 여러 측면에 대한 보고였다:

미국 대중을 계몽하는 일은 느리지만 진전되고 있습니다. 지금까지 가장 큰 "통쾌한 성과"는 13만5천 부 이상의 발행부수를 가진 외판원 업계지 〈샘플 케이스〉(The Sample Case) 8월호에 기사를 게재한 것입니다. 이 잡지를 받아 보는 사람들은 그 기사를 읽을 것이고 여기 저기 말을 전할 것입니다. 사람들은 세상에서 일어나는 사건들에 대해 특별히 알고 있는 것을 자랑하고 싶어 하기 때문에 지금쯤은 틀림없이 그 기사 내용을 활발히 전하고 있을 것입니다. 그 편집인이 후속기사를 원해서 곧 다른 기사를 보내주려고 합니다. 〈오늘의 역사〉(Current History)지 또한 10월호에 내가 쓴 기사 하나를 게재할 계획입니다. 이것 역시 홍보하기에 좋은 잡지로 신문기자 사회와 여러 학교들에서 널리 읽히고 큰 호평을 받고 있기 때문입니다. 〈월간 중국〉(China Monthly)지 8월호에도 화려한 삽화와 함께 기사가 실렸는데 표지에는 덕수궁 사진도 들어 있습니다. 〈필라델피아 포럼〉(Philadelphia Forum)

지 10월호에는 한국에 관한 특집기사를 다룰 예정입니다.

〈분단 한국〉(*Divided Korea*)이라는 팸플릿이 현재 인쇄 중에 있습니다. 이 팸플릿 출판에 자금을 대고 배포까지 책임진 국제경제연맹 시민회의 재단은 팸플릿 출판에 열성적이고 조속하고 완전한 한국 독립 청원에 찬성하는 특별성명도 그 속에 게재할 계획입니다. 재단의 자체 비용으로 신문사, 정부 관리들, 각국 UN 대표들에게 이 팸플릿이 배포될 것입니다.

국민윤리협회의 공식 기관지 〈스탠더드〉(*The Standard*)지는 한국에 관해 내가 쓴 기사 한 건과 아시아 전역에서의 미국 외교정책에 관한 장문의 논평을 조만간 싣게 될 것입니다. 〈오늘의 전기〉(*Current Biography*) 10월호는 이 박사님과 관련하여 우리 모두가 기고한 가장 훌륭한 기사가 게재되었는데, 사실 관계가 신뢰성 있게 되어 있습니다. 이 책은 학교와 신문사에서 표준 참고도서로 이용되고 있기 때문에 매우 효과적인 역할을 할 것입니다.

나는 〈아시아 잠망경〉(*Periscope on Asia*)지에 아시아 문제와 관련하여 매주 "칼럼"을 쓰기 시작했습니다. 이 칼럼은 200여 신문사에 송고되고 있습니다. 첫 칼럼은 한국에 관한 것이고, 두 번째 것은 웨드마이어 사절단에 관한 것입니다. 독자들에게 될 수 있는 대로 많이 한국을 알리고 아시아란 큰 그림 속의 한국을 그리도록 힘써 보겠습니다.

그리고 중화통신의 데이비드 류와 친해졌는데 그에게서 통신사를 활용하는 방법에 대해 많이 배우게 되기 바라고 있습니다. 또 한국 관련 사설을 보내주는 클리핑 서비스(역주: 신문 등에서 고객이 원하는 정보만 선별해 보내주는 서비스)에 보도한 모든 신문의 편집인들에게 편지를 쓰기로 했습니다. 이것만으로도 상당한 일거리지만 그렇게 보낼 곳이 많이 있다니 행복할 뿐입니다.

그런데 장학금과 관련해서는 별 소득이 없어 미안한 마음을 금할 길이 없습니다. 학교마다 학생이 넘쳐서 학비 전액면제 및 생활비 장학금을 확보하기가 쉽지 않습니다. 하지만 이번 가을까지 많은 한국 학생을 이곳에 데려올 수 있기를 고대합니다. 조금 전에 김동성 씨의 따님을 위해 샌프란시스코의 유명 여자대학인 밀즈 칼리지의 입학허가를 받았습니다.

자금도 부족하고 시간도 없어서 달력을 만든다는 아이디어는 내년으로 미루도록 했습니다. 그래도 특별한 한국 크리스마스 카드를 만들어 널리 배포할 생각입니다.…

이처럼 해야 할 일의 목록을 적는 것만으로도 진이 빠지는데 실제로할 때는 얼마나 힘들겠는가? 그러나 이런 일은 겨우 우리 과업의 한 국면에 불과하다. 다음날인 9월 25일, 나는 이 박사에게 우리 프로그램 중의또 다른 사건을 설명하기 위해 다시 편지를 보냈다:

임병직과 나는 오늘 오후 새로 군정장관으로 임명된 윌리엄 딘 소장과 한 시간 가량 대화를 나누었습니다. 딘 소장은 보기 드물게 좋은사람처럼 보입니다. 그는 솔직하고 개방적이며 우호적입니다. 딘 소장은 한국에 대해서 아는 게 아무것도 없었으며, 임명될 때까지 그에 대해 전혀 눈치를 채지 못했다고 합니다. 임명된 후로 그는 한국을 알기위해 열심히 노력하고 있으며 우리를 만나게 된 것이 진정으로 기쁜듯이 보였고, 보좌관이 다른 약속을 상기시키기 전까지 재치 있게 질문도 하면서 한 시간 내내 우리가 하는 말을 경청했습니다.

우리는 전적인 협조가 필요하다는 점을 강조했고, 미국이 한국 문제를 UN에 제기함으로써 한국인이 크게 만족하고 있다는 사실을 말했습니다. 우리는 대부분의 문제가 소련과 공산당 때문이라고 생각하고있는 한국인들의 일반적인 감정을 강조했으며, 그는 우리가 미국인에게 지나치게 책임을 떠넘기려 하는 것이 아니라는 것을 알고는 만족스러워 하는 것 같았습니다. 우리는 일반적인 정치적 상황, 좌우연립 운동의 해악(이제는 거의 포기된 상태지만 그래도 확실하게 폐기되기를 원한다고 했음), 국민회의의 성격과 목적 등에 대해서도 꽤 자세하게 설명했습니다.

주권을 원래의 주인인 한국 국민에게 되돌려주기 위해서 무엇보다도 하루 빨리 선거가 실시되어야 한다고 역설했습니다. 그리고 남북한이 다시 통일되어야 한다는 이유로 남한의 독립정부 수립이 2년 동안 지연되고 있지만 재통일이 반드시 필요하다고 하더라도, 소련의 협력을 얻으려는 헛된 희망이 소련의 남한 자치정부 수립을 거부하는 이유로 더 이상 이용되어서는 안 된다는 사실을 지적했습니다.

이것이 우리가 나눈 대담의 개요입니다. 세부적인 내용은 박사님도 짐작하실 수 있을 것입니다. 딘 소장은 자신이 모든 사실에 대해 알고 싶다는 매우 솔직한 희망을 피력했으며, 정부의 실질적 권한을 한국 사람들에게 공정하게 이관되도록 도와줄 때가 무르익었다고 생각하는 것 같았습니다.

이 편지들 속에 활기차고 희망적인 어조를 담은 것은 이 시기의 우리의 주요한 목적 하나를 반영하고 있는데, 그것은 즉, 이 박사의 마음가짐에 보다 큰 희망과 기쁨을 불러일으켜 보려고 한 것이었다. 이 박사는 서울에 눌러 앉아 한국 국민들과는 여전히 격리된 채로 보좌관들에게만 극히 제한적으로 접촉할 수밖에 없는 상황에서 그가 느낄 수 있었던 것이라곤 좌절감, 실망감 그리고 미국의 편의와 국제간의 외교의례상의 품위 유지를 위해 한국의 이해관계가 걸린 문제를 부당하게 지연시키고 이에 굴욕적으로 복종하고 있다는 분노뿐이었다. 그의 눈에는 미국의 정책 입안자들이 연달아 실수를 저질러 놓고는 자신들의 판단착오를 은폐하고 정당화시키기 위해서 온갖 노력을 쏟고 있는 것으로 보였다. 반면에 워싱턴의 우리는 아직 확실하고 분명한 결과는 나오지 않았지만 상황이 점차 호전되어 간다고 생각했다. 우리가 이바지할 수 있는 최선은 이런 자신감과 희망을 이 박사에게 전달하는 것이라고 생각했다.

그러나 이 일은 쉽지 않았다. 서울에서 온 서신은 하나같이 침울한 이야기뿐이었다. 9월 24일자에 내가 보낸 편지에 이 박사 내외는 날짜를 적지 않은 답신에서 이렇게 적었다:

> 2년이 넘는 동안 우리는 "조금만 더 기다려 달라"라는 말만 들어왔어요. 남한에서의 선거는 북한 사람들에게 대단히 고무적인 일이 될 것이오. 그리고 북한 사람들이 남한의 우리와 힘을 합치는 때가 오면 그들은 전국적으로 수립된 정부 아래 들어갈 것이며, 그 정부 아래에서 총선거를 실시할 것이오. 지금까지의 모든 핑계는 이런 선거를 무기한으로 지연시키려는 획책일 뿐이오.

프란체스카 여사는 이 편지에 집안일도 적었다:

> 박사님은 기관지염을 심하게 앓고 계시고 나도 조금 그렇습니다. 집은 난방이 제대로 되지 않아 전기 히터를 최대로 가동시키고 있습니다만 그나마도 전력이 너무 약해서 히터에서 열이 제대로 나지 않습니다. 따뜻하게 느껴지는 때라고는 방에 햇볕이 들어 그 햇볕에 일광욕을 할 때뿐입니다.

10월에 우호적인 분위기를 고양시키려는 우리의 노력에 새로운 장애물이 발생했다. 한국의 선거 실시 방법에 대한 심의에 남한 대표를 "옵서버" 자격으로도 받아들이지 않기로 UN이 결정한 것이다. 물론 그 문제의 핵심은 하나가 된 한국 정부를 수립하기 위해서 어떻게 소련의 협조를 보장받느냐, 하는 것이었다. 반공주의적인 남한 지도자들에게 어떤 형태로든 공식적인 지위를 부여하게 되면 그런 협조는 불가능할 것이기 때문이었다. 그러나 어차피 소련의 협조란 불가능한 일이었다.

10월 22일, 나는 한국 대표단이 UN 총회와 협의하지 못하게 하려는 국무부의 해명을 이 박사에게 편지로 보냈다:

어제 벤과 나는 앨리슨과 장시간 대화를 나누었습니다. 살츠먼을 만날 수 없었기 때문입니다. 우리가 예상한 대로 살츠먼은 독일 문제에 전념 중이었으며 한국 문제는 앨리슨과 펜필드에게 전담시키고 있습니다.…

앨리슨과의 대화에서 우리 모두는 우호적인 협력을 요망한다는 사실을 강조하고 최악의 상황에서도 질서정연한 협상을 신조로 여기고 있는 이 박사 같은 분이 한국의 민족진영을 이끌고 있다는 사실은 정말 행운이라는 것과, 기본적인 관계가 제대로 구축되어 있다면 특별한 개인의 어투, 표현방식 같은 것은 문제될 것이 없다는 점을 강조했습니다.

앨리슨은 한국이 직접 대표를 파견하고 싶어 하는 심정을 충분히 이해한다고 말했습니다. 그러면서 그는 이전에도 했던 말을 다시 꺼내면서 (1) UN의 토의사항 가운데는 한국의 주권에 대한 어떠한 제한도 포함되지 않고, 오히려 그들은 자주적인 한국 정부를 가능한 한 가장 신속한 시일 안에 수립한다는 목적에만 집중할 것이며, (2) 조만간 파견될 UN 위원단과 한국은 협의를 가지게 될 것이고, (3) 군대의 철수와 다른 현안은 새로 수립되는 한국 정부와의 협상을 통해 해결될 것이라는 등의 말을 했습니다.

앨리슨은 이런 상황이기 때문에 우리가 아직은 조금 더 인내심을 보여줄 것을 촉구했습니다. 이에 대해 우리는 선거 일자가 확정되고 한국 민족진영 인사들이 공정하고 적합하다고 생각하는 그런 방식으로

선거와 관련된 모든 조건들이 정해지면 현재의 여러 난제들 가운데 많
은 문제들이 저절로 해결될 것이라고 말했습니다.…

나는 〈아시아 잠망경〉(Periscope on Asia)이라는 기사를 250여 명의
편집인과 100여 명의 라디오 해설위원들에게 매주 우편으로 보내고
있습니다. 시간이 흐르면 이 일이 얼마나 효과적인지가 드러날 것입니
다. 한국에 대한 신문 논설의 일반적인 논조는 대부분 만족스럽습니
다.

신속한 한국정부 수립의 필요성이 일반적으로 인식되어 가는 것 같
습니다. 내년 3월 말까지는 선거와 관련한 분명한 사항이 나올 것으로
기대해도 좋겠습니다. 우리는 공산당의 쿠데타에 대한 대비와 한국의
경제발전을 위한 준비를 빈틈없이 해두어야만 합니다. 오랫동안 추구
해 왔던 독립정부 수립이란 목적이 구체화되면서 우리는 앞으로도 다
뤄야 할 긴급한 사안들이 더 많이 발생할 것이란 사실을 깨닫고 있습
니다. 한국에 기계와 각종 도구 및 원재료를 보내서 산업을 건설하는
문제 같은 것들입니다.

1947년의 가을과 겨울 동안 한국 문제의 최종 타결을 위해 상당한 진
척이 있었지만, 한국 국내에서는 관련 그룹들의 관계가 극도로 불안정했
다. 이 박사와 하지 장군은 완전히 적대적이 되어 난국의 책임을 상대에
게 전가하며 서로를 심하게 비난했다. 김구와 그 지지자들은 임시정부의
선포 계획을 대한국민 대표민주의원(the Peoples Represen- tative Assembly)이
부결한 것에 분개했다. 김규식과 다른 중도 노선의 인사들은 연립정부가
한국의 재통일을 위한 유일하고 실행 가능한 방법을 제시한 것이므로 남
북한을 아우르는 연립정부는 공산주의자들의 지배 위험성에도 불구하고
가치 있는 것이라고 생각했다. 미군정과 점령군에 속한 미국 인사들은 자
신들의 개인적 큰 불편을 감수하면서까지 한국의 이익을 위해 봉사 중인

데도 돌아오는 것은 비난뿐이라고 느꼈기 때문에 분개하고 있었다. 한국 국민들은 일본으로부터의 "해방"은 놀라운 새 시대의 개막이 될 것이라고 오랫동안 고대해 왔지만 극심한 경제적인 곤궁과 더불어 정치적 좌절감에 시달리고 있었다.

임 대령은 나와는 달리 매일 무더기로 오는 한국 신문들을 읽고 있었다. 대령은 한국 신문들이 보도하는 매일 매일의 비참함 속에 푹 빠져서, 그 자신이 한국인이었기 때문에 당연히 좌절과 분개와 한국에서 끓고 있는 분노를 나보다 더 느끼고 있었다.

그가 6월 18일에 이 박사에게 보낸 아주 자세하게 쓴 편지에는 임 대령의 심경과, 1947년 당시의 우울한 시기에 대다수의 한국인들이 갖고 있었던 감정이 아주 잘 나타나 있다. 이 편지는 한국인들이 왜 미국의 정책에 거부감을 갖고 있는지에 대한 심리상태를 잘 알 수 있게 하는 통찰력을 보여주는 귀중한 자료이다. 또한 이 편지는 워싱턴 로비가 왜 때때로 하지 장군이 "방향 착오"라고 생각하는 방향으로 이뤄질 수밖에 없었는지도 잘 설명해 준다.

이 박사가 그 편지 사본을 내게 보내줄 때까지 나는 이 편지를 본 적이 없었다. 편지는 존 스테거스와 제이 제롬 윌리엄스의 도움을 받아 임 대령이 작성한 것이 분명했다. 미군정 검열관은 분명히 이 편지를 검열했을 것이기 때문에 미군정과 화해를 모색하려는 우리의 노력에 그 서신으로 인하여 어려움이 가중되고 말았다. 그럼에도 불구하고 편지는 미국의 정책과 한국인의 감정 사이에 얼마나 큰 괴리가 있는가를 보여주는 데는 어느 정도 긍정적인 효과를 발휘했음이 틀림없다.

1947년 6월 18일자 편지의 내용은 다음과 같다:

　　한국 뉴스를 읽으면 상황은 갈수록 악화되는 것 같습니다. 미·소공동위원회 회담의 현 추세가 중단되고 번복되지 않으면 결국에는 한국 사람들을 소련 사람들에게 완전히 팔아넘기는 꼴이 될 것입니다. 15살짜리 어린아이도 알 수 있는 일입니다. 주사위는 막 던져질 판입니다.

1. 회담은 한국의 미래를 결정하기 위해 소집되었지만 그 회담장에 한국인은 없습니다. 회담장에 나온 사람들은 극히 최근까지 그들 평생에 단 한 번도 한국에 대해 들어본 적이 없는 사람들입니다. 그들은 서로 언쟁을 벌이고 있지만 무엇 때문입니까? 한국인의 뜻이 무엇이든 상관없이 한국인의 복지를 위해서가 아니라 그들 각국의 경제적, 정치적, 전략적 이익 때문입니다. 그들에 맞서는 용기 있는 한국인들은 모두 "반동분자"니 "방해꾼"이라는 비난을 받고 있습니다.

2. 저희들끼리 그렇게 비밀회의에서 주고받고 서로 언쟁을 벌인 후, 이 외국인들은 한국 국민의 운명을 좌우하는 문제에 대해 협의하는 회담에 참석을 허용할 한국인의 부류와 발언의 종류에 대한 법을 정하고 있습니다.

3. 이 외국인들은 자국에서는 별 존재가 없는 사람들임에도 불구하고 오만하게 회담장에 앉아서 한국인의 회담장 참석을 허용하지도 않고 한국의 생존권을 넘겨야 할 그런 법을 만들고 있습니다. (a) 서로 타협도 하지 못하는 이들에 의한 정치적, 경제적, 군사적 보호라는 신탁통치를 위해서 한국의 운명이 걸린 문서에 무조건 서명하도록 요구하고 있습니다. (b) 이들은 한국인에게 3천만 한국인의 운명과 관련된 결정들을 맹목적으로 준수하겠다고 서약하는 문서에 서명하도록 요구하고 있지만, 한국인은 이 어중간한 외국인들이 내리는 결정들을 경멸하며 어떤 서명도 하지 않을 것입니다. (c) 이 외국인들은 한국의 운명을 결정하는 가장 중요한 문제들을 다루는 이 어릿광대놀음 같은 회담에서 자신들이 회의를 끝내고 모든 결정을 내릴 때

까지 이 회담을 비난하는 일을 중지하라고 한국인에게 요구하고 있습니다.

4. 이 외국인들은 앞으로 수립될 정부의 형태가 자기들의 용어에 따라 "연립" 형태가 되어야 한다는 결정을 이미 내린 상태입니다. 한국인의 의사에 대해서는 한 마디도 없습니다. 그들은 민주주의라는 미명 아래 가장 오만한 방식의 독재를 하고 있습니다.

5. 그들의 별 특징 없는 공동성명에 따르면, 이 외국인들은 그들이 강요하는 "정부"의 보직을 채울 인사들을 "조달"하는 방법을 지금 결정하고 있다는 것입니다. 그들은 이미 이런 사안을 다루는 분과위원회를 손쉽게 자기네끼리 선정했습니다. 한국 사람들에게는 말 한 마디도 없었고 한국인의 생각을 알아보려는 노력도 전혀 없었습니다.

6. 이들은 한국 매국노들이 답변할 등사판으로 인쇄된 질의서를 이미 준비하고 있었다. 그들은 나라의 선택의 자유를 팔아넘긴 뒤에야 협의가 허용되었던(1905년의 이완용과 송병준과 같은) 자들이었다. 이 외국인들도 똑같은 방식으로 자신들이 선호하는 한국인들을 회의실로 데려온 후 마치 사업체의 공동 소유주들이 많은 잠재 고용인들에게 하듯이 그 한국인들에게 구두로 그런 질의를 할지 모릅니다. 사실 지금까지의 행동을 볼 때 이 외국인들이 바로 이런 일을 할 것입니다.

7. 이 외국인들은 "친구"라는 가면을 쓰고는 3천만 명의 평화를 사랑하는 국민 가운데 95%가 결사반대하는 신탁통치를 강요하고 있습니다. 그들은 "신탁통치"의 참된 의미를 희석하고, 왜곡하고, 변조하려고 여러 번 시도했으며, 그들의 그럴 듯한 해석을 나중에 수정하지 않을 것이라는 보장을 해달라는 요구를 거부하고 있는 사실로 볼 때, 그들의 진정한 저의는 더욱 분명합니다.

8. 이 외국인들은 합동회담 전야에 "한국 문제" 타결과 관련된 협력의 표시로 600명의 용병 폭도, 강간범, 살인범들을 모두 "정치범"이란 이름 아래 석방해서 서로의 비위를 맞추었는데, 이 자들은 이제 각자의 공산당 진영으로 돌아가서 남한의 무고한 가족 및 경찰을 상대로 폭동, 강간, 살인을 다시 자유롭게 저지르게 되었습니다. 이런 범죄는 리디체(Lidice: 독일군이 학살을 자행한 체코슬로바키아의 마을.-역자)와 동급의 그런 범죄로밖에 간주될 수 없습니다.

9. 서울시장이 주최한 연회에서 그 미국 장군은 자신에게 협력하는 대가로 받을 수 있는 여러 가지 특권을 포기하고 자유를 지키기로 한 애국적 한국 인사들을 비난하고, 이 지도자들과 그들의 추종자들의 모든 정치적 권리를 박탈할 것이라고 협박했습니다. 연회에 참석한 한국인 손님들과 주최 측은 한국인 대다수의 생각에 반하는 이런 위협에 분노로 치를 떨었으나, 소련 대표들은 미국인들이 어린애처럼 자기들의 손안에서 놀아나는 것을 보면서 냉소를 짓고 있었습니다.

10. 남한에서 한국인에게 구두로 질의를 하는 청문회 의장은 소련 장군이 될 것이며, 그는 당연히 소련의 통상적인 전술을 사용해서 자기 입맛에 맞는 대답만 수용할 것입니다. 이런 절차에 따라 남한 민족주의자들은 외국 상전들이 이용하는 모든 수단을 통하여 모욕을 받고 훼방을 당하는 가운데 결국 그 이득이 소수의 공산당에게 돌아가는 결과를 초래할 것입니다. 반면에, 공산주의자 외에는 어떤 정당도 존립할 수 없는 북한에서는 한국인의 의사에 대한 질의를 미국의 장군이 주재하게 될 것입니다. 그 장군의 의도가 무엇이든 간에, 그가 기록하게 될 유일한 답변은 공산당 입회인들이 말하는 내용이 될 것입니다. 따라서 남북한 양쪽의 구두 질문의 결과는 한국인의 의지에 반하는 비극적인 거짓 진술이 될 것입니다.

11. 이 두 외국 대표들은 "연립" 정부를 수립하겠다는 공동의도를 잘
    난 척 떠들어대고 있지만 유럽에서, 가장 최근에는 헝가리와 불가리
    아에서, 충분히 입증되고 있는 것처럼 공산주의자와의 연립은 그저
    소련의 지배 아래 굴복한다는 것을 뜻함을 보여주고 있습니다. 미국
    사람들은 연립정부가 공산당과 민족주의자란 적대적인 두 세력을
    정직하게 대표할 수 있다는 환상에 빠져 있는 것이 분명합니다. 그
    렇다면 미국은 사람들이 스스로 원하는 형태의 정부를 선택할 수 있
    다는 자유선거의 존엄성에 대한 정치적 신조를 언제부터 포기했다
    는 말입니까?

12. 한국에서 이들 양국 대표가 한국 사람들을 고의로 가장 나쁜 적으
    로 생각하고 있었다고 하더라도 이보다 더한 방법으로 한국 사람들
    의 사기를 떨어뜨리고, 한국의 경제 자원을 약탈하며, 한국 민족을
    말살하고, 시민의 증오와 동족상잔의 전쟁을 촉진하는 극악무도한
    획책들을 고안하지는 못했을 것입니다. 일본이 한국을 강점하기 직
    전인 1910년의 비극적 상황이 1947년이란 이 비극적인 때에 다시
    반복되고 있습니다. 그럼에도 불구하고 "협약을 방해하고 있다"고
    공개적으로 중상모략을 받고 있는 쪽은 한국을 사형집행하려는 자
    들이 아니라 한국 국민들입니다.

우리는 이렇게 묻지 않을 수 없습니다. 이 모든 것이 의도하는 목적
은 도대체 무엇입니까? 왜 위대하고 이상주의적인 미국이 무도한 독
재국가인 소련 사람들과 힘을 합쳐 한국 국민을 목 졸라 죽이려 하는
것입니까? 양국이 한국을 대가로 무언가를 얻기 위해 또 다른 비밀협
정 같은 것을 맺은 것은 아닙니까? 모든 국가는 자국의 이익을 위해
행동한다는 것은 널리 알려진 사실이기 때문에, 한국 사람들은 지금
죽어가고 있는 사랑하는 조국을 앞에 놓고 이 두 강대국이 쟁투를 벌

이고 있는 것을 보면서 몸서리치고 있는 것은 당연합니다. 무언가를 조금이라도 더 얻기 위해 이웃 소국을 강탈하려 하지 않았던 강대국이 과연 있었을까요?

누군가가 나에게, 미국이 한국에서 이 회의에 "성공"이라는 딱지를 붙이기 위해서 어떠한 나쁜 짓도 기꺼이 하려 하기 때문에 그렇게 행동하고 있는 것이라고 말했습니다. 그러나 과연 "협정"이라는 마법의 단어 속에 소망하는 알맹이를 희생하면서까지 달성해야 할 만큼 신성한 가치가 들어 있는 것일까요? 정치가들은 그들의 연설에서 그들의 목적이 한국을 활기차고 자유로우며 민주적이고 번영된 국가로 만드는 일이라고 선언합니다. 그러면 그것이야말로 그들의 행동을 평가해야 할 표준이 아니겠습니까?

한국에 대한 소련의 태도는 솔직히 말해서 약탈할 수 있는 것은 모두 약탈하려 하고, 또 그런 약탈 계획을 세우고 있는 강도의 태도였습니다. 그러나 지난 20개월 동안 한국을 외세가 지배한 결과를 평가해 볼 때, 미국이 한국인에게 공언하는 "우정"이란 실상은 죽음의 키스가 아닌 다른 것이라고 어찌 믿을 수 있겠습니까? 미국 관리들은 한국 문제는 그 자체로는 중요한 사안이 아니라고 우회적으로 말합니다. 한국 문제는 소련과의 관계에서 "보다 넓은" 세계적 관점에서 고려되어야 한다는 것입니다. 이것은 단지 미국의 안녕과 이익이 한국 국민의 그것과 같지 않다는 것을 의미하는 또 다른 표현이 아닙니까? 이것은 다른 곳에서 소련의 양보를 이끌어낼 수 있다면, 미국이 아무리 마음이 내키지 않더라도, 한국을 희생시킬 수 있다는 사실을 단적으로 말해 주는 것이 아닙니까?

한국의 지금 상황을 현실적으로 볼 때 한국 사람들은 무엇을 어떻게 해야 합니까? 미국 사람들은 한국 사람들이 공산주의자들에게 가진 반감을 비난하고 있으며, 소련 사람들과도 더불어 행복하게 사는 법을 배워야 한다고 말합니다. 궁극적으로 생각해 보면 그 말이 맞을지도 모릅니다. 만약 미국이 정직하게 한국 독립에 대한 공약을 지키지 않거나, 한국을 싸구려 상품처럼 다른 곳에서 이익을 추구하기 위해 교환될 수 있는 것으로 취급하고 있다면, 한국의 나아갈 타당한 길은 분명합니다. 우리는 어쩔 수 없이 강의 한복판에서 말을 바꿔 타게 될 것입니다. 우리는 비록 우리의 의지와는 크게 다르지만 피치 못하게 소련의 지배하에 있는 다른 국가의 국민들처럼 우리의 운명을 개척해 나가야 될 것입니다.

미국 사람들 스스로가 한국 사람들에게 소련 이외에는 다른 곳으로 갈 여지를 남겨 주지 않는 그런 환경을 조성하는 데 일조하고 있다는 사실은 비극적인 아이러니가 아닐 수 없습니다. 오늘날 이데올로기 전쟁에서 미국의 최대 적은 바로 미국 자신입니다. 한국은 50년 동안 미국의 친구가 되려고 추구해 왔으나 거절당하고, 또 민주주의에의 헌신을 위해 고통과 죽음까지 불사하려 했던 한국이 결국에는 전 세계 민주주의의 수호자라는 국가에 의해 민주진영에서 쫓겨날지도 모르게 되었습니다. 인류사에 이와 같은 상황이 달리 또 있었는지 정말 궁금합니다.

한국을 갈라서 두 나라 군대가 점령하고 있는 것은 가증스러웠던 저 일본에 의한 점령보다 훨씬 더 좋지 않은 것이었습니다. 소련과 미국 양국은 솔직하게 이 사실을 인정해야 합니다. 한국은 20개월이라는 소중한 시간 동안 미국의 우정을 구했지만, 그것이 상상도 못할 만큼 결여되어 있다는 것을 알게 되었습니다. 미국이 한국에 약속한 것과 미국의 실제 행동은 크게 차이가 났습니다. 이런 여러 가지 사정을 잘 따져보면, 한국은 미국의 호의라는 것을 더 이상 도저히 신뢰할 수 없다는 결론이 나옵니다. 아마도 장기적으로 볼 때 한국 국민은 소련의 이데올로기와 공산진영에서 살아갈 방법을 모색하기 위해 스스로 새로운 실험을 시도해야만 할 것 같습니다. 한국은 살아남아야 합니다. 지금까지와는 달리 온 힘을 다해서 소련과 우호적 관계를 쌓으면 우리나라가 다른 방법에서 찾을 수 있는 것보다 더 나은 삶의 방식을 갖게 될지도 모르겠습니다. 이것은 한번 시도해 볼만한 가치가 있는 일일지도 모르겠습니다.

한국을 위한 결정적 시간이 도래했습니다. 지금 우리는 한국의 역사에서 1905~1910년 못지않은 정도로 한국의 생존에 중대한 기로에 서 있습니다. 당시의 그러한 결정은 외국인들에 의해 강요되었고 결국 우리 조국은 배신을 당했습니다. 이번에는 우리 한국 사람 스스로가 결정을 내려야 합니다.

임 대령의 편지가 장문이기 때문에 건너뛰거나 대충 읽은 독자도 있을지 모르겠다. 글의 핵심은 이것이다: "지금까지와는 달리 온 힘을 다해 소련과 우호적 관계를 쌓아간다면 우리나라가 다른 방법에서 찾을 수 있는 것보다 더 나은 삶의 방식을 갖게 될지도 모릅니다." 이것은 임병직과 이 박사 두 사람의 뿌리 깊은 반공주의 사상을 감안해 볼 때 정말 놀라운 문장이 아닐 수 없다.

이 편지가 1947년의 6월 중반에 작성되었다는 사실을 명심할 필요가 있다. 이 편지를 책에 넣은 이유는, 5월에 미·소공동위원회가 재개된 후 느꼈던 한국인의 절망감을 그대로 다시 보여주기 위해서이다.

당시 나는 사무실을 옮기고 내 일로 정신없이 바빠서 임 대령을 거의 볼 수 없었다. 임 대령이 편지에서 토로한 감정은 사실 나도 처음 접하는 것인데, 가끔 우리가 만날 때 얼핏 보인 그의 우울한 모습에서 보았을 뿐이다. 그의 편지는 역사적 문서로서도 귀중한 가치가 있다. 왜 이 박사가 미군정에 "비협조적"이었는지를 백 개의 논증보다 더 잘 보여준다. 다음 문구는 수없이 반복된다. "이 외국 사람들", "이 외국 사람들 …자국에서는 별 존재감도 없는 사람들", "이 외국 사람들 … 서로 다투기만 하는 … 자국의 이익만을 위해". … 그의 내면에서는 신랄한 비아냥거림이 계속 들끓고 있었던 것이다.

조금 시간을 거슬러 올라가서 미·소공위의 회담이 재개되기 전 날인 5월 4일을 뒤돌아보면, 임병직은 이 박사에게 연립 주창자들과의 제휴를 촉구하는 전문을 보냈다. 임병직은 자신의 의견뿐만 아니라 스태거스와 윌리엄스 생각을 함께 이렇게 적어 보냈다:

"이곳 친구들은 한국에서 중도주의 그룹들과의 강력한 협력이 한국 문제의 적절한 해결을 촉진하는 데 큰 도움이 된다고 생각하고 있음."

다음 날인 5월 5일, 이 박사는 약간 당황스런 투로 내게 이런 편지를 보냈다:

동봉한 임병직의 전문 때문에 울화통이 터져서 오늘 저녁에 다른 일을 제쳐두고 이 편지를 쓰는 것이오. 앞으로는 당신과 먼저 상의하지 않고 전문이나 편지를 더 이상 보내지 않겠다고 동의하도록 임병직과 의논해 주기 바라오. 이 편지를 임에게 전해준 후 당신과 먼저 상의를 한 후 전문이나 편지를 보내도록 다짐을 받아주세요. 사실 그는 너무 단순하고 의심 같은 것을 할 줄 모르는 사람이어서 그것이 나중에 야기할 결과에 대해서는 생각하지도 않고 자기가 보고 들은 바를 그대로 말합니다. 그래서 그는 우리가 "심리전"을 통해 지금까지 이루어 놓은 것들을 부지중에 망치고 있어요. 우리에게 반대하는 사람들의 손에 놀아나지 않을 만큼 똑똑한 누군가가 워싱턴에 필요하오. 하지만 누가 그런 일을 해낼 수 있을지는 정말 모르겠소.

…도쿄에서 맥아더 장군은 나에게 말했소. 자기가 하지 장군에게 총선거 계획을 실행하는 데 있어서 나와 협력하라고 말했다고. 그리고 나더러는 즉시 서울로 돌아가서 선거법 등을 통과시켜야 한다고 했소.

우리는 국무부나 백악관이 확실한 성명서나 공약을 발표하도록 애를 썼으나 실패하고 말았소. 이런 상황에서 우리는 힐드링 장군이 내게 말했던 사항에 기대를 걸어야 하는데, 그것은 그가 말로만 한 것이어서 이와 관련하여 그가 자기 이름을 사용할 수 있도록 허락하지 않는 한, 그 내용을 공개적으로 발표할 수가 없소.

…임병직은 이곳과 바깥세상과 주고받는 모든 메시지는 우리 손에 들어오기 전에 먼저 미군정 본부를 거친다는 사실을 알아야만 해요. 그는 세상이 어떻게 돌아가는지 물정도 모르고 순발력 있게 대처할 방법도 잘 모르는 사람이오. … 그 사람이 원하는 것은 내가 연립에 협조해야 한다는 것인지, 아니면 우리의 친구들이 내가 온건파 공산주의자들과 협력하기를 원하고 있다는 사실을 하지 장군에게 알리고자 하는 것인지? 한국에서 누가 온건파 공산주의자입니까? 미국 정부는 온건파 그룹과 협력하고 있나요? 임병직은 그런 메시지가 이곳에서 어떤 영향을 미칠 것인지 알지 못한단 말이오? 그는 너무 착하고 성실해서 우리의 일을 지능적으로 수행할 수 있을 만큼 충분한 대처능력이 없는 것 같소.

나는 이 메시지가 임병직을 칭찬하는 것이 아니란 점을 잘 알고 있지만, 그에게 상황을 정확하게 이해시키기 위해서는 솔직하고 분명해야 하오. 그는 다른 일들은 다 잘하고 있지만 중요한 메시지를 보낼 때에는 당신이나 자기를 도와줄 수 있는 한두 사람과 먼저 상의를 해야 하오. 이것이 워싱턴의 우리 조직에서 가장 중요한 일인 것이오. 임병직과 함께 이 편지를 세심하게 읽으시고, 그가 자기 메시지를 작성할 때에는 먼저 당신의 조언을 구하겠다는 약속을 우리에게 하도록 해주기를 바라는 바이오.

나는 이 박사의 이런 분명한 지시를 따르지 않았다. 물론 이 박사가 원했다면 박사는 직접 임 대령에게 자신의 생각을 밝혔을 것이다. 나는 두 사람 사이에 끼어들고 싶지 않았다. 그럼에도 불구하고 이런 성격의 논란은 대개 이와 같은 이유로 한국의 애국자들 사이에서도 끝없이 일어나고 있었다. 어찌됐든 워싱턴에서 우리는 이미 조직을 해체한 상태였기 때문에 거기에 또 다른 불화거리를 덧붙일 이유는 없었다.

한국에서 실시되고 있는 미군정의 검열 때문에 임 대령의 6월 18일자 편지는 군정 내부에서 회람이 되었다. 그리고 결국에는 그 주요 내용이 주요 언론 한 곳의 손에 들어갔다. 〈뉴스위크〉는 9월 1일자에 이런 논설을 게재했다: "그런데 한국의 민족주의 계파를 대표하는 워싱턴의 소위 '한국위원회(Korean Commission)'는 미국 점령군의 본국 귀환을 강력하게 요구하고 있다. 그들은 세계 2차대전 동안 한반도를 일본으로부터 해방시킨다는 미국의 약속을 믿고 협조해 왔지만 지금은 쪽발이 일본 정부의 통치가 '10대 아이들 같은 미군들' 보다 더 낫다고 생각하고 있다. 이들은 한국의 자치에 대한 미국의 약속을 믿느니 소련의 지배를 택하겠다고 주장한다."

〈뉴스위크〉 9월 1일자에 이런 내용이 실리자 워싱턴 로비의 방향이 "잘못되었다"고 생각한 사람은 하지 장군만이 아니었다. 이 박사는 대경실색했고, 이에 대해 국무부 관리들이 조심스럽게 문의해 왔다.

9월 12일, 임 대령은 자신의 견해를 해명하는 글을 〈뉴스위크〉에 보냈다:

한국위원회는 종전과 마찬가지로 지금도 한국의 완전독립을 약속한 카이로 선언을 가능한 조속히 실현할 것을 지지한다. 우리는 미·소 양군의 동시 철군과 한국의 통치를 종식해 줄 것을 진심으로 바라고 있다. 우리는 남한의 미군정이 처리해 온 많은 부분에 대해서 비판을 해왔고, 지금도 그런 입장이다. 미군정이 유일하게 내세울 수 있는 장점이라면 군정이 북한에서 소련의 강요로 수립된 정부만큼은 나쁘지 않다는 것이다. 이런 견해는 귀사의 기사 내용에서 한국위원회의 탓으로 잘못 설명된 견해와는 근본적으로 다른 것이다.

〈뉴스위크〉지의 쳇 쇼(Chet Shaw) 주간은 "우리는 그 기사 내용이 대체로 공정하다고 생각한다"는 회신을 보내면서 10월 6일자에 임 대령의 편지에서 대령의 입장을 분명히 천명하기 위하여 그 편지내용 일부를 발췌해 게재해 주겠다는 말도 덧붙였다. 그 약속은 그대로 지켜졌다.

워싱턴에서 우리가 어떤 로비를 하든지 간에 일거리가 떨어진 적은 결코 없었다. 1947년 가을 〈코리안 퍼시픽 신문〉(Korean Pacific Press)이란 이름을 내건 나의 사무실에서는 『러시아인들이 한국에 왔다』(The Russians Came to Korea)란 제목의 정한경 박사의 저서를 편집해서 출간했다. 우리는 이 책을 가능한 한 많이 판매하려고 했지만 우리나 정 박사나 모두 그리 많이 팔지 못할 것으로 이해하고 있었다. 정 박사는 다른 판매시장을 개척해 보자는 제안 편지를 계속 보내왔다. 박사의 이런 압력에서 벗어나기 위해 12월 10일 나는 그에게 아래와 같은 답신을 보냈다.

우리의 일은 계속 쌓여만 가는데 시간은 언제나 그렇듯 항상 부족합니다. 뉴욕에서 UN 대표들에게 영향을 주려고 애쓰고 있던 임영신이 지난해 가을 그녀의 자서전을 써서 한 달 전에 감수를 위해 원고를 내게 보내왔습니다. 500페이지나 되는 원고의 상당부분을 다시 써야 합니다![37] 또 이제 곧 한국무용단이 도착할 것인데 여행일정을 잡는 것을 도와달라고 합니다. 그리고 장학금을 요청하는 신청서도 수없이 들어오고 있는데, 여기에도 많은 편지 왕래가 요구되고 있습니다.

이 박사는 선거를 즉시 실시하라고 열정적으로 투쟁하고 있는 중에 있으며, 정기적으로 전문을 보내서 언론계, 국무부, 의회를 상대로 적

---

37) 후에 『한국을 위한 나의 40년 투쟁사』(My Forty Year Fighter for Korea, Louise Yim, New York: A. A. Wyn, 1951)란 책으로 출판됨.

극적인 행동을 취하도록 우리에게 촉구하고 있습니다. 그리고 저는 아시아문제와 관련하여 250개 신문에 매주 논평기사를 작성해 보내고 있습니다. 또한 우리는 한국에서 군복무를 했던 미군 병사들로 구성된 한·미 우호연맹에 접촉을 시도 중입니다. 그리고 1월에 아시아연구소에서 한국에 대한 강좌를 4회 열기로 합의했습니다.

이것이 현재 우리가 하고 있는 활동의 일부입니다. 물론 여기에는 당신이 이곳에서의 경험으로 쉽게 생각해 낼 수 있는 많은 업무들은 제외되어 있습니다.… 우리는 누가 원하기만 하면 자유롭게 시간을 낼 수 있는 한가로운 조직이 아니라는 점을 알아 주셨으면 합니다.

우리가 할 수 있는 일을 제대로 하지 못하는 주된 원인은 항상 자금 결핍이었다. 나 자신의 봉급은 한 동안 6천 달러로 감액되었고 1만2천 달러 이상을 넘어본 적이 없었다. 우리의 총 출판물과 제반 경비에 대한 연간 예산은 한국전쟁 후 한때 12만5천 달러까지 이른 적도 있었지만 한 번도 그 액수를 초과한 경우는 없었다. 그럼에도 불구하고 우리는 모든 로비스트가 놀랄 만큼 많은 액수의 보수와 판공비를 지급받고 있다고 짐작하는 사람들의 의미심장한 미소에 익숙해졌다. 우리는 외국대리인 등록법(FARA)에 따라 매년 두 차례 우리의 모든 수입금과 그 사용처를 정확하게 보여주는 매우 상세한 회계보고서를 양심적으로 제출했다. 이 보고서들은 법무부의 공개 파일로 되어 있기 때문에 관심있는 사람은 누구나 열람할 수 있었다.

그렇다고는 해도 우리는 비난하는 소리에 분통을 터트리기도 하고 즐거워하기도 했다. 이런 비난의 전형적인 사례는 1947년 3월 1일자 〈네이션〉지에 게재된 기사로서, 이 정기 간행물의 칼럼은 진보 지식인에게는 복음과도 같은 역할을 했다. 월 햄린이 쓴 그 글의 제목은 "한국: 미국의 비극"이었다. 미군정 아래에서 나타난 한국인의 반항적인 태도에 대한 심층적인 설명에는 우리도 전적으로 동의했다. 그러나 이 박사가 "부유하다"라는 햄린의 근거 없는 주장에는 놀라지 않을 수 없었다. 그리고 그는 계속해서 이렇게 말했다: "이승만은 30만 달러 정도의 돈을 수중에 갖고 있는데 아마도 미국의 사업가 친구들로부터 수백만 달러를 더 모금할 수 있을 것이다."

이 기사는 이 박사가 워싱턴에 체류하면서 국무부와 의회에 신탁통치 정책을 포기하고 한국의 즉각적인 독립을 찬성하도록 영향력을 행사하던 시기에 게재되었다. 칼튼 호텔의 이 박사의 스위트룸(내 숙소는 버스 노선 상에 있는 하숙집)에서 그와 함께 일하고 있던 우리들은 25센트의 우표요금 때문에 등사한 성명서를 발송하지 못하는 현실을 얼마나 안타까워했는지 모른다.

3월 8일 나는 〈네이션〉지 편집장에게 이런 편지를 보냈다:

　　이 박사는 사실 자금이 전혀 없는 형편입니다.… 이 박사가 일을 수행하는 데 걸림돌이 되는 가장 큰 요인 가운데 하나는 미국 사람들에게 한국의 실상을 알리는 데 필요한 자금이 부족하다는 것입니다. 우리는 오랫동안 이 박사를 가까이서 협력해 왔지만 때때로 우리는 어떤 홍보 프로젝트에 50달러를 쓸 것인지 100달러를 쓸 것인지를 놓고 장시간 함께 열띤 토론을 벌인 적도 많습니다. 우리들은 이 박사가 돈을 마구 뿌려서 진실을 왜곡시킬 수 있는 사람이라는 비난이 얼마나 터무니없이 잘못된 것인지를 잘 알고 있습니다.

이 편지에서 나는 내 위치에 대해 언급하면서, 왜 내가 그런 사실을 잘 알 수밖에 없는지를 설명했다. 그러나 편집장이나 햄린 씨는 내 편지를 받아들이지 않았고 〈네이션〉지는 그 기사에 대한 취소의 글이나 해명서를 게재하지 않았다. 워싱턴에서 일하는 그 오랜 시간 나는 외국 로비스트들이 사용하고 있다는 "엄청난 돈"과 관련된 확인되지 않은 언급을 논설에서 자주 읽었다. 다른 로비스트들에 관해서는 모르겠다. 하지만 우리는 허리띠를 졸라매고 일을 하는 형편이었다.

어떤 면에서 보면, 이런 제약은 전화위복이 되었다. 미국 전역에 배포되는 정기간행물에 전면광고를 내거나 브로슈어나 팸플릿, 달력 등을 제작할 여유가 없었기 때문에, 우리가 이용할 수 있었던 유일한 수단은 무료 간행물의 채널을 찾는 것이었다.

내 관심의 대부분은 우리를 도와줄 수 있는 독자층이 두터운 출판물에 기고하는 일에 모아지고 있었다. 그런 출판물 가운데 한 가지가 〈처치 매니지먼트〉(Church Management)지였는데, 이 잡지는 여러 기독교 교단의 목사와 교회 사역자들에게 널리 읽히고 있었다. 또 하나는 〈크리스천 센추리〉(Christian Century)지로, 비종교계에서도 높은 평가를 받고 있는 여론지였다. 내 글을 세 가지나 게재했던 〈스탠더드〉(The Standard)지는 비록 발행부수는 적었지만 정치 사회 개혁에 헌신적인 인텔리들을 독자층으로 두고 있었다. 이들 외에도 〈뉴 리더〉(The New Leader), 〈프로그레시브〉(The Progress), 〈필라델피아 포럼〉(Philadelphia Forum), 〈유나이티드 아시아〉(United Asia)지 등은 모두 각 분야의 엘리트 독자층을 확보하고 있었다. 〈샘플 케이스〉(The Sample Case)는 순회 외판원들이, 〈오늘의 역사〉(Current History)지는 학교에서 특히 인기가 높았다. 〈바이탈 스피치스 오브 더 데이〉(Vital Speeches of the Day)지는 당대의 사건에 관심이 많은 작가와 학자들이 많이 이용하는 일종의 기록지였다. 나는 한국의 동지들로부터 〈뉴욕타임스 선데이 매거진〉(New York Times Sunday Magazine), 〈하퍼스〉(Harper's), 〈애틀랜틱 먼쓸리〉(Atlantic Monthly), 〈새터데이 이브닝 포스트〉(Saturday Evening Post)지 등 주요 간행물에 내 기고문이 실리지 않는다고 질책하는 편지를 자주 받았다. 그러나 이들은 주요 언론들이 자사의

정해진 논조 방향을 고수하기 위해 자체적으로 필자를 선정하여 글을 쓰
도록 한다는 사실은 몰랐던 것이다.

우리의 한국 문제 제기에 대해 그들이 관심을 갖도록 나로서는 자주
힘을 썼지만 내가 그런 매력적인 잡지사들의 관심을 가장 많이 받았던
것은 〈트루: 맨스 매거진〉(*True: Man's Magazine*), 〈아메리칸 머큐리〉(*The
American Mercury*), 미국 사회과학 학술원의 기관지 〈애뉴얼스〉(*The Annuals*)
지에 실린 한 편의 글밖에 없었다. 뒷날 대한민국이 수립된 후에 최대의
독자층을 자랑하는 〈리더스 다이제스트〉(*Reders Digest*)지가 이 박사 내외
에 대한 글을 게재한 사실을 알게 되었다.

"무료"이면서 유용한 독자들에게 접근할 수 있는 또 다른 간행물 채
널은 적십자사 등 여러 자선단체의 각종 소식지였다. 또 우리는 "타운
미팅 오브 디 에어"(Town Meeting of the Air) 같은 전국적 라디오/텔레비전
쇼나 인터뷰 프로그램 같은 데도 출연했다. 내가 찾아낸 또 다른 방법은
내가 해외의 주요 뉴스전문 간행물에 보낸 기사들이 영국, 인도, 파키스
탄, 필리핀 등지에서 수용되고 발표되었다는 사실이다. 비록 자금은 없었
지만 실제로 우리의 가장 큰 제약은 시간의 부족과 에너지의 고갈이었다.
더 많은 필진이 우리에게 있었다면 우리는 더 많은 성과를 올릴 수 있었
을 것이다. 그렇지만 자원이 부족할지라도 할 수 있는 일은 많다는 사실
을 알았다.

재정형편이 어렵기도 했지만 이 박사의 편지를 보면 더 이상의 재정을
늘릴 용기가 나지 않았다. 1947년 7월 31일에 보낸 편지가 그랬다:

> 미국 사람들은 식품이 충분한데도 배급 식량을 더 많이 받기 위해
> 의회가 실제로 가결하지도 않은 한국에 대한 원조나 차관을 이용하는
> 문제를 고려하고 있어요. 우리 내외와 두 명의 고용인을 합한 네 사람
> 몫으로 지난 번 배급 양식으로 두 개의 무화과 막대기 과자와 두 개의
> 10센트짜리 초콜릿을 받고 80원을 지불했다오. 이것은 개당 20원, 즉

초콜릿 하나가 1달러나 된다는 말이오.…이번 주 우리는 1리터짜리 달
지 않고 쓸쓸한 맛이 나는 자몽주스 캔을 하나 구했는데 35원이나 지
불했소. 캔이 찌그러져 있어서 아마 상한 듯합니다. 달지 않기 때문에
사람들에게 소용이 없을 게요. 쓴 맛이 날 텐데, 가난한 사람은 단 맛
을 내기 위한 설탕을 살 돈이 없기 때문이오. 설탕 400그램에 300원
이나 합니다.…지난 2년간 공장이 놀고 있어서 사람들도 풀어져 있다
오. 국민들을 1945년 8월 15일의 그 상태로 되돌리려면 많은 노력이
필요할 것 같소.

이와 같은 한국 상황을 생각할 때 나는 "더 많은 배급식량을 받으려는
미국인"의 일원으로 취급받기는 싫었다.

하지 장군이 신경을 쓰던 "워싱턴 로비"의 실상은 이런 것이었다. 우
리의 로비는 국무부 힐드링 차관보가 표현한 대로 "위대한 대장정"은 아
니었을지 모른다. 그러나 적어도 우리의 마음은 그랬고, 우리는 우리의
최선을 다했다.

제6장
유엔의 불투명한 명령(1947년~1948년 겨울)

상황이 훨씬 호전되고 있던 1947~1948년 겨울동안 한국은 겉으로 보기에는 오히려 더 악화되어가는 듯한 현상이 두드러지게 나타나고 있었다. 서울의 이승만과 워싱턴의 임병직이나 내게는 그 겨울이 정말 길고도 고통스런 긴장이 연속되는 시기였다. 특히 이승만의 사정은 더 어려웠다.

역사가들은 한 세대가 지나간 뒤, 당시의 시간과 공간으로부터 편안히 벗어나 그때에 일어난 일을 다음과 같이 쉽게 요약할지도 모른다. 즉, "유엔이 미국과 소련 사이의 교착상태를 해결하여 남한에서 자유 독립정부를 수립했다."는 식으로. 이것은 "결국 수술은 성공적이었음"이라는 의료보고서와 마찬가지다. 그러나 당시 문제에 관여하고 있던 우리에게는 확실해 보이는 것이 아무것도 없었으며, 피하거나 극복해야만 할 수많은 위험이 존재했었다.

당시의 어려웠던 문제들을 자세히 들여다보아야만 이 박사의 역할과 아울러 미국과 유엔의 한국문제 개입의 성격을 이해할 수 있다. 또한 정책은 사람의 개성에 의해 영향을 받지 않을 수 없다. 정책은 항해도(航海圖)이지만 물길을 헤쳐 나가는 항해사들은 그 스타일과 기술이 각기 다르다. 따라서 항해사의 개성이 중요하다. 결정은 사람이 내리는 것이므로, 결정자가 어떤 사람이냐에 따라 결정에 차이가 생긴다.

1947년 11월 14일 유엔총회는 독립 한국정부의 수립으로 이어지는 선거를 감시할 임시위원단 임명을 규정한 결의안을 채택하였다.[38]* 이 결의안은 1945년의 모스크바 결정으로부터의 중대한 전환이었다. 그럼에도 애석하게도 이 결의안의 내용은 여러 갈래로 해석이 가능한 애매모호한 것이었다. 결의문 자체에서도, 또한 그 채택에 앞서 행해진 토의 과정에서도 한국의 현존 분단 상황의 처리 방법에 대해서는 어떠한 고려도 하지 않았다. 소련은 이전에 이루진 미·소협약 때문에 유엔은 이 문제를 다룰 권한이 없다는 자신의 입장을 분명히 밝혔다.

이 근본적인 문제에 대해 실제적인 해결책을 제시한 사람은 아무도 없었다. 선거 실시 지역을 한국 전역으로 할 것인가 그렇지 않으면 하지 않을 것인가? 선거 시행의 주체는 누구로 할 것인가? 임시위원단의 임무와 권한의 범위는? 선거와 관련해서 한국인과 협의를 해야 하는가? 그렇다면 그 대상은 누구로 할 것인가? 이런 문제들과 예측할 수 없는 여러 가지 문제에 대해 의견이 불일치될 경우, 누가 그 결정을 내릴 것인가?

총회는 호주, 캐나다, 중국, 엘살바도르, 프랑스, 인도, 필리핀, 시리아, 우크라이나 대표들을 위원으로 지명하여 임시위원단을 구성했다. 우크라이나 공화국은 유엔의 관할권이 없다는 러시아의 성명을 지지하면서 지명을 거부했다. 총회는 12월에 폐회되었지만 일반적으로 소(小)총회라고 불리는 임시위원회를 설치해서 이 위원회에 임시위원단이 보고하고 이를 통해 필요할 때마다 추가 지침을 요청할 수 있도록 했다.

이 박사를 비롯한 한국의 민족주의자들은 몹시 뒤숭숭해지고 그 결정이 잘 믿기지 않았다. 남한에서 즉시 선거를 실시하여 유엔과 협의할 수

---

38) 유엔사무국 『1947년 9월부터 1949년 10월까지 유엔에 상정된 한국 문제』(*The Korean Question before the United Nations, September, 1947 to October, 1949.* New York, 1950) 참조. 그리고 『한국: 유엔에서의 미국 정책 연구』(*Korea: A study of United States Policy in the United Nations.* New York: Carnegie Endowment for International Peace, 1956) 참조.

있는 국민의 대표를 선출하자는 이들의 요구는 묵살되었다. 또 유엔 결의
안이 심의될 때 총회와 한국 사람들이 협의할 수 있게 해달라고 끈질기게
요청했지만 이 또한 거부되었다. 그 이유는 북한에 이미 하나의 "한국
정부"가 수립되어 있었으므로 임시위원단은 아마도 이와 상응하는 조직
이 없는 남한보다 북한 정부의 견해를 중시했을 것이다.

더구나 이 박사는 임시위원단을 구성하고 있는 대표들의 면면에 대해
서도 믿음이 가지 않았다. 그 대표들이 제안하는 선거 절차가 결국 자신
이 가장 우려하는 연립정부를 초래하는 결과가 되지 않을까 하는 두려움
때문이었다. 끝으로 어떤 관점에서 볼 때 가장 우려되는 것은, 그 선거가
정부의 성격도 분명히 밝히지 않고 기껏해야 외견상 어느 정도의 자주성
만을 가진 과도정부의 수립을 획책하려고 시행되는 것은 아닌가 하는 점
이었다.

워싱턴의 우리는 1차적인 목적은 달성했다고 생각했기 때문에 이 박사
가 그 유엔 프로그램에 "협력"해 주기를 간절히 바랐다. 반면에 서울의
이 박사는 군정의 모호한 태도와 지연술책, 계속적 통치와 같은 변함없는
네트워크를 그대로 가지고 있는 것은 한국 연립정권을 수립하기 위한 하
나의 전주곡에 불과한 것이 아닌가 하고 우려했다. 이 박사는 동유럽의
여러 연립정부에서 공산당의 완전 지배로 귀결된 것과 동일한 상황으로
남한에서 공산주의자에게 그 발판을 만들 기회를 갖게 하는 동안 외부
강대국의 "감독"을 받게 되는 그러한 연립정권이 될 것을 우려한 것이
다. 그래서 임 대령과 나는 우리가 수집할 수 있는 정확하고 신속한 정보
를 신속하게 이 박사에게 전달할 책임이 있었다.

11월 25일, 나는 국무부 극동아시아국의 "한국 데스크"인 존 윌리엄
스와 장시간 대화를 나눌 기회를 가졌다. 그는 한국 문제를 전담하는 유

일한 국무부 관리였지만 정책 결정을 할 만한 지위에 있지 않은 "하급관리"에 지나지 않았다. 나는 그가 하는 말이 반드시 미국 정부의 확고한 언약이 될 수 없다는 점도 잘 알고 있었지만 그가 실제로 진행되고 있는 사안들을 잘 알고 있으며 그것을 솔직하게 나에게 얘기해 줄 수 있는 위치에 있다고 생각했다.

11월 26일, 나는 이 박사에게 좋은 소식도 있고 나쁜 소식도 들어 있는 다음과 같은 보고를 했다:

어제는 국무부의 한국 담당관 존 Z. 윌리엄스와 점심을 하면서 오랜 시간 대화를 나눴습니다. 주요 관심사항은 유엔 인도 대표가 한국에 관한 결의안을 그와 같이 강력히 지지했다는 사실이 극히 주목할 만한 일이라는 것이 그의 강한 느낌입니다. 그가 말하기를, 일반적으로 예견되는 것은 인도는 소련의 입장을 지지하는 경향이 있다는 것과 한국에는 좋지 않게 움직일 것으로 예상된다는 것이었다고 합니다. 이번 인도 대표의 행동은 인도라는 아시아의 또 다른 강대국이 한국의 주장에 동참하고 있다는 사실을 나타내는 것 같습니다. 또한 나는 현재 유엔의 후원 아래 필리핀에서 개최되고 있는 11개국 아시아회의 참가국들이 소련 대표의 강한 반대에도 불구하고 한국의 유엔 대표권을 "고려해야" 한다는 주장에 주목하고 있습니다. 장기적으로 볼 때, 아시아 국가들이 상호간의 공정한 대우를 보장하기 위해서 공동전선을 형성하는 것이 대단히 중요하다는 사실은 분명합니다. 세계는 이미 여러 지역 블록으로 분리되었기 때문에 다른 블록과의 거래를 위해 아시아 블록의 형성이 아마 필요할 것입니다.

윌리엄스는 또 내가 어쩔 수 없이 박사님께 이미 보고 드렸던 사항, 즉 이번에 한국 재건을 위한 특별자금 교부에 대한 미국 의회의 의결 가능성이 아주 낮다는 사실 등에 대해 말해 주었습니다. 하지만 어제 하원 외교위원회가 임시방편으로 마련한 유럽 원조법안에 중국에 대한 원조액 6천만 달러를 추가했다는 조치는 매우 고무적인 일입니다. 또한 11월 14일 토마스 E. 듀이 지사의 연설도 내게 큰 힘을 실어주었습니다. 전반적으로 아시아 문제를 거론한 그의 연설은 대부분 중국에 초점을 맞춘 것이지만 한국과 관련해서도 두어 군데의 꽤 호의적인 구절도 있었습니다. 그는 미국 정부가 유럽에서 했던 것처럼 아시아에서도 공산주의를 억제하고 민주주의를 지원하기 위해 적극적인 프로그램을 개발해야 한다고 강력하게 주장했습니다. 그의 발언에는 상당한 무게가 있기 때문에 좋은 결과를 기대해도 좋을 것입니다. 물론 우리는 그에게 축하 메시지를 보냈으며 그가 박차를 가할 수 있도록 우리는 할 수 있는 모든 일을 다 할 것입니다.

윌리엄스는 한국 상황에 대해 이렇게 요약했습니다: 귀측은 봄에 있을 선거에서 승리할 것이다. 하지만 한국의 반공 정권은 미국과 유엔의 경제 및 외교적 지원 없이는 오래 지탱할 수 없을 것이다.

나와 마찬가지로 윌리엄스도 미국의 경제적 원조가 매우 소규모이고 지연될 경우에 대해 우려하고 있습니다. 따라서 아시아의 다른 국가들과 가능한 한 최선의 우호관계를 유지함으로써 부분적이나마 이에 대체할 수 있는 대안을 모색해야 한다는 것입니다. 한편 그동안에 우리는 미국의 관심을 높이고 미국의 원조를 확보하기 위해 우리가 할 수 있는 모든 방법을 강구해야만 합니다.

이미 북한에 수립된 공산정권에 효과적인 균형세력으로 대응하고 유엔에 대해서는 협의 대상이 될 진정한 한국 대표단을 파견할 수 있도록 남한에서 가능한 빨리 선거를 실시할 필요가 있다는 점에 대해 나는 윌리엄스를 납득시키려고 노력했습니다.

필연적으로 유엔에서 한국 문제가 상정되어 토의되도록 하는 일이 우리의 최우선 과제가 되었습니다. 12월 11일, 나는 이 박사에게 당시 우리가

파악한 상황을 이렇게 요약해 보냈다:

　…인도 대표는 아무런 조건을 달지 않고 한국을 완전 독립시킨다는 의견에 가장 호의적입니다. 중국 대표는 그보다는 혼란스러운 것 같습니다. 중국은 한국에서 러시아의 지배력이 제거되기를 원하지만, 중국 대표인 웰링턴 쿠(Wellington Koo: 顧維鈞)는 적어도 중국이 영향력을 높일 수 있는 여지는 남겨 두려는 것 같습니다. 호주와 캐나다 대표들도 어떤 식으로든 지배권을 유지하려는 소련의 시도를 반대할 것 같습니다. 그 밖의 대표들, 특히 필리핀 대표단은 한국 독립을 앞당기자고 조심스럽게 말하고 있지만 더 강력하고 독자적인 입장을 취하지는 않을 것 같습니다. 미국은 임시위원단에 대표를 보내지 않았지만 당연히 위원단에 큰 영향력을 갖고 있습니다. 시리아 대표는 아마도 소련에 호의적인 입장을 가지고 있는 유일한 대표 같습니다.

　12월 22일, 이 박사는 남한만의 분리 선거가 즉시 실시되어야 한다고 자기가 주장하는 이유에 대해 장황하게 설명한 편지를 보내왔다: "하지 장군은 내가 지난 날 공동위원회에 대해 저질렀던 것처럼 유엔의 프로그램도 방해하려는 계획을 세우고 있다고 단정적으로 말하고 있소. 그러나 내 생각은 그 프로그램을 해치려는 것이 아니라 오히려 유엔 위원단의 임무수행을 잘 돌아가게 해주려는 것이오."

　그는 계속해서 다음과 같이 썼다:

　유엔 위원단이 도착했을 때 한국 사람들은 자기들을 대변해 줄 대표가 없을 것이오. 그렇게 되면 또 다른 하나의 실패로 이어지고, 유엔 위원단은 결국 아무것도 보여줄 것이 없게 될 것이오. 그러면 세계는 한국 문제가 가장 해결하기 어려운 문제라고 생각하겠지요.

　반면에 한국 사람들이 자신들을 대표하는 인물들을 선출해서 자신들의 문제를 논의하는 데 참여시킨다면 유엔은, 비록 그렇게 바랄지라

도, 4대 강국이 한국 사람들과 아무런 협의도 없이 저지른 모스크바의
실수 같은 것을 피할 수 있을 것이오.…

유엔이 선거를 위해 북한의 마음을 여는 문제와 관련해서 소련과 협
의하는 데 얼마간의 시간이 필요할 것이라고 우리는 이해하고 있소.
소련이 즉답은 해주지 않을 것이오. 만약 미군정 당국이 남한만의 선
거를 실시한다는 1년 전의 약속을 지킨다면 우리는 즉시 이를 실행할
수 있을 것이며 유엔 위원단을 돕고 협력할 것이오. 이것이 우리의 입
장이고 옳은 일이오.

1947년의 크리스마스는 전혀 명절답지 않았다. 12월 26일, 이 박사는
또 "하지 장군은 한국 사람들이 못마땅해 하는 중도 노선의 정당을 만들
려고 온갖 수를 다 쓰고 있다"고 비난하는 편지를 내게 보냈다.

12월 29일, 이 박사에게 편지를 보내어서 나에게 밝힌 국무부의 견해
는 "결국 다음과 같이 진행하기로 결정을 내린 것" 같다고 보고했다:

1) 국무부는 미국의 관심이 유럽에 집중되기를 원하며, 따라서 아시
   아에 어떤 종류의 위기가 있다고 공식적으로 언급하기를 거부합니
   다.

2) 국무부는 당연히 "두 개의 세계"를 향한 움직임을 저지하기 위해
   노력하고 있으므로 아시아에서도 미·소 대립을 화해시키기 위해 계
   속 노력하고 있으며, 적어도 그렇게 되기를 희망하고 있습니다.

3) 국무부는 아시아에서 다음과 같은 두 가지 서로 모순되는 사안이
   함께 이루어지길 원하고 있습니다. a) 아시아 국가들이 미국을 지지
   하도록 유도하는 한편, b) 그 반대급부로 미국이 어떠한 책임도 특
   별히 부담하지 않는다는 것입니다.

박사님과 한국에 관해서 볼 때, 국무부는 미국의 군사 및 경제적 이
해관계가 한국에서 방해받기보다는 항상 도움이 될 수 있도록 박사님

께서 미국에 충분한 호의를 보여주기를 원하고 있습니다. 그러나 그들은 동시에 한국이 미국의 원조에 실제적으로 의존하는 상황이 되는 것을 원하지 않습니다. 특히 한국 민족주의자들과 소련 사이에 위기 상황이 고조될 경우에 미국의 원조를 더욱 기대하지 말라는 입장입니다. 이런 견해가 전적으로 일관된 것은 아니지만 미국으로서는 충분히 당연하고 우리가 국무부 관리라고 하더라도 이와 비슷한 입장을 취할 것입니다. 그러나 국무부의 정책이 미국을 위한 것과 마찬가지로 박사님의 정책이 한국의 궁극적인 번영에 그 바탕을 두고 있고, 또 그래야만 한다는 사실에 대한 국무부의 진정한 이해가 부족해 보입니다.

이런 사실을 토대로 나는 다음과 같은 조건 하에서의 협조를 이 박사에게 계속 촉구했다:

제 생각에, 우리의 가장 큰 소망은 유엔 위원단이 발휘할 조정 역할에 있습니다. 위원단은 미국에 의해 크게 좌우될 것입니다.…그렇지만 위원단에는 아시아의 3개국 대표가 참여하고 있는 것이 사실이고, 그들은 모두 힘의 정치가 어떤 것인지 그 속성을 알고 있으므로 자연히 경계심을 갖게 될 것입니다. 제 생각에는, (1) 선거 실시와, (2) 후속 협의과정에서 유엔 위원단과 솔직하고 전폭적인 협력을 하게 되면,… (a) 완전한 주권 국가의 수립과, (b) 재통일과, 그리고 (c) 필요한 경제적 도움을 받을 수 있는 가장 확실하고 신속한 수단을 제공받게 될 것입니다.

그러나 임 대령이 내게 보낸 편지에는 크리스마스 기분이 넘쳐나고 아울러 우리가 처해 있던 재정적 궁핍도 그대로 드러나 있었다:

한국에서 온 몇 가지 물건과 오려낸 기사를 동봉합니다. 그리고 우리의 사무실 경비 일부를 한국위원단의 유엔 경비로 보내주신 당신의 적지 않은 기부금에 대한 영수증도 동봉합니다. 지금 우리 형편에서 이 돈은 정말 큰 금액 같습니다. 우리는 이 돈을 한 푼도 헛되지 않도록 업무에 유용하게 사용하겠습니다. 당신의 협조 정신과 도움에 진심으로 감사드립니다.

이 박사의 주장은 널리 그 타당성을 인정받고 있었음에도 불구하고 1947년이 거의 저물 무렵에 분명해진 사실은, 유엔이 주관하는 선거보다 먼저 어떠한 선거도 남한에서 실시되지 않는다는 것이었다. 심지어는 유엔이 주관하는 선거조차 실시될 가능성이 없을지도 모른다는 그럴듯한 이유가 나돌아서 상황을 더욱 악화시켰다. 나는 이런 의혹을 해소하기 위해 1948년 1월 6일 이 박사에게 편지를 보냈다. 그리고 우리의 관심사인 그 다음의 문제에 대해 계속 논의했다. 그 문제는 "선거 후에 발생할 일들"이었다:

　　…그 결의안은 "남북 각 지역"에서 선거를 실시하도록 요구하고 있으며, 따라서 결의안 자체에 두 선거가 별도로 실시될 것이라고 표현되어 있습니다.… 결의안에 따르면, 그 두 선거의 결과를 토대로 국회와 중앙정부를 구성하라는 것입니다. 한 쪽에서만 선거가 실시되면 유엔 위원단이 진정한 주권 정부를 위한 기반이 준비되어 있지 않다고 생각할 것입니다.… 따라서 이런 면에서 볼 때 위원단에 전적으로 협조한 후 그것을 토대로 북한이 참여하지 않을 경우에는 남한 단독이라도 독립된 한국 정부를 수립하는 것이 가장 현명한 행동인 것 같습니다.

다음날인 1월 7일, 나는 다시 이 박사에게 이렇게 써 보냈다:

　　앞으로 예정되어 있는 유엔 주관 하의 선거와 관련된 사태의 흐름을 파악해 보려고 최근에 국무부 및 상무부 대표들과 만났습니다.…

그들은 그 선거로 완전한 주권 정부가 수립될 가능성은 낮다고 보고 있습니다. 한국의 우익 지도자들 간에 단결이 결여된 것을 보고 유엔 위원단이 불안감을 갖게 될지도 모르기 때문입니다. 그들은 좌익이 선거를 반대할 것이란 점과, 특히 독립된 남한 정부의 수립을 반대할 것이란 사실을 잘 알고 있습니다. 그들은 이에 대한 대응책을 마련하고 있으며, 좌익의 반대는 소련의 무력 외교의 결과로 생각하여 대수롭지 않게 여길 것입니다. 그러나 우익 지도자들이 근본적으로 이견을 보이고 있다는 사실은 쉽게 잊지 않을 것입니다. 따라서 박사님이 지지자와 협력자들에 대해 모든 영향력을 발휘해서 통일전선을 구축하는 것이 정말 바람직하다고 생각합니다.…

우리는 지금 벼랑 끝을 걷고 있는 심정입니다. 유엔 위원단과 대립해서 나락으로 추락할 수도 있고, 아니면 그들과 협력해서 안전한 길로 갈 수도 있는 것입니다.

내가 이곳에서 분석한 결과와 박사님이 현 상황에 대해 갖고 계신 견해가 같다고 생각합니다. 박사님에게 새로운 제안을 하지는 않겠습니다. 지금까지 박사님이 보여주신 생각, 행동 노선과 정확하게 궤를 같이 하는 내용이기 때문입니다.

그래도 진심을 담아 간곡히 하나의 제안을 드리자면, 박사님이 현재의 입장에서 벗어나 유엔 위원단이 내릴 것으로 추정되는 지침에 대해 100% 지지한다는 실증을 보여주셔야 한다는 것입니다.

예를 들면, (1) 남한에서 선거를 실시하고, (2) 그 선거의 결과로서 남한에 자주적인 독립정부를 수립하는 일입니다. 이렇게 하는 것이 올바른 수순으로 생각됩니다. 그럴 리는 없겠지만, 유엔 위원단이 이런 목적을 달성하지 못한다고 하더라도 박사님은 그 프로그램과 관련해서 지금까지 입지를 탄탄히 구축해 왔고, 이로 인해 한국 사람들의 지지는 물론이고 미국도 박사님을 계속 지지하게 될 것입니다.

이것은 8,000마일이나 멀리 떨어져 있어도 우리가 뜻을 하나로 모을 수 있는 수많은 기회 가운데 하나가 되기를 하나님께 간구할 수 있는 기회입니다. 박사님께서 처리해 나가야 할 문제들이 잘 해결될 수 있도록 간절히 기원합니다.

유엔 위원단은 1월 12일 서울에서 첫 번째 회의를 가졌다. 위원단 단장인 인도의 크레마라 P. S. 메논(Kremara P. S. Menon)은 7만5천 명의 우익 청년단체들의 회원들이 운집한 서울운동장의 군중대회에서 북한에도 애국적 지도자들이 있다고 단언하면서 "독립만으로는 부족하다. 단결되어야 한다."라는 말로 연설을 끝맺었다. 그러자 장내는 일순 불안스런 침묵 속으로 가라앉았다. 이 박사와 김구는 메논이 연설을 시작하자 단상을 내려와서 그곳을 떠났다. 환영위원회의 책임자였던 경무국장 조병옥은 위원단이 그들의 "신성하고 긴급한 사명"을 하루빨리 완수해 달라고 촉구하는 말로 메논의 연설에 화답했다. 그러면서 "한국은 자유의 꽃이 아직 결실을 맺지 못하고 있기 때문에 정치, 사회, 경제적으로 파국의 위기에 직면하고 있다"는 말을 덧붙였다.

1월 20일경에 쓴 것으로 보이는 날짜 없는 편지에서 이 박사는 재정 원조에 대한 미국 의회의 지원이 불확실하다는 나의 우려를 일축하면서 다음과 같은 말을 적었다:

지금과 같은 상황에서는 한국 관리들의 부패를 일소하기까지는 원조를 받지 않는 편이 더 좋을 듯하오.··· 이러한 부패에 대해 누가 그 책임을 져야 할지 모르겠소만 이를 통제할 방법도 없다는 것을 나는 알고 있소. 그래서 내가 재정문제의 책임을 맡기 전에 먼저 집안청소를 했으면 해요.

그는 계속해서 유엔 위원단을 둘러싼 내부의 혼란스런 상황을 생생하게 설명해 나갔다:

위원단 대표들이 돌아다니면 영어가 가능한 사람은 누구나 그들을 붙잡고 얘기를 나누려고 해요. 그러나 그들은 이미 무언지 뒤죽박죽이 되어 있어서 사람들은 실망하고 있어요. 여담이지만, 대표들은 이전에 여성 전용 기숙사로 사용하던 낡은 일본식 호텔을 숙소로 쓰고 있소. 미군정의 영관급 장교들이 조선호텔의 방을 비워주지 않겠다는 것이오. 일전에 메논 씨를 방문했는데 대표들의 숙소가 너무 누추해서 미안한 마음이 들었소. 일본식 다다미는 많이 헐어 불결했고, 좁고 초라한 방에는 군용침대가 놓여 있을 뿐이었소. 대표들의 대접이 이 모양이라 정말 부끄러운 마음이 들었소. 프랑스 대표가 항의했지만 아직도 같은 호텔에 머물고 있고 프랑스, 캐나다, 호주, 필리핀 대표들이 한 호텔에 있고 인도, 시리아, 중국 대표들은 다른 호텔을 숙소로 쓰고 있소.

나는 위원단 단장인 메논 대사를 방문하여 매우 유익한 대화를 나소. 시리아 대표 자비 박사가 나를 찾아왔었소. 나는 캐나다의 패터슨 대표를 만나려 했지만 그는 도착한 지 2주일이 지나도록 아직 하지 장군도 방문하지 못했기 때문에 다른 사람을 만날 수 없다고 변명만 늘어놓았소.

22일에는 중국 대표와 저녁식사를 할 예정이고 메논, 나이어, 자비, 무힐, 친 대표와는 27일에 식사 자리를 가질 예정이오. 대표들은 다른 사람들과 합석하기보다는 개별적으로 초대받고 싶어 한다오. 프랑스 대표가 공식 환영회에 참석하지 않았는데, 사람이 너무 많아서 특별실에 입장할 수 없었던 것 같은데, 그도 그랬다고 말했소. 이에 대해 사과하기 위해 내가 호텔로 찾아갔지만 사냥하러 나갔다는 것이오. 그는 창덕궁에서 있었던 뷔페 만찬에도 참석하지 않았소.… 하지의 참모로 국무부 수석고문인 아서 번스 박사는 위원단의 통·번역관과 고문으로 모두 중도주의자들을 배치했소. 번스는 김규식 박사를 띄우기 위해 열심이라오. …

유엔 위원단의 위원들은 차츰 한국 상황과 관련된 자신들의 여러 견해를 명확히 정립하게 되었다. 호주, 캐나다, 인도, 시리아 대표들은 한국을 재통일할 수 있는 가능한 방안을 모색하고자 애를 썼으며 분단을 영속화할 수 있는 어떠한 조치도 취하려 하지 않았다. 중국, 필리핀, 엘살바도르 대표들은 한반도 전역에서 총선거를 실시하기 위해 소련을 설득한다는 것은 불가능할 것으로 생각하고 남한에서 주권 정부를 즉시 수립하자는 안을 지지하였다. 유엔 지침에 따르면, 선거는 늦어도 3월 31일 이전에 실시되도록 하고, 위원단은 뉴욕의 임시위원회로 귀환해서 그 이후의 지시를 받도록 되어 있었다.

2월 9일, 메논과 웰링턴 쿠(Wellington Koo)는 뉴욕으로 귀환해서 위원단이 계획대로 남한 단독 선거를 승인할 것인지 아니면 남한에서 협의 대상자가 될 국민 대표자를 선출한다는 제한된 목적의 "지역" 선거를 지원할 것인지에 대한 의견을 개진해 달라는 유엔의 지시를 받았다.

유엔 임시위원회에서 토의가 시작되자 미국의 필립 제섭(Philip Jessup)은 남한에 전체 인구의 2/3가 있기 때문에 진정한 중앙정부를 남한에 수립할 수 있으며, 그런 연후에 북한 사람들을 합류시킬 수 있다고 주장했다. 캐나다의 레스터 피어슨(Lester Pearson)은 11월 14일의 결의안에 따라 한반도 전역에서 선거를 실시해야 하기 때문에 그런 계획은 불법적이며 남북한의 분단을 공식화하는 것으로 현명치 못한 일이라고 거론했다. 호주 대표인 마운트 에바트(Mt. Evatt)는 한반도에 두 개의 적대적인 정부가 생기는 것이기 때문에 남한만의 분리 선거에 반대했다. 그는 두 정부 사이에 전쟁이 발발할 경우 "유엔은 유엔이 수립한 정부를 적극적으로 지원하거나 아니면 그에 대한 모든 책임을 부인해야만 하는 난처한 상황에 처하게 될 것"이라고 말했다.[39]

2월 26일, 유엔 임시총회는 찬성 31, 반대 2, 기권 11의 투표 결과에 따라 "위원단이 접근 가능한 한반도의 지역에서" 선거를 실시한다는 최종 결정을 내렸다. 캐나다와 호주가 반대표를 던졌다. 공산권은 한국 문제에 대한 유엔의 관할은 불법이라는 기존 입장을 강조하기 위해 기권표를 던졌다.

같은 날인 2월 26일, 나는 미국 대중의 여론에 영향을 주기 위한 우리의 노력에 대해서 이 박사에게 이런 편지를 보냈다:

> …우리는 여론에 지속적으로 영향력을 발휘할 수 있는 여러 기관에 가장 중요한 근거를 마련하고 있다고 생각합니다. 예를 들면, 이번 주에 두 곳의 백과사전 회사가 다음 번 개정판에 게재할 수 있도록 한국 관련 기사를 써줄 것을 요청해 왔습니다. 또한 이번 주 〈크리스천 센츄리〉지에는 한국 상황에 대해 내가 쓴 해설 기사가 실려 있습니다. … 또한 보이스 타운(Boys Town: 집 없는 소년들의 보호소–역자)의 플래너건 신부님은 우리가 요청한 대로 한국에 관한 멋진 글(사실은 저희가 보내드린 자료의 상당 부분을 손보신 것이지만)을 작성해서 가톨릭 지도자들에게 영향력이 큰 〈코먼웰〉지에 기고하셨습니다. 물론 실패한 것들도 있습니다. 지난주에는 미국 전역에 영향력이 있는 여러 기독교 교단에 남한에서 중앙정부가 수립되어야 한다는 입장을 공개적으로 표명해 달라고 간절하게 요청했지만 그들은 일본 강점기 때나 지금이나 별 관

---

39) 이 같은 예언적 진술은 유엔 문서에 기록되어 있다.(UN Doc. A/AC.18/SR.9, February 28, 1948, p.7)

심을 보이지 않습니다. 감리교를 대변하는 브람보 박사(Dr.Brumbaugh)는 대놓고 김규식이 선출될 것이 확실하다면 자기 교단이 그런 입장을 취할 수 있다고 말하는 것이었습니다! 우리의 투쟁이 승리를 거두기까지는 아직 갈 길이 멀다는 증거로 이런 사실을 보고 드리는 것입니다. 하지만 대세는 우리 편이란 점을 분명히 거듭 말씀드릴 수 있습니다.

유엔에서 투표가 있었던 2월 26일 늦게 나는 이 박사에게 다시 편지를 보냈다:

이 편지는 박사님께 쓴 편지 가운데 가장 기분 좋은 편지이지만, 한편 아주 김이 빠진 듯한 기분도 듭니다. 박사님도 이미 그 희소식을 알고 계실 것이란 생각이 들기 때문입니다.

중국, 필리핀, 아르헨티나는 한국 정부를 즉각 수립해야 한다면서 가장 호소력 있는 감동적인 연설을 했습니다. 연단에 오른 다른 대표들도 모두 한국이 얼마나 부당하게 취급되어 왔는지 알고 있고, 정당하게 대우받도록 정의가 실현되어야 한다는 점을 분명하게 지적했습니다. 특히 아르헨티나 대표 호세 아르체 박사의 연설이 그랬습니다: "우리는 마치 한국에 독립을 허용해 준다는 식으로 말해서는 안 됩니다. 독립은 한국인의 권리이며, 그들이 원하는 방식대로 천명되어야만 합니다."

스태거스와 나는 며칠 전 아르체 박사와 아주 중요한 말을 나눴습니다. 그러나 정작 대화 시간은 채 2분도 되지 않았습니다! 그는 간단히 이렇게 말했습니다: "도대체 더 이상 무슨 논의가 필요합니까? 지난 30개월 동안 논의는 넘치고도 남을 만큼 했습니다. 이제 우리는 한국 정부를 수립하기 위해 가능한 한 빨리 행동해야 합니다."

우리는 그를 축복하면서 밖으로 나왔습니다! 박사님은 그 총회가 얼마나 열광적이었는지, 그리고 그 결정에 따른 준비로 이번 주를 얼마나 정신없이 보냈는지를 충분히 상상하실 수 있을 것입니다. 그래서 상세한 내용은 굳이 적을 필요가 없을 것 같습니다. 유엔의 최종 투표가 필요한 일이었고 이제는 기록의 문제일 뿐입니다.

지금 우리가 해야 할 주요 임무는 세 가지로 요약될 수 있을 것 같습니다. (1) 안정적이고 민주적인 정부를 수립할 수 있는 진실로 애국적이고 책임감 있는 지도자들을 선출하기 위한 작업, (2) 미국 및 소련 양국과 가능한 한 가장 강력한 우호 관계를 수립하기 위한 노력, (3) 유엔을 효율적인 기구로 정립하기 위해 노력 중인 대다수의 국가들과 한국이 모든 면에서 제휴하는 일입니다.

이 세 가지 목표가 달성되면 한국은 궁극적으로 재통일되고 장차 평화로운 국가로 생존하게 될 것입니다.

그러나 우리가 이처럼 희망에 젖어 있을 때 한국의 정치상황은 상대적으로 더 악화되고 있었다.

2월 23일, 이 박사는 협력을 촉구하는 내 편지에 이렇게 냉랭하게 답신을 보내왔다: "나는 지금까지 전적으로 협력해 왔소."

그리고 2월 24일, 이 박사는 이렇게 써 보냈다: "김구는 계속 불신을 살 행동을 해서 조만간 한국의 정치무대에서 사라질 것이오."

2월 23일자 또 다른 서신에서 프란체스카 여사는 서울운동장에서 메논이 연설할 때 왜 이 박사가 자리를 떠났으며, 왜 7만5천 명의 학생 청중들이 유엔 위원단을 냉대했는지에 대한 나의 질문에 이렇게 설명했다:

박사님이 그곳을 떠난 이유는 주치의가 폐렴이 아직 완치되지 않았으니 15분 이상은 머물지 말도록 권고했기 때문입니다. 그날은 무척 추워서 사람들은 그에게 그곳에 가지 않는 것이 좋겠다고 말렸습니다. 박사님은 유엔 위원들에게 일찍 자리를 떠야 할 사정을 설명하셨고 모두 이해한 듯합니다. 사람들이 냉담했던 것은 지난 번 내가 보낸 편지에서 설명했던 이유 때문입니다.

여사가 언급한 편지는 분명히 1월 14일에 보낸 것을 가리키는 것으로, 편지에서 이렇게 촉구하고 있었다:

우리는 한국 사람들이 자치할 능력이 있다는 사실을 구두로나 서면으로 계속 주장해야 합니다. … 우리는 소련이든 심지어 유엔이든 간에 미국이 한국을 다른 나라에 넘길 수 없다는 사실을 강조해야 합니다. 왜냐하면, 미국이 한국 분단의 한 당사자이며 따라서 한국 문제를 해결할 책임이 있기 때문입니다.

선거 계획의 수립은 잘 진척되지 않았다. 한국 국민이 "선거로 선출한 대표"가 없어서 유엔 위원단이 누구를 협의 대상으로 해야 할지 알 수 없었다는 점과, 이 박사·김규식·김구 세 사람의 핵심지도자 간의 심각한 불화로 의견의 일치를 보지 못하고 있다는 점이 가장 큰 걸림돌이었다. 정치지도자라면 흔히 그렇듯이, 세 사람 모두 야망이 있었고 자기중심적이었다. 또한 세 사람 모두 진정한 애국자들이었으며, 자신만이 새 나라에 필요한 리더십을 가졌다고 확신하였다.

이 박사는 일찍이 반세기 전에 이미 민주개혁운동 투쟁으로 투옥당한 경험이 있고, 1919년에 망명지에서 수립된 "대한민국 임시정부"의 대통령으로 선출된 바 있으며, 평생을 외교적 지원을 통해 한국의 해방과 국권 회복을 위해 헌신해 왔다. 이 박사는 자기야말로 오로지 한국 국민에게 민주적 민족주의의 상징적 존재이며 자기만이 국제 문제에 대처하는 방법을 알고 있는 사람이라고 확신하고 있었다.

김구 역시 한국의 자유를 되찾기 위해 평생을 바쳐 일본과 투쟁했다. 그는 청년시절 한국에서 일본군 장교를 직접 암살했고, 테러리스트 그룹을 지휘해서 일본군을 공격했으며, 이 박사가 미국에 있었던 1930년대와 1940년대에 중국에서 임시정부 주석으로 활약했다. 김구는 한국 국민들과 늘 유대관계를 가져왔고, 한국의 전통적 우방인 중국과 친밀한 관계를 유지해 온 자신만이 주요 지도자 가운데 국제화 되지 않고 한국적 특성을 고수한 유일한 사람이라고 생각했다.

　김규식은 두 사람의 특성을 모두 갖고 있었다. 그는 이 박사처럼 미국에서 교육을 받았으며(르아노크 대학), 한국 독립을 위해서 특히 1919~1920년의 파리 베르사이유 강화회의에서 활동하는 등 상당한 외교적 경험도 갖고 있었다. 그 후 김규식은 중국에서 한국 임시정부에서 여러 각료직을 역임했다. 그리고 무엇보다도 다른 지도자들보다 좌익 그룹들과 우호관계를 유지하고 있었다. 김규식은 자신만이 한국의 모든 정파를 하나로 규합시킬 수 있는 지도자라고 믿었다. 게다가 온화하고 예의바른 성격에 말도 합리적으로 잘 하고, 도리에 귀를 기울이는 편이어서 하지 장군과 미군정의 장교, 선교사, 언론인들은 김규식을 신생 공화국의 초대 대통령 후보로 선택하고 있었다.

　세 사람 가운데 어느 누구도 다른 사람에게 양보할 생각은 전혀 없었다.

　이 박사는 이와 같은 정치적 분열과, 확실하게 지명된 한국인 대표가 없다는 사실이 가져오는 중대한 결과를 잘 알고 있었다. 그가 1947~1948년의 겨울에 가장 중요하게 생각한 정치 현안은 유엔 위원단에 한국 국민을 대표할 사람을 내세울 선거의 필요성이었다. 이 때문에 부정한 방법으로 승리할 수 있는 국지적인 선거를 찬성하고 유엔 감시하의 선거에서는 이길 수 없으니까 반대하는 것이라는 오해도 받고 또 그렇게 생각하는 사람들로부터 욕도 엄청나게 많이 들었다. 반면에 남한을 대변하는 "통일된" 목소리를 내려고 하는 박사의 진정한 의도는 알고 있지만 이런 감정을 여과 없이 밝히는 것은 자칫 남북한의 화합을 더 어렵게 만들 것이라고 우려하는 사람들로부터 크게 비난을 받았다.

당시 한국 발 기사로 가장 중요한 보도는 고든 워커(Gordon Walker)가 〈크리스찬 사이언스 모니터〉지에 매일 게재하던 시리즈 기사였다. 일반적으로 그의 심층적인 분석은 대체로 객관적이고 균형이 잡혀 있었다. 위에 언급한 사안이 5월 3일자 〈모니터〉지에 실린 그의 글에 특별한 의미를 갖게 했다. 그것은 "미군정이 김규식을 새 정부의 대통령 후보로 내정"한 것은 유엔이 한국에 대한 책임을 떠맡기 전에 계획된 바 있었다는 내용이었다. 이 기사는 유엔 감시 하의 선거가 미군정이 선호하는 김규식을 대통령으로 만들기 위하여 앞으로의 선거가 "조작"될 것이라는 이 박사의 우려에 불을 지르고 말았다.

세 지도자 사이의 이견은 1947년 12월에 벌써 구체적 형태로 나타났는데, 당시 김규식은 재통일을 논의하기 위해 남북한 대표자 회담을 제안해 놓고 있었다.[40)]

2월 16일, 김규식은 북조선 임시인민위원회 의장 김일성에게 편지를 보내서 북한에서 회담을 즉시 개최하자고 제안했다. 김일성은 동의했지만 "반동적 정치인들"은 제외하자는 조건을 내걸었다. 이후 남한의 40여 지도자에게 초청장이 발송되었지만, 이 박사는 특히 의도적으로 제외시키고, 김규식과 김구는 수용했다. 4월 19~25일, 회의는 북한의 수도 평양에서 개최되었다. 그들은 남한에서의 "단독 선거"를 반대하고 유엔이나 외국 군대의 어떠한 외부세력의 간섭도 없이 한국 국민에 의한 "재통

40) 이 회담에 대한 상세하면서도 권위 있는 분석은 이종식의 "사설 그룹들 사이의 '협상' : 1948년 남북협상 사례"("'Negotiations' Among Private Groups: The Case of the 1948 South-North Consultative Conference," Chong Sik Lee, Seoul: Korea University, Asiatic Research Center, 1970) p.21

일"을 요구하기로 합의했다.

이 박사가 1948년 2월 중순에 써 보낸 장문의 편지 속에 이와 같은 상반된 정치적 흐름과 그런 흐름의 밑바닥에 깔려 있는 책략들이 생생하면서도 자세하게 설명되어 있다.

그리고 2월 11일자 편지에는 이 모든 사항의 전반적 흐름을 설명하면서 다음과 같이 쓰고 있다:

> 일전에 하지 장군은 덕수궁에서 유엔 위원단과 단독 회의를 가졌소. 한편 김구와 김규식도 장시간 둘만의 회담을 가졌다오. 신문 보도에 따르면, 두 사람은 현시점에서 자유선거는 가능하지 않기 때문에 연기되어야 하고, 정치범들을 석방해야 한다는 것, 김구는 생명의 위험을 무릅쓰고라도 북한에 가려고 하니 그렇게 할 수 있도록 허용되어야 한다는 등의 주장을 위원단에 제기했다는 것이오.

> 이 모든 것은 하지 장군이 한국 문제를 다시 자신과 소련이 관장할 수 있도록 되돌려 놓겠다는 원래의 의도를 성공적으로 진행하고 있음을 보여주는 것이오. 하지는 소련을 설득해서 김구의 북한 방문을 허용하고 남한 지도자들과의 회담을 준비할 수 있도록 만들지 모르오. 그리고 그 결과가 어찌 될지는 누구라도 상상할 수 있는 일일 것이오.

> 메논은 네루로부터 선거계획을 가능한 한 조속히 추진하라는 지시를 받고 그가 할 수 있는 모든 일을 다 해왔소. 필리핀의 아란츠도 처음에는 침묵을 굳게 지켰지만 이제는 선거를 즉시 실시하자고 강력히 주장하고 있다오. 프랑스는 즉각적인 선거 실시나 선거 연기 어느 쪽에도 관심을 보이지 않고 있소. 호주와 캐나다는 우리에게 호의적이지만, 그 호의의 수준이 어느 정도인지는 확실하지 않아요. 현재 선거를 위해 힘을 쏟고 있는 유일한 사람은 중국의 류 영사뿐이오.

> 류 영사는 사흘 동안 위원단 위원들에게 선거의 필요성을 납득시키려고 했지만 실패했다는 것을 알고는 나에게 사교적으로라도 두 김

씨와 만나라고 했소. 그래서 위원단이 한국 지도자들의 분열이 해소
될 수 없을 정도는 아니라는 인상을 갖도록 해야 한다는 것이오. 그
렇지 않으면 상황을 더 악화시키게 될 것이라고 조용히 조언을 해주
었소.

나는 이 조언을 고맙게 생각했는데, 왜냐하면 하지 장군이 바라는
것이 우익 지도자들의 분열이기 때문이오. 만약 우리가 그런 점을 조
심하지 않으면 위원단이 한국인은 가망이 없을 정도로 분열되어 있고,
그 때문에 문제 해결이 어려워지고 있다고 공개적으로 선언할 것이오.
그래서 류의 조언에 따라 두 사람을 만나려고 노력하고 있소.

어제는 김규식을 방문해서 우리 두 사람의 정치적 견해는 다를지라
도 그것이 실제보다 더 심각한 것처럼 보이게 만드는 행동은 자제하자
고 했고, 김구와 함께 우리 집에서 오찬이라도 함께 했으면 좋겠다고
말해 주었소. 그는 내 초대를 기꺼이 받아들였소. 당신도 알다시피, 그
사람은 대중 앞에 나서는 것을 꺼리는데, 모습을 나타낼 때마다 사람
들이 대놓고 야유를 보내기 때문이오. 김구 또한 소련이 제안한 남북
한 지도자 간에 합동회의를 열자는 소련의 프로그램을 지지하기 시작
하면서 인기를 더 잃어가고 있소.

그런데 김규식이 제안하기를, 우리 집에서 오찬을 하는 대신 류 씨
의 거처인 중국 영사관에서 만나는 것이 어떠냐고 해서 그렇게 하자고
했소. …

다음 날 2월 12일, 이 박사는 다시 이런 편지를 보내왔다:

정오에 중국 영사관에 가서 류 영사 내외와 세 자녀, 김규식 박사
부부, 김구 씨와 그의 아들 이렇게 오찬을 했소. 식사 후 나는 이런
요지의 말을 했소. 우리 세 사람 모두 평생을 한국 독립을 위해 바쳐
왔소. 비록 세부 문제에 관해서는 약간의 의견 차이가 있겠지만 전반

적으로 동일한 목표를 위해 지금까지 협력해 왔으며 지금도 그렇게 하고 있소.

유엔 위원단의 메논 박사와 후(胡) 박사가 소(小)총회 참석을 위해 뉴욕으로 돌아갈 예정인데, 그들이 한국 지도자들은 가망이 없을 정도로 분열되어 있고 눈조차 마주치지 않으려 한다는 인상을 가지고 돌아간다면 불행한 일이 아닐 수 없는 일이요.

우리는 오늘 설날에 맛있는 점심을 대접해 주고, 우리가 사람들의 생각처럼 그렇게 분열되어 있지 않다는 점을 증명할 수 있는 기회를 마련해 준 류 박사에게 감사의 뜻을 표하고 싶소. 김규식 박사도 비슷한 요지의 말을 했소. 그리고 김구 씨는 우리 세 사람이 완전히 단합하여 일하고 있다는 점 등을 대중에게 알려주는 공동성명을 발표하면 좋을 것 같다는 말을 했소. 나는 우리가 총선거에 대해서는 이견이 없으며, 다만 시기와 방식에 있어서 다소 차이가 있을 수 있다고 말했소. 그런 이견도 곤란한 문제를 일으킬 만큼 심각하게 생각되지 않는다고 했소. 그러자 류 박사는 우리가 유엔 위원단에게 단합된 모습을 보여 줄 수 있어 자기도 매우 만족스럽다는 말을 했소.

이 박사는 메논 박사와 후 박사가 뉴욕으로 떠나기 전에 세 사람이 함께 그들을 만날 수 있기를 바란다면서 그들을 모두 자기 집으로 초대하여 "만찬이나 오찬, 아니면 티 파티나 조찬"이라도 같이 했으면 좋겠다고 말했다. 류 박사는 그날 오후 그들의 호텔에서 두 유엔 대표의 자유로운 시간을 택해서 만남을 주선했다.

이 박사는 선거와 관련하여 자신의 대체적인 생각을 다시 말하고 나서 이렇게 덧붙였다: "이제 우리 생각으로 가장 논리적인 방안은 총선거를 즉시 실시하는 것이오. 이것이 내가 주장하는 바요. 이런 입장과 뜻을 달리하는 분이 있으면 그 이유를 알고 싶소."

김규식과 김구는 잠시 둘이서 말을 나누고 일반적인 토의가 재개되었다:

소련이 선거 제안을 거부했기 때문에 자기들은 모두 남한에서의 총선거에 동의한다고 두 사람은 말했소. 그러나 이들은 선거를 실시하기 전에 먼저 북한 지도자들과 그 문제를 논의해야 한다고 주장했는데, 여기서부터 의견이 갈라지기 시작했어요. 나는 그와 같은 남북회담 구상이 과거에도 수차례 나왔었지만 이런 일이 총선거를 지연시킬 것이기 때문에 한국 국민들이 이를 반대하고 있다는 사실 등을 지적했소. 그러나 남북회담 때문에 선거 자체가 지연되는 사태가 발생하지 않는다면 나도 굳이 반대하지는 않을 것이오. 그래서 우리는 모두가 대체적인 합의에 도달했다는 사실을 말했소. 말하자면, 김규식과 김구는 남한의 총선거 실시에 동의하고 이승만은 남북한 지도자들의 합동회의 개최에 동의한다는 것이었소. 그런 후에 나는 유엔 위원단은 남북회담에 관심을 표명하는 등의 발언을 해서는 안 된다고 말했소. 만일 그렇게 한다면 국민들은 위원단의 의도를 의심할 것이기 때문이라고 했소. 김규식 박사는 내가 남북회담을 공개적으로 옹호해서는 안 된다고 말했는데 내가 지지 표명을 하면 북한 공산당이 자신들과 대화하려고 하지 않을지도 모르기 때문이란 것이오. 우리 모두는 그 말에 찬성했소.

2월 22일, 이 박사는 내게 편지를 보냈다. 이 편지는 장문이지만 전문을 밝힐 필요가 있는데, "세 거두" 간의 관계를 비롯해서 하지 장군과의 관계를 잘 보여주기 때문이다. 이 박사와 주고받은 편지 가운데 이것만큼 이 박사의 진정한 인품과 개성을 정확하게 드러내는 편지는 없다고 본다. 내용은 다음과 같다:

2월 12일 오후, 24군단의 새 고문관 해럴드 노블 교수가 잠깐 들러

공적인 심부름으로 왔노라고 말했소. 하지 장군은 최근의 정세와 관련하여 나와 김구, 김규식과 중요하게 대화를 나눌 일이 있다는 것이었소. 나는 먼저 더 이상 장군을 신뢰하지 않는다는 것과 장군을 여러 번 방문했지만 장군은 한 차례도 답방을 하지 않았다는 것, 내가 살고 있는 곳을 잘 알 텐데 왜 여기에는 올 수 없는지 등등의 말을 했소. 노블은 이번에는 경우가 다르고 정말 중요하다면서 참석을 간청했소. 결국 저녁 8시에 장군의 관저로 가기로 했소. 거기에 도착하니 김 박사와 김구는 이미 하지 장군과 함께 있었고 M. M. 리 박사도 그곳에 있었는데 그는 김구의 통역을 맡고 있었소.

서로 인사를 나눈 후 하지 장군은 우리 세 명이 왜 위대한 애국자라고 불리는지 그 이유를 설명하면서 말문을 열었소. 그리고는 미·소공동위원회의 배경부터 현재의 유엔 위원단에 이르기까지 여러 가지 장황한 설명을 했소. 한 시간도 넘게 계속 말을 하는 것이었소. 그래서 김 박사에게 시간을 물어보니 자기 시계를 보더니 9시 5분이라는 것이오. 다소 무례하다는 생각은 들었지만 그래도 이렇게 말했소. "미안하지만 하지 장군, 이제 본론으로 들어갔으면 합니다."

그러자 장군은 이렇게 대답하는 것이었소: "아, 네, 그러지요. 내가 분명히 하고자 하는 바는 여러분 세 분의 애국자들이 어떤 사안에 합의를 한 후 유엔 소총회에 공동메시지를 보내주셔야 한다는 것입니다. 그것은 우리 모두가 지금 남한에서 선거를 실시한다는 데 합의한다는 내용입니다."

하지 장군은 지난번에 유엔 위원단이 떠날 때 만나는 사람마다 같은 의견을 말하는 사람이 없을 정도로 사람마다 의견이 다르다는 인상을 가지고 떠나려 한다고 이미 설명한 적이 있었소. 우리는 모두 남한에서 총선거를 원하고 있기 때문에 지금은 한국에서 가장 중요한 시간이지만, 위대한 세 지도자가 이 문제에 대해 의견을 달리한다고 위원단이 생각한다면, 이번 기회를 놓칠 가능성이 있다는 것이었습니다. 그러면서 미리 만든 초안을 보여주며, 우리 세 사람이 함께 서명한 전문을 보내주기를 간절히 바란다고 말했소.

나는 최소한 메논 박사와 후 박사가 그런 인상을 받았다는 말은 이상한 일이라고 말해 주었소. 우리는 주요 쟁점, 즉 남한에서 총선거를 실시한다는 문제에 서로 동의한 상태이고, 만일 위원단이 그에 상반되는 보고를 한다면 그것은 나로선 이해할 수 없는 일이며, 그들이 뉴욕으로 떠나기 전날인 2월 10일, 우리는 모두 그들에게 우리 한국 지도자들의 분열이 절망적일 정도가 아니며 우리 모두는 중요한 국가적 사안에는 의견이 일치하고 있다는 것을 이해시켜 주었다고 말했소. 그러자 하지 장군은, 자기도 그 소식을 들었다면서 그러나 그것만으로는 위원회가 남한 총선거를 권고하는데 충분치 않을지도 모른다며 우려한다는 것이었소.

김구 씨는 선거 실시에는 반대하지 않지만 자기와 김규식 박사는 남북회담이 성사되기를 원하며, 만약 개최가 성사될 수 없거나 성사되어도 실패하게 된다면 남한의 선거를 공개적으로 지지하겠노라고 말했소. 그러자 김규식 박사는 메논과 후를 만났던 그날 밤 우리는 어떤 사안에도 동의하지 않았다는 식으로 말했소. 그는 "김구 씨와 나는 우리가 남북 지도자회의가 개최되도록 노력하는 동안 선거를 당분간 연기해야 한다는 데 합의했습니다."라고 말한 후 한참 동안 얘기를 이어 갔소.

나는 김 박사에게 이렇게 물었소: "어떻게 그런 말을 할 수 있소? 거기에는 당신과 나뿐 아니라 메논, 후, 잭슨, 류 영사도 있지 않았소? 모두가 거기에 있었고, 그들은 우리가 총선거와 남북 회담 계획에 합의했다는 사실에 대해 우리 모두에게 공개적으로 논평까지 했지 않았소?"

그러자 하지 장군이 김규식에게 이렇게 물었소: "남한만의 총선거에 반대한다면 이 문제에 대한 당신의 해결책은 무엇입니까?"

그러나 김 박사는 이 질문에는 대답하지 않았소.

M. M. 리 박사는 김구에게 모든 대화 내용을 통역해 주었소.

그때 내가 이렇게 말했소: "하지 장군, 당신의 지적대로 유엔 위원단이 소총회에서 지금 선거를 실시하자고 설득하지 못할 수도 있소. 그러나 한국 국민의 지도자 가운데 한 사람으로서 그런 사실을 국민에게 밝히는 것이 내 의무이기도 하오. 장군께서 오늘 밤 언급했듯이, 이 두 분께서 선거를 지지하지 않기 때문에 유엔 위원단이 남한에서 선거를 실시하지 않기로 결정했다고 말이오. 만약에 소총회에서도 역시 이 세 사람의 한국 대지도자들이 찬성하지 않기 때문에 선거에 대한 결정을 거부하면 어쩔 것이오? 다시 말하지만, 바로 이 세 사람의 한국 대지도자들 때문에 말이오. 이럴 경우 한국 국민들 앞에서 여러 질문에 답해 주기 위해서 누군가가 틀림없이 불려나가게 될 것이오."

그리고는 자리에서 일어나서 "선거와 관련해서 이 두 분, 특히 김구 씨를 선거에 힘써 주도록 설득하기 위해서 최선을 다했지만 결국 실패했다고 말하겠소."

그리고 하지 장군에게는 이렇게 덧붙여 말해 주었소: "당신의 영향력은 성공을 거둘 것이오. 당신은 내가 처해 있는 입장과 내가 무엇을 주창하고 있는지를 알고 있을 거요. 이와 관련해서 내가 도울 수 있는 것이 있다면 무엇이든지 돕겠소. 이 두 분은 장군께 맡기니 성공하기를 바라오."

그러자 김구는 이렇게 말했소: "북한에서의 남북회담에 대한 소련의 계획은 하나의 초안에 불과하며 우리도 그 정확한 내용은 아직 모릅니다."

그러고 나서 우리는 하지 장군에게 소(小)총회에 전화해서 총회 날짜를 2월 24일에서 19일로 변경할 수 있는지 알아봐 달라고 요청했소. 만약 19일에 소총회에서 남한의 총선거 실시 결정이 내려지면 3월 1일 이전에 이곳에서 보도될 수 있도록 말이요. 왜냐하면 이 날이 한국에서는 1919년 3·1만세운동 기념일이어서 중요한 날이기 때문이오. 그리고 나는 더 나아가 선거 날짜는 지연시키거나 후일로 변경시킬 수 있지만, 그 결정만은 최소한 3월 1일 전에 알려져야만 하며, 그렇게 되지 않으면 그 누구도 상황을 통제하기가 매우 어려워질 것이라고 지적했소. 하지는 소총회에 전화로 날짜 변경이 가능한지 알아봐 주겠다고 했소.

그날의 모임은 두 시간 정도 진행되었소.

다음날, 노블 박사가 찾아와서 김규식이 2월 20일 아침에 하지 장군을 방문했다고 말했소. 김규식은 김구도 자신과 같은 의견이라면서 만약 소련이 공표한 대로 실제로 3월 15일에 북한정부 수립을 추진한다면 자기들도 남한만의 선거를 공개적으로 지지할 것이라고 말했다고 하오. 그러나 두 사람은 그때까지 내가 침묵해 주기를 바란다는 것이었소.

각국 대표는 투표 전에 본국 정부로부터 먼저 훈령을 받아야 하기 때문에 그때가 되면 소총회가 조치를 취하기가 너무 늦어질 것이라고 내가 노블에게 말했더니, 노블의 말로는, 늦기는 하겠지만 그렇게 늦지는 않을 것이라는 것이오. 그러면서 하지 장군의 말도 전해 주었는데, 김 박사가 이 박사의 마음을 상하게 한 일이 있다면 사과하고 싶다는 말을 전해 왔고, 실제로 그런 일이 있었다면 사과한다고 했다는구려.

나는 노블에게 사사로운 문제는 개의치 않으며, 우리는 작은 일에 신경을 쓸 필요는 없다고 말해 주었소. 하지 장군은 또 그날 저녁의 모임은 철저히 대외비로 되어 있으니 현 시점에서 그에 관해서 무엇이든 공표가 되는 것은 아주 좋지 못한 부작용이 있을 것이라면서 "세 분 사이에 의견 불일치가 있음을 절대로 드러내지 말아 달라"고 했다고 했소.

2월 21일 토요일 아침, 동아일보 기자가 찾아와서 김구가 한국 언론인들과 저녁을 하면서 자기는 남한 선거에 반대한다고 말했다는 것이오. 그때 동아일보 기자가 김구에게, 이전에 그가 한 말, 즉 "이 박사에 대한 깊은 애정은 절대로 변하지 않을 것이다. 남산의 소나무가 색이 변한다 해도 나는 변치 않을 것이오."라고 한 말을 상기시켰다는 것이오. 그러고 나서 김구에게 "지금 선생님의 입장은 그런 말과는 상치되지 않습니까?"하고 묻자, 김구는 10분 정도 침묵하더니 이렇게 말하더란 것이오: "우리는 작은 문제들에 대해서는 이견이 있을 수가 있지만 전체적인 틀에서는 뜻을 같이 하고 있소." 나는 그 기자에게 이렇게 말해 주었소: "남산의 소나무들이 전부 죽어가고 있소."

노블 박사는 또 김규식 박사가 적색분자의 침투 때문에 한국 국민당(Korean National Party)에서 탈당했다는 사실도 알려 주었소. 국민당 본부는 여러 차례 그의 승인도 받지 않고 성명서를 발표했소. 우리는 신문에서 어떤 발표라도 있나 하고 살펴보았으나 아직까지 아무런 언급도 없소.

오늘 2월 22일, 김규식은 성명을 내고 자기는 남한 선거에 절대 반대한다는 것이오. 남조선 과도입법위원 선거에 찬성하자는 결의안을 채택하려고 하오. 43명이 그 결의안을 지지한다는 서명을 했으며 10명의 위원들이 반대 투쟁을 하고 있소. 김 박사는, 한국 문제가 유엔의 손에 있기 때문에 우리는 그런 행동을 취해서는 안 되며, 입법위원에 대해서도 결의안을 채택하지 말 것을 촉구하는 성명을 발표했다는 것이오.

이 장문의 편지에서 보듯이, 그와 같은 정황 속에서 UN이 위원단의 감시 아래 "접근할 수 있는 한반도의 모든 지역"에서 선거를 실시한다는 결정을 즉각 승인할 수 있었다는 것은 놀라운 일이 아닐 수 없다.

2월 28일, 서울에 있던 유엔 위원단 위원들이 모여서 남한에서 5월 10일 이전에 선거를 실시해야 한다는 결정을 만장일치로 가결하였다. 하지 장군은 미군정이 5월 9일(이 날짜는 나중에 5월 10일로 변경)에 선거가 실시될 수 있도록 준비한다는데 동의했다.

3월 1일, 나는 이 박사에게 이런 편지를 보냈다: "마침내 우리는 미래에 대한 자신감을 가지고 앞날을 준비할 수 있는 '독립의 날'을 맞이합니다." 이제는 앞을 내다보아야 할 때가 시작된 것이다. 내일 나는 두 사람의 국무부 관리를 만나서 환율문제에 대해 논의할 예정이었는데 이제 이런 보고를 할 수 있을 것 같았다: "이제 선거 문제가 일단락되었기 때문에 조만간 외환과 관련된 어떤 제도가 정립될 것으로 생각합니다."

나는 자신감이 솟아나는 가운데 편지를 끝맺었다:

조만간 한국에 관한 홍보자료들을 제작, 유포하는 보다 야심찬 계획들을 추진해 나갈 수 있기를 바라고 있습니다.… 박사님께서도 잘 알고 계시겠지만, 한국에 대한 이해와 친근감을 높이는 가장 좋은 방법은 교육자, 학자, 강연자, 작가들에게 충실하면서도 정보가 풍부한 자료를 제공하는 것입니다. 그리고 그런 자료를 대중용으로 만들어 일반대중에게 제공하는 것입니다.

바야흐로 이 박사의 생애와 한미 관계에 새로운 장이 시작되려 하고 있었다. 그러나 새로운 시대가 펼쳐지고 있음에도 불구하고 과거로부터의 떨쳐버릴 수 없는 문제들은 여전히 발목을 잡고 있었다. 이제부터는 쉽게 해결될 수 있을 것으로 생각되었던 문제들이 결코 그렇게 되어 가지를 않았다. 지난날의 동지들은 서로가 상처를 입혔고, 그 상처는 남아서 계속 아픔을 더해 주었다. 개인적인 갈등은 해소되지 않았으며, 오해는 쉽게 가시지 않았다. 서울의 주요 지도자들 간의 관계는 계속 팽팽했다.

그러나 문제는 여기서 그치지 않았다. 세계정세 또한 단합을 저해했다. 한국의 저변에 깔린 경제적, 사회적, 정치적 문제는 뉴욕에 있는 유엔의 투표 하나로 해결될 수 있는 것이 아니었다. 미국과 소련의 국제적 긴장은 갈수록 악화되어 갔다. 중국의 상황은 공산당의 최종 승리로 귀결되고 있었다. 그리고 한국에서는 불길한 그림자가 분단된 나라 위에 드리우고 있었다. 새 시대의 여명은 희망보다는 불안이 더 두드러지고 있었다.

제7장
오리무중에서 어둠을 헤치고 탄생한 하나의 정부
(1948년 봄)

내가 이 박사를 알고 지낸 오랜 세월 가운데서 1947~48년의 겨울이 그로서는 가장 어려움에 처해 있었던 시기이다. 한국의 지도자급에서 하지 장군을 비롯한 미군정의 "최고위" 관리들과 심각한 알력을 빚고 있는 사람은 거의 그 혼자였다. 그는 또한 북쪽의 공산주의자들과의 연립체제를 받아들이는 대가를 치르는 한이 있더라도 여전히 한국 전체의 통일을 원하는 민족주의 지도자들과도 큰 거리를 두고 분열되어 있었다. 게다가 미국의 많은 옛 친구들로부터도 충분히 "협조적"이지 않다는 이유로 원망을 사고 있었다. 그 결과 그는 미국과 유럽의 대중들에게까지 무엇이든 자기 방식으로만 밀고 나가거나 그렇지 않으면 모든 사람들의 게임을 망쳐놓는 "고집쟁이 노인"으로 일반적으로 묘사되고 있었다.

이 기간 동안 나에게 자주 보내온 여러 장문의 서한에서 이 박사는 자신이 신념을 가지고 있는 핵심적 정책을 애써 설명하고, 또 어떤 방도로 실행 가능한 해결책을 찾아내려 하고 있는지를 밝혀 보려고 무척 애를 썼다. 어떤 세계적 정치가도 이처럼 이 박사가 서한을 통해 보여준 것보다 자신의 마음을 더 솔직하게 내보인 사람은 일찍이 없었다. 그 누구도 완전히 솔직하게 마음을 열고 자신을 들어내 보이려고 이보다 더 애쓸 수는 없었을 것이다. 그는 이 서한들이 나 이외의 다른 사람들이 읽으리라고는 꿈에도 생각지 않았다. 그러나 이런 서한들은 이승만의 성격과 그의 프로그램에 대한 역사적 판단을 내려야 할 때 가장 확실한 증거물이 될 것이다.

이러한 서한들이 다루는 주제가 무엇이든, 여기에 차 있는 것은 모두 어김없는 진실이다. 다시 말해서, 편지들 속에서 진실한 인간 이승만을 발견할 수 있다는 말이다. 이러한 이유로 이 장에서는 이 서신들이 대폭 인용되었다.

미국의 정책과 유엔 프로그램에 대한 이승만의 "반대"에 대한 이야기가 어떻게 싹트기 시작했느냐 하는 것을 해학적이며 또한 화가 치밀어 오르기도 하면서 잘 설명해 주는 한 사건이 지난 2월 말에 이화동 이 박사 사저에서 일어났다. 그 사건이 해명해 주는 바가 크고 또한 중요하기 때문에 이 박사는 이에 대한 장문의 편지를 1948년 3월 2일자로 나에게 보내 왔다. 이 편지는 무척 솔직한 편지다:

2월 26일 오후 3시경에, INS 통신의 미세스 휴즈와 프랑스 기자 D.…… 씨가 찾아왔소. 잠깐 대화를 나누는 중에 해럴드 노블 박사가 와서 이 두 사람 앞에서 이야기를 시작하였소.

두 기자는 다가오는 선거와 유엔에서 통과된 결의안에 대해 질문을 하였소. 노블은 동시에 선거를 감독할 인력이 유엔 위원단에 부족하기 때문에 남한에서 지역별 선거나 순차적 진행 방식의 선거가 실시될 예정인데 현재 상황에서는 그것이 최선의 계획으로 보인다고 말했소.

나는 이렇게 말해 주었소: "우리는 이런 선거 계획은 받아들일 수 없습니다. 들어보지도 못한 방식이오. 우리 국민들이 여기에 반대하는 큰 이유는 이로 인해서 위험한 상황이 벌어질 수 있기 때문이오.

남한에 1만 명이나 되는 공산 테러분자가 있다고 합시다. 우리가 남한 전체에서 동시에 선거를 치른다면 이 자들이 각 지역으로 분산될 것이니 그 정도라면 우리가 충분히 이들을 저지할 수 있다고 믿습니다. 만약 일시에 특정 지역이나 특정 도에서만 선거를 실시한다면 테러분자들이 모든 무기와 병력을 집중 투입하여 그 지역을 혼란에 빠뜨릴 것입니다. 더욱이, 일부 유럽 국가에서는 공산주의자들이 공산당 후보를 당선시키기 위해서 표를 몰아주려고 한 도시에서 다른 도시로 몰려다녔다는 사례도 있습니다. 만약 지역별 선거나 순차 진행 방식의 선거를 해야 한다면 이는 해결해야 할 또 하나의 문제가 될 것입니다."

그러자 노블 박사가 대뜸 물었소: "박사님은 선거를 거부하시겠습니까?"

나는 내가 1년 넘게 선거를 위해 애써 왔는데 이제 와서 무엇 때문에 선거를 거부하겠느냐고 말했소: "그러나 우리의 대의명분에 어긋나는 일이 있다면 무엇이든 맞서 싸울 것입니다. 지역별 선거는 국민의 생명을 위험하게 할 수 있습니다. 당국자들은 국민들의 의견을 물어본 적도 없습니다. 누가 그런 선거를 국민들에게 강요해야 한단 말입니까? 우리는 우리의 선거 프로그램을 계속해서 추진할 것입니다. 유엔이나 미 군정청이 선거에 참여나 참관하고자 한다면 우리는 기꺼이 받아들일 것입니다."라고 말해 주었소.

노블은 자기들의 프로그램을 수락하도록 나를 설득하기 위해 백방으로 애쓰면서 만약 이를 받아들이지 않는다면 "큰 재앙이 될 것이며, 이 박사께서 이 계획을 지지하지 않으시면 미군이 철수하게 될 것이고 소련군이 내려올 것입니다."라고 말했소.

나는 이렇게 말해 주었소: "그런 말을 듣는 것이 처음이 아닙니다. 우리가 미군정을 지원하지 않으면 미군이 철수하고 공산주의자들이 내려올 것이라는 이야기는 자주 들었습니다. 그러나 그럴 때마다 나는 이렇게 말해 주었지요. '하고 싶으면 마음대로 해도 좋지만 미군이 한국에 있는 것은 단지 한국만을 위한 것은 아니라는 점을 명심하라고 말입니다. 그들이 우리의 대의명분을 위해 싸우는 만큼 우리도 그들의 목적을 위해 싸우고 있는 것이니 그런 식의 위협은 통하지 않습니다. 만약 한국인들이 복종하고 협조하지 않으면… 무력을 사용할 수밖에 없다는 식의 성명으로 미군정으로부터 위협을 받는 것에 우리는 지치고 질렸습니다. 본국에서 명령 불 복종자에 대해 사살 명령을 받았노라고 미군정의 위협을 받은 것도 한두 번이 아닙니다.'"

노블 박사는 "선거에 대해 이래라 저래라 할 무슨 권리가 이 박사에게 있습니까?"라고 물었고, 나는 이렇게 대답했소: "민주주의 국가에서 최고의 권위는 개개 시민이 가진 특권입니다. 내게는 명령할 수 있는 모든 권리가 있어요. 그런데 한국 국민들은 누구나 내 말을 따르거나 거부할 자신의 권리도 있습니다."

이 시점에서 두 기자는 자리를 떠났소.

노블 박사는 "이 기자들이 미국 전역에 그들의 기사를 전송하면 두 시간 이내에 그곳 사람들이 이 박사가 유엔의 선거를 거부한다는 것을 알게 될 것"이라면서 다시 말을 시작했소. 그리고 여러 번 같은 질문을 하였소: "정말 유엔의 선거를 거부하실 작정입니까?"

나는 마지막으로 노블 박사에게 말해 주었소: "아무것도 거부하는 것은 없습니다. 다만 우리의 원래 계획대로 선거를 치르려 하는 것입니다. 유엔이 참관하겠다면 전적으로 환영하는 바입니다. 제3국이 우리의 협조를 원한다면 그들과 협조할 용의가 있습니다. 다만 협조는 반드시 상호적이어야 합니다."

그러자 노블은 단계적 방식의 선거가 바람직하지 않을 수 있지만 유엔의 계획이 그러하니 한국 사람들은 이에 꼭 승복해야 한다고 말하면서, "만약 그렇게 하지 않으면 하지 장군은 부득불 이 박사께서 선거 계획에 협조하지 않는다고 보고할 수밖에 없을 것입니다. 계획된 순차적 선거를 이 박사께서 수락하지 않는다면 한국에서 선거는 치러지지 않을 것입니다."라고 하였소.

노블은 나중에 이렇게 덧붙였소: "자유선거가 이루어지는 한 거기에 무슨 차이가 있는지 모르겠습니다. 자유선거를 실시하고 이 계획에 의해 공산주의자들을 통제하는 것이 더 쉬울 것입니다."

자리에서 일어나면서 노블이 말했소: "이것은 큰 비극이지만 박사에게는 유일한 기회이기도 합니다." 그러더니 현관에서 "다시 방문해도 되겠습니까?"라고 묻는 것이었소.

나는 단호한 목소리로 "어떻게 감히 다시 오겠소?"하고 대꾸했소. 그러자 노블 박사가 정신을 바짝 차렸소. 그래서 나는 웃으면서 말했소. "같잖은 말씀을 다하십니다. 노블 박사는 언제든지 환영입니다. 우리의 토론은 단지 우리 각자의 의견에 불과합니다."

노블 박사는 "내가 이 박사와 15년 지기인데 지금처럼 슬픈 순간은 없었습니다."라고 말했소.[41]

나는 "노블 박사나 하지 장군에 대한 내 우정은 언제나 변함이 없습니다. 우리의 정치적 견해는 우정과는 무관한 것이오."라고 말했소.

노블 박사는 미소를 지으며 떠났소. 한 시간 후에 그는 손에 유엔 결의안을 들고 돌아와서 말했소: "사과드려야겠습니다. 괜한 야단법석을 떨어 정말 미안합니다. 이제야 결의안을 잘 파악하게 되었는데

---

41) 이승만이 1896년에 다니던 서울의 감리교 계열의 배재학당에서 그의 최초 스승은 해럴드 노블(Harold Noble)의 부친이었다. 두 집안은 그 이후 친근한 관계를 유지하였다. 당시 국무부 직원이었던 노블 박사는 내가 오리건 대학교에 있을 때(1932-33) 알게 되었다. 1948년 파리의 유엔 회의에서, 1953년 서울에서 다시 노블 박사를 만났지만 두 번 다 그리 만족스런 만남은 아니었다.

그런 내용은 하나도 들어 있지 않습니다."

나는 노블의 등을 두드리며 괜찮다고 했소.

INS 통신과 프랑스뉴스 기자는 우리 집에서 나가서 유엔 결의안의 사본을 구하기 위해 덕수궁으로 갔는데 이들은 24시간 이것을 구하려고 애를 썼던 것이오. 어쨌든 기사의 전송은 지연되었소. 이들은 결의안을 구해서 읽고 또 읽어보았지만 순차적 선거 같은 조항은 없었소. 노블은 하지 장군의 정치 고문이었기 때문에 두 기자는 노블이 내용을 틀림없이 알고 있었으리라고 생각했고, 보도실로 가는 길에 국무부 직원인 랭던과 미첼을 만났고, 그들에게 이것이 결의안의 전부인지 다른 부분이 더 있는지 물어 보았던 것이오. 국무부 사람들은 "이것이 전부입니다"라고 대답하였소.

그러자 두 기자는 하지 장군에게 직접 질문하기로 한 것이오. 그들은 장군에게 방금 이 박사를 만나고 오는 길이라는 것과, 거기에 노블이 와서 순차적 선거에 관해 이야기한 사실을 그에게 말했소. … 하지가 막 대답하려는 데 노블이 들어왔고, 하지는 순차적 방식의 선거에 대한 아무런 계획도 없다고 부인하였소.

다음 날 아침 〈뉴욕타임스〉의 리처드 존스턴 기자가 전화를 걸어 뉴욕에는 이승만 박사가 유엔의 선거 방안을 반대한다는 소식이 돌고 있다는데 어찌된 셈인가고 물었소. 나는 그에게 "존스턴 기자는 그 기사보다 나를 더 잘 아실 텐데요. 그런 이야기가 있다면 중상하기 위한 것에 틀림없소."라고 했소.

선거 문제가 일단락되고 선거를 5월 10일에 실시한다는 계획이 마무리되면서 우리는 사소한 것일지 모르지만 실무적 문제로 관심을 돌릴 수 있었다. 나는 이 박사에게 보낸 3월 3일자 편지에서 여러 가지 문제에 관해 보고하였다:

… 예산에 관해서 나는 현재 주로 유엔 회의에 참석하고 있으며 뉴욕에서 지낸 1주일 동안의 지출로 인해 매월 500달러의 판공비 예산에서 약 100달러를 초과 지출하였습니다. 그때 한 번을 제외하고는 매월 예산범위 안에서 지내 왔습니다. 현재 수중에 있는 자금으로 5월까지 지내는 데는 충분하고 임영신이나 임병직의 비용을 충당하는 데에 지출되지 않으면 6월 중순까지도 괜찮겠습니다. 물론 나는 사용내역에 대한 상세한 기록을 보관하고 있고 기회가 있으면 박사님께 제출하겠습니다. 그러나 아시다시피 주요한 지출로는 매월 사무실 임대료 70달러와 비서 주급 50달러, 그리고 나머지는 우편과 전화요금 그리고 우리 일과 같은 유형의 업무에 관련된 그 밖의 잡비들입니다.

나는 한국 화폐가 외국환 거래가 가능하도록 하는 문제에 대해 국무부와 가졌던 회합에 대해 이 박사에게 보고하였고, 한국 수출이 수입품 대가를 지불할 만큼 충분히 증가하거나 또는 국제 차관이나 원조 자금이 제공되기 전에는 그러한 진행이 현실적으로 불가능하다는 사실도 보고하였다.

나는 계속해서 장래에 대한 계획을 논의하였다. 미결 상태의 문제는 미국 시민인 내가 홍보나 국제문제 담당 정치 고문으로서 직접 한국 정부를 위해 일할 수 있는지 여부와, 그것이 가능하다면 어떻게 해야 할 것인가라는 것이었다. 방법은 비공식적이어야 할 것이라고 나는 확신하고 있었다. 내 개인적인 이유는 정부 내에서 불가피하게 개인의 업무에 제약을 가하거나 방침을 지정해 주는 그런 형식적인 번잡한 절차에 얽매이고 싶지 않았기 때문이다. 1942~44년 2년 동안 나는 미국 정부에서 그러한 종류의 체험을 한 적이 있는데, 프로그램을 만들어서 추진시키는 일이 지연되거나 그 불확실성이 마음에 들지 않았다.

또한 3월 3일자 같은 편지에서 내가 이 박사에게 설명한 바와 같이 다

른 이유들도 있었다:

> 저의 기본적인 생각은 비공식적으로 (또는 기껏해야 준 공식적으로) 홍보업무를 지속하는 것이 바람직하다는 것입니다. 다시 말해서, 홍보 프로그램 책임자와 협의하여 모든 보도 자료와 "공식" 성명서의 발표 책임을 담당할 자문역 공사관 직원을 한 사람 두는 것이 현명하리라 생각합니다.

> 그러나 주요 홍보업무, 예를 들어 〈한국 태평양 신문〉(Korean Pacific Press)과 같은 업무는 별도의 사무실에서 계속 운영한다면 더욱 잘 수행할 수 있을 것으로 판단되며, 또한 대한상공회의소나 유사한 단체를 통해서, 가능하다면 비정부 자금에 의해 지원될 수 있는 제도적 장치가 마련될 수 있다면, 더욱 잘 수행될 수 있을 것으로 판단됩니다. 이러한 제도적 장치는 책임 있는 한국 사람들에 의해 업무가 통제되도록 하면서 성격상 "비공식적" 상태를 유지한다는 장점이 있습니다. 이러한 제도적 장치가 가지는 장점으로 다음과 같은 여러 가지가 있으리라 보입니다:

> 1. 공식적인 정부 정책으로 주장하는 것이 현명하지 못한 경우에는 이런 프로그램이나 견해를 "추진"하는 것이 때로는 유리할 수도 있습니다. 이와 관련해서 생각나는 한 가지 예는 제가 쓴 글 "아시아의 동란"(Ferment in Asia)에서 주장했던 견해입니다. 한국정부의 입장에서는 거기에 포함된 서구 제국주의에 대한 비판을 지지하기는 어려울 것이나, 그 글에서 제시된 바와 같이 공동의 목표를 가지고 아시아의 여러 국민을 단결시키려는 노력을 적극적으로 기울이는 것은 당연히 한국에 이익이 될 수 있습니다.

> 2. 공식적인 정부기관이라면 〈잠망경〉(Periscope)지를 발행할 수 없을 것입니다. 그 내용을 한국에 관한 특정한 논평만을 위한 것으로 변경하지 않고는 그럴 수 없을 것입니다. 그러나 신문에 대해 〈잠망

경)지가 갖는 가치는 취재 범위가 훨씬 더 넓다는 사실에 있습니다. 대부분의 편집자들이 거의 알지 못하는 아시아 전역에 대한 해석을 제공하는 이 잡지의 "유용성"으로 인해 점차적으로 독자층이 늘어나고 있습니다. 그렇게 해서 이 잡지가 한국에 관해 주장해야 하는 내용도 특정 주제에 한정된 단순한 "선전용 유인물"보다는 더 많은 중량감을 갖게 됩니다.

3. 비공식적이지만 간접적으로 통제를 받는 홍보실은 전반적인 정책 방향을 유지하도록 하되 특정 발표문에 대해서는 사전 검열 없이 운영되도록 허용될 수 있을 것입니다. 아시다시피 정보 제공에서 신속한 조치가 필요한 많은 경우에 이것은 매우 중요합니다.

4. 마지막으로, 아마도 가장 중요한 사항이 될지도 모르겠습니다만, 잡지와 그 밖의 출판물들은 공식 대변인에 의해 발표된 기사보다는 "권위 있는 비공식" 정보 사무소의 책임자에 의해 작성된 기사를 훨씬 더 잘 받아줍니다. 특히 그러한 정보 사무소가 뉴스를 수집하고 전파하고 있는 〈한국태평양 신문〉처럼 운영될 수 있다면 공사관에 직접 소속된 기관보다는 훨씬 편견이 적은 정보 소스로 간주될 것입니다.

5. 방향이 조금 다르지만, 홍보실은 한국에 관한 "교육" 영역을 확장하여 처음에는 주로 유럽 국민들을 대상으로, 그 다음으로는 남아메리카 국민들을 대상으로 그 활동범위를 점차적으로 확대할 수 있어야 하고 또 그래야 한다고 생각합니다. 이들 지역이 관심을 기울여야 할 만큼 중요하다고 생각됩니다만 한국 국민들의 경비 부담을 낮추는 데도 신경을 쓰다 보니 그런 지역에 특별히 정보사무소를 개설할 필요는 없을 것으로 보입니다.

위의 내용은 모두 가장 간결하게 개요만을 정리한 것이지만 제가 현재 어떤 결론을 내리고 있는지를 설명하는 데는 충분하다고 생각합니다. 물론 이 박사께서 다른 의견이 있으실 수 있고, 다른 결론을 내릴 특별한 이유가 있을 수도 있습니다.

만약 홍보 업무가 공사관 밖에서 진행되어야 한다면 그 본부를 바로 현재의 이곳 사무실에 그대로 두는 게 좋지 않을까 생각합니다. 그 이유는 건물이 만족스럽고, 공간이 충분하며, 위치가 편리하고, 임차료가 저렴하다는 것입니다! 다만 다음과 같은 몇 가지 사소한 변경을 건의 드리며, 그 중 한 가지는 만약 하신다면 신속히 이루어져야 할 것입니다:

a) 우리가 들어 있는 층의 나머지 공간이 현재 비어있는 상태이고 임대를 예상하여 이미 실내 장식이 완료되어 있습니다. 현재 우리가 2개의 사무실을 사용하고 있고 우리 층에 2개의 사무실이 남아 있습니다. 내가 건물주에게 이 박사님의 승인을 받을 때까지 비어 있는 2개의 사무실의 임대를 당분간 보류해 달라고 부탁하였습니다. 현재 집세로 매월 70달러를 지불하고 있는데 135달러를 내면 한 층을 모두 사용할 수 있습니다. 결정을 서두르셔야 하겠습니다.

b) 여분의 공간은 지금 하고 있는 업무를 확대하는 경우에만 필요합니다. 가능하다면 두 명의 직원을 증원해야 한다고 생각합니다. 그 중 한 명은 한국 신문 등을 읽고 번역할 수 있어야 하고 한국의 역사, 관습 등에 관해 잘 알고 있는 한국인이어야 할 것입니다. 다른 한 사람은 우리의 요구와 이해관계에 부합되는 자료를 작성하기 위해 특히 미국 공립학교와 여성 단체 그리고 그밖의 유사 단체들과 협력할 수 있는 사람이어야 할 것입니다.

c) 내가 구상해 본 이 같은 계획에는 최소한 매년 3만5천 달러의 예산이 필요할 것이고, 서울에서 직접 말씀드린 바와 같이 5만 달러의 예산을 확보할 수 있다면 그만큼 더 많은 일을 해낼 수 있을 것 같

습니다.

개요로는 이상 말씀드린 것으로 충분하리라 생각됩니다. 박사님께
서 원하신다면 어떤 것이든 원하시는 방침에 따라 기꺼이 보다 상세한
계획을 만들어 보겠습니다. 이 편지는 박사님께 문제를 가중시켜 드리
려는 것이 아니라 이 특별한 문제 해결을 돕고 싶은 마음에서 쓴 것임
을 믿어주시기 바랍니다.

이 편지에 대해 이 박사는 3월 19일자로 그러한 계획을 세우는 것은
시기상조라는 내용의 편지를 보내왔다. 그는 계속해서 다음과 같이 썼다:
　… 우리는 아직 계획을 상세히 마련할 여유가 없습니다. 다만 선전
프로젝트라는 인상을 피하기 위해서 정부의 통제를 받지 않는 전적으
로 사적인 조직에 의해 운영되는 제한된 규모로 수행되어야 할 것이
오. 이 점에 관해 올리버 박사의 제안을 자세히 읽어보았고 박사의 생
각이 절대적으로 옳다는 데 동의하오. … 당장에는 박사의 업무 변화
에 대해 제안할 것이 없소. 박사는 내가 기대하던 대로 업무를 수행하
고 계시고, 결과에서 알 수 있듯이, 그것은 제약이 있는 사정 아래에서
가장 효과적인 방법입니다.

이 박사는 제이 제롬 윌리엄스가 한국을 위해 여러 해 동안 무보수로
봉사한 사실을 고려하여 "월 1,000달러 정도"는 받아야 하며, 정한경 박
사와 임병직 대령에게는 각각 300달러의 월급과 내가 도움을 줘서 생기
는 강연료를 받으면 될 것이라고 적어 놓았다. 강연은 우리 수입에 보탬
이 될 뿐만 아니라 여론 형성의 수단으로서도 적지 아니 중요한 일이었
다. 임병직이 가장 인기 있는 연사였는데, 이따금 대규모 집회, 대학이나
그 밖의 단체를 대상으로 강연을 하고 350달러 정도의 강연료를 받았다.
내 자신의 강연은 한 달에 서너 차례 밖에 되지 않았고 강연료도 보통

200달러 수준이었다. 정한경은 어떤 의미에서 우리의 "문제 연사"였다. 그는 능력도 있고 때로는 뛰어나게 훌륭한 강연을 하였지만 아주 번번이 느리고, 소극적이고, 화끈하지 못했다. 그의 강연을 주선한 메트카프 에이전시(Metcalfe Agency)는 나에게 불만을 털어놓았고, 나는 1953년 5월 5일 그가 스스로 교정하도록 도와주겠다는 마음에서 다음과 같은 편지를 그에게 보냈다:

메트카프 에이전시로부터 당신의 시카고 영상 프레젠테이션에 대한 보고를 받고는, 연설 지도 선생인 양 몇 마디 적어야겠습니다. 당신의 말투가 느리고, 생기가 없고, 청중과의 직접적 교감이 거의 없었다는 보고를 받고 충격을 받았습니다. 나는 당신이 청중을 완전히 휘어잡을 수 있는 능력이 있다는 것을 내 눈으로 잘 보아 왔습니다. 당신은 영화를 돌리면서 강연을 한다는 낯선 환경에 적응이 되지 않아 강연이 잘 안 되는 것이 아닌지 생각됩니다. 내 자신도 아마 그럴 것입니다. 이것은 특별한 종류의 강연 상황이고 연습이 필요할 것입니다.

물론 당신에게 필요한 것은 무엇보다도 먼저 고등학교 젊은이들을 상대로 자신의 개성을 내세우지 않고 "매력을 풍기게 하는 것"입니다. 필름이 돌아가기 전에 한국식 농담을 한두 마디 던져서 청중의 관심을 집중시켜야 합니다. 진부해 보일지 몰라도 한국어 몇 마디를 던지는 것도 효과가 있을 것입니다. 청중이 아주 좋아할 수 있습니다. 또한 할리우드 영화에서 연기를 한 적이 있고 지금 그 자리에 스크린이 아니라 실물로 그들 앞에 나타나 있다는 사실을 말해 주어야지요! 조금 성격에 맞지 않는다 하더라도 자신을 극적으로 표현해야 합니다.

영상 강연에 관한 두 번째 사실은, 빠른 템포로 속도감을 가지고 부지런히 진행해야 하고, 정확히 화면의 흐름에 맞춰 말은 짧고 딱딱 끊어져야 합니다. "자 보시다시피…", "화면에는 나오지 않지만…" 등

과 같이 빠르고 활기 있는 설명이 있어야 합니다. 그것도 너무 많아서
는 안 됩니다.

세 번째 고려 사항은, 고등학교 아이들은 지적 깊이가 있지 않아 논
리적이거나 상세한 해설보다는 알아듣기 쉬운 짤막한 설명을 빠르게
계속 해주면 더 얻는 것이 많을 것이라는 점입니다. 전체적으로 효과
를 거두려면 청중으로 하여금 한국 사람들을, 특히 당신을 좋아하도록
만들어야 한다는 것입니다. 당신은 청중 대부분이 아마도 평생 처음
만나보는 살아 있는, 진짜 "한국에서 직수입된" 한국인이기 때문입니
다.

내 연설 강의는 끝났습니다. 물론 당신도 이런 것들을 모두 잘 알고
있을 것입니다. 영상 자료나 고등학교 학생들을 두려워하지 마십시오.
내가 과거에 여러 번 보아 왔듯이 감추지 말고 청중에게 자신을 드러
내고 핵심을 파고드십시오. 강연을 듣는 사람들은 당장에는 어리둥절
하겠지만 당신이 그들에게 불을 붙일 것을 기대합니다.

강연료는 우리에게 도움이 되었고, 청중에 대한 일반적인 효과는 영향
력을 확산시키는 뉴스 기사와 더불어 우리의 전반적 계획에 중요한 요소
였다. 그러나 계획의 수행에는 돈이 필요하고 돈은 구하기 쉽지 않았다.

3월 26일, 이 박사는 한국 상품을 홍콩에 있는 어떤 중국인 상인에게
보내고 그 상인에게 뉴욕시의 체이스 내셔널 뱅크를 통해 우리의 일반
경비로 쓸 1만 달러 정도의 돈을 송금하도록 지시했다고 편지로 알려왔
다. 이 박사는 이렇게 덧붙였다. "은행의 이사회 의장인 윈스럽 W. 앨드
리치 박사가 나의 지인이고 일을 빨리 처리하는 데 도움이 될 수 있을
것이오. 그 밖의 친구들도 때때로 500달러 정도의 적은 액수나마 제공해
줄 것이오." 이 박사의 그 "부유한 친구들"로부터 얻어낼 수 있는 "재정
지원"이란 것은 이런 정도였다. 우리의 어려운 시절은 계속되었지만 다

음 달 예산은 어디서 구해야 하나 하는 정도의 어려움은 이제 벗어난 상태였다.

홍보와 정부정책 사이의 관계는 나의 3월 5일자 편지에서 밝힌 바와 같이 필연적으로 밀접할 수밖에 없는 것이다:

> 어제 아침 〈크리스천 사이언스 모니터〉지에 다가오는 선거에 관한 사설이 실려서 동봉합니다. 사설은 새 정부가 "반동적"이 될 것이라는 우려를 표명하였습니다. 박사께서도 아시다시피, 이러한 관점은 상당히 견고하게 자리를 잡아온 것이고, 우리는 이를 불식시키는 데 실패하였습니다. 우리에 대한 반대 여론은 이런 우려에서 비롯된 것이고, 우리의 많은 친구들도 그것이 사실이 아닐까 두려워하여 소신이 흔들리고 있습니다. 이러한 방향의 공격에 대응하기 위해 박사께서 집권하시면 가능한 한 신속히 두 가지 극적 조치를 취할 것을 제안합니다. 이러한 조치는 적절하게 팡파르를 울리면서 발표할 수도 있고, 매우 효과적으로 새로운 정부의 본질적인 자유주의를 극적으로 강조함으로써 이 오랜 유언비어가 저절로 가라앉도록 하자는 조치입니다.
>
> 1. 과도 입법의원 농림위원회에서 이미 만장일치로 승인된 토지개혁의 신속한 입법입니다. 이것은 미국 여론의 좋은 반응을 얻을 것이고 고위층의 여러 회의론자들의 생각을 바꾸게 될 것입니다.
> 2. 정부의 여러 직위에 앉힐 젊은이들의 훈련을 목적으로 하는 "공무원 아카데미"를 시급히 설립하는 것입니다. 이렇게 하면 한국에서 젊은이들은 기회가 없다는 인상을 불식시키고 국내외적으로 도움이 될 것입니다.
>
> 내가 제안한 것과 같은 두 가지 조치는 특히 바람직하리라고 생각됩니다. 왜냐하면, 새 정부는 당연히 공산주의자들에 대해 신속하고도 과감한 조치를 취해야 할 것이기 때문에, 그러한 조치가 아무

리 필요하고 또한 아무리 조심스럽게 집행된다 하더라도 이미 새 정
부가 "반동적"임을 의심하는 사람들은 이 조치를 개인의 자유를 억
압하고 전체주의로 나아가는 움직임으로 판단하기 쉬울 것이기 때
문입니다. 제안한 두 가지 단계는 이러한 우려를 완화시키는 데 큰
역할을 할 것으로 생각됩니다.

그런데 한국의 선거계획에 대한 우리의 낙관론은 그때 갑자기 산사태
처럼 쏟아져 나오는 우울한 사건들 속에 묻혀서 숨이 막힐 지경이 되었
다. 3월 8일과 9일에 한국으로부터의 좋지 않은 뉴스가 전신(電信)을 타고
쏟아져 들어왔다. 유엔 위원단의 인도, 시리아, 캐나다, 호주 대표는 모
두 5월 10일 선거에 대해 의문 내지는 아예 노골적인 거부를 표명하였다.
김구와 김규식은 이 선거가 통일에 대한 한국인의 희망을 배신하는 행위
라고 비난하였다. 남한의 과도 입법의원은 40:0으로 선거에 찬성투표를
하였지만 재적의원 과반수 이상이 표결에 불참하거나 기권하였다.

3월 9일 오후 5시에 임병직 대령과 나는 워싱턴 주재 인도 대사를 방문
하였으나 모호한 답변만을 들었을 뿐이다. 나는 다음날 캐나다 관리들을
만나기 위해 오타와로 떠날 준비를 하였고 임병직은 워싱턴의 여러 관료
들과 약속을 잡았다.

3월 10일 오후 늦게 나는 캐나다 정부의 아시아문제 담당 책임자인 아
서 멘지스(Arthur Menzies)의 사무실에 도착하였다. 미국 국무부에서 수십
명의 직원들이 미국과 아시아 관계의 여러 전문분야로 나뉘어서 일하고
있는 것과는 대조적으로 단 한 명의 관료가 아시아 전체를 담당하고 있다
는 사실은 흥미롭고도 주목할 만하였다. 멘지스는 관심이 있는 듯 나의
의견을 묻고 그에 대해 논평도 하면서, 캐나다는 모든 관계를 하나의 패
키지로 통합해서 관리하기 때문에 아마도 미국보다도 상황을 더 잘 살펴
볼 수 있다고 생각한다고 조심스럽게 자신의 견해를 밝혔다. 나는 한국

문제에 관한 캐나다의 태도에 실망하고 있다고 말했다. 그는 아주 솔직하
게 다음과 같이 설명하였다:

1. 캐나다는 5월 10일 선거가 실시될 때 위원단에 참여할지 여부를 아
   직 결정하지 않았다.
2. 캐나다는 남한의 선거가 1947년 11월 14일 유엔 총회 결의안 조건
   에 부합되는지 확신하지 못하고 있다.
3. 캐나다는 유엔 소총회에서 유엔 위원단이 "접근할 수 있는 한국의
   모든 지역"에서 선거를 승인한 것은 미국의 "냉전(冷戰)" 전략이
   아닌지 우려하고 있고 여기에 참여하기를 원하지 않는다.
4. 캐나다의 견해로 최선의 해결책은, 한국 문제를 유엔 총회에 다시
   회부하여(이것은 10개월 또는 그 이상이 지연된다는 것을 의미함) 소련이
   어떤 해결 방안에 도달하는 데 협조하도록 유도할 수 있기를 희망한
   다.
5. 만약 유엔 위원단이 예정된 남한 선거를 감시하기로 결정한다면,
   캐나다는 거부하지도 않고 참여하지도 않을 수 있다.

한 시간 넘게 나는 캐나다의 견해에 맞서 멘지스와 논쟁을 벌이다가
당장에 워싱턴으로 돌아가야 하는 일이 급하기 때문에 그날 오후에 생
로랑(St. Laurant) 수상을 만나야 되겠다고 했다. 멘지스는 불가능한 일이
라고 대답했다. 나는 민주의원의 권한으로 이 박사가 보내준 "신임장"을
꺼내들고 멘지스가 원하지 않는다면 혼자서라도 수상을 만나야겠다고 했
다. 그는 한동안 깊이 생각하면서 신임장을 찬찬히 살펴보더니 전화를 걸
고 나서 우리는 곧바로 수상 집무실로 향하게 되었다.

집무실에서 생 로랑 수상을 만날 수 있었다. 아마도 만찬 약속이라도
있는지 그는 연미복으로 정장을 하고 책상에 꼿꼿한 자세로 앉아 있었다.
약 15분 동안 내가 나름대로 정성을 기울여 한국의 상황을 설명하는 동안

그는 무표정하게 듣고 나서 우리에게 정중하게 인사를 하고는 사무실을 떠났다. 결국 캐나다는 입장을 바꿔 유엔 소총회 결의를 지지하는 데 찬성하였다. 이 박사는 고맙게도 그 공을 뉴욕에서 유엔 주재 캐나다 대사를 만난 임영신과 생 로랑을 면담한 나에게 돌렸다. 분명히 다른 요인들도 있었겠지만 어쨌든 우리는 결과에 기뻐했다.

그러나 우리 자신의 형편은 기뻐할 상황이 아니었다. 우리의 필요에 비해 자원은 훨씬 부족하였다. 이 박사는 3월 19일자 편지에서 이렇게 썼다: "알다시피 우리가 미국에서 수행해야 할 업무에 비해서는 자금이 너무 부족하오. … 손발이 다 묶여 있다고 느끼는 것이 무엇보다 사람의 맥을 빠지게 하는 일이오." 실제로 우리는 낙심 이전에 좌절감에 빠져 있었다.

자금은 항상 모자랐지만 문제들은 많이 일어났다. 이 박사는 3월 19일과 20일에 수많은 정치적 문제에 대해 설명하는 장장 4천 단어가 넘는 장문의 편지를 보내왔다. 한국인들은 자치능력이 없다는 비난을 상기하면 이 박사와 그의 참모들은 선거운동의 조직 업무를 잘 수행하고 있는 것 같았다. 그는 단호한 결의와 익숙한 솜씨를 가지고 문제와 맞섰고 그의 조직도 일을 감당할 만한 능력이 있었다.

한 가지 큰 난제는 월남한 북한 사람들을 어떻게 하느냐 하는 문제였다. 250만에서 300만의 난민들이 공산 북한, 일본 그리고 만주와 중국으로부터 남한으로 귀환한 것으로 추산되었다. 그들은 주택과 식량 사정을 복잡하게 만든 것을 떠나서도 선거에서도 또한 문제를 야기했다. 유엔 결의안은 "국민 정부"의 수립을 위하여 국회의원의 3분의 2는 남한에서, 3분의 1의 의석은 북한에서 선거가 가능할 때를 위해 북한 몫으로 남겨둘 것을 규정하였다. 당시 한국의 총인구는 3천만으로, 그 중 남한 인구는 2천만으로 추산되었기 때문이다. 그런데 300만 명의 피난민, 아니 보다

보수적으로 추정해서 더 정확한 것으로 입증된 숫자가 200만 명이라 치더라도, 이 사람들을 어찌할 것인가? 그들은 어디에서 투표를 해야 하고 그들의 표는 어떻게 계산해야 하는가?

북한 피난민들은 자신들의 정당을 조직하였는데 그들의 지도자는 이박사의 친구이자 대한민국이 수립되었을 때 초대 부통령이 된 이시영(李始榮) 씨였다. 이 북한 사람들의 정당은 북한에서 선출될 100명의 국회의원 중 45명을 선출할 권한을 요구하고, 이러한 요구를 달성하기 위해 북한 사람들만이 투표할 수 있는 특별 선거구를 설치해 줄 것을 요구하였다. 그 혼란의 시기에 북한인 집단에 상당수, 아마도 매우 많은 수의 공산분자들이 침투되어 있을 것이라는 우려는 작은 문제가 아니었다. 그러나 유엔 결의안에 의해 요구된 "자유로운 분위기"를 유지하기 위해서는 유권자가 자신의 비밀투표소에 들어갈 때까지 유권자를 어떤 식으로든 시험하거나 조사할 수는 없었다. 미국에서는 공산당이 불법화되어 있었지만 미국 군정청은 한국에서 공산당을 억제하지 않겠다는 것은 하나의 역설이었다.

상황을 더욱 복잡하게 만든 것은, 김구가 50년 전에 살던 고향이 지금의 북한에 있음을 내세우면서 스스로를 진정한 북한 정당의 지도자라고 선언한 것이다.

3월 20일자 편지에서 이 박사는 이렇게 썼다.

> 오늘 북한에서 월남한 사람들이 남산에서 모임을 가졌습니다. 나는 연설하러 가고 싶지 않았지만 연설을 하면 긴장을 좀 낮출 수 있지 않을까 생각하였소. 내가 현장에 도착하자 이시영 목사는 분과위원회가 분리선거구에 대한 자신의 요청을 검토해 주도록 서울 주재유엔 한국 임시위원단(United Nations Temporary Commission on Korea: UNTCOK)에 회부했다고 말했소. 이것은 선거가 거부되지 않았음을 의미하는 것이

오. 내가 다른 두 명의 "위대한 지도자들"[42])에게 이미 말했듯이, 만약 미국인들이 월남한 북한 동포들의 계획을 고려하지 않는다 하더라도 그것 때문에 선거를 지연시키지 말고 계속 진행해 나가면 국회가 이 문제에 관해 무엇인가 할 수 있을 것이라고 그들에게 말했소. 나의 연설이 거의 끝나갈 무렵에 김구가 등장하여 자리에 앉았소. 김구는 자신도 북한 출신이라고 생각하기 때문에 초대받았던 것이오. 내 순서가 끝나자 청중들은 김구에게도 연설해 달라고 요청하였소. 그는 자리에서 일어나서 말했소: "나는 북한 동포들을 위한 선거를 요구하기 위해 개최된 이러한 모임을 찬성하지 않습니다. 나도 북한 출신이지만 여기에는 반대합니다.…." 사람들은 야유를 시작하고 마지막에는 김구를 향해 소리를 질러 말을 가로막기까지 하였소. 그는 연설을 중단하고 자리를 떠났소. 그것은 그에게 매우 치욕적인 광경이었소. 나는 기자들에게 이 문제를 크게 다루지 말아 줄 것을 당부하였소.

그의 편지는 계속해서 70개의 "주도적 단체와 정당"을 조직화한 것을 설명하고 전술을 확정짓기 위해 33인의 집행위원회를 구성하였다고 하였다. 운동의 세부사항을 다루기 위해 7개의 위원회가 구성되었다. 결정해야 할 한 가지 문제는 이 박사가 국회의원의 한 사람으로 출마해야 할지의 여부였다. 일부 그의 추종자들은 이것은 위엄이 서지 않는 문제이고 불필요한 일이라고 생각하였다. 국회가 그 소속 의원 중 한 사람을 반드시 대통령으로 선출하도록 되어 있는 것은 아니기 때문이다. 그들 중에는

---

42) 나는 이 박사가 김구와 김규식에 대해 이런 용어를 사용하면서 냉소를 지었으리라는 것을 상상할 수 있었다. 이것은 우리 두 사람의 대화에서 가끔 나온 유머러스한 표현이었다. 이 박사는 하지 장군의 정치적 판단에 대한 그의 에두른 논평을 내가 알아들었을 것이라고 생각하였을 것이다.

그가 입후보하여 유권자들의 인기를 입증해야 한다고 생각하는 사람들도 있었다.

이 편지에서 이 박사는 자신이 의원으로 있으면 국회의 심의과정을 보다 잘 이끌어 갈 수 있기 때문에 출마하기로 결심했다고 말했다. 그는 계속해서 자기 정부가 극우 반동적이 될 것이라는 비판에 대한 나의 우려에 이렇게 답변하였다:

그러나 우리가 집권하게 되면 한국의 파시스트니, 반동분자니, 극우 분자니 운운하는 자들은 우리가 이 나라를 얼마나 자유롭게 이끌고 가는지를 보고 놀랄 것이오. 토지개혁 법안이 첫 번째 법률이 될 것이고, 그 밖의 많은 자유주의적 움직임이 뒤를 이어 이루어질 것이오.

젊은이들이 무시되고 있다는 이야기 따위는 완전히 난센스라오. 우리 청년들 없이는 우리는 아무것도 할 수 없고 실제적으로 남한과 북한의 모든 청년단체가 100% 나를 지지하고 있소.

미국 교계로부터 약간의 비판이 일어날 만한 일이 한 가지 있는데 그것은 과거의 친일분자들을 숙청하는 것이오. 이 문제는 가능한 한 조속히 해결해야 한다는 것이오. 대부분의 불만과 불안은 우리가 지금까지 일부 과격한 해당자를 처벌하지 않았고 또 그 밖의 나머지에 대한 면죄 조치도 취하지 않았기 때문이오. 미국인들은 그러한 처벌이 보복적이라고 목소리를 높일 것이오. 이러한 분위기는 친일파와 종교적 평화주의자들에 의해 제기되고 있으며, 우리는 어느 정도까지는 이것을 묵살해야 될 것이오.

현재 하나의 새로운 쟁점이 이승만과 미군정 사이에 논란이 되고 있었다. 이에 대한 이 박사 자신의 입장을 같은 3월 20일자 편지에서 밝히고 있다:

미군정은 신한공사(新韓公社: New Korea Company)가 보유하고 있는 토지를 소작인들에게 매도하는 것을 승인하는 법률에 서명하였소. 올리버 박사도 이 회사의 정항범(鄭恒範) 사장을 기억할 것이오. 미군정은 수차례에 걸쳐 이 회사의 소유분 토지를 소규모 회사들에게 분할해 주려 하였으나 정 사장이 반대해 왔소. 이 토지를 한국 정부가 인수하여 법률에 의해 처리 방법을 결정할 때까지 그 토지를 그대로 보유하겠다는 그의 요구를 나는 지지하였소. 최근 미 군정청은 정 사장에게 신한공사의 사장 대신 신설된 농업위원회 위원장 직책만을 맡도록 명령하였소. 그래서 토지 처분에 대한 그의 발언권은 아주 약화되었소.

내가 수집한 정보에 의하면, 미 군정청이 전국의 가장 비옥한 농토를 전부 15년의 기간에 걸쳐 명목상의 가격으로 개별 계약에 의해 매도하기로 결정하였다고 하오. 사실은 이와 동일한 계획이 나의 민주주의 원칙 27개 조항으로 된 성명서에 이미 발표된 바 있소. 그러나 한국 사람들은 한국 법률에 의한 입법도 없이, 통화(通貨)도 안정되지 않은 상태에서, 미군정이 토지를 처분하도록 하는 것에 반대하고 있소.

이들 토지의 많은 부분은 과거에 국유지였거나 반일적(反日的)이었던 왕족들의 소유였었소. 일제 강점기에 현재 신한공사의 전신인 동양척식(東洋拓殖) 회사는 왜놈들뿐만 아니라 주주로서 회사의 자본금의 많은 부분을 투자한 한국인들의 도움을 받아 조직되었던 것이오. 왜놈들은 이 회사를 설립하기 위해 투입한 자본이 얼마나 되는지 입증할 수 없었소. 게다가 이 토지의 상당 부분은 한국인 소유주들로부터 몰수한 것이고, 우리는 이를 입증할 모든 기록과 서류를 가지고 있소. 그러므로 우리는 이 토지는 적산이 아니라 합법적인 한국인의 재산으로서 미군정은 한국 국회의 승인 없이 처분할 권한이 없는 것이오. 선거가 겨우 6주일 남았는데 한국인들이 국회를 구성할 기회를 갖기도

전에 미군정은 무엇 때문에 이 땅을 분할해서 매각하려고 서두르는 것
이겠소?

이 박사의 오랜 정치적 동지이자 친구였던 김구와의 관계가 어떻게 완
전히 무너져버렸는지를 보여주는 대목이 이 편지에 나온다. 이 박사에 의
하면, 김구가 자신과 조병옥과 수도경찰청장 장택상(張澤相)을 암살할 음
모를 꾸몄다는 것이다.[43] 이들 세 사람에게는 모두 특별경찰 경호원들이
배치되어 있었다. 유엔위원단 의장인 메논은 이 박사에게 위험한 상황을
감안하여 선거를 연기해야 할지도 모른다고 말했으나 "그 뒤로 거기에
대한 아무런 소식이나 언급이 없었다." 한편으로는, "김규식은 캐나다
대표 패터슨을 통해 총선거로 가는 길목에 장애물을 설치하려고 노력하
고 있다. 올리버 박사의 오타와 방문과 생 로랑과의 대화로 캐나다 정책
입안자들의 생각이 완전히 바뀐 것이 아니라면 김규식은 패터슨을 이용
하여 이번 선거의 신뢰성을 떨어뜨리고자 하는 시도를 그치지 않을 것이
다. … 그러므로 선거 전망은 밝은 것으로 보이지 않으나 중요한 것은
국민들이 어떠한 장애물과도 맞싸울 용의가 있다는 것이다."

미국 언론에서는 좌익집단이 이번 총선거를 무효화하기 위해 선거 참
여를 거부하겠다고 선언한 것을 두고 상당한 논의가 있었다. 김구와 김규

---

43) 불행하게도 불안정한 한국 상황에서 정치적 암살은 일상화되다시피 하였다. 한국
  민주당 지도자였던 송진우(宋鎭禹)는 1946년 1월 3일에 암살되었다. 앞서 기록된 바
  와 같이 여운형은 1947년 7월에 서울의 대로에서 자신의 자동차 안에서 살해되었
  다. 김구는 대한민국이 수립된 후인 1949년 6월 26일 그의 추종자 중 한 사람에게
  살해되었다. 김규식은 1950년 6월에 남침한 공산군에게 납북되어 그곳에서 사망하
  였는데, 그 상황은 알려져 있지 않았다. 이 박사도 지속적으로 위협을 받았다. 자택
  으로 들어가는 자동차 진입로에 다이너마이트가 매립된 사건을 포함해서 그의 목숨
  을 노린 분명한 시도가 세 번이나 있었다. 프란체스카 여사는 두 내외가 함께 차를
  타고 다닐 때에는 자신의 몸을 앞으로 구부린 상태를 유지하여 만약 암살자가 차로
  돌진하는 경우에 이 박사 위로 자신의 몸을 던질 준비를 하고 있었다고 나에게 말한
  적이 있다.

식은 이 선거가 한국의 분단을 영속화시킬 것이라는 이유로 이를 거부하겠다고 위협하였다. 중도파들은 선거를 무시할 것으로 예상되었다. 뉴스로 보도되는 기사들이 쌓여감에 따라 외국신문 독자들이 보기에는 남한 인구의 일부만이 선거를 원하거나 받아들이고 있다는 인상을 받게 되었다. 이에 대한 이 박사의 논평 역시 그의 3월 20일자 편지에 쓰여 있다:

> 김구와 김규식에게 선거에 협조하도록 요청해야 한다는 올리버 박사의 제안은 현재로서는 불가능할 것 같소. 그들은 자기들이 선거를 통해서 집권하기는 현재로선 어렵다는 것을 알고 있소. 그들은 소련이 협력해 주기를 원해요. 그러나 이 선거는 일부 계층의 한국인들에게만 국한된 사건이 되지는 않을 것이오. 그 이유는 공개적으로 선거에 반대하는 사람들 누구나가 선거를 치르지 못하도록 하려는 생각에서 표면적으로만 반대하고 있는 것이오. 그러나 실제로 그 사람들도 모두 선거 운동에 여념이 없소. 심지어 좌익분자와 합작주의자들까지도 참여할 것임을 우리는 알고 있소. 여기서 배제되기를 원하는 사람은 아무도 없기 때문이오. 각종 정치적 색깔을 띤 모든 국민들이 대다수 투표하게 될 것이라고 장담할 수 있소.

이 박사는 그 다음에 "자유로운 분위기"에 대한 필요조건에 대한 생각으로 화제를 돌렸다:

> 입증할만한 증거도 없으면서 이번 선거로 민주적 원칙을 지키지 않을 사람들의 손에 권력을 넘기게 될 것이라고 비난하는 사람이 있다면 그것은 도리에 맞지 않은 일이오. 실제로 일부 민주국가들은 자국에서 공산당을 불법화하는 것을 우리보다 훨씬 먼저 실행하였소. 그들은 자기네 나라에서는 국가전복 분자를 식별해 내기 위해서 자체적인 계획을 추진하고 있으면서 우리 보고는 대대적인 살인과 온갖 파괴행위로 선거를 불가능케 하려는 공산 테러분자들에게까지 자유로운 분위기를

제공하도록 요구하고 있는 것이오.

3월 24일, 나는 이 박사에게 편지를 보냈다: "임병직과 나는 한국의 복지와 관련된 … 문제점들을 강조하기 위해 미국 의회 지도자들과 일련의 논의를 시작하였습니다. … 아시아가 자업자득의 대가를 치르도록 내버려 두겠다고 하는 국무부 정책에 반대하는 의회의 분위기가 실질적으로 무르익고 있는 것 또한 명백합니다."

3월 29일에는 신한공사가 보유하고 있는 토지를 소작인에게 분배하겠다고 하는 미군정의 계획에 대한 우리의 반응을 이 박사에게 보고하였다:

토지 재분배 계획의 발표는 예상치 못한 일격이었습니다. 나는 국무부에서 이 문제를 건의한 바 있다는 번스를 비롯하여 맥다이어매트, 피셔 등과 이 문제에 대해 논의하였습니다. 또 임병직과 나는 앨리슨과도 함께 이야기하였습니다. 우리들이 보기에 계획 그 자체는 훌륭한 것 같습니다. 우리가 주장한 요점은 이 계획은 새로운 한국정부로 하여금 발표하도록 남겨두었어야 했다는 것입니다.

그렇게 했었다면 이 조치가 (1) 우리 측에 붙여진 "반동적"이라는 꼬리표를 떨쳐버리거나 경우에 따라서는 완전히 없앨 수도 있다는 것과, (2) 선거운동이 끝나면 불가피하게 발생할 상처를 치료하는 데 도움이 될 수 있는 국론통일의 조치가 될 수 있었다고 설명하였습니다. 현재의 상황을 살펴보면 미군정은 인기가 있는 일은 자기들이 하고 인기가 없는 조치는 새 정부에 넘기려고 하는 듯합니다.

번스의 설명에 의하면, 이 계획을 발표함으로써 민족진영이 선거에서 승리하는 데 도우려는 의도에서 한 것이며, 게다가 새 정부는 차후에 이 계획을 상당히 확장할 수 있을 것이라고 했습니다. 내가 지적했고 그도 동의하지 않을 수 없었던 것과 같이, 이 "확장 조치"는 필연적으로 일부 영향력 있는 층에게 대단히 인기 없는 문제들을 다루게 될 것입니다. 그러한 발표는 한국인을 희생시키는 대가로 미국의 위신을 높이고 미국도 소련 못지않게 토지개혁을 선호한다는 것을 과시하기 위한 것으로 보인다고 번스에게 말해 주었습니다. 그는 그러한 동기에서가 아니라고 부인하였으나 〈뉴욕타임스〉는 같은 결론을 사설로 썼습니다.

물론 이렇게 되면 우리 측에 대한 "반동적"이라는 비난은 더욱 강화될 것입니다. 그러한 발표는 새 정부에 하나의 기정사실로 제시되도록 하여 미군정 관리들이 민족진영 지도자들을 수구반동 집단들로 간주하고 있음을 "증명"하기 위해 이루어진 것이라고 회의론자들이 모두 생각할 것이 틀림없기 때문입니다.

이것은 특히 국무부 입장에서는 "우둔한" 짓으로 보입니다. 새로운 한국정부가 미국 기준으로 "민주적"이라고 일반 여론이 믿게 하는 것이 국무부에 크게 유리하기 때문입니다. 미국은 새 정부를 지지할 것입니다.(우리는 이 점에 대해 아주 강력한 보장을 받고 있습니다.) 미국이 반동주의자들을 지원한다고 국민들이 생각하게 되는 그리스 방식을 반복하지 않는 것이 바람직하기 때문입니다. 이 문제의 중요성에 대해 내가 지나치게 강조하고 있지 않기를 바랍니다만, 토지개혁 계획의 발표를 새 한국정부에 넘기게 된 것은 모든 당사자들에게 크게 득이 되었을 것이라는 생각에는 변함이 없습니다.

이제는 돌이킬 수 없는 일이 되었습니다. 하지만 아직도 욕이 나올 정도로 속이 상합니다.

국무부 관리들과의 대화에서는 미군정을 새 정부로 이양하는 문제도 논의되었다:

"이승만 그룹"은 어떤 원조가 필요한지에 대해 미국과 협상할 수 있는 기준을 마련하기 위해 남한 경제상황에 대해 면밀히 연구를 해두어야 할 것이라고 피셔와 맥다이어매트가 말했습니다. 번스도 나중에 같은 점을 지적하였습니다. 그것은 맞는 지적이지만 "대외비 사항"이라는 이유로 이 박사님의 자문관들에게도 기본적 정보조차 제공되지 않고 있다고 말했습니다. 또 임병직과 나는 나중에 엘리슨에게도 같은 말을 해 주었습니다. 우리는 당장 모든 관련 자료를 이 박사께서 선정한 자문관들에게 완전히 자유롭게 공개할 것을 강력히 요구했습니다.

번스는 박사님께는 미군정 관리들로부터 충분한 정보가 제공될 것이므로 그럴 필요가 없다고 답변했습니다. 나는 그에게 주권이란 것을 참 희한하게 해석한다고 말해 주었습니다. 그는 동의했지만 전쟁부의 방침이 새 정부가 수립될 때까지 완전한 정보 공개를 금하는 것이라고 반복해서 말했습니다.

번스가 제시한 해법은 이 박사께서 그를 불러내서 모든 정보에 대해 비공식으로 물어보시면 그가 다 말씀드릴 수 있도록 하자는 것입니다. 그는 자기가 제공할 수 있는 것은 모두 기꺼이 제공하겠노라고 약속했습니다. 그는 특히 배급 통제와 미곡 공출은 지속될 필요가 있다고 확신하면서 이 박사님께 그 이유를 설명하겠다고 하였습니다. 나는 그의 제안을 이 박사님께 전하겠다고 약속하였습니다. 박사님께서 현재 상황에서 무엇이 최선인지를 알고 계실 것입니다. 이용할 수 있는 모든 수단을 동원하여 당면하게 될 문제들에 관한 가능한 모든 기본적 사실을 파악해 두는 것이 현명할 것이라고 사료됩니다.

앨리슨은 … 한국 점령군에 할당된 미집행 예산 잔액에서 자금을 이용할 수 있기 때문에 현재로서는 의회의 특별 승인은 필요하지 않다고 말했습니다. … 미국은 유엔 위원단이 한국에 장기간 유지되어 한편으로는 새 정부와 러시아 사이의, 다른 한편으로는 미국과의 협약을 촉진시킬 하나의 "중립적" 매개체의 역할을 하기를 기대한다고 앨리슨은 말했습니다.

4월이 되자 봄이 찾아 왔고 희망에 부푼 새로운 활기가 돌아왔다.

나는 4월 1일에 임병직과 함께 국방부에서 가졌던 회의에 관해 이 박사에게 편지를 썼다. 회의 관련사항은 "(1) 신속한 남한 방위군 설치의 긴요한 필요성 …, (2) 공산분자의 파업, 사보타주, 폭동 및 위협을 감안할 때 경찰이나 청년 단체들을 약화시키는 것은 어리석은 생각임, (3) 선거 결과에 영향을 미치고자 하는 어떠한 시늉도 보여서는 안 된다고 하는 강경한 각서를 하지 장군이 미군정 요원들에게 보내는 것이 바람직하다는 점" 등이었다. 우리가 받은 답변은 선거에 앞서서 어떠한 한국인 집단과도 "공식적" 협의는 있을 수 없다는 것이었다: "물론 그러한 기본적인 문제가 그대로 처리된다면 좋겠지만 결국 정권 이양의 문제를 미결의 장으로 남겨두게 되는 것이다."

이 박사의 4월 5일자 편지는 아래와 같이 시작된다. 그는 평소와 달리 낙관적인 분위기를 보였는데 머지않아 그것이 실제로 확인되었다:

굉장한 일이오. 전 세계가 우리 선거를 지지하는 듯하오. 하지 장군조차도 목소리를 높여 응원하고 있소. 그러나 우리가 직면한 가장 큰 장애물은, 이 못난 인간이 자기의 하찮은 권력에 목숨을 걸겠다고 나오는 것이오. 우리가 언젠가 우리 힘으로 일어서기만 하면 그는 첫 번째로 퇴출시켜야 할 사람이오. 그는 언제나 그의 권력을 유지하기 위해 분열과 마찰을 만들어 내려고 계획과 음모를 꾸미고 있소.

이 박사는 계속해서 실제로 그 자신도 미국인 자문관을 찾고 있다고 말하고 이렇게 덧붙였다. "그리고 당신이 제시한 저명인사들은 나도 염두에 두고 있던 사람들이오." 그의 편지는 이렇게 계속된다:

올리버 박사의 업무에 관해서는 지금 미국에서 박사가 하고 있는 일이 이곳 한국에서 우리를 도와서 할 수 있는 그 어떤 일보다도 더 중요하오. 당신의 말처럼 지금 일하는 그곳에 머물러 있으면서 소규모로나마 이미 시작한 조직을 튼튼히 구축해 나가는 것이 좋겠소. 그러면 우리가 더 많은 재정지원을 제공할 수 있을 것이고 박사의 업무도 더 큰 규모로 수행할 수 있을 것이오. 내 생각으로는 가끔 항공편으로 서울로 출장 올 일은 있겠지만 당신의 주된 업무는 워싱턴에서 계속하는 것이 좋겠소.

이제 이 박사의 가장 큰 관심사는 이미 선거가 아니라 곧 자신이 책임지게 될 긴급한 각종 사안을 처리해 나갈 방법이었다. 최우선 순위는 국방이었다. 그가 이 편지에서 다음과 같이 써놓은 것을 보면 그의 뜻을 알 수 있다: "국제적으로 이름이 알려진 몇몇 육군 장교들에 대해 당신이 고려해 보았으면 좋겠소. 우리 국방군을 위해 우리는 한 사람의 미국인 고문관을 원합니다. 아이젠하워, 웨드마이어, 맥아더 같은 인물들에게 조용히 우리 군대 고문이 되어 주도록 요청해 보기 바라오." 이러한 제안을 받고 나는 실제로 웨드마이어 장군을 만나 이 일을 맡아 달라고 요청하였다. 그러나 그는 몇 사람의 다른 인물들을 추천하는 것으로 답변을 대신하였다.

나중에 밝혀진 일이지만, "고문관"의 선정과 지정은 미국 국방부에 의해 정해지는 일이었다. 또 하나 나중에 확인된 점은, 만약 대한민국이 독자적인 군사 고문관을 두고 그 고문관이 적정 규모의 국방력에 필요한 모병과 훈련 그리고 무장을 보장해줄 만큼 충분한 명망을 갖춘 사람이었다면, 이 또한 훗날 밝혀진 바와 같이, 한국과 미국 그리고 자유세계 전체를 위해 이루 말할 수 없을 만큼 다행한 일이었을 것이다. 이 박사가 언급한 사람들은 정확히 여기에 요구되는 자격을 갖춘 사람들이었다. 그러나 새 정부가 주권을 갖게 되었다고는 하지만 완전한 주권을 가진 것은 아니었다.

남북 통일회담이 북측의 수도 평양에서 4월 22일로 정해지자, 남한의 합작론자들은 회담 결과가 나올 때까지 선거계획을 중지할 것을 요구하였다. 이에 대해 이승만은 4월 5일자 서한에서 이렇게 쓰고 있다:

일반적 관측으로는 김구와 김규식이 북으로 갈 것이고 그들의 회담 참여를 북쪽에서 크게 떠들어댈 것으로 보고 있소. 벌써 공산당 신문들이 그들을 찬양하고 있는 상황이오. 그들은 김구를 부의장으로 삼아서 거기에 잡아둘 심산인 것 같소. 그들은 북한 사람들에게 김구가 조국을 구하기 위해 고향으로 돌아왔다는 등등으로 선전하기에 열을 올릴 것이오. 한 동안은 잘 될지 몰라도 그들은 모스크바의 결정을 이행해야 한다고 주장하고 나오거나, 자기네 정부가 진정한 한국정부라고 우기면서 밀고 내려올 것이오. 그들의 군사적 준비 상태를 보면 모두 그러한 징후를 나타내고 있소. 김구는 언제나 그래 왔듯이 미군 철수를 소리 높이 요구할 것이오. 소련군은 북한에서 시베리아로 국경을 건너 빠져나가서 미군의 반응을 살펴볼 것이오. 만약 미군이 철수한다면 무슨 일이 일어날지는 올리버 박사도 잘 알 것이오. 김규식 박사는 너무 똑똑해서 여전히 자신이 소련 사람들보다 한 수 위라고 믿고 있소. 우리가 해야 할 단 한 가지 일은 지체하지 말고 남쪽에서 우리 계획을 계속 추진해야 한다는 것이오. 국회 활동을 촉진시키기 위한 목적으로 국회에서 내 목소리를 내기 위해 이번 선거에 출마해야겠소.

이러한 중차대한 시점에서 우리는 미국의 지원과 선의와 정신적 지원을 필요로 하고 있소. 만약 미국이 뒤로 물러난다면 그것은 한국에 대해서뿐만 아니라 미국에 대해서도 큰 실수가 될 것이오. 미국이 하고 있는 바와 같이 "소련에 대처하기 위해" 왜놈들을 부흥시키겠다는 계획은 미국의 최고지도자 레벨에 친일분자들이 있기 때문에 생긴 결과일 뿐이오.

우리는 재정문제, 특히 외환문제에 대한 전문가가 필요할 것이오. 높은 보수를 지불하더라도 6개월 정도의 일정으로 최고수준의 전문가를 초빙해야겠소. 당신이 이 문제를 깊이 생각해 보고 적절하다고 판단되면 체이스 내셔날 은행의 앨드리치 씨와 조용히 상의해서 우리 정부가 수립되었을 때 도움이 될 수 있는 인물을 천거해 주기를 부탁하기 바라오.

4월에 들어서자 희소식이 속속 들어왔다. 하지 장군은 평양 회담을 비난하면서 남한 인사들의 참석을 만류하였다. 남한 전역의 선거인 등록률이 엄청나게 높아서 선거 "거부(boycotting)"를 주장하던 좌익세력과 중도파가 무색해질 지경이었다.

4월 9일 나는 이 박사에게 편지를 썼다:

임병직과 나는 최근 몇 주 동안 우리의 관심사였던 극히 중요한 문제, 즉 새 정부가 수립될 때 실행에 옮길 수 있도록 준비를 갖춘 세부 계획을 마련하는 문제에 대해 논의하였습니다. 그러한 임무를 수행하기 위해서는 말할 것도 없이 자신의 업무 내용을 잘 알고 한국 정부에 대한 충성심은 의심의 여지가 없는, 세심하게 엄선된 진정한 전문가 집단이 필요합니다. 선거 결과가 확인되면 이곳 미국의 관심은 새 정부가 추구할 계획이 무엇인지에 집중될 것입니다. 인플레, 산업 복구, 연료 및 전력 부족에 대한 대책, 귀속 재산의 처리, 교육, 공민권의 보장, 인권보장, 영장제도(habeus corpus)의 확립, 수산업 개발, 물가 통제, 원자재 및 공작기계 확보 그리고 적정 규모의 국방력의 구축과 같은 문제를 다루기 위한 일련의 기본적인 건설적 조치를 1주일 정도의 간격을 두고 연속적으로 발표할 수 있어야 할 것입니다. 이러한 문제에 대응하기 위한 확고한 계획을 발표하는 것은 미국의 여론에 엄청나

게 유리한 영향을 미칠 수 있으며, 우리 생각에는 한국의 국민 사기
진작에도 큰 도움이 될 것입니다.…

어찌된 일인지 널리 유포된 우려 중 하나는 선거 이후에 미국이 한국에
대사를 보내지 않고 대신에 40년 이상이나 필리핀을 통치한 것과 같이
한국을 통치할 고등판무관(High Commissioner)을 보낼 것이라는 것이었
다.[44] 이런 이야기는 김규식과 미국인 아벨 스터게스가 퍼뜨렸다. 스터
게스는 한 때 미군정에서 일하던 자로서 워싱턴으로 돌아가서 한국인이
자치 능력이 부족하고 한국에 대한 지속적인 신탁통치를 수행할 고등판
무관이 필요하다는 것을 입증하기 위해 작성된 장문의 성명서를 배포한
바 있다. 그런 음모는 얼토당토않게 보이는데도 상당한 관심을 모으고 있
었다. 하지 장군이 통치를 계속할 야심이 있다고 인식하고 신경이 날카로
워진 이 박사는 이러한 소문을 가볍게 받아들이지 않았다.

4월 15일, 임병직과 나는 고등판무관 같은 계획은 고려된 바 없다는
보장을 받으려고 국무부의 존 앨리슨을 다시 찾아갔다. 앨리슨은 오히려
단호한 태도로 미국은 남한을 통치하기 위해 충분히 할 일을 다 했다고
말하는 것이었다. 그는 미국 원조계획을 책임질 미국인 행정관이 당연히
있어야겠지만 행정관의 임무는 원조 처리문제에 국한될 것이라고 하였
다. 같은 날 상원의 군사위원회 위원장 챈 거니 의원과의 대화에서 나는
미국이 원조는 제공하겠지만 새 정부를 지배하려고 시도하지는 않을 것
이라는 확신을 굳히게 되었다. 이 무렵에 남한의 유권자 등록 인원은 850
만 명을 상회하였는데 이것은 모든 사람들을 놀라게 하고 선거 참여 거부

---

44) 이 박사 자신이 1947년 3월 22일자 언론 공식발표를 통해 자신이 알기로 미국은
"한국에서 미국을 대표하기 위해 대사급의 민간인 고등판무관을 임명할 것"이라
고 말한 바 있다. 남한에 대해 "과도" 정부만을 검토하던 이 시점에서 이 박사는
고등판무관 계획에 찬성했었다. 64쪽 참조.

의 두려움을 가라앉힐 만한 수치였다.

미국에서 하던 일을 계속하고 홍보 프로그램을 확대하기를 바란다는
이 박사의 4월 5일자 편지를 받고 나는 4월 15일 그에게 그 업무에 대한
나의 합리적 근거를 제시하는 편지를 보냈다:

　사용할 수 있는 특정한 액수의 예산이 제공될 것이라는 가정에서 출
발하여, 그 예산으로 무슨 일을 할 수 있을까를 생각하기보다는 비용
과 무관하게 우리가 꼭 해야 된다고 생각되는 업무의 윤곽을 설명해보
기로 하겠습니다. 첨부된 개요에는 광범위한 기능을 망라하고 있습니
다. 여기에 열거된 항목들 중 많은 것은 현재 제한된 자원으로나마 어
느 정도까지는 실제로 진행 중인 일들입니다. 반면에 같은 기능의 작
업일지라도, 거기에 부여된 중요성과 이용할 수 있는 자원에 따라 앞
으로 해야 할 일은 너무 많아서 그 기능을 거의 무한대로 확대할 수도
있습니다. 인원 규모와 그에 따르는 업무 범위는 각각 현저히 달라지
겠습니다만, 내 의견으로는 여기에 기술된 기능은 모두 현실적으로 가
능한 최대한도까지 수행되어야 한다고 생각됩니다.

　우리 홍보 프로그램의 목표는 야심찬 것이어야 합니다. 우리는 한국
을 세계에서 가장 잘 알려진, 가장 존경받는 국가 중 하나로 만들고자
노력해야 합니다. 우리는 일본의 홍보 요원들이 일본을 위해 하였듯이
한국을 위해 애써야 하며 그보다 더 잘하려고 노력해야 합니다. 현재
의 세계 상황에서 미국이 그러한 프로그램의 주요 초점임에는 틀림없
지만 실질적으로 가능한 데까지 세계의 여러 곳으로도 방향을 돌려야
할 것입니다.

　인사문제에 관해서는 똑똑하고 젊은 한국인들을 연수생으로 각 부
서에 배치해야 할 것이라고 사료됩니다. 또한 가능한 한 빠른 시일
내에 이들이 지도적인 위치로 진출해야 할 것입니다. 동시에 홍보 프

로그램이란 그것이 대외 지향적인 프로그램이라는 의미에서 한국 정부의 다른 기능들과 구별됩니다. 그 일의 성격상 언제나 대상이 되는 외국의 독자와 청중들에게 최대한의 호소력을 지니도록 계획되고 전달되어야 합니다. 따라서 예를 들어, '학교와 조직 분야'의 수장은 그의 영향을 받게되는 교육자와 조직 지도자들의 사고 과정과 사고방식을 잘 아는 사람이 아니면 안 된다고 생각합니다. 이것은 '신문, 잡지, 라디오 분야'에서도 똑같이 적용됩니다. 한국의 연구 분야에 대해서는 잘 훈련된 미국인 연구원과 유능한 한국인 학자가 공동으로 책임을 맡는 것이 이상적이라고 생각합니다. 이들은 상호 우정과 존경심을 갖고 긴밀히 협조할 수 있을 것입니다. 한미 우호연맹은 '후원 대상자(clientele)'에게 진정한 동료의식을 갖고 접근할 수 있는 능력을 갖춘 한국 근무경력이 있는 미군 출신들이 발전시켜 나가야 할 것입니다.

각 프로그램의 전반적인 "기조"는 품위와 진정한 학구적인 것이어야 할 것입니다. 우리는 지나치게 즉각적인 효과를 노릴 것이 아니라 장기적인 이해에 목표를 두어야 할 것입니다. 이를 위해서는 손해를 보는 한이 있더라도 진실을, 있는 그대로의 사실을, 오직 진실만을 말할 것을 맹세해야 할 것입니다! 우리가 한국에 관한 정보의 *믿을 수 있는 제공원이* 될수록 우리의 영향력은 증대될 것입니다. 선동주의와 편협한 당파주의는 전염병만큼이나 피해야 합니다. 이것은 곧 부메랑이 되어 우리가 달성하려고 노력해야 하는 바로 그것을 망쳐버릴 것이기 때문입니다.

제안하신 프로그램이 수행되려면 최소한 125,000달러의 예산이 소요될 것입니다. 적어도 확고한 기반이 다져지고 운영상의 "결함들"이 모두 해결되기 전에는 이 금액 이상은 건의하지 않겠습니다. 물론 필요에 따라서는 조정될 수 있습니다.

4월 19일, 이 박사로부터 "전 한국이 선거를 준비하고 있다"는 내용의 편지가 도착하였다. 편지는 계속해서 한국에서 많은 관심이 집중되고 있는 상황을 설명하고 있었다. 전직이 경찰관이라는 최라는 이름의 중도파 후보가 동대문구에서 이 박사와 대결하기 위해 국회의원 후보로 등록하였다고 했다. 그는 후보등록을 위해 최소 200명의 서명을 받은 신청서를 제출해야 했다. 그는 90명이 서명한 신청서를 가지고 선거위원회에 나타나서 이 박사가 그에게 출마하지 말도록 요청하는 전화를 하였으며, 등록 사무소로 가는 길에 깡패들의 공격을 받고 필요한 서명을 다 받은 신청서가 들어 있는 가방을 빼앗겼다고 주장하였다. 이 말을 근거로 그는 후보로 등록되었다. 후에 선거관리위원회가 재심하여 그의 후보등록은 취소되었다. 이 박사의 편지는 이렇게 적고 있었다: "우리는 결코 그 사람을 본 적이 없소. … 우리는 그의 전술을 꽤 재미있게 받아들였소."

서울 생활의 형편에 대해서는 4월 22일에 쓴 프란체스카 여사의 편지에서 엿볼 수 있다:

　이곳 서울은 요즈음이 가장 아름다운 계절입니다. 벚꽃이 만발하였습니다. 워싱턴의 벚나무들에서는 볼 수 없는 겹 벚꽃입니다. 진달래꽃은 핑크와 보라색으로 장관입니다. 머지않아 자두나무에 꽃이 피면 봄도 거의 끝나갈 것입니다. 하늘은 어느 이탈리아 영화에서 본 것처럼 새파랗고 모두들 비가 내리기를 기다립니다. 며칠만 비가 온다면 도움이 될 것입니다. 어제는 황사가 약간 나타났고 우리는 모두 비가 내리려는 것이라고 생각했지만 다시 파란 하늘이 나타났습니다.

　아직도 우리 집을 리모델링하고 있는데 거의 끝나갑니다. 이 박사를 위해 서재와 침실 하나씩 더 지으려고 했지만 결국 포기하였습니다. 공산주의 선전의 대상이 되느니 차라리 방 세 개로 비좁게 지내는 게 더 낫겠습니다. 어떤 사람은 이 집을 흙집이라고들 하지만 나는 한국식이 마음에 듭니다. 정원 둘레에는 돌담이 쳐져 있지만 담 위에 철조

망은 없습니다. 집 주변에는 경찰관들이 많이 배치되어 있는데, 3천 명의 "정치범" 죄수들의 석방과 무슨 관계가 있나 봅니다. 자유로운 분위기는 확립되어 있지만 어쩐지 그것이 그러한 분위기답게 돌아가지 않고 있습니다. 경찰에서 공표한 범죄자 명단을 보니 우익이 중도파나 공산주의자를 공격하는 것은 아니라고 보입니다.

누구나 어차피 한 번 사는 인생인데 쉴 새 없이 위험에 처한다면 상황에 관해 서글픈 생각이 드는 것을 어쩔 수가 없습니다. 다행히 이 박사는 그런 생각을 하지 않지만 우리 모두 암살기도가 이루어지고 있다는 소문을 듣고 있습니다. 예를 들어 오늘도 그들은 우익 지도자들을 공격할 것이라고 합니다. 과연 "그들"은 누구입니까?

이 편지가 올리버 박사님의 기분에 영향을 미치지 않기를 바랍니다. 다만 오늘 제 기분이 조금 그렇군요.

떠들썩한 선전과 함께 오래 기다려왔던 회담이 평양에서 4월 19~25일에 개최되고 김구와 김규식이 이끄는 남측 대표단이 참석하였다. 그들은 5월 5일에 서울로 귀환하여 김일성(金日成)과 가진 별도 회담에 대해 설명하였다. 김일성은 "결코" 북한만의 단독정부는 수립하지 않을 것이고, 모든 문제는 "남북 지도자들이 자주 만나 협상함으로써 성공적으로 해결될 것이고, 국제협력 문제는 외국의 행동에 따라 해결되어야 한다"고 확약했다는 것이다. 그들은 또한 북측이 압록강에 위치한 수력발전소로부터의 전력공급을 차단하지 않을 것이고, 북쪽의 저수지에 저장된 물을 개방하여 남쪽의 논에 물을 대는 데 사용할 수 있게 하겠다고 보장하였다. 회담은 "모든 외국 군대"의 철수와 이에 뒤따라 한반도 전역에 민족정부를 수립하기 위한 선거 실시를 요구하기로 결의하고 끝을 맺었다.

이러한 공산주의자들의 확언이 그 진실성이 밝혀지는 데는 오래 걸리지 않았다.

5월 14일, 북쪽으로부터의 전력공급이 차단되었다. 저수지는 결코 남쪽을 향해 개방되지 않았다. 그러나 이것은 모두 5월 10일 선거 이후의 일이었다. 그때까지 평양으로부터 남쪽으로 전해진 우호적이고 화해적인 집회 소식은 우리에게는 우려스럽기만 했다. 타협과 합작을 주장하는 운동이 성공을 거두는 것처럼 보였기 때문이다.

이 박사는 4월 26일 나에게 장문의 편지를 보내왔는데 하지 장군에 대한 자기의 의심과 미 군정청이 선거를 조작하여 하지가 마음에 두고 있는 김규식을 앉히려고 할지 모른다는 우려를 거듭 나타내고 있었다. 그가 우려하는 바는 다음과 같은 것이었다: "군정은 북쪽 공산주의자들이 남측 지도자들에게 제시하는 어떠한 제안이라도 받아들일지 모르오. 그렇게 되면 좌익과 합작론자들의 선거반대 선동에 큰 혜택을 줄 것이고, 많은 우익 사람들도 영향을 받을 수 있소. 이것은 우익의 입장을 곤란하게 하겠지만 우리에게는 우리 계획을 확고히 지지하는 충분한 수의 우익적 사고를 가진 인사들이 있소."

그는 계속해서 4월 19일 유엔 한국위원단(UNTCOK) 캐나다 대표 패터슨이 이 박사 반대파를 대표하는 네 사람의 한국인들을 위한 오찬을 주재했다는 이야기도 쓰고 있었다: "당시에 패터슨은 모든 한국인들이 남북이 연합하여 선거를 실시하기를 원하기 때문에 남한만의 선거는 있을 수 없다고 참석자들에게 말했다는 것이오. 우리는 두 김 씨가 북쪽으로 떠나기 전에 하지 장군이 그랬던 것처럼, 패터슨도 김규식과 여러 가지로 뜻을 같이하고 있었다는 것을 알고 있었소."

이 박사의 또 다른 우려는 "테러"로 인해 선거가 방해받을 수 있다는 것이었다. 그의 4월 26일자 편지는 상황을 이렇게 설명하였다:

하지 장군은 처음에 남한에는 정치범이 없다고 선언하였소. 그 후에 전국에 걸쳐서 살인, 방화, 기타 테러 행위로 사형이나 수 년의 징역형 선고를 받은 공산당 죄수들을 석방시켰소. 지난해에는 하지 장군이

669명의 그런 죄수들을 사면으로 석방시키더니 이번에는 선거의 자유로운 분위기를 조성한다는 명분으로 더 많은 죄수를 석방시켰소. 이번에는 미 군정청이 영장이 없이는 어떠한 사람도 체포하지 말도록 경찰에 명령을 내려 치안과 질서를 책임지고 있는 경찰관들의 손발을 묶어놓았소. 그 결과 테러와 파괴분자들이 자유를 누리도록 크게 고무되어 전국 각지에서 경찰, 유엔의 활동, 선거 본부를 대상으로 정규적인 군사행동을 자행하고 있소. 제주도에서는 매일 정규적인 게릴라전을 전개하면서 많은 사람을 살해하고 있소.

패터슨이 이끄는 유엔 위원단 위원들은 우익이 공포분위기를 조장시키고 있다고 비난하고 있소. 북쪽의 북로당(北勞黨)과 쌍벽을 이루는 남쪽의 남로당(南勞黨)은 이러한 모든 불법행위의 주요 원천이요. 한국의 공산주의 문제를 해결하는 데 도움을 주고자 노력하는 이른바 민주국가들이 자국에서는 그러한 조직을 불법으로 규정하면서 그러한 조직을 공공연하게 옹호한다는 것은 납득하기 어렵소. 우리는 선거일까지 참을성 있게 기다리고 있지만 그들은 성공적인 선거를 무산시키기 위해 애쓰고 있는 것같이 생각되는구려.

평양 남북회담에 뒤이어 유엔위원단 위원들이 회합을 갖고 5월 10일 선거를 진행시키기로 만장일치로 의결했다. 지속되는 무질서와 남북회담에 관한 한국 신문들의 계속되는 혼란스런 논쟁에도 불구하고 상황은 한국정부의 수립을 향해 느릿느릿 나아가고 있었다.

5월 2일 이 박사는 다음과 같은 편지를 나에게 보냈다:

박사의 홍보 프로그램 계획은 훌륭하오. 나는 이것을 파일에 철해두고 그럴 상황이 되면 적어도 일부 제안에 대해서는 후속 조치를 취할 작정이오. … 박사는 정부 수립 전이라도 한국에 나왔다 갈 필요가 있을 것이오. 박사가 자리를 비운 동안에 사무실 업무가 진행될 수 있도록 조치를 취해 주기 바라오. 방법이 있다면 선거가 끝나자마자 한국으로 건너왔으면 좋겠으나 여권 등을 [군 허가증을 말한 것임] 얻기가 쉽지 않을 것이오. 또한 출장비용도 문제요. 나는 박사의 보수를 정하는데 필요한 액수에 대해 약속을 받았지만 고등판무관 이야기가 나온 이후로 사람들은 모든 것을 보류하고 있소. 고등판무관이 부임할 수 있다는 설은 일반인들의 마음속에 그대로 살아있는 것 같소. 지금쯤은 앞으로 두 달 정도 사무실을 운영하는 데 충분한 자금을 박사가 수령했기를 바라는 바이오. …

선거 실시 결과는 완벽한 승리였다. 5월 10일까지 남한 전체 유권자의 94%가 등록을 마쳤고 전체 등록자 중 91%가 한국 역사상 최초의 총선거에 참여하기 위해 투표에 참여했다. 미군정 요원들의 감독과 유엔 위원단의 감시 하에 투표는 진행되었고, 유엔 위원단은 여러 팀으로 나뉘어서 투표일 하루 종일 전국의 투표장을 예고 없이 방문하면서 보냈다. 198명의 당선자 가운데 거의 절반은 우익 정당 소속이었고, 무소속 대부분도 이 박사의 지지자들이었다. 군정청의 발표에 의하면 "비교적 사고가 거의 발생하지 않았다."[45] 유엔위원단은 일부 부정행위가 관찰되었으나 선거 결과에 영향을 미칠 만한 것은 없었다고 유엔 소총회에 보고하였다.

이 박사로부터 두 통의 짤막한 전보가 날아왔다:

- 강원도에서 당선되었음. 가족과 친지들에게 안부 바람.
- 마셜 장관에게 남한 선거에 관한 그의 성명서에 진정으로 감사한다고 전해주기 바람. 우리 모두 장관과 미국 정부에 진심으로 감사하고 있음.

---

45) 『남한 과도정부 활동』(South Korean Interim Government Activities), 주한 미 군정청 국민경제위원회(National Economic Board, United States Military Government in Korea) 작성. 1948년 5월, 제32호, 137페이지 참조.

앞으로는 하나의 정부를 조직해야 한다는 두려운 과업이, 그 다음에는 가난에 찌들고 기진맥진한 국민들을 다스려야 하는 난관이 기다리고 있었다. 이러한 엄청난 책임에 직면한 이승만의 나이는 이미 73세의 고령이었다. 한국의 국권 회복이라는 그의 필생의 위대한 목표는 겨우 절반만 달성된 것이다. 이제는 이 반쪽짜리 국가를 세워 나가야 하는 문제와 그 후에는 그 나라를 어떻게 보전할 것인가라는 문제가 남아 있었다. 한국 통일이라는 더 큰 문제가 여전히 불확실한 미래에 놓여 있었다. 전망은 밝지 않았다. 남한에서 유일한 중요 생산력은 농업생산뿐이었고, 1947년의 수확량은 1940~44년 평균생산량의 70%에 불과하였다. 1948년 5월의 농경지 면적은 전년에 비해 4% 증가하였지만 그해 봄의 한발로 인해 수확량이 더욱 감소될 것이 확실하였다. 여러 가지 면에서 앞으로 대응해 나가야 할 도전은 지금까지 성공적으로 대처하고 극복해 온 것보다 훨씬 더 컸다.

그러나 당장의 분위기는 하나의 승리와 안도감의 그것이었다. 5월 11일자 편지에서 내가 이 박사에게 지적하였듯이 "각 신문은 한국 국민이 자신의 새로운 자유를 향해 내딛는 출발에 대한 찬가를 합창하고 있습니다." 그것은 하나의 시작에 불과하였다. 그 목표는 올바른 방향으로 정해졌지만 여전히 아득한 저 멀리에 있었다.

제8장
자유로우나 아직 자립이 안 되는 하나의 정부 창조
(1948년 여름)

　한국의 4천년 역사를 통해 최초로 선거에 의해 국회가 구성되고 곧바로 그 첫 회의가 열렸을 때에 이 박사는 자신감이 생기고 미래에 대해서도 낙관적이었다. 나 자신도 희망과 기대가 컸지만 염려되는 일도 많아 만족감을 억누르고 있었다. 할 일은 태산 같이 쌓여 있는데 문제를 해결할 자원은 너무나 부족했다.

　선거는 문제를 해결한 것보다 더 많은 문제를 새로이 던져 놓은 듯했다. 이루어야 할 과업은 매우 중요한 것이었다. 과거의 민족전통에 따르지 않는 전혀 새로운 형태의 정부를 만들어 내야만 했다. 한국은 4천년 동안 전제군주국이었고, 또 35년 동안은 어떻게 해 볼 도리 없는 일본의 식민지 시대를 거쳐, 그 후 2년 반은 무계획적인 미군정에 의해 원치 않는 통치를 받아 왔다. 이제는 헌법도 제정해야 한다. 그 헌법이 민주주의적이야 한다는 것은 의문의 여지가 없었다. 모두가 한국이 독립된 주권국가가 되기를 원했다. 현재로서는 아무도 남한과 북한이 어떻게 다시 통일될 수 있을지 아는 사람은 없었다. 그러나 남한이 북쪽의 위협 아래에서, 그리고 북쪽의 자원 없이는 애석하게도 홀로 자립할 수 없다는 것이 누구에게나 자명하였다.

　미국과의 우호관계와 미국의 지원도 불가결하였다. 그러나 선거 직후

의 미국 반응은 이제 자기들의 책임을 털어버릴 수 있다는 일종의 안도감
이었다. 선거 결과에 대한 우리의 기쁨도 산적해 가는 새로운 문제로 이
미 숨 막힐 지경이 되어 있던 5월 14일, 나는 이 박사에게 다음과 같은
편지를 보냈다:

〈키플링거 뉴스레터〉(Kiplinger Newsletter)지와 데이비드 로렌스의
〈유에스 뉴스 앤드 월드 리포트〉지는 모두 미국이 한국을 소련에게
"넘겨줄 것"이라는 기사를 게재했습니다. 이 기사를 쓴 두 사람들과
대화를 나누어 보았습니다만, 두 사람 모두 특별한 정보가 있어서가
아니라 단순히 이번 선거의 의미에 대해 자기들 나름대로 해석했을 뿐
이라고 말했습니다.

이곳 군사 지도자들 사이에선 박사님이 "반미적"(Anti-American)라
는 견해가 확고히 뿌리내리고 있다는 증거가 많습니다. 물론 우리는
그것이 잘못이라는 것을 밝히려 애쓰고 있으며, 또 미군 사령부가 추
구하는 어떤 정책들에 반대하는 것이 반미적이 될 수 없다는 것은 마
치 이제 겨우 성공 단계에 접어든 마가린에 부과된 특별세의 취소를
위한 노력이 반미적이 될 수 없는 것과 마찬가지라는 점을 지적하고
있습니다. 국무부와 여론에 관한 한 이것은 어제 오늘의 싸움이 아니
고 우리의 노력이 약간의 성공을 거두고 있는 싸움이기도 합니다. 그
러나 군부는 자체의 독자적인 통신 라인을 가지고 있고 그들의 의견은
상당히 굳게 뿌리내려 있습니다.

내 생각에 이것은 가장 심각한 문제이며 가능한 한 최대의 관심을
기울여야 할 필요가 있다고 봅니다. 만약 군부에서 한국으로부터의 전
면적인 철군과 원조의 중단을 권고한다면 이것은 국무부의 결정보다
우선시될 수도 있습니다. 중량감 있는 의회의 일부 의원들도 확실히
영향을 받을 것입니다.

나도 알고 있고 박사님께서도 아시다시피, 지금까지 박사님의 전 생

애는 친미적이었습니다. 한국의 독립은 반드시 미국을 통해서 그리고 미국에 의해 달성되어야 한다는 원칙하에 평생을 한국 독립을 위해 싸워 왔고 또한 소련의 침략에 대항하여 한국의 생존을 유지하기 위해서는 반드시 미국의 지원에 의존해야 한다는 사실도 박사님과 저는 잘 알고 있습니다. 박사님은 인민은 자결권을 가져야 한다는 순수하고도 근본적인 미국의 견해를 지키기 위해 싸워 왔습니다. 그러나 이러한 목적을 이루어 나가기 위해서 특정한 미국 정책들에 대해 반기를 드는 것은 지금까지는 필요했던 일이었습니다.

선거가 실시되고 정부 수립의 절차가 진행되고 있는 이 마당에 와서는 그런 싸움도 끝난 일입니다. 이제 가장 시급한 일은 눈앞에 놓여 있는 여러 과업을 완수하기 위해서 한국과 미국이 팀워크를 형성하는 것이라고 믿습니다. 박사님께서 새로운 정부로의 권한 이양 문제를 처리함에 있어서 미군정 전문가들과 가능한 한 긴밀하게 협조를 다하면서, 이러한 취지의 공개성명을 발표하시면 현재의 상황에서 크게 도움이 될 것입니다.

새 정부에 대한 미국의 "과잉(too much)" 통제의 가능성은 없어 보입니다. 오히려 "과소(too little)" 지원의 현실적인 위험성이 있을 것으로 우려됩니다.

이것이 현지에서 본 미국의 현재 상황입니다. 우리가 검열 없이 많은 부수적 문제를 검토할 수 있는 채널이 없다는 것이 유감스럽지만 이용 가능한 채널을 통해 가능한 한 최선을 다해 진행시켜 나가야 하겠습니다.

5월 17일자 〈뉴욕타임스〉에는 같은 논조로 한국을 소련의 통제 아래로 넘기려는 미국의 계획이 무르익어 가고 있다고 주장하는 비슷한 칼럼이 실렸다. 국무부의 본드 씨가 우리 사무실로 그러한 기사에 대해 부인하는 내용의 전화를 해왔고 임병직과 함께 서둘러 국무부로 가서 앨리슨과 버터워스(Butterworth)를 만나 사실 확인을 해보았더니 두 사람도 같은 확답을 우리에게 들려주었다.

나는 5월 19일에 이 박사를 더 안심시킬 수 있는 편지를 쓸 수 있겠다고 생각했다:

> … 나와 대화를 나눈 관리들은 … 한국에 대해 그리고 한국이 독립, 안정 및 안보와 번영 속에서 성공적으로 발전되기를 보장받도록 도와주기 위해 그들이 최선을 다하는 데에 대해 진심으로 깊은 관심을 가지고 있습니다. 그들은 전적으로 건전하고 도움이 되려는 자세를 가지고 있습니다. 우리는 미국이 (a) 한국에 대해 지속적인 통제를 유지하려고 획책하거나, (b) 한국을 소련의 통제로 넘겨준다는 걱정 따위는 할 필요가 없다고 생각합니다.

미군정으로부터 새 정부로의 이양 문제의 핵심은 아직 새 정부가 존재하지 않는다는 단순하고도 피할 수 없는 사실에 있었다. 선거에 의해 정부를 수립할 책임이 있는 제헌(制憲) 국회가 구성되었다. 그러나 정부가 수립되기 전에는 이 박사와 그 밖의 민족진영이 아무리 조급하더라도 미군정청이 통치를 계속하는 길 이외에는 선택의 여지가 없었다. 존 앨리슨이 내게 말한 것처럼 "새 정부가 수립될 때까지는 국무부가 이 박사나 다른 단체와 협력하는 것은 절대적으로 불가능하였으며, 만약 그렇게 한다면 한국 국민의 분노를 사게 될 것"이었다.

문득 나는 이 박사가 미국은 후보자 선정에 영향을 미치거나 영향을 주는 듯이 보이는 행위도 절대로 해서는 안 된다고 완강하게 주장하던 일이 생각났다. 이제 이 박사가 새 국가의 수장이 되리라는 것은 누구나 다 다 알고 있었다. 그러나 그가 실제로 집권하기까지는 우리는 옆으로 비켜서서 기다려야만 한다. 그러는 사이에 문제는 더욱 악화되었다. 왜냐하면 미군정이 경제회복을 위해 애쓰려 했던 조그마한 조치조차도 자연히 손을 놓고 말았기 때문이다.

선거가 끝나고 명확한 다수 지지를 얻은 이 박사는 제헌의회에 제출될 문제들을 다루기 위해 그의 추종자들로 각종 위원회를 조직하기 시작하였다. 5월 14일, 이 박사는 유엔 한국위원회와 회동한 자리에서 가장 시급한 것은 국가통일이라고 그 필요성을 역설하였고, 그 결과에 대해서는 매우 의심스러워하면서도 다시 한 번 국가의 통일 기반을 추구하고자 하는 취지로 유엔 위원단에 남북 회담을 재개할 것을 제안하였다. 가장 중요한 점은 그러한 회담에 대한 남측 대표자는 반드시 새 정부의 대변인이어야 한다는 것이었다.

김구와 김규식도 또한 유엔 한국위원회(UN Temporary Commission on Korea: UNTCOK)와 회동하고 평양에서 열렸던 정치회담이 이미 국가통일을 위한 바탕을 마련하였다고 주장했다. 그들은 더 이상의 회담은 필요하지 않다고 말했다. 김규식은 북측으로부터의 남한 침공은 없을 것이라는 김일성의 개인적인 보장을 받았다면서 "이에 대해 의심할 이유가 없다"고 말했다. 김구는 평화적 통일과 진정한 국민의 정부 수립이 가능하다고 자신 있게 단언했는데, 그 이유는 "남북한의 정당과 사회단체 대표자들이 공동선언에 서명 날인하고 기록된 바와 같이 틀림없이 계획을 실행하기로 약속했기 때문이다."고 하였다.46)

다수의 한국 신문들은 국회가 결정을 내려야 할 문제들을 처리하기 위해 자신의 여러 위원회를 조직하는 것이 너무 시기상조라고 이 박사를 공격하였다. 5월 26일, 이 박사는 기자회견을 열고 미국식의 대통령제와 각료 행정부제의 채택을 제안하였다.

---

46) 『남한 과도정부 활동』(*South Korean Interim Government Activities*), 1948, 5,147p.

제헌국회는 5월 27일에 149명의 의원이 참석한 가운데 첫 회의를 열었다. 하지 장군은 최고령 의원을 임시 의장으로 지명할 것을 제의한 바 있었다. 198명 의원들의 연령은 28세에서 74세에 걸쳐 있었고, 평균연령은 47세였다. 당시 이 박사는 73세였다. 5월 31일에는 총회가 소집되고, 198명의 의원들이 전원 참석한 가운데 전체 회의가 소집되었고 188표를 얻은 이 박사를 의장으로 선출하였다. 6월 1일 이 박사는 나에게 편지를 보냈는데 자신의 성급한 "지배력 쟁취"에 대해 언론의 비난이 있다고 하면서 자기의 유일한 목적은 "국회 개원 준비를 위한 것일 뿐 무슨 다른 의도가 있었겠소?"라고 설명하였다.

그는 다음과 같은 인사말과 함께 하지 장군을 국회에 소개했다:

다른 어떤 사람보다도 그 공적을 치하 받아야 할 한 사람이 있다면 그것은 다름 아닌 하지 장군입니다. 하지 장군도 이 자리에 우리와 함께 기쁨을 나누고 있다는 것을 나는 알고 있습니다.

하지가 한국 문제에서 손을 떼겠으며 자신이 할 수 있는 모든 방법을 다하여 지원을 아끼지 않겠다고 다짐하는 간단한 연설을 마치자 이 박사는 방청석 쪽을 향해 미국에 대한 자신의 진정한 감회를 최선을 다해 역설하였다:

이 자리에 이렇게 많은 미국인들이 참석해주셔서 정말 기쁩니다. 여러분들은 가장 어려운 시기에 우리와 함께 해 주었습니다. 아마도 때로는 오해도 받고 비난도 받았을 것이나 이러한 모든 유쾌하지 않은 경험들은 머지않아 영원히 잊혀질 것입니다. 그러나 한 가지 위대한 사실이 역사 속에 남아 영원히 우뚝 빛나게 될 것입니다. 그것은 여러분들이 우리가 독립을 되찾는 것을 돕기 위해 이곳에 오셨고 여러분은 그것을 이룩해냈다는 사실입니다. 우리 국민은 자손대대로 깊은 감사의 일념으로 이 사실을 기억할 것입니다.

하지는 5월 27일 정책에 대한 마지막 성명을 겸해 이 박사에게 의장으로 선출된 것을 축하하면서 작별을 고하는 편지를 보냈다:

　이번 선거의 가장 중요한 특징은 한국의 운명과 미래를 한국인의 손에 맡긴다는 것입니다. … 박사께서는 그 내용을 충분히 인식하고 계시고 막중한 책임을 짊어지고 계시며, 박사 자신과 박사께서 대표하고 계신 훌륭한 국민을 위해 명예롭게 책임을 완수하리라 확신합니다.

이렇게 해서 이 박사도 하지 장군도 모두 지켜야 할 예의는 적절히 지킨 셈이 되었다. 그렇지만 상대에 대한 그들의 감정이 바뀐 것은 아니었다.

하지 장군은 그의 편지 본문에서 미국의 공식적인 정책 성명으로서 꼭 기록해야 한다고 생각되는 "세 가지 제안"을 제시하였다. 그러나 이승만은 그것을 하지가 한국인들을 이래라 저래라 시켜야 할 "어린애들"로 취급하는 또 하나의 예라면서 분개하였다. 그 제안은 다음과 같은 것이었다: (1) 국회는 북쪽에서 의원들을 선출할 수 있게 되는 대로 충원되도록 100석의 국회의원 자리를 공석으로 유지하기로 하는 결의안을 즉각 통과시킨다. (2) 국회는 한국과 미국 및 유엔의 공동 정책인 남북통일 정책을 수행하기 위해 유엔 한국위원회와 협조할 연락위원회를 임명한다. (3) 국회는 "정부 형태를 규정하는 헌법을 채택함에 있어서 한국인의 필요와 심성에 적합하지 않은 경솔한 조치를 해서는 안 된다."

이 박사는 화해적이고 다소 훈계조로 준비된 한 20분간의 연설로 국회를 개회했다. 이 연설은 기본적으로 단합을 위한 일종의 호소였다:

　이날을 맞이하여 우리는 먼저 전지전능하신 하나님께 감사드리며, 둘째로는 1919년에 목숨을 바치신 애국적인 우리 동포들에게 감사하고, 셋째로는 우리의 우방, 특히 미국과 유엔에 오늘이 있도록 만든 그들의 위대한 기여에 대해 감사해야 하겠습니다.…

이북 5도의 동포들이 자신들의 대표자를 선출할 수 없었음을 매우 유감스럽게 생각합니다.… 그러나 북쪽으로부터 내려온 450만의 난민들이 총선거에 참여하였고, 그 중 일부는 이 국회의 의원으로 선출되었습니다. 더욱이 우리는 일정한 의석을 북한인들을 위해 마련해 놓고 있습니다.

새 정부가 반동적인 정권이 될지도 모른다는 모든 우려를 불식시키기 위한 노력의 일환으로 그는 다음에 추구해 나아갈 목표를 열거하였다. 이것들은 주로 이 박사와 내가 논의해 온 사안들이었다:

이미 알려진 바와 같이, 이 국회의 주요 목표는 민주주의 원칙을 기반으로 하는 헌법을 채택하여 그 헌법에 따라 정부를 수립하고 우리나라의 안보와 방어를 위해 국방군을 설치하며 고통받는 우리 국민의 어려움을 해소해 주는 데 있습니다. 우리는 쌀과 그 밖의 생필품 가격을 규제하고 모든 국민에게 공정하게 토지개혁을 시행할 것이며, 법률에 의해 규정된 개인의 자유와 평등권을 보호할 것이고, … 학교 교육에 대한 관심을 증진시키고, 우리 산업을 발전시키고, … 언론, 집회 및 종교의 자유를 보호하고, … 소련과의 직접적이고 우호적인 협상을 개시하도록 노력하며, … 일본과의 정치, 경제 및 그 밖의 긴급한 문제를 타결해 나갈 것입니다.

연설의 끝마무리는 그 자신의 아주 강한 개인적 소신의 피력이었다. 그것은 50년 전에 그가 젊은 시절 감옥에 있을 때 썼던 『독립정신』(The Spirit of Independence)을 풀이한 것이었다. 그것은 정치이론에 대한 그 자신의 주요한 기고문들에 들어 있는 것으로, 시민의 권리와 특권이 아니고 시민의 의무와 책임을 강조하면서 유교식 표현으로 민주주의를 해석한 것으로, 이것은 이 박사의 전 생애를 통하여 그의 생각과 말에서 자주 되풀이된 주제였다:

친애하는 국민 모두에게 내가 충고하고자 함은, 만약 국회와 정부가 수립되었다고 해서 모든 사람들이 자신이 해야 할 일을 하지 않고도 원하는 것이 모두 달성될 것이라고 오해하게 된다면 머지않아 실망하고 환멸을 느끼게 될 것입니다.

과거 왕정 통치시대에 사람들은 정부에 참여하지 않고 국가의 모든 일을 정부에 있는 사람들에게 일임했습니다. 그러나 민주정부에서는 국민이 국가의 통치자이며, 만약 통치자들이 자신의 의무를 소홀히 한다면 국가는 다시 위기에 빠지게 될 것입니다.

지금부터는 모든 국민은 남녀를 불문하고 스스로가 책임과 권한과 권력을 똑같이 공유한다는 사실을 깨달아, 정부, 즉 우리 개인의 권한과 특권을 보호 · 보장해 줄 정부의 기초를 굳건히 하고 강화하기 위해 일하고 싸워나가는 데 우리의 모든 정력을 다 쏟아 부어야 할 것입니다. 이렇게 해야만 우리나라의 개화와 번영을 향한 빠른 발전이 이루어질 것입니다.

남녀노소를 막론하고 해야 할 일이나 의무를 다하지 않는 사람이 있어서는 안 될 것이고, 만약 국가의 발전을 저해하거나 파괴하고자 하는 비애국적이거나 파괴적인 분자가 있다면 국가에 충성하고 법을 준수하는 국민이 피해를 입지 않도록 법률에 따라 엄격히 다루어져야 합니다.

국민과 정부는 부패와 부당이익을 일삼는 모든 악을 근절시키려는 결의를 수행해 감에 있어 함께 힘써야 합니다. 우리는 국가의 활력을 좀먹는 이러한 관행들을 모두 밝혀내고 제거해야 합니다. 정부 안이든 밖이든 유죄가 판명된 사람은 누구를 막론하고 엄격히 처벌되어야 합니다. 나는 우리 모두를 위해 이 가장 긴박한 문제들이 해결될 수 있도록 모든 개인과 단체가 최선을 다해 줄 것을 당부합니다.

앞으로 우리 대한민국의 운명과 우리 국민의 복지는 전적으로 한국 국민 각자의 손에 달려 있습니다.

우리가 실패한다면 우리는 고통을 당하게 될 것이고 그 책임은 오로지 우리 자신에게 있을 뿐입니다.

우리가 성공한다면 우리는 성공의 모든 혜택과 축복을 누리게 될 것이고 우리의 우방국민들은 모두 기꺼이 따뜻하고 동정에 찬 지원을 보내올 것입니다.

6월 7일에 나는 이 박사에게 편지를 쓸 수 있었다: "우리에게 들어오는 소식은 아주 긍정적인 것 같고, 미국의 전반적인 반응은 당면 과업을 처리해 나가는 방식에 대해 경탄하고 있는 듯이 보입니다." 나는 계속해서 런던에서 발간되는 〈이스턴 월드〉(the Eastern World)지와 〈파 이스턴 서베이〉(the Far Eastern Survey)지가 내 기고문을 게재키로 한 것과 〈오늘의 역사〉(Current History)지로부터 "새 정부가 당면한 여러 문제점"이라는 제목의 글을 요청받았다는 사실을 보고하였다.

서울에서는 매사가 잘 진행되어 가지 않았다. 독립된 한국정부가 존재해야 하는지 여부에 대한 유엔 한국위원단(UNTCOK)의 표결이 5 : 3으로 나누어지고, 그 소수파의 의견은 (남북에 걸친) 통치권이 인정되기 전에는 남북통일을 위한 앞으로의 계획에 관해 유엔과 협의할 수 있는 "대표 기구" 이상의 것이 존재할 수 없다는 주장이 있어 우리는 경악을 금치 못했다. 이런 주장은 또한 김구와 김규식의 입장이기도 했다.

6월 10일, 이 박사는 또 하나의 장문의 편지를 보내왔다. 이것은 대부분 독립을 지연시키려는 운동을 부추기고 있다고 이 박사가 의심한 하지 장군과의 관계를 되돌아보는 내용이었다. 그는 이렇게 썼다: "처음에 하지는 민족진영이 반드시 공산주의자들과 협력해야 한다고 주장하였소, … 그는 남측 지도자들에게 일부 공산당 지도자들을 받아들이지 않으면 한국정부는 결코 세워지지 않을 것이라는 말을 반복했었소."

그의 불평은 마치 긴 기도문처럼 계속되었다:

이 시기와 그 이후에도 계속된 하지가 발표한 모든 공식 성명은 근본적인 원인, 즉 공산주의자들의 준동에 대해서는 아무런 언급도 하지 않고 한국 국민의 분열만을 강조하고 있소. 한국에서 하지의 통치가 시작되면서부터 서울에서 타전된 미국 언론 보도의 대부분은 우후죽순과 같이 생겨나는 정당의 숫자가 50 내지 400개에 달한다고 대중들에게 상기시켜 주었소. 한국인들은 이러한 진실 왜곡에 큰 불만을 갖고 이를 바로잡으려고 하였지만 그들에게는 발언권이 없었소. 미 군정청의 사령관이나 그 밖의 고위 장교들 중 그 누구도 그러한 보도 내용의 진실성에 대해 공식적으로 부인한 경우는 단 한 번도 없었소.

1945년 10월부터 1946년 11월까지 처음에는 나도 하지 장군을 전폭적으로 지지하고 협력을 다하였소. 그 동안에 공산당과의 협력 노력은 결코 결실을 맺지 못할 것이라고 나는 그에게 끊임없이 조언하였소. 미 · 소 공동회담이 실패한 것으로 알려졌을 때, 나는 하지 장군에게 통합이라는 헛된 노력을 포기하고 한 · 미 두 나라의 입장을 강화시킬 정부를 수립하기 위해 남한의 총선거를 실시함으로써 한국 국민의 전반적인 뜻을 따라야 한다고 말했소. 그러나 하지는 꿈쩍도 하지 않았소. 나는 그에게 더 이상 그를 지원하지 않을 것이고 지원할 수도 없다고 선언하였소. 그것은 내가 워싱턴으로 떠나기 전인 1946년 11월의 일이었소.

그 이후로 언론보도가 나를 반미적이니, 극우주의자니, 반동적이니

등등으로 비난하기 시작하였소. 이러한 보도는 미국에서는 나에게 해가 되었을지 몰라도 한국에서는 그 어느 때보다 나의 입지를 강화시켰고 하지 장군이 나를 밀어내려고 시도할 때마다 나의 인기는 더 높아졌던 것이오.

한국의 지도자들 사이에 상호신뢰가 부족했던 것이 불행한 일이었다고 느꼈지만 그러한 인물들 간의 시시한 다툼을 보고 미국에 있는 우리가 우월감을 느낄 이유는 없었다. 내가 6월 10일에 이 박사에게 맘 내켜 하지 않으면서 보낸 편지에 썼던 것처럼, 우리도 워싱턴에서 아주 비슷한 문제를 안고 있었다. 존 스태거스는 나보다 연장자이고 10년이나 더 오래 이 박사와 가깝게 지낸 동지였는데, 그는 이 박사가 나에게 맡긴 역할 때문에 화가 났다. 스태거스는 임병직, 제이 제롬 윌리엄스 그리고 나를 불러 모아놓고, 이 박사에게 우리들의 "협조가 부족"하다는 점을 편지로 써 보냈다는 사실을 알려주면서, 앞으로 "협의"를 위해 주례 회의를 갖자고 주장했다.

이 박사에게 보낸 편지에서 임병직과 내가 느끼기로는 스태거스의 생각 중 많은 부분이 "대단히 위험"하고 그가 말하는 "협의"란 것은 우리가 따르도록 명령을 내리겠다는 것을 의미한다고 설명하였다. 나는 우리 업무에 대해 보고하는 것 이외의 일은 스태거스와는 더 이상 하지 않겠다는 것이 우리의 의견이라고 말하고, 임병직과 나 사이의 관계는 과거에도 현재도 언제나 긴밀하고 원만하다고 덧붙였다.

이러한 상황은 서울의 지도자들 사이의 개인적 문제를 환히 들여다보는 데 도움이 된다. 서울이나 워싱턴에서의 애로점을 보면 모두 하나의 기본적인 원칙이 있는 것 같다. 즉, 어떤 이유로든 책임과 권한이 모호한 상황에서는 조화로운 팀워크가 크게 손상을 입는다. 워싱턴에서 우리는 진정한 선의를 가지고 요령 있게 심사숙고하면서 개개인 관계를 서로 잘 유지하려고 노력하였으나 동반자가 되어야 마땅한 사람이 불가피하게 경쟁자가 되곤 하였다. 이로 미루어 본다면 서울에서의 상황도 이와 유사하다는 점에 대해 의구심을 가질 이유가 없었던 것이다.

한편으로 김구와 김규식에 대하여, 다른 한편으로는 하지 장군에 대한 이 박사의 고충을 생각해 보면 문제는 "누구 잘못이냐"에 있다기보다는 차라리 "무엇이 잘못되었느냐"에 있었다. 사실상의 잘못의 원인은 이들이 서로 상대방을 판단할 때 기준으로 삼은 그 상황 자체가 결말이 나지 않은 상태로 남아 있어서 모호했기 때문이다.

6월 11일, 나는 임병직과 함께 국무부의 찰스 살츠먼 차관보와 그의 두 명의 보좌관과 가졌던 회담에 관해 이 박사에게 편지를 썼다: "모두들 상냥하고 정중했습니다." 그들은 한국의 모든 일이 그들이 바라던 대로 되어가고 있고 한국정부 수립을 지연시킬 이유가 없다고 확언하였다.

이 대통령은 6월 17일자의 장문의 편지에서 어떻게 하여 우스꽝스럽고도 불필요하게 나쁜 감정이 촉발되었는지에 대해 설명했다. 5월 31일 화요일에 국회가 공식적으로 소집되었을 때 의원들은 각자의 좌석에 하지 장군이 국회로 하여금 조치를 취하도록 제안한 목록 등사본이 놓여 있는 것을 발견하였다. 다수의 의원들은 이에 대해 격분하였다. 그것은 바로 개원식에서 "불간섭"을 약속했던 하지 장군의 연설 내용과 정면으로 상충되는 것이었기 때문이다.

사건의 진상은 이러했다. 하지 장군은 각 국회의원들에게 개별적으로 비공식적인 메시지를 보내 당선을 축하하고 오로지 친구의 입장에서 추진되어야 할 몇 가지 사안에 대해 언급하고자 했던 것이다. 그는 이 메시지를 한 보좌관에게 주었고, 이 보좌관은 그 사본을 즉시 배포할 예정이었으나, 그는 우연히도 제7일 안식일재림교 교인이었고 배포하려던 날이 마침 그의 안식일인 토요일이었던 것이다. 그래서 그날 메시지를 배포할 수 없었고, 다음날은 일요일이어서 또한 배포할 수 없었고, 또 그 다음날 월요일은 국경일로 선포되었기 때문에 역시 전달이 불가능했다. 그렇게 되니까 그 보좌관은 결국 메시지를 개별적으로 전달할 수가 없게 되었던 것이다. 화요일에는 국회의원 모두가 국회에 출석할 예정이었기 때문에 그로서는 메시지를 전달하기에 이상적인 장소와 시간으로 여겨졌던 것이다. 이렇게 묘하게 일이 꼬여지다보니 "비공식적이고 개인적인" 제안이 "공식적인 지시"로 확대되어 버렸던 것이다.

이 박사는 국회에 이 문제를 "조사"할 것을 약속하고, 다음날 의원들에게 상황을 설명하였고, 그들은 "매우 만족"해 했다.

6월 말쯤에 나는 이 박사로부터 일자가 기재되지 않은 한 통의 편지를 받고 특별한 감동을 받았다. 그 편지의 전문은 다음과 같다:

아래층에서 국회가 개회 중인 동안 나는 위층의 내 사무실에서 내 관심을 필요로 하는 올리버 박사의 몇몇 편지에 대한 답장을 쓰려고 하오.

의원 201명과 특별자문역을 맡은 12명의 저명한 법학자들이 함께 내주 월요일까지 국회에 헌법 초안을 제출하려고 준비를 끝내 가고 있소. 그러나 하루 이틀 정도 지연될 수 있는데 이는 초안이 채택되도록 제출하기 전에 먼저 가능한 한 많은 의원들 사이에 주요 포인트에 관하여 전반적인 합의를 도출하도록 내가 당부했기 때문이오.

지금까지의 전체적인 개요는 대통령과 부통령을 선출하는 단원제 (單院制) 국회를 규정하고 있소. 내가 원래 제안한 것은 정부 수립 후에 상원을 설치하기 위한 조항을 추가하는 것이었소. 그러나 법률 자문역들이 여기에 반대하였고 결국 내가 양보하였소. 만약 그러한 조항이 삽입된다면 단원제에 의해 수립된 정부는 불법적이라는 취지의 반대자들의 의문이 제기될 것이기 때문이오. 나는 그 조언을 받아들였소.

　대통령은 내각보다 상위에 놓이고 행정부 수반으로서의 책임을 지는 국무총리를 임명한다는 구상을 제외하고는 헌법의 주요한 원칙에 관해서는 이견이 없었소. 국무총리는 국회에서 불신임 결의가 있는 경우에 해임될 수가 있는 것이오. 대통령은 국회를 해산할 권한을 갖게 되오. 나는 그들에게 그렇게 되면 정부의 안정이 어려워지기 때문에 찬성할 수 없다고 말했소. 정부는 적어도 대통령 임기 동안은 반드시 안정을 유지할 수 있어야 하고 국회가 이를 변경시킬 권한을 가져서는 안 될 것이오.

　또 하나의 문제는 대통령의 국회 해산권이오. 나는 대통령이 그 정도의 권한을 행사할 필요는 없을 것이라고 말했소. 다만 입법부가 교착상태에 빠지게 될 경우에는 그러한 조항이 도움이 될 수도 있겠지만 말이오.

　가장 중요한 것은 국회가 초안을 신중히 검토하여 초안이 본회의에 회부되었을 때 주요 조항에 대한 의견 충돌이 없어야 한다는 것을 염두에 두어야 한다는 것이오. 지금까지는 좌익을 포함해서 대부분의 의원들이 우리들과 함께 일을 진행해 나가고 있소.

　일본이나 미국에서 무기가 들어오고 있고 미군 장교들이 자기 부대 영내에서 우리 군인들에게 무기 사용 방법을 훈련시키고 있다는 보고를 받았소. 유동열(柳東說) 장군 아래에서 국방경비대 고문관을 지낸 프라이스(Price) 대령이 최근 전보되어 바로 며칠 전에 미국으로 떠났소. 그는 한국 체류를 열망했지만 정부가 수립될 때까지는 이래라 저래라 할 수 있는 사람은 아무도 없다고 그에게 말해주었소. 하지 장군과 다른 미국인들은 모든 미군 장교와 사병들이 가능하면 조속히 한국을 떠나고 싶어 하고 아무도 남지 않을 것이라고 자주 말해 왔었지만, 이제는 모두가 한국에 남아 있으려 하고 있소. 나는 그들에게 웃으면서 말해 주었소: "다들 한국을 떠나지 않겠다고 하니 이상한 일이 아닙니까? 지금까지 내가 받았던 인상과는 정반대입니다." 물론 우리는 그들이 고의적으로 빨리 떠나고 싶다는 인상을 주려고 했다는 것을 알고 있었던 것이오.

이제 그러면 당신이 물어본 몇 가지 질문에 대답하기로 하겠소. 올림픽 선수들이 내일 출국하는데 선수들에게 이 편지를 가지고 나가서 검열관의 손길이 미치지 않는 곳에서 발송하도록 하려면 빨리 편지를 끝맺어야 할 것 같소.

팸플릿의 인쇄에 관해서는 다른 일에 지장을 주지 않고 잘 처리할 수 있다면 그렇게 추진해도 좋겠소. 물론 팸플릿도 중요한 일이오. 당신의 판단에 맡기겠소. 워싱턴의 대사 자리에는 최고의 적임자를 선발해야 하는 데 아직 결단을 내리지 못했소. 처음에 나는 당신을 이곳에 오도록 하여 여러 가지 도움을 받을 생각이었지만 박사의 말대로 다른 어느 곳보다 미국에서 일하는 것이 더 필요할 것이오. 이곳은 당신 없이도 우리가 어떻게든 꾸려나갈 것이오. 아무 방해받는 일 없이 박사는 자신의 업무를 계속 수행해 나가기 바라오.

당신의 말대로 가장 중요한 부서인 경제와 군사 분야에는 우리가 찾을 수 있는 최적의 인물을 구해야 할 것이오. 박사가 이미 줄곧 의향을 물어 왔고 그래서 박사가 천거한 그 사람들과 관계를 맺고 싶긴 하나 지금 단계에서 그 정도까지 진행해야 할지 아직은 망설여지오. 만사가 불확실한 가운데 그러한 교섭에 우리의 넉넉지 않은 자금을 쓰기가 좀 그렇소.

그들이 초대 대통령을 선택하는 문제에는 의문의 여지가 없소. 이 문제는 모든 사람의 마음속에 이미 결정되어 있는 것이고 아무도 다른 제안을 내놓지 않기 때문이오. 그러나 정부 이양 문제 등은 많은 애로와 난관에 부딪힐 것이오. 하지 장군은 우리에게 전적으로 협력하고 있고 우리를 위해 무슨 일이든 할 용의가 있다는 것이오. 그러나 제3자에 대한 생각은 미련을 버리지 못하고 있는 것 같소. 서재필은 그러한 제의에 관심이 없다고 말한 것으로 듣고 있소. 그러나 많은 사람들이 여전히 믿고 있기를 아직도 모든 불만 세력과 권력을 노리는 자들이 은밀하게 힘을 모으고 있다는 것이오. 그러나 절대다수의 국민들 자체는 확고히 나를 지지하고 있고 심각한 문제는 없을 것 같소. 다만 대중은 언제나 속기 쉽고 쉽게 영향을 받는 사람들도 있게 마련이오. 우리는 이런 점에 언제나 유의해야 할 것이오.

인도에 사람을 파견해서 유엔 경제회담에 참석하도록 하는 것이 좋을 듯하오. 지금까지 미 군정청이 이러한 업무를 처리해 왔고 우리로서는 아직 어떤 일을 할 수 있는 입장에 있지 않소. 무엇보다도 시간이 부족하여 당장은 아무것도 할 수가 없소. 대단히 유감스러운 일이오.

어떻게 해서든지 미국 공화당 전당대회에 꼭 참석해 보시오. 가능하면 민주당 전당대회도 박사가 직접 가거나 아니면 다른 사람이라도 대신 보내도록 하시오. 우리는 미국이 극동 평화의 보루로서 한국에 기대할 수 있는 어떤 가능성이 있다는 것을 두 정당이 알아주기를 바라고 또한 이렇게 하는 것이 미국이 일본에 의존하는 것보다 훨씬 더 안전하다는 사실을 그들이 알게 되기를 바라는 것이오. 그들은 표리부동한 왜놈들에게 다시 한 번 기회를 주는 것이 얼마나 큰 실수인지를 꼭 깨달아야 할 것이오. 우리는 현재로서는 이 점을 강조하지는 않을 것이오. 우리는 일본 제국을 경제적이든, 군사적이든 혹은 그 밖의 어떠한 방법으로든 다시 일으켜 세우려는 정책을 공개적으로 비난하는 데 중국, 필리핀과 뜻을 같이하고 있소.

미 국무부가 왜 우리 정부 수립을 7월 중순이나 이후로 미루기를 원하는지 그 이유가 몹시 궁금하오. 이것을 확인할 길이 있으면 즉시 알려주기 바라오. 파리 유엔총회가 열리기 전에 정부가 기능을 발휘할 수 있도록 최선을 다하고 있소. 우리는 꼭 이 회의에 참석해야 하오.

워싱턴, 런던, 남경(南京), 마닐라 등지에 외교 대표단을 파견해야 한다는 박사의 의견은 옳소. 그러나 더 중요한 것은 호놀룰루를 포함해서 미국의 대도시 몇 군데에 영사관을 설치해야 하오. 이 자리에 앉힐 마땅한 사람은 누구누구입니까? 나와의 관계를 밝히지 말고 신상근(申相根), 양유찬(梁裕燦), 기타 인사들이 임명된다면 정부의 직책을 맡아 조국을 위해 일할 용의가 있는지, 만약 있다면 각각 어떠한 자리를 원하는지 알아봐 주시겠소? 누구나가 최고의 직책을 원할 것이고 큰돈이나 명예가 따르지 않는 자리에는 아무런 관심을 보이지 않을 것이오. 우리가 결정을 내리기 전에 구할 수 있는 자료를 잘 파악하는 것이 대단히 중요할 것이오.

시간이 없어서 이 편지 초안을 다시 타자하지 못하고 그대로 보내오. 혼란스럽고 시끄러운 가운데 내가 직접 타자기를 두드리고 있으니 오류와 오타가 있더라도 이해해 주기를 바라오. 유능한 속기사 한 사람을 찾아봐 주시오. 훌륭한 사람이 있으면 한국으로 데려올 수도 있을 것이오.

6월 18일, 나는 이 박사에게 편지를 보내서 취임식에 꼭 참석하고 싶다는 뜻을 밝히고, 행사에 참석하는 개인적인 기쁨 이외에도 "이런 여행이 나의 홍보 프로그램에도 상당한 도움이 될 것이고 또한 현장에서 직접 생생하게 취재한 보다 많은 기사를 작성할 수 있는 길을 열게 되는 것"임을 지적하였다.

이 제안에 대해 내가 받은 첫 응답은 이 박사가 임병직 대령 앞으로 보낸 다음과 같은 7월 19일자 전문이었다. "올리버 박사와 당신이 지금 자리를 비울 수 있는지 자체적으로 결정할 것. 환율로 인해 출장비 지불 불가."

이 문제는 결국 우리 모두를 위해 군정청에 의해 결정되었다.

7월 23일, 한국에 입국하기 위한 나의 군사 허가증 신청이 하지 장군에 의해 거부되었다는 통지를 전쟁부로부터 받았다. 상황을 분명히 하기 위해 나는 즉시 두 번째 신청서를 제출하고 다음과 같은 내용의 답신을 8월 2일자 전문으로 받았다. "정부가 허가 신청을 처리할 때까지 미 군정청 당국은 올리버 박사에게 대기할 것을 통고함." 적어도 이 문제만은 하지 장군에게 결정권이 있었다. 내 생각으로는 하지 장군이 알고 있는 것 이상으로 내가 그에게 도움이 되어 왔었는데, 이 박사에 대한 하지의 공격을 내가 간접적으로 받은 꼴이 된 것이다.

6월 21일자 이 박사의 편지는 더 골치 아픈 문제가 발생하였음을 알려 주었다. 유엔 한국위원회 위원들이 이렇다 할 가시적인 기여를 못하고 있는 데 대해 불만이라는 것이었다. 메논의 후임으로 의장이 된 인도의 싱(Singh)은 협의를 위해 자신의 사무실을 찾는 한국인이 아무도 없어서 자기는 잡지나 읽으면서 시간을 보내고 있다고 불평하였다.

중국과 필리핀 대표는 5월 10일 선거의 적법성에 관한 유엔 한국위원회 보고서를 즉시 발표하기를 원했고, 엘살바도르 대표는 그러한 안이 제시되면 찬성표를 던지겠다고 말했다.

대다수의 대표들은 보고서의 조기 발표가 남북통일 회담의 가능성을 방해하고 남한 정부 수립을 지연시키려고 활동하고 있는 김구와 김규식을 거슬리고 싶지 않아서 관망하는 쪽을 택하였다.

하지 장군은 이승만에게 이번 파리 유엔총회에서 선거가 합법적이었는지 여부에 대한 판단을 내리게 될 것이라는 점을 지적하면서 유엔 한국위원회에 대해 비판적인 성명을 발표하지 않도록 촉구하였다: "한국인들은 겸손을 유지하고 타협적인 태도를 보이도록 최선을 다해야 할 것입니다." 이에 대해 이 박사는 그가 왜 지연되는 것에 반대하는지 그 이유를 설명하면서 "소련이 북한에서 반공적 성향을 가진 사람들을 몰아내려 하고 있고, 100석의 의석을 차지하기 위해 선거 실시를 제안할지도 모른다는 사실을 우리는 알고 있소. 만약 연립정부가 구성된다면 한국은 제2의 체코슬로바키아가 될 것이오."라고 말했다.

이 박사는 인도가 지지에서 반대 입장으로 돌아서고 있는 데 대해 우려를 표시하면서 미국이 카시미르 문제에 대해 인도보다 파키스탄의 편을 드는 것 때문인 것으로 알고 있다고 했다: "이런 이유 때문인 것 같소. 만약 그것이 사실이라면 유엔은 패거리 집단에 불과한 것이고 한국 문제는 그들에게 거의 의미가 없을 것이오."

정치인들 사이에는 권한을 국무총리에게 위임하고 대통령은 단지 형식상의 국가 원수로 하는 헌법을 제정하고자 하는 강력한 움직임이 전개되고 있었다. 이 계획을 선호하는 쪽에서는 김구를 국무총리로, 김규식을 부통령으로, 이 박사를 대통령으로 정하려고 추진하고 있었다. 이 사람들은 다시 한 번 더 통일을 시도해볼 때까지 정부수립을 연기할 것을 주장하던 바로 그 집단이었다. 이 박사는 편지에 이렇게 썼다: "이것은 매우 힘든 상황이고 나는 실망을 느끼고 있소. 유엔 한국위원회가 한국에 있다는 사실은 한국 사람들 사이의 평화가 교란되고 있고 유익한 것이라고는 하나도 없소. 한국 국민들은 국무총리 제도를 원하지 않고 국회의원들도 찬성표를 던지지 않을 것이오. 그러나 불만을 잠재우기 위해서 단지 대통령을 보필하기만 하는 권한 없는 국무총리를 둘 수는 있을 것이오."

4년 후 제2대 대통령 선거에서 이 박사의 가장 강력한 적수가 된 신익희(申翼熙)는 내각제 형태의 정부를 지지하도록 다수의 의원들을 결집하려고 시도하였고, 이 박사는 자신의 입장을 지지하는 다수파를 구축하기 위해 국회의원들을 모아야 할 형편에 몰렸다. 그러나 그는 그렇게 하는 대신에 제헌위원회에 출석하여 파당적 분쟁에 대해 "엄숙하게" 경고하였다:

　　나는 이 사람들에게 그러한 비애국적 전술을 용납하지 않겠다고 선언하였소. 그런 짓을 하는 사람은 누구라도 국민에 의해 선출될 자격이 없는 사람이오. 그것은 제헌위원회를 향한 엄숙한 연설이었소. 연설은 단 몇 분 정도의 것이었지만 다음날 위원회는 국무총리는 권한이 없고 대통령을 보필하기만 한다는 초안을 제출하였소. 신문들은 그것을 이 박사의 승리라고 보도하였소.

　7월 5일자 편지에서 이 박사는 자신과 관련된 여러 가지 문제에 대해 논의하였다. 미국이 임명할 대사는 아시아에서 근무한 경험이 없는 직업외교관이기를 희망하였다. 아시아 경험이 있는 사람이라면 한국이 일본의 지배를 받은 것을 기억할 것이고 한국인에 대해 편견을 가질 수 있기 때문이었다. 그 대신에 자기는 "미국과 한국의 공동 이익을 지켜줄 수 있는 사람"이 임명되기를 원했다. 이 박사는 말하기를, 정부가 발족된 후 60일에서 90일 이내에 미국은 군대를 철수시킬 것이라고 미 군정청 관리들이 말하고 있었다는 것이다:

　　이와 관련해서 우리의 입장은, 미국이 우리에게 국방군을 조직할 수 있는 충분한 시간을 주어야 하고 국방군이 조직되면 그 때에는 자기들이 원하는 대로 해도 된다는 것이오. 그러나 우리는 미국에게 한국에 병력을 유지해서 외국의 침략으로부터 우리를 보호하거나 안전하게 지켜달라고 부탁하거나 사정하지는 않을 것이오. 미국인들은 첫째 도덕적 의무감에서, 둘째 미국의 안보를 위해서, 한국에서 미국의 이익을 지켜 나가기로 결정해야 할 것이오. 미국인들이 한국 실정에 관해 충분히 파악하고 있다면 자국 병력을 철수시켜 소련으로 하여금 제멋 대로 남한을 점령할 수 있도록 허용하지는 않을 것이라 생각하오.

이 박사는 그 다음으로 "자신이 반동분자"라는 비난에 대해 검토하였 다:

우리는 이런 비난에 대해 말로 대응할 필요는 없소. 행동으로 보여 주는 것이 우리의 입장을 더 잘 대변해 줄 것이오. 헌법이 채택되면 반대자들은 우리가 반동적임을 보여주는 조항을 하나도 찾아내지 못 하리라고 생각하오. 시민의 자유를 보장한다는 미국 헌법의 조항이 우 리 헌법에도 채택되었고, 우리는 오히려 미국보다 한 발 더 나가려는 정도로 되어 있소.

헌법 채택에 시간이 걸린 이유를 설명하면서 이 박사는 국회 내의 11 명의 좌익 집단이, 남북한 중앙정부를 수립하기 위해서는 북쪽과 어떤 조 정이 이루어질 수 있다는 희망을 가지고 지연 계략을 펼쳤고, 그것을 받 아들인 약 30명의 의원들의 지지를 확보하였다고 말했다: "국회의 대다 수 의원들은 힘으로 반대 의견을 누르고 헌법안을 밀어붙이는 것이 가능 했겠지만 시간이 조금 걸리더라도 반대자들이 원하는 대로 그들이 발언 할 수 있는 시간을 주고 조목별로 차례로 천천히 투표에 붙이는 것이 보 다 현명하고 바람직하다고 판단하였소. 그래서 아직 헌법이 통과되지 않 은 것이오. 현재 제2 독회(讀會)가 진행되고 있고 이달 6일이나 7일까지는 헌법이 채택될 것으로 기대하고 있소. 그 다음에는 대통령과 부통령의 선 출에 관한 또 다른 법률을 채택하게 될 것이오. 여기에도 아마 또 한 주 일 정도가 걸릴 것 같소. 그런 연후에 정부가 구성될 것이오."

여기에서 그의 편지는 유엔 한국위원회 위원들과 가졌던 회의에 대해 언급하였다. 회의에서 위원들은 북측과 다시 한 번 합동회의를 갖는 것에 대한 이 박사의 의견을 물었다. 이에 대해 그는 4월 회담에서 무엇 하나라도 이루어진 것이 있었다고 보느냐고 되물었다. 그런 다음에 이 박사는 그들에게 이렇게 말했다: "우리가 북한과 길을 트길 원한다면 유엔을 통하지 않고 할 수 있는 방법을 알고 있습니다. 그저 북한으로 올라가서 공산주의를 받아들이고 소련 연방의 일원으로 참여하기로 결정했다고 말해주기만 하면 됩니다. 북한은 바로 우리를 위해 길을 열어줄 것입니다. 그러나 우리는 그렇게 하지 않기로 결정하였습니다. 우리가 그렇게 해야만 하는 것이 유엔 한국위원회가 바라는 일인지를 나는 알고 싶습니다. 이렇게 되자 토의는 바로 중단되었고 그 후로는 유엔 한국위원회 위원들 사이에 남북회담에 관한 논의도 없어졌습니다."

이 박사에게는 또 다른 걱정거리가 하나 있었다:

지금까지 서재필의 인기는 별다른 영향을 미치지 못했소. 그러나 일부에서 그를 지지하고 있고 이 사람들은 속기 쉬운 순진한 대중들 사이에서 국론을 분열시킬 만큼 충분한 영향력을 만들어낼지도 모르는 일이오. 물론 좌익, 중도파 그리고 우익의 의견이 통일되지는 않았소. 그러나 그들은 모두 한 목소리로 앞으로 들어설 정부에 반대하고 있소. 강력하고 안정된 정부에서는 그들에게 어떠한 기회도 주어지지 않을 것이기 때문이오. 그러나 이 나라의 많은 사람들은 이것을 불길한 예감을 가지고 지켜보고 있소. 하지 장군은 아무런 관련이 없다고 주장하지만 책임을 면하기는 어려울 것이오. 하지는 서재필을 이 나라에 불러들여 자신의 고위 정치 고문으로 삼았고 또한 서재필의 자문역으로 임창영을 불러들였는데 이 사람이 모든 책략을 쓰고 있소.

7월 6일, 서울의 각 신문들은 서재필의 대통령 입후보 문제를 거론하였고, 다음날 서재필은 자기는 미국 시민권을 유지하고자 한다는 내용의 성명을 발표하였다. "서재필의 지지자들은 프란체스카 여사가 외국인이기 때문에 이 박사는 대통령에 나설 자격이 안 된다고까지 주장하고 있소. 그러나 한국 법률에 의하면 한국인과 결혼하는 사람은 누구나 한국 국민이 된다고 규정되어 있소. 분열시켜 지배하려는 이런 음모는 어디에서 끝날는지!"

이 박사는 7월 6일과 7일에 이미 제출되어 있는 200건의 개별적인 헌법 수정안에 대한 처리를 빨리하기 위해 몸소 의사봉을 잡았다. 51건의 수정안이 일사천리로 신속히 표결에 붙여지고 나머지 수정안들은 철회되었다. 토지개혁 조치는 채택되었다. 또한 기업은 벌어들인 이익을 노동자에게도 분배해야 한다고 규정한 수정안도 통과되었다.

이 박사는 편지에 이렇게 썼다: "헌법 독회는 미국 의회처럼 격렬하게 진행되었소. 주고받는 논쟁 모습이 아마도 이보다 더 민주적일 수는 없을 것이오. 모든 의원에게 발언 기회를 준 것은 현명한 처사였소. 그렇지 않았더라면 의장이 독재적이라는 비난이 나왔을 것이오. 이제는 그런 말을 못하겠지만…"

새 정부의 조직의 틀을 규정하는 추가적 법률의 채택에 2주일이 더 걸릴 것이라고 이 박사는 덧붙였다. 실제로는 그 보다 시간이 조금 더 걸렸다.

7월 21일에 다음과 같은 전문이 날아들었다:

"이 박사 180표로 대통령 당선, 김구 13표, 안재홍 2표, 서재필 1표, 서재필의 표는 무효처리됨, 부통령은 이시영 133표, 김구 62표."

대통령과 부통령은 7월 24일에 취임선서를 하였다. 미 군정청으로부터의 정권 이양을 완료하기 위해서는 아직도 해야 할 일이 많았다. 대한민국의 공식 출범일은 일본 패망 3주년이 되는 8월 15일로 결정되었다.

결정해야 할 여러 사안 가운데 첫 번째는 각료 선임 문제였다. 취임선서를 마친 이틀 후인 7월 26일, 이 박사가 나에게 편지를 보낸 것은 바로 이 문제에 대한 것이었다. 국무총리 후보로는 김성수(金性洙), 조소앙(趙素昻), 신익희(申翼熙), 이범석(李範奭)이었는데 모두 명목상의 역할보다 훨씬 더 많은 것을 원하는 강력한 인물들이었다. 김구의 동지들은 국무총리로 선임될 수 있도록 남북회담에 대한 그의 입장을 철회하도록 그에게 촉구하였다. 이시영(李始榮)이 부통령으로 선출된 것은 "그분은 연세도 많으시어 모든 사람들이 존경하고 악의가 없는 사람인 것을 알고 있기 때문"이라고 이 박사는 설명하고 이렇게 덧붙였다: "그러나 국무총리가 된다는 것은 정치 기구를 조직하기 위한 싸움을 시작하는 것이오." 이승만은 그 싸움이 악의적이고 격한 감정이 오가기 때문에 옆으로 비켜나 있기를 원한다고 말했다. 그러나 국무총리는 북쪽 출신이어야 하고, 부유계층 출신이 아니어야 한다고 생각하였다. 이 두 요소는 모두 유엔이 새 정부를 승인할 때 "파리에서 유리한 자산이 될 것"이었다. "나는 김성수를 임명하고 싶은데 주위에 모여 있는 사람들은 '도 아니면 모(run or ruin)' 식의 정략으로 뭉쳐져 있소." 국회는 누구를 국무총리로 지명할 것인지에 대해 의견이 분분하였고, 이 박사는 그들에게 시간을 가지고 생각해 보도록 제안했다고 했다. "이제 내가 왜 각료가 국회의 인준을 거치도록 하는 데 반대하였는지 이해가 될 것이오. 그곳에서는 언제나 교착상태가 발생할 것이기 때문이오."

이 박사는 편지의 추신에서 재미있는 질문 하나를 던졌다:

우리는 듀이(Dewey)나 덜레스(Dulles) 같은 사람들에게 한국 정책에 변동이 없을 것이라는 성명을 발표하도록 해야 하오. … 거물급 인사가 주한 대사직을 수락하지는 않을 것이오. 트루먼 행정부가 끝나면 함께 떠나야 한다는 것을 알고 있기 때문이오. … 그러나 만약 듀이가 현재의 정책이 유지되거나 더 좋은 쪽으로 개선될 것이라는 성명을 발표해 준다면 파리에서 우리가 필요한 승인을 얻는 일이 훨씬 용이하게 될 것이오. 새로운 행정부 하에서도 한국에 대한 정책에 변화가 없다는 것을 우방국들이 확신한다면 그들의 행동이 달라질 것이오. 듀이나 그의 대변인이라도 그러한 성명을 발표하도록 모든 각도에서 접근해 보기 바라오. 빠를수록 좋을 것이오.

그런 다음 또 하나의 추신을 추가하여 이 박사는 파리 유엔총회에 대해 언급하였다:

호주는 파리에서 한국 정부의 승인을 확실히 반대하고 있고 캐나다도 그 뒤를 따를 것이오. … 인도의 메논도 반대하고 있소. 이 세 나라와 시리아까지 '한국 분단이 영구화될 것'이라며 승인을 반대하고 있소. 이것이 그들의 명분이오. 우리가 워싱턴에서 호주에 압력을 가할 입장이 되지 못한다면 영국은 영국 연방의 일원인 호주와 캐나다의 뜻을 따르지 않을 수 없을 것이오. … 중국도 영국이 뒤로 물러나면 승인을 주저하게 될 것이오. 그러한 결과를 예상하면서 파리에 간다는 것은 위험하기 짝이 없는 일이 될 것이오.

우리 대표단장으로는 장면(張勉)이 될 가능성이 가장 많소. 그는 가장 쉽게 유엔 한국위원회의 인정을 받을 수 있는 사람이오. 그런 인정이 필요한 것은 아니지만 그들의 마음에 드는 사람이면 유리할 것이오. 또한 그는 정당인이 아니며 어디에 가든 가톨릭교회의 후원을 받는데다가 국회의원이기도 하오.

북측도 대표단을 보내면서 남한 사람을 대표로 내세워 한국 전체를 대표한다고 할 것이오. … 캐나다는 모든 북유럽 국가들을 끌어들여 우리에게 반대할 것이고 시리아, 인도, 아랍 각국, 게다가 소련과 그 위성국가들까지 반대표를 던질 것이므로 결국 치열한 한판 싸움이 될 것이오. 어떻게 해서든 호주에 압력을 가할 수 있는 방법을 강구해 주시오. 호주는 우리 반대파의 앞장에 서고 있소. 호주가 우리에게 반대하지 않는다면 캐나다도 우리 편으로 만들 수 있을 것이오. 두 나라가 행동을 함께 하고 있는데다가 인도도 이들을 따를 것이고 프랑스도 동조할 가능성이 있소. 프랑스는 홈그라운드에서 공산주의자들의 지지표를 얻기 위해 여전히 소련에 대해 유화정책을 쓰고 있소.

걱정스러운 문제는 정말로 한둘이 아니었다. 8월 4일자 편지에서 이 박사는 "미군정의 모든 잉여물자가 지금까지 줄곧 일본과 중국으로 보내지고 있다"고 알려 왔다. 그는 이렇게 말하며 이러한 잉여물자의 출하를 중단시켜 줄 것을 요청하였다: "나는 이것들은 미국이 원조와 지원을 제공하겠다고 약속한 재건과 복구를 위해 우리에게 필요한 물자들인 것으로 알고 있소. 이것이 사실이라면 무엇 때문에 이미 이곳에 있는 꼭 필요한 물자를 한국 밖으로 실어내고 나중에 다른 곳으로부터 더 많이 들여와야 한단 말이오? … 왜 이들이 일본을 군사적으로 부흥시키고 한국을 약화시켜 일본이 또다시 아시아 본토에서 도약할 발판을 마련해 주려는가 하는 문제를 여론화 시키도록 모든 노력을 기울여 주기 바라오."

그런 다음 이 박사는 "우리는 현재 파리로 보낼 대표단을 선정하고 노블 박사를 미국 전쟁부의 비용 부담으로 기술고문으로 동행시킬 것을 구상하고 있소. 한국 문제가 제기될 때 올리버 박사도 그곳으로 올 수 있기를 바라고 있소. … 미국에서의 우리 일에 차질이 생기면 안 되니까 임병직은 워싱턴에 남아 있도록 하는 게 좋겠소."

내각 구성은 8월 4일자 편지에서 설명되었듯이 정치적으로 인사를 안배하는 작업이었다. 이 박사는 김성수를 국무총리로 하는 데 동의할 용의

가 있었지만 김성수는 자기 추종자들에게 일곱 개의 장관직을 줄 것을
요구하였다. 그래서 국무총리직은 2차대전 중 만주에서 공산주의자들과
싸운 경력이 있는 애국지사 이범석에게 돌아갔다. 임영신(任永信)은 평생
조국의 독립을 위해 일해 온 노력에 대한 보상으로 상공부장관에 임명되
었다. "한국적 공산주의자"인 조봉암(曺奉岩)은 "농민들을 장악하기 위
해" 농림부 장관에 임명되었다. 또한 대표적인 노동 운동가도 입각하였
다. 나는 워싱턴에서 답장을 썼다: "각료들은 (앞의 네 사람과 이범석) 잘
선임된 것으로 보입니다. 정부의 성격을 보면 거의 모든 측면에서 비판자
들을 당혹스럽게 할 것입니다."

 8월 9일, 국무부에서 협의를 마치고 나는 이 박사에게 어떤 확신적인
말을 전할 수 있었다: "국무부는 호주의 입장과 박사께서 언급하신 그
밖의 여러 어려움에 대해 잘 파악하고 있습니다. 국무부는 이러한 문제에
최선을 다해 대처해 왔고 파리에서 좋은 결과를 얻을 것으로 확신하는
분위기입니다. 국무부는 관련된 각국 정부와 지속적으로 접촉하고 있고
일이 순조롭게 진행되리라 생각하고 있습니다. 호주는 세계노동연맹(the
World Federation of Trade Unions)의 영향 때문에 우리 쪽으로 끌어들이지 못
할 것입니다. 그러나 국무부의 판단에 의하면 영국과 중국의 입장이 확고
하고 캐나다는 영국과 동조할 가능성이 있으며 아랍권 국가들까지도 우
리를 지지할 것이라고 합니다. … 박사님께서 상황을 잘 처리하고 계시
기 때문에 유엔이 쉽게 거부할 수 없는 기반이 마련되고 있습니다."
 덜레스가 파리 총회에 한국 문제를 제시하게 될 미국 위원회의 수장을
맡을 예정이기 때문에 듀이 주지사가 이끌게 될 "새로운 행정부"가 새
공화국을 확고히 지지하리라고 기대할 수 있는 확신을 전 세계에 충분히
보여주는 것이라고 나는 덧붙였다. 당시에는 모두들 그해 11월이 되면

듀이 주지사가 "듀이 대통령"이 되고 존 포스터 덜레스가 틀림없이 국무 장관으로 선임될 것이라고 예상하고 있었던 것 같았다.

신임 대통령 이승만 박사의 초상이 들어간 한국 최초의 5원짜리 우표 가 8월 4일에 발행되었다. 각 100매씩 들어간 12권의 우표가 미리 나에 게 보내졌고 8월 10일에 워싱턴에 도착하였다: "처음 내 생각으로는 사 무실 경비로 쓸 돈을 마련하기 위해 우표를 팔려고 했습니다. 그러나 워 싱턴 지역의 우표상들이 그 우표에 관심이 없다는 것을 알게 되었습니다. 나는 뉴욕의 김벨 상회를 방문했습니다만, … '현재 한국 우표에 관심 있 는 수집가는 거의 없습니다.' 라는 것입니다. 언젠가는 수집가들의 관심 이 높아질 것이라고 확신합니다!"

8월 15일, 서울에서는 대한민국 정부수립 행사가 성대하게 치러졌다. 더글러스 맥아더 장군이 도쿄로부터 날아와 단상의 이 박사 옆자리에 앉 았다. 그는 한 팔로 이 박사의 어깨를 감싸고 널리 보도된 대로 감격스러 운 장면을 연출하면서 "만일 북한이 공격해 온다면 캘리포니아를 방어하 는 것과 다름없이 한국을 방어하겠습니다." 라고 말했다. 이 박사는 자기 의 취임 연설문을 초안하도록 나에게 요청한 적이 있었다. 그에게 초안을 보내자 그는 그것을 "중요한 각처에서 한국을 위한 많은 친구들을 얻을 수 있는 훌륭한 글"이라고 칭찬하였다.

그러나 연설을 위해 자리에서 일어나서 호놀룰루와 로스앤젤레스에서 온 수많은 옛 친구들과 한국 각지에서 모여든 사람들을 한 바퀴 둘러보더 니 그는 작성된 공식 취임사를 제쳐두고 그 대신에 오랫동안 실패와 역경 을 딛고 그날 그 자리의 성공을 거두기까지 그와 뜻을 같이 해온 사람들 의 충정과 헌신에 대해 격의 없고 격정적인 즉석연설을 시작하였다.

연설은 정치가로서의 경륜에서는 부족한 점이 있었을지 모르나 인간적인 따뜻함으로 채워진 것이었다. 아마도 누군가가 이 대통령으로 하여금 준비된 연설문을 읽어 내려가게 하고, 개인적인 회상과 옛 친구들을 대우하기 위한 개인적인 회고담은 접어 두도록 조언을 할 수 있었다면 더 좋았지 않았을까? 그러나 그는 스스로 쉽사리 누릴 수 없었던 기쁨을 택했던 것이다.

워싱턴에서도 거의 같은 분위기가 넘쳐흘렀다. 그래서 8월 16일, 나는 이 대통령에게 다음과 같은 편지를 보냈다:

> 사방에서 오는 우호적인 인사를 받느라 바쁩니다. "그들의" 노력이 마침내 결실을 보게 되어 기쁨에 넘쳐 있고 또 일자리와 계약체결 또는 사업관계 등에 관심을 가진 "한국 독립과 인연이 있는 옛 친구들"로부터 전화가 빗발치고 있습니다. 그 중 일부는 자천타천으로 각하에게 자신의 능력을 과시하려고 직접 편지를 보내겠다고 하는 사람들도 많았습니다. 혹 누가 압니까? 그들 중 어떤 사람은 정말로 탁월한 능력이 있을지!

"우호적인 인사" 가운데 일부는 광석 판매계약을 새 정부가 허가하도록 설득하는 데 도움을 주면 뇌물을 주겠다고 제의해온 사람도 있었는데, 그것은 나의 처음이자 거의 마지막 경험이었다. 내가 "이익 분배"를 하겠다는 제안을 거절하자 그 회사의 "고문"을 맡아달라고 부탁하였다. 분명히 새 시대는 새로운 문제가 생기게 마련이다. 실제로 이러한 새로운 문제들은 우리가 예상했던 것보다 더 많고 더 심각하였다.

제9장
선동에서 행정으로(1948년 8월~12월)

어느 날 오후, 한국전쟁이 끝나고 몇 해가 지난 뒤였으나 아직 전쟁의 여진이 남아 있던 때에, 나는 부드럽게 이 대통령에게 그가 한국의 재건과 통일을 위한 국제적 협력이 부족한 데 대한 다른 나라 정부를 향한 비판이 너무 강했었다는 점을 시사한 적이 있었다.

그가 말했다: "나도 압니다. 나는 평생을 선동가로 살아왔기에 어찌할 도리가 없소."

자신의 뜻을 관철하기 위해 대중의 지지를 구한다는 의미에서의 "선동"은 그의 평생 동안 몸에 베인 습관이었을 뿐만 아니라 완전히 정상적이고 또한 본연의 활동이기도 하였다. 매콜리 경이 지적했듯이, 정치라는 것은 75%가 말로 이루어지는 것이다. 정치는 거의가 사람의 지지를 얻고 지지 기반을 구축하는 예술이며, 뒤집어 말하면, 반대자를 쳐부수거나 잠재적 반대자의 근거를 허무는 공격 과정이다. 이 대통령에게는 이런 과정이 자연스러운 것이었고, 자신의 관점에서 이것은 국내정치뿐만 아니라 국제무대에서도 아주 합당한 과정이라고 생각되었던 것이다.

자신의 능력이 미치는 한 그는 외교경로를 통해서 각국 수반이나 책임 있는 관리들을 겨냥하여 직접적으로 또는 개인적으로 자신의 호소와 주장을 펴왔었다. 그러나 국제적 관례보다 훨씬 더 당연한 일로 그는 간접적으로 미국의 고위관료들을 겨냥하며, 동시에 자신의 견해에 대한 미국과 세계 여론의 지지를 얻으려고 언론에 자기의 정책 성명을 발표하려고 했었다. 미국 대통령을 "제쳐놓고" 미국 대중에게 호소하는 길을 찾는 것이 그에게는 하나도 이상할 것이 없는 일이었다. 어쨌거나 그는 1905년부터 1945년까지 미국에서 보냈던 성년기 내내 바로 이런 식으로 처세해 왔던 것이다. 자신이 결코 미국 시민은 아니었지만 미국 문제에 대해 걱정하고 그 문제를 처리하는 방법에 영향력을 미치려고 하면서 미국의 일부가 되었다고 생각했기 때문에 의식하지 못하는 사이에 마치 자기가 미국 시민이나 되는 것처럼 행동하였다.

이런 독특한 행동은 그가 대한민국 대통령으로 선출된 후에도 계속 되어 그에게 많은 문제를 야기하는 원인이 되었다. 야인으로 있는 정치가가 한국에 있는 미국인의 행동이나 한국에 대한 동맹국의 정책 등에 대하여 가차 없는 비판을 쏟아내는 경우와, 한 주권국가의 대통령이 거의 같은 논조로 이런 비판을 발표하는 경우와는 그 문제의 성격이 다르다. 미국 관리들은 때때로 큰 충격을 받았다. 미국 기자들이 이 대통령을 "무책임한", "선동적인", "오만한", "위압적"이라는 용어로 그리기 시작하였다. 이러한 수식어들은 보다 불길한 느낌을 주는 "독재적"이란 말과도 거의 차이가 없는 표현이다.

이 대통령은 이런 문제를 의식하면서도 평생의 그런 습성을 고칠 수가 없었다. 그는 "행실을 고치면 복이 온다"는 속담대로 살기는 어렵다는 것을 알았다. 그의 성명서를 할 수 있는 데까지 고쳐 쓰고 거친 표현을 없애는 것이 나의 임무였다. 이 박사는 나를 다른 사람에게 이렇게 소개하곤 하였다. "이 사람이 올리버 박사입니다. 내가 말하고자 하는 바를 사람들의 화를 돋우지 않게 하는 방법으로 말하도록 도와주고 있지요." 그러나 나는 대부분의 시간을 한국으로부터 멀리 떨어진 미국에 있었고,

그의 많은 성명서는 사람들을 정말로 화나게 하는 신랄함과 비약이 많은 내용으로 가득 차 있었다. 이것은 그의 대통령으로 재임한 12년 내내 하나의 문제였다는 것이 입증되었다.

이와는 전혀 다른 또 하나의 문제는, 오랜 역사를 가진 한국이 두 지역으로 갈리고 소련이 통일을 허용하는 것을 거부하는 데서 비롯되었다. 역사적으로 한국은 보기 드문 단일민족 국가이다. 남북의 한국인은 모두 크게 분열한 적이 없이 같은 민족으로서 한 가지 언어를 써왔던 사람들이다. 역사적으로는 북쪽의 평양과 한반도 중심부에 위치한 수도 서울이라는 두 개의 주요 도시 사이에 어느 정도의 경쟁의식은 있어왔다. 1392년에서 1910년까지 지속된 조선 왕조시대에 때로는 그럴만한 타당한 이유도 있었지만 평양 출신 정치인들은 정부 관직 임용의 배분에 있어서 부당한 차별을 받아왔다고 생각하였다. 이것은 오랜 세월 사무친 마음의 상처로 여전히 남아 있었지만 그것이 국민 전반적으로 영향을 미치지는 않았다.

미·소 협약에 의해 38선 분단이 선포되었을 때 북쪽에는 탁월한 정치 지도자로서 평생을 항일 독립운동에 바친 불굴의 민주투사 조만식(曺晩植)이 있었다. 그는 한국 전역에서 높이 추앙되고 존경을 받고 있는 인물이었다. 앞서 지적한 바와 같이, 김구도 북쪽 출신이다. 다른 많은 남쪽의 저명한 지도자들 역시 북쪽 출신이었다.

그러나 소련 군대가 북한에 진주하였을 때 그들은 김성주(金成柱 또는 金聖柱)라는 이름의 조선공산당의 게릴라전 지휘관을 데리고 들어왔다. 일찍이 한국 민족의 영웅이었던 사람의 이름을 빌려서 1930년 김일성(金日成)이라고 개명한 이 사람을 "조선공산당 북조선 중앙위원회"의 제1서기로 권좌에 앉히고 조만식을 위원으로 임명하였다. 얼마 지나지 않아 조만식은 해임되고 나중에 "인민의 적"으로 몰려 투옥되었다. 김일성은 오랫동안 대중의 지지를 받지 못했지만 소련의 지원과 북한 모든 촌락의 구석 구석까지 뻗친 강력한 조직을 기반으로 북한을 효과적으로 통제하게 되었다.[47]

38선 이남에 대한민국을 수립하기 위한 5월 10일의 선거에 대응하여 평양에서는 6월 29일 제2차 남북정치회담이 소집되었다. 남쪽의 저명한 지도자들은 아무도 여기에 참석하지 않았고 지지하지도 않았다. 7월 5일 이 회담에서는 대한민국을 인정하지 않기로 결의하였다. 그 대신 8월 25일로 예정된 "전국적" 총선거를 통해 설립될 "조선최고인민의회"를 승인할 것을 촉구하고, 여기에서 "조선중앙정부"를 수립하기로 하였다.

김구, 김규식, 그 밖의 다른 어떤 남한 지도자도 이 계획에 대해 찬성하지 않았다. 그럼에도 불구하고 이 계획은 그대로 실행되었고 9월이 되자 한국에는 남쪽과 북쪽에 서로가 독립 한국의 유일한 자주적인 정부임을 주장하는 두 개의 대립적 "정부"가 자리를 잡게 되었다.

이것은 후일 한국전쟁의 발발로 이어지는 분쟁의 씨앗이 되었다. 한편, 미국 점령기간 동안 성장해온 상당한 공산당 조직이 남아 있었는데 이 대통령은 이것을 처리하지 않으면 안 되었다.[48] 혼란 상태가 이따금씩 일어났고 파괴행위자와 게릴라들의 은신처를 색출하여 소탕하려는 경찰의 노력은 "반동"과 "가혹한 독재적 처사"라는 비난을 더욱 부채질하였다. 이승만은 해외 홍보와 남한 국민의 단결을 호소하면서 이러한 비난에 대응하려고 하였다. 재원(財源)의 제약으로 인해 결과적으로 양쪽 방면

---

47) 스칼라피노(Scalapino)-이정식(李庭植) 공저, 『한국의 공산주의』(*Communism in Korea*), 324-26페이지 참조.
48) 스칼라피노(Scalapino)-이정식(李庭植) 공저, 『한국의 공산주의』(*Communism in Korea*), 제4장, 233-312페이지에는 미·소공동위원회가 최종적으로 결렬되었을 때 미 군정청에 의해 채택된 공산당 불법화 조치 이후 남한의 공산주의자들은 대부분 "지하"로 잠입하여 경찰, 국방경비대, 노동조합 및 그 밖의 공공단체와 정부조직에 침투한 사실을 설명하고 있다.

에서의 그의 성공도 모두 제한적일 수밖에 없었다. 그러나 노력은 계속하였다.

1948년 8월 15일 대한민국이 출범하였을 때, 이승만의 평생에 걸친 선동은 드디어 그 결실을 보게 되었다. 그 뒤에 필요한 것은 냉철하고 빈틈없는 행정 관리였다. 그는 이 일에도 열심을 다하였다.

행정 문제는 너무 중요하고 너무 긴박한 것이었기에 지나쳐버리거나 소홀히 다룰 수 없는 문제였다. 그러나 이 대통령의 관심을 더 갖게 하고 또한 그의 주 관심사라고 해도 정당할 만큼 중요한 일은 미국을 비롯한 전 세계의 한국에 대한 이해와 동정적인 여론에 지속적으로 호소해야 할 필요성이었다.

재원과 인력의 부족은 심각한 문제였다. 9월 1일 이 박사는 이런 상황에 대한 생생한 설명으로 시작되는 장문의 편지를 내게 보내왔다:

> 한국 채널을 통한 우리의 우편물은 더 이상 검열을 받지 않게 되었지만 그것이 누군가가 열어보지 않는다는 보장도 없소. 이곳에서도 몇 사람의 비서를 구할 수는 있지만 서한과 서류 등을 전적으로 책임지고 담당할 사람이 필요하오. 지금도 모든 서신은 초안부터 타자를 쳐서 작성해야 하는데 정한경 박사가 구술을 받아쓰고 있는데 그것이 시원치 않소. 여비서는 작성자가 될 수 없으니 아무리 유능해도 구술에 의하지 않고는 업무를 처리할 수가 없소. 노블 박사가 대부분의 공식 서한을 작성하지만 내가 그 대부분을 살펴보아야 하오. 그의 서한은 대부분 미국 측 입장을 대변하기 때문이오. 모든 영문 관계 서류를 쓰고 받아쓰고 처리할 수 있는 또 한 사람의 올리버 박사가 필요한 것이오. 또한 현재도 그렇지만 장차 모든 협정, 조약 등을 검토할 사람이 하나 더 필요하오. 한국인들은 선량하고 그저 권력을 잡는 일이라면 그 뒤의 결과는 생각지도 않고 무엇이든 서명 동의하려고

한다오.

「반민족행위처벌법」(「반민법: pro-Jap law」: 일본인들에게 협력한 죄목으로 기소된 자를 공직에서 몰아내는 법률) 때문에 경찰이 크게 동요하게 되었고 그 중 상당수가 공산당에 입당하였소. 알다시피 경찰은 미 군정청으로부터 인계받은 조직이오. 내가 이미 체신부와 교통부 장관으로 임명한 두 사람을 한민당이 해칠 궁리를 하고 있었기 때문에 국회는 반민법의 통과를 주장하였소. 전국이 흥분의 도가니에 빠졌었소. 경찰의 최고위 간부들이 나를 찾아와서 자신들의 견해를 개진하였소. 자기들은 줄곧 치안을 유지해 왔을 뿐인데 이제 와서 쫓겨나게 되었다는 것이오. 핵심을 말하자면, 남녀를 불문하고 자신이 친일파가 아니라고 주장할 수 있는 사람은 하나도 없다는 것이오. 김성수와 한민당의 다른 모든 지도자들도 일본인들과 함께 일하면서 돈을 벌었소. 하지 장군의 송별연에서 김활란(金活蘭)은 친일파에 대한 배려를 국회에 요청하였소. 그들은 모두 부득이 협조할 수밖에 없었던 것이고 자신이나 임영신도 자기들의 학교를 지키기 위해 어쩔 수 없이 협력했다는 것이오.

즉각 처리해야 할 가장 긴급한 사항은 미 군정청의 권한과 기능을 대한민국 정부로 이양하는 것에 관한 협정의 성격 문제였다. 하지 장군은 협정 초안을 이 대통령에게 제출하였고 대통령은 그것을 상당 부분 수정하여 되돌려 보냈다. 두 세 차례에 걸쳐 그러한 왕래가 이루어졌고, 하지가 한국을 떠나게 된 시점까지도 기본 문서도 아직 서명되지 않은 상태였다. 존 B. 콜터 장군이 잔류 미군병력의 사령관으로서 하지의 후임으로 부임하고, 존 무초(John Muccio)가 신임 미국 대사로 부임하였다. 하지는 이승만의 서명을 기다리며 여전히 미적거리며 한국에 머물러 있었다. 이 박사는 새 정부에 인계할 자금과 보급품의 규모에 대해 논의하기 위해 다시 워싱턴 방문을 생각했다. 이 문제는 미결 상태로 공중에 떠 있었다.

의견 차이의 요점은 간단히 말하면 새 정부가 한국의 여러 창고에 쌓여 있는 군 보급품을 "얼마나 많이(how much)" 인수할 수 있을 것인가 하는 점이었다. 한국에 인계되지 않을 물자는 선적해서 한국 밖으로, 즉 일본이나 다른 미군 기지로 이송될 예정이었다. 이 대통령은 가능한 한 많은 물자를 확보하기 위해 고심하였고, 하지는 가능한 한 많이 다른 곳으로 보내는 것이 자기의 임무라고 생각하였다.

또 다른 쟁점은 어떤 물자가 한국인에게 가장 유용할 것인가 하는 문제였다. 이승만은 군수품 전부를 원했다. 한국 군대를 상당한 규모로 증강시키기를 원했기 때문이다. 그러나 하지는 비축된 군수품이 대부분 한국 정부에 쓸모가 없다고 주장하였다. 미국은 한국군의 증강에 동의하지 않을 것이고, 단도직입적으로 말해서 미국은 현존의 한국경비대를 진정한 균형 잡힌 정규군으로 전환하는 데 찬성하지 않는다는 것이었다.

쟁점은 잡다한 보급품의 현금 가치가 아니었다. 대한민국의 군사적 지위라는 아주 근본적인 문제였다. 북한의 공격을 받는 경우에 한국이 지원을 받지 않고서도 스스로를 방어할 수 있을 만큼 충분한 병력과 군수품 강화가 있어야 할 것인가? 동시에 한국이 주도적으로 미국의 동의 없이는 북한에 대한 선제공격을 하지 못하게 하면서도 한국군을 충분히 강화(북한공격에 대한 충분한 방위능력)시키는 것이 가능하겠는가?

꼭 집고 넘어가야 할 일은, 이 대통령이 서명할 수도 있었던 협정 체결이 지연된 것은 단순히 어느 한 사람의 단순한 까다로움이나 고의가 아니었다는 사실이다. 그것은 실로 대한민국과 미국 양국이 당면하고 있었던 깊은 딜레마의 결과였던 것이다.

이 대통령의 입장은, 그 존립이 심각하게 위협받고 있는 자신의 조국이 소련에 의해 훈련되고 무장된 북한의 육해공군에 대항하여 스스로 나라를 방어하기에 충분한 군사력만이라도 갖추지 않으면 안 된다는 것이었다. 이것은 모든 주권국가가 가져야 할 최소한의 필요조건이었다. 특히 미국이 남한으로부터 대부분의 병력을 철수시키고 있었고 동시에 미국은 남한의 방어책임을 수락하지 않았고 또 수락하지도 않을 것이라고 강조하고 있었기 때문에 이것은 더욱 중요한 문제였다. 미국은 남한이 필요한 훈련과 장비를 얻어낼 수 있는 유일한 공급원이었기 때문에 나중에 가서 군수품을 보다 많이 얻기 위한 설득 작전을 전개하기에 앞서서 이미 한국에 있는 군수품을 확보하기 위해 이 대통령은 궁리해 낼 수 있는 모든 압력을 행사하였다.[49] 그에게는 달리 취할 수 있는 입장은 아무것도 없는 듯하였다.

한편 미국의 딜레마도 이에 못지않게 심각하였다. 한국을 분단국가로 만들고 그 반은 소련인의 손에 의해 수립되어 유지되고 이끌리고 있는 북한이라는 침략적 정권에 의해 강점되도록 함으로써 한국을 비참한 혼란 상태로 몰아넣는 데 가담했던 미국이 이제 그곳에 주둔하는 것의 불편함에 지칠 대로 지쳤다고 간단히 손 털고 떠날 수도 없는 일이었다. 또한 미국은 유엔의 활동으로 한반도 남반부에 대한민국을 수립하는 것을 후원하였고, 유엔에서 마지못해 미국의 주도를 따랐던 많은 "민주" 진영 국가들의 재난이 따를 것이라는 완강한 경고에도 불구하고 자신의 손으로 탄생시킨 정부에 대한 지원을 회피할 수도 없는 노릇이었다. 그러나 동시

---

49) 이 대통령은 1년이 지난 후 당시 상황을 회고하며, 1949년 6월 24일자 비망록에 다음과 같이 기록하였다. "여러 보고에 의하면, 서울 부근의 부평 미 군정청 본부로부터 군수품을 트럭에 가득가득 싣고 줄줄이 인천으로 옮겨 선박으로 실어내었다 하오. 이들 대부분은 탄약과 폭탄 상자였소. 이 수송은 한밤중에 이루어졌소. … 하지 장군이 이곳에 있을 때 부평과 그 밖의 장소에 비축된 군수품은 한국에서 사용하기에 적합지 않기 때문에 외국으로 선적시키도록 명했다고 말하던 것을 당신은 기억할 것이오. 나중에 들은 바에 의하면, 이 물품 가운데는 약 80대의 군용 트럭이 포함되어 있었다고 하오."

에 미국의 국익 차원에서도, 국민감정 차원에서도, 그 분쟁을 정당화할 수 없는 한국에서의 전쟁에 결코 말려들어가서는 안 된다고 하는 미국 행정부와 여론 역시 무마할 수 없는 절박한 일이었다. 무엇보다도 소련과의 전쟁은 반드시 피해야만 했다.

한편, 소련은 평화를 대표하고 미국은 전쟁을 대표한다는 소련의 끈질긴 주장에도 일리가 있다는 생각이 미국과 전 자유세계에 걸쳐 널리 퍼져가고 있었다. 어쨌든 소련권 전체가 위협적인 미군 기지들로 포위되어 있다는 것은 사실이 아닌가? "철의 장막" 한 자락을 무방비 상태로 유지하는 것이 우리로서는 점잖은 제스처가 되고, 심지어는 하나의 현실적인 전술이 될 수도 있지 않겠는가? 만약 소련의 호전성이 사실상 미국으로부터 위협을 받고 있다고 생각하여 여기에 대응해서 생겨난 것이라면, 소련에게는 민감할 정도로 중요하고 미국에게는 별로 중요하지 않은 한국과 같은 지점에서 그 위협을 제거해 줌으로써 우리는 긴장을 완화시킬 수가 있을 것이다, 라는 이런 식의 추론이 전개되었다. 이승만이 반대한 것도 바로 이러한 논리였다.

한편, 다가오는 유엔 파리총회에서 대한민국의 선거와 정부 수립이 승인된 이후까지도 한국의 국제적 입지는 불확실하였다. 유엔에서 한국 문제를 처리하는 방법 문제는 중대한 것으로 보였다.

이 박사는 같은 9월 1일자 편지에서 이렇게 말했다:

노블 박사에게 당신도 파리로 갈 것이라고 하니까 그는 나에게 이렇게 말했소: "올리버 박사가 파리에 가봐야 소용도 없고 갈 명분도 없습니다. 그 사람이 간다면 나는 박사님께 필요 없는 사람입니다."

나는 노블에게 올리버 박사는 한국인 전규홍(全奎弘) 박사와 함께 보도자료 등을 발표하기 위해 대표단에 합류하게 될 것이라고 말해 주었소. 노블 박사는 자기와 당신 중 한 사람만을 선택하도록 우리를 설득하려고 단단히 작심하고 있었소. 나는 그에게 어리석은 생각을 하지 말라고 당부했소. 대표단에는 복수의 미국인 고문이 함께 할 수 있다고 말이오. 나는 그에게 올리버 박사는 고문관이 아니라 단지 조력을 제공하고 있을 뿐이며, 당신이 지금까지 줄곧 국무성과 접촉해 왔고 모든 내부 사정을 알기 때문이라는 등등의 이유로 그가 합류해 주기를 원하고 있다는 점 등에 대해 말하였소. 이 모든 일은 하지 장군을 환송하기 위해 공항에 있는 동안 일어난 일이오. 노블은 계속 따지고 물어댔지만 나는 올리버 박사를 파견하기로 결정을 내렸고 그 사람이 파리에 갈 것이라고 주장했소. 그달 초쯤에는 파리에 도착할 수 있도록 예약해두기 바라오.

조병옥 박사에게 에티켓에 관한 책을 사서 읽도록 권해 주기 바라오. 외교관이라면 꼭 지켜야 할 일들이 있는 것이오. 그렇지 않으면 그 자신뿐만 아니라 다른 사람들도 어려운 상황에 처하게 만들 것이오. … 중국인들은 상하이에 외교관 학교가 있지만 우리는 우리 스스로가 외교관들을 위해 최선을 다해 주어야 할 것이오. … 외교관들은 포크와 나이프를 제대로 사용하는 법부터 배워야 하오. 대부분이 아직 옷을 올바르게 갖춰 입는 법도 제대로 배우지 못한 형편이오. 지난 40년 동안 한국에는 이런 문제가 없었소. 이 모두에는 많은 재치가 필요한 것이오. …

한국에서는 신생 공화국과 미국 사이의 관계와 국내 정치적 투쟁의 양면에서 매사가 점점 더 얽히고설켜 갔다. 이 대통령은 9월 10일자 서한에서 이 두 가지 문제에 대해 거론했다:

우리 내각은 협상경험이 있는 팀이 아니오. 이들은 어떻게든지 모든 것이 이루어지리라 생각하면서 이런 식으로 말하는 것이오: "미군정으로부터의 권한 이양에 관한 협정서에 서명하고 나중에 가서 부족한 것은 보충하도록 합시다." 나는 9월 2일에 무초 대사에게 정부는 차관에 대한 1차 상환금조로 반도호텔을 넘기기 보다는 감사의 표시로 이 호텔을 미국에 제공하기로 결정했다고 말했소. … 미 군부와 협정을 체결할 때는 하지 장군이 한국을 떠나야 했고 게다가 서명 때문에 내가 그를 이곳에 붙잡아둠으로 해서 그들이 체면을 구길 형편도 아니었기 때문에 내가 유리한 입장에 있었고, 바로 그런 이유로 해서 미군이 양보하게 된 것이오. 이제는 국면이 달라졌소. 그들은 우리 정부를 방해하고 모든 것이 유동적이며, 물자는 떨어져 가고….

미국인들이 한민당과 그 밖의 불평분자들을 지원하고 있기 때문에 국민들은 정부의 계획을 뒤엎으려 하고 있소. 그들은 우리가 추진하는 계획이 성공하기보다는 실패하기를 바라면서 무슨 짓이든지 할 것이오. 듣기로는 협정을 조금이라도 변경하려면 내가 직접 미국으로 가서 국무부와 전쟁부 그리고 기타 관련 부서를 찾아다녀야 하고 무슨 변경이든 동의를 받으려면 몇 달씩 걸릴 것이란 것이오. 그 동안에 미국인들은 우리 정부가 미국의 감독이 필요하다고 주장할 만한 구실을 만들 정도로 우리 정부의 상황을 악화시키기 위해 무슨 일이든 할 것이오.

주로 동아일보와 그 밖의 신문들이 점점 더 적극적으로 내각에 대하여 공격하고 있는데 그것은 김성수가 이끌고 있는 한민당이 우리에게 반대하기 때문이오. 그러나 자신 있게 말할 수 있는 것은, 만약 내가 한민당의 각료직 추천에 굴복하였더라면 사태는 더 악화되었을 것이란 점이오. 그랬다면 이 나라의 국민들이 나에게서 등을 돌렸을 것이오. 이제 나를 반대하는 것은 서울에 있는 정치인들뿐이오. 나는 언제나 홀로 싸워왔고 앞으로도 계속 그렇게 해야 할 것이오.

그 다음에 파리 회의 준비에 대한 또 하나의 예상을 보내왔다: "김활란을 제외한 대표단원들은 국회 안팎에서 무슨 일이 일어나는지 전혀 관심이 없소. 그들의 관심은 예산을 가능한 한 많이 확보하는 것뿐이오. 그들은 심리전을 어떻게 펼쳐야 할지에 대해 아무런 구상도 없소. 노블 박사나 다른 미국인들이 하는 말은 뭐든지 그대로 믿고 있소. 이것은 파리에서 올리버 박사가 주의하지 않으면 안 될 어두운 상황에 대해 귀띔을 해주려는 것이오. 이 사람들은 어느 함정이든 쉽게 빠질 것이오."

이 박사는 지원의 필요성이 긴급하다고 판단한 듯 다음과 같이 말했다: "당신이 한국으로 오기를 바랐으나 하지 장군이 입국허가를 내주지 않았소. 8월 15일 이후에 오도록 당신께 요청했어야 했소. 미국인들이 가지고 있던 권한을 계속 고수하려는 의도가 있었다고까지는 미처 생각지 못했소. 조 박사는 여전히 경찰 통제권을 넘겨받으려고 노력하고 있소. … 콜터 장군은 우리의 친구이지만 아직 경험이 부족한 신참이오. 그러나 여기에는 콜터 장군에게 자기들 사정을 이해시킬만한 고참들이 많이 있소. 내 서명을 기다리는 여러 문서를 작성하는 '일급' 변호사들과 함께 반스 존슨 등과 같은 '유익한' 모든 사람들이 있소.… 결국 나는 콜터 장군을 불러서 협정 서명 이전이라도 경찰을 우리에게 넘겨 달라고 요구했소. 그렇게 하지 않으면 조직이 붕괴될 것이라고 말했소. 그러나 조병옥은 미국인들의 요구 조건에 굴복해야 했소. 국민이 경찰을 싫어하지만 군대를 수중에 가지고 있지 않는 한 우리는 달리 어떻게 할 도리가 없소." 여기에서 이 박사가 언급한 것은 경찰이 근절하려던 공산 게릴라 부대에 대한 "소탕" 작전이었다.

그리고 그의 편지는 정치상황으로 다시 되돌아갔다:

> 지난 3년 동안 외국인 통치를 받은 한국인들은 나라 전체를 파멸시킬 권력욕을 키워놓았소. 서울의 정치인들은 박사께서 상상할 수 있는 가장 악질적인 도당이오. 부통령은 친일파를 색출하기 위해 설치한 "수사" 부서에 대한 지휘권을 요구하였고, 나는 부통령과 그의 추종 세력과의 반목을 중단시키기 위해 양보하였소.

신익희는 유일한 능력을 가춘 정치 지도자요. 그는 무엇이든 해낼 수 있지만 당이나 다른 사람을 위해 일하는 것이 아니라 자신만을 위해 일할 뿐이오. 나는 그에게 국민회(國民會) 수장을 맡겼으나 그는 그 자리를 오로지 자신의 세력을 구축하는 데만 이용하였고 결국 국민들이 분노하였소. 그는 소수의 추종세력을 가지고 있소. 그러나 청신호가 떨어지면 어느 누구보다도 대통령이 될 수 있는 사람이오. 들려오는 여러 보고로 혼란스러워 하지 마시오. 이 나라 국민이 나를 따르는 한 모든 것이 잘 되어 갈 것이라 생각하오. 나는 국민회를 정당으로 조직할 계획을 세우고 있고 신익희와 역시 불만이 있는 이청천(李靑天) 그리고 다른 몇몇 인물을 영입할 작정이오. 오늘 회합을 가질 예정이오. …

우리 대한민국 대표단은 9월 15일 퀸 메리 호로 뉴욕을 떠나 파리 유엔 총회를 향해 출발하였다. 배가 셰르부르(Cherbourg) 항에 접근할 때인 9월 19일 나는 선상에서 이 대통령에게 편지를 썼다:

모두들 화목하고 즐겁게 지내고 있습니다. 장면과 김활란과도 몇 차례 긴 대화를 나눴습니다. 우리들의 생각이 아주 잘 정리되었다고 생각합니다. 우리는 같은 배에 타고 있는 대표단들과 다양한 만남을 가졌습니다. 나는 특히 UN의 감사관인 엘빈스 씨와 친해졌고, 그는 우리를 파리에서 다른 대표단들에게 소개할 수 있는 사람이고 또 그렇게 할 것입니다. 시리아의 엘 수리 대사와 아랍권의 다른 사람들도 동승하고 있어서 그 중 몇몇 사람과 대화를 나눴습니다. 그들은 명확하게 입장을 밝히기는 거부하였지만 과거에 기권하던 것과는 달리 이번에는 우리를 지지해줄 것으로 기대하고 있습니다. …

북한으로부터도 상당한 규모의 대표단이 파리에 올 것으로 예상됩니다. 북한인들은 성가신 존재이기는 하지만 우리에게 어떤 해를 끼치지는 않을 것으로 봅니다. 우리가 감지할 수 있는 대표단들 사이에 흐르는 여론은 더 이상 소련의 터무니없는 주장을 참고 있지 않겠다는 것입니다.…

9월 24일자로 이 박사에게 보낸 편지에 나는 한편으로는 마음이 놓이기도 하고 한편으로는 실망스럽기도 하고 코믹하기도 한 현장 상황을 묘사하려고 했다:

오늘 날짜의 "공식" 보고서에서는 모든 상황을 망라해서 다루려고 합니다. 다만 한 가지 덧붙여 말씀드릴 수 있는 것은 대표단이 다들 함께 잘해 나가고 있다는 것입니다. 여러 가지 계기가 있었고 앞으로도 그런 일이 더 있겠지만 대표단 모두 상호간에는 기본적으로 믿음과 이해가 있고 무엇보다도 임무의 중요성을 깊이 인식하고 이를 잘 완수해야 한다는 의욕이 넘칩니다.

대표단이 나와 함께 동행하는 데 대해 약간 당혹감을 느끼고 있는 것은 분명합니다. 지극히 당연하다고 생각합니다. 내 역할에 대해 확실히 모르기 때문입니다. 나는 내가 여기 있는 것은 순전히 도움을 주기 위해서이고 실제로 도움을 주도록 노력하고 있다는 점을 그들에게 분명히 했습니다. 내가 앞에 나서는 일이 없도록 해서 누구에게도 미국인이 대표단을 이끌고 있다는 인상을 주지 않도록 하자고 대표단과 나는 합의를 보았습니다. 그래서 나는 대표단이 프랑스 외무성과 덜레스를 방문했을 때도 동행하지 않았고 유엔에서 대표단과 같은 자리에 앉지도 않았습니다.

나는 기자증을 얻어서 대부분의 시간을 기자들과 보내거나 그렇지 않으면 따로 다른 대표들과 어울리고 있습니다. 이런 말을 들으면 우리 대표단과 거리를 두는 것 같지만 실제로는 훨씬 더 가깝게 지내기도 합니다. 언제나 같이 식사하고 나들이도 함께 하며 그리고 저녁에는 함께 지냅니다. 노블은 아주 대놓고 내 면전에서 불쾌감을 표시하지만, 나는 이렇게 하기로 결심하였습니다. (1) 겉으로는 노블과 좋은 관계를 유지한다. (2) 한국의 국익에 최선이 못되는 어떠한 것이라도 대표단이 받아들이도록 노블이 오도하는 것을 막기 위해 노력한다.

9월 30일, 다시 이 대통령 앞으로 편지를 썼다. 아마도 11월 중으로 예상되는 표결에서 유엔의 지지 아래 대한민국의 수립을 승인하는 유리한 결과를 얻게 될 전망이 밝다는 것을 대통령에게 확신시키고, 그 다음 한국 정부의 근본적인 개편을 권고하는 다루기 힘든 일을 해보려고 한 것이었다:

아무 보람도 없고 소득도 없는 일이 될지도 모르는 것을 감히 말씀 드리고자 합니다. 다름이 아니라, 대통령께서 나보다 훨씬 더 가까이서 내용을 더 잘 파악하고 계시는 상황에 대해 의논을 드리려는 것입니다. 정부 수립 이후 전개되어 온 한국의 정세에 대해서 입니다. 다양한 소식통으로부터 내각에 대한 반응을 알게 되었는데 그것은 각하께서 잘 알고 계시고 서한을 통해서도 소상하게 언급하신 일입니다. 유엔의 표결에 악영향을 미치지 않도록 유엔의 결정이 내려진 이후에 국회에서 각하에 대해 정면으로 도전할 계획을 세우고 있다는 사실에 대해서는 나 역시 들어서 알고 있습니다. 각하께서도 물론 잘 알고 계실 것입니다. 그러나 내가 확신하는 바는, (1) 이것은 극히 심각한 도전이 될 것이고, (2) 이 문제는 각하 자신과 국회 그리고 한국 정부의 전체적인 명분을 위해서도 반드시 막을 수 있을 것이라는 것입니다.

이 문제는 끝까지 싸우고자 하는 도전자들의 각오가 확고하고 아주 상당한 표가 결집될 것이기 때문에 심각합니다. 또한 누가 승리하든 한국에는 피해가 될 것이라는 점에서 심각하다는 것입니다. 다시 말해서, 도전자들이 대통령으로부터 권한을 제한하는 헌법 개정에 성공할 것이며, 그렇게 되면 여러 측면에서 아주 좋지 않은 일이 될 것입니다. 혹은 그 반대가 될 수도 있을 것입니다. 말하자면 대통령께서 그들의 도전이 성공을 거두기 전에 그것을 분쇄시킬 수도 있다는 것입니다. 김성수와 신익희 그리고 그 밖의 많은 파벌의 추종자들의 표가 결집되면 승산이 충분하다는 말은 사실이 아닐 것이라고 말하는 사람들도 많지만 각하께서 도전을 분쇄시킬 수 있다 하더라도 공화국이 수립되자마자 이러한 종류의 분쟁이 벌어진다는 것은 한국을 위해서 여전히 극히 좋지 않은 일이 될 것입니다.

물론 이 도전을 막는 요점은 물론 어떤 각료의 임명과 관련된 것입니다. 그러한 정보를 일부러 찾아다니는 것은 아닙니다만, 들리는 정보에 따르면, 가장 큰 난관은 내각에 임영신이라는 존재, 특히 그것도 상공부 장관이라는 중요한 직책에 그녀를 임명했기 때문이라고 합니다. 내 생각에 각하께서는 사실 임영신을 상공부 장관으로 원해서가 아니라 실제적이든 아니든 각하의 대의명분을 위한 그녀의 헌신적 활동 때문에 임영신을 그 자리에 임명해서 지금도 그대로 두고 있는 것으로 알고 있습니다.…

만약 임영신을 사임시키고 그 자리에 오(吳) 씨나 그 사람 정도의 높은 평가를 받고 있는 다른 사람을 그 자리에 앉힌다면 틀림없이 폭풍을 피할 수 있을 것으로 확신합니다.… 각하께서는 내가 이러한 편지를 쓰는 이유를 이해하실 것으로 압니다.

두 주일 쯤 지나서 대표단에 보내는 외교행랑을 통해서 "임병직과 로버트 올리버 친전"이라고 쓰인 10월 5일자 편지를 이 박사로부터 받았다:

한민당의 내각에 대한 공격은 동아일보나 다른 신문을 통해 계속될 것이오. 어제 무초 대사와 콜터 장군은 나에게 "각하께서는 한민당과 매우 용감하게 잘 싸우고 있습니다. 한민당은 양곡 수매를 반대하는 사람들입니다." 등등과 "한민당은 빈곤층을 위한 각하의 계획을 유보시키려고 합니다."라는 등의 말을 하였소.

나는 무초 대사와 콜터 장군에게 식량배급 방식을 변경해야 할 것이라고 말했소. 현재의 방식은 일본식이기 때문에 사람들이 싫어하고 있소. 변경은 서서히 진행되어야 할 것이지만 우리는 시행할만한 세밀한 계획을 입안해 두었는데 이 계획대로 시행하면 빈곤층의 사람들도 제대로 된 자신의 몫을 얻게 될 것이고, 농민들 역시 적정한 값을 받게 될 것이오.50)

사실 수확이 평년작만 된다면 외국 원조 없이 국민을 먹일 수 있는 쌀은 충분하오. 문제는 분배 관리를 어떻게 하느냐 하는 것이오. 한국인들은 자신들의 식량공급을 외국인의 관리 아래 두기보다는 자기들이 갖고 있는 것만으로 꾸려가기를 원하고 있소. 외국인들은 자기들의 필요에 따라 식량을 배급하도록 우리에게 요구하기 때문이오. 그것은 현 실정에 맞지 않소. 농민들은 차라리 외국의 원조를 받지 않고 국내 수요를 공급하려고 하고 있소. (이 사실이 외부에 공개되어서는 안 되오. 그 두 사람에게 그런 말을 한 것은 그들이 우리에게 현재의 관리 시스템을 지속할 것을 강요할 수 없다는 것을 이해하도록 하기 위한 것이었소.)

한국인들은 하지 장군을 위해 운동장에서 멋진 환송회를 열고 창덕궁에서 거창한 만찬을 베풀었소. 하지 장군은 8월 16일자로 복귀명령을 받았으나 내가 정권 이양 협정서에 서명을 하지 않았기 때문에 한국을 떠날 수 없었소.

동봉된 워싱턴 사무소 설치계획의 개요는 고맙게 잘 받았소. 매우 훌륭한 것이었소. 앞으로의 우리 계획은 전적으로 파리 총회에 달려

---

50) 농민들에게는 가능한 한 가격을 높게 유지하는 것이 중요하였다. 농민은 전체 인구의 75%를 차지하고 있는데도 가난에 허덕였기 때문에 그들이 바라는 바를 반영하는 것은 바람직한 일이었다.

있소. 그러나 우리나라에 관한 한 착실히 앞으로 나아갈 것이며 가능
한 한 자주적으로 행동하기 위해 최선을 다할 것이오. 유감스럽게도
재정이 부족할 뿐이오.…

그때까지 유엔 총회는 잘 진행되고 있었다. 우리는 어디에서나 우호적
인 반응과 지원 약속을 받았다. 실제로 한국에 관한 표결은 11월이나 되
어야 진행될 것이기 때문에 각국 대표단의 관심은 거의 전적으로 유럽에
집중되어 있었다.

소련이 어느 날 예고 없이 서유럽에 공격을 개시할지 모른다는 심각한
우려가 있었다. "자유세계"는 여러 달을 두고 그러한 재앙에 대처하기
위해 불확실성과 두려움 속에서 결집해 왔었다. 마셜플랜(유럽에서는 유럽
재건계획으로 더 잘 알려짐)에 뒤이어 브뤼셀 상호방위조약이 체결되었다.
그 다음에는 독일의 영국과 미국 지역이 통합되고 곧 이어 프랑스 구역도
통합되어 본(Bonn)을 수도로 하는 서독 정부 수립과 루르 지방의 국제화
가 가능해졌다. 소련은 이 모든 움직임에 완강히 반대하였다.

유엔총회가 열리고 있는 팔레 드 샤이오(Palais de Chaillot) 호텔의 복도
와 라운지에서는 각국 대표단이 무거운 분위기 속에서 임박한 전쟁에 대
한 논의를 하고 있었다. 대화의 대체적인 논조는 소련이 진군하는 경우에
막을 수 있는 방위선은 영불 해역 이외에는 없다는 것이었다. 종전이 되
자마자 미국뿐만 아니라 서방진영 전체에 걸쳐 감축된 연합군 군사력은
머지않아 점진적으로 재구축될 수 있다는 희망을 가지고 그 밖의 모든
것은 희생되어야만 했다. 소련은 그해 4월 1일에 시작된 베를린 봉쇄를
여전히 완강하게 유지하고 있었고, 여전히 미국 비행기들이 도시에 필요
한 필수 공급물자를 공수하고 있었다. 교착상태를 해결하기 위한 외교적
노력은 분명한 진전이 없었다.

미국의 관심은 주로 다가오는 대통령 선거에 집중되어 있었다. 뉴욕 주지사 토마스 E. 듀이가 승리할 것이 확실해 보였는데 그는 국민의 단결을 고양시키고 정책의 사전 공약을 피하고자 의도적으로 일련의 무색무취한 발표를 계속하고 있었다. 현직 대통령인 해리 S. 트루먼은 열차로 전국의 역을 돌며 유세를 하는 소위 "휘슬 스톱(whistle stop)" 선거운동에 나서서 재선을 추구하는 대통령으로서는 전례 없이 체면이고 뭐고 다 팽개치고 있다고 하여 "민주당 의회에 큰 소동을 일으키고" 있었다. 듀이 주지사는 신병으로 사임한 로버트 와그너 후임으로 존 포스터 덜레스를 미국 상원의원에 지명하였다. 각국 주재 미국 공관에서는 듀이의 예비내각에서의 국무장관 후보자로서의 덜레스의 대외정책에 관한 견해를 트루먼 대통령 아래의 현직 국무장관인 딘 애치슨의 견해보다 더 중요하게 여길 정도였다.

각 신문들은 이 대통령과 그의 새 정부를 신랄하게 비판하는 불길한 서울발 기사를 싣기 시작했다. 그는 국민의 자유를 "억압"하고 국민을 "탄압"한다는 공격을 받았다. 실제로 미군정이 물러날 때 남한에는 공산당 잔재들이 그대로 남아 있었다. "최초의 미군 철수 직후에 남한은 각지에서 일어난 파업과 시위와 무장봉기로 고통을 받고 있었다."[51] 예상했던 바와 같이, 이러한 공산당의 봉기를 억누르기 위한 이 대통령의 노력은 세계 언론에서 "반동주의", "독재" 그리고 "테러"로 묘사되었다. 공공연한 공산주의 반란이 제주도와 여수, 순천 그리고 대구 등의 도시 국방경비대에서 터졌다. 이것은 미 군정청이 국방경비대의 대원을 뽑

---

51) 조순승(趙淳昇), 『세계 정치와 한국』(Korea in World Politics), 230-233 페이지. 폭력은 폭력을 낳았다. 이에 대해 이승만의 비판자들은 그를 "무자비하고, 무책임하고, 오만한 정치인"이라고 비난했다. 최봉윤, 『한국사』(Korea History), 253 페이지.

을 때 "정치성향 심사"의 허용을 거부한 데서 비롯된 직접적인 결과였
다. 미 군정청이 조직한 국방경비대로부터 전 부대원이 탈영한 약 2,000
명의 공산당 무리가 남한 내에서 활동을 시작하여 약 500명의 정부 관리
들이 살해되었다.[52] 11월 14일, 이 대통령은 남한의 약 4분의 1에 달하
는 지역에 계엄령을 선포하여 이러한 사태에 대처하고 미국에 추가로 5
만 명의 병력을 무장시켜 훈련시키기 위한 원조를 요청하였으나 이 요청
은 거절당하고 말았다.

우리가 할 수 있는 일이라고는 보도매체가 이러한 갈등이 벌어지고 있
는 상황을 공정하게 보도하도록 영향력을 발휘하기 위해 노력하는 것이
전부였다.

10월 12일, 나는 이 대통령에게 다음과 같은 편지를 썼다:

지난 토요일 잠시 자리를 비워도 괜찮을 때라고 생각되어 정오에 항
공편으로 런던에 갔습니다. 그곳에서 사흘을 보내고 오늘 저녁에 돌아
왔습니다. 〈이스턴 월드〉지의 편집인 타우시그에게 미리 전보를 보냈
더니 이 사람이 나를 위해 일련의 인터뷰 자리를 주선해 주었습니다.
덕분에 짧은 시간이었지만 만나보고 싶었던 8~10명 정도의 인사들과
면담을 가졌습니다. 이 중에는 외무성 극동담당 수석 공보관을 비롯해
서 왕립 국제문제연구소의 "한국관계 전문가"와 〈스펙테이터〉지의
편집인, 몇몇 신문의 논설위원과 국제 학생회관 관장, 그리고 그 밖에
극동문제에 관심 있는 여러 사람이 포함되어 있습니다. 나는 한국에
대한 '많은' 오해가 있음을 발견하게 되었고 런던에서 대대적인 홍
보활동의 전개가 필요하다는 사실을 알게 되었습니다. 그러나 다행히

52) 스칼라피노-이정식(李庭植) 공저, 『한국의 공산주의』(Communism in Korea)에서
다음과 같이 결론을 맺고 있다. "그에 따라 이승만 행정부는 독립국가로서 자립하
는 과정에서 여러 주일 동안 최남단 지역에서 극히 심각한 상황에 처했다." 제1권,
308 페이지. 이들 저자는 대한민국 육군사관학교 1947년 졸업생의 약 80%가 공산
주의자거나 공산주의 동조자라고 덧붙였다. 310 페이지.

도 영국인들은 '상황을 모른다'는 사실도 인정하기 때문에 이야기를 듣고 싶어 한다는 것입니다.… 때마침 중국 대사관이 주최한 "쌍십절(雙十節)" 축하연 자리에서 우연한 기회에 외무장관 어네스트 베빈을 만나 유익한 환담도 나눌 수 있었습니다. 그는 대단히 기품이 있는 사람으로 분명히 대한민국의 승인 문제를 전적으로 지지할 것입니다.…

나는 이 편지에도 재차 이 대통령에게 한국 국회 내에서 대통령에 대한 예상되는 저항과 그의 내각에 대한 비판에 대한 이야기가 많이 들린다고 전하고 "임영신을 사임시키는 것이 큰 도움이 될 것"이라고 조언하였다. 예를 들어서 한 국무부 대표와의 "비공식적" 회견 내용에 대해 말해 주었다. 그는 임영신이 상공부 장관으로 있는 한 미국은 상공부를 통해 산업복구 자금을 제공하지 않을 것이라고 전했다. 나는 계속해서 이렇게 덧붙였다: "이곳 파리에서는 노블 박사 때문에 점점 더 미칠 지경입니다! 대통령께서는 그의 태도에 대해 정확히 말씀해 주셨고 그는 그것을 숨기려는 척도 하지 않습니다. 그와 가깝게 지내려고 노력해 왔습니다만 노블 쪽에서는 협력할 용의를 손톱만큼도 보이지 않습니다. 더 심각한 것은 노블이 미국의 지지를 보장받으려면 자기와 긴밀하게 협조하지 않으면 안 된다고 한국 대표단장 장면 박사를 설득시킨 것입니다."

이틀 후에 나는 유엔 총회장에서 확신을 심어주기 위해 이 박사에게 편지를 썼다: "우리는 지지표를 확보하였으며 이 의안이 조기에 상정될수록 더 유리합니다. 유엔에서의 소련과 민주진영 사이의 악감정이 극심하여 모든 논의가 격렬하게 진행되고 '거짓말', '중상모략'과 같은 표현이 난무하고 있습니다."

10월 27일, 이 박사로부터 이 편지에 대한 답장을 보내왔다. 한·영 관

계와 내각 문제에 관해 흥미로운 논평을 하였다. 앞의 영국에 대한 화제
에 대해서는 이렇게 쓰고 있었다:

> 영국의 주요 인사들과 좋은 이야기를 나눴다니 아주 기쁘오. 공식
> 친선 사절단으로 영국에 다녀온 정한범 박사는 돌아와서 영국인들은
> 현재의 내각 구성에 대해 좋지 않은 관념을 가지고 있고 좌익들이 전
> 하는 부정적 정보를 너무 많이 받고 있다고 보고했소. 한국에 있는 영
> 국 대표는 8월 15일 전후로 해서 한 마디 말도 없었소. 그 사람은 지금
> 까지 무슨 일이 일어나고 있는지조차도 모르고 있는 것이 아닌가 생각
> 되오. 적어도 그의 행동만 보면 그렇소. 프랑스, 중국 그리고 필리핀
> 사람들은 드러내놓고 우리를 축하해주고 새로 탄생한 공화국에 대해
> 주목하고 있소. 영국 대표는 리셉션에 왔다가 악수만 하고 대화를 피
> 하려는 듯이 서둘러 사라졌소. 그의 행동은 한 마디로 우스꽝스러웠
> 소.
>
> 성공회의 쿠퍼 주교는 영국의 람베드에서 열리는 총회에 참석하기
> 위해 지난봄에 이곳을 떠났소. 그는 가는 도중에 미국에서 몇 차례 연
> 설을 했는데 상당히 웃기는 이야기였소. 도대체 정치가 중요하다면 어
> 째서 선거나 선거를 통해 수립된 정부를 지지하지 않는다는 것이오?
> … 베빈 외상을 만났다니 기쁘고 영국에 더 머무르면서 다른 사람들
> 도 만났더라면 좋았을 것인데 유감이오.

이 대통령은 내각에 대한 국회 분위기 문제에 대해서도 마찬가지로 솔
직히 말했다. 한국의 각계각층뿐만 아니라 미국과 유엔까지도 김구, 김규
식, 조소앙(趙素昂), 안재홍(安在鴻), 김성수(金性洙) 등 한 마디로 그의 모든
정적들을 비롯하여 한국의 "실력자들"을 망라한 "연립"내각을 구성해
야 한다는 분위기가 팽배해 있다는 것을 그는 잘 알고 있었다. 연합이란
본질적으로 중심이 굳건하지 못해서 언제나 분열되고 쪼개지기 쉬운 경

향이 있으므로 그런 "연립"방식에 대해서 이승만은 본능적으로 확고히 반대하고 있었다. 그런 내각에서 각료들은 각기 국회에서나 일반 국민들 사이에서나 가능한 한 자신의 추종세력을 키우려고만 할 것이고 그 결과 국민의 단결은 파괴되고 말 것이라는 점을 뼈저리게 느끼고 있었다. 그가 임명한 내각에 대한 비판과 국회에서 비등하고 있는 그에 대한 도전 가능성에 대해서도 그는 문제점을 잘 파악하고 있었다:

올리버 박사가 여러 사람을 통해 들은 정보는 아주 정확한 것이오. 국회의장은 나에게 간부회의 같은 것을 통해서 대다수의 국회의원들을 결속시켜 둘 것을 제안했지만 나는 그런 절차에 반대하였소. 그에게 자신의 '제국'을 구축할 수 있도록 허락을 해주지 않자 이제는 그 자신이 스스로 그러한 것을 만들려 하고 있소. 최근 이러저러한 것을 요구하는 국회의 행위는 나의 화를 돋울 뿐이오. 지금 국회의원들은 장관들에게 설문지를 돌리고 있소. 그것으로 각료들을 열 받게 하고 이러한 질의를 통해 정치판을 더 시끄럽게 하려는 것이오.

당신이 제안하듯 장관 하나 바꾼다고 문제가 해결되는 것은 아닐 것이오. 기억하겠지만, 한민당은 7개의 장관직을 요구하였고 지금까지는 법무장관 이인(李仁), 교통부 장관 허정(許政), 재무부 장관 김도연(金度演)만이 한민당원이오. 말할 것도 없이 이들은 임영신을 어찌하지 못했소. 성공을 거두지 못했으니 그들은 트러블을 일으키려고 별의별 짓을 다할 것이오. 여기서 굴복하면 그들은 기고만장해지고 역효과를 가져올 것이오. …

소수의 정상배들이 민주주의라는 것을 무엇에나 투쟁할 수 있는 자유로 오해하고 이것을 악용하고 있소. 한국인들은 40년 동안 명령을 받아왔고 그런 사실에 분개하며 살아왔소. 그러나 그들은 지난 3년 동안 명령을 받으면서 그것을 좋아했었소. 외국의 지배자가 자기들을 그 자리에 앉히지 않았더라면 결코 그런 자리를 얻을 수 없었을 것이기 때문이오. 그 3년 동안 이른바 "민주적인" 미 군정청은 실제로는 한 낱 군사령부에 불과하였고 민주주의 원칙과는 거의 무관하였소. …

임영신이 그 자리에 있는 한 상공부를 통해 원조자금이 배정되지는 않을 것이라고 국무부 인사로부터 들었다는 정보는 정확치 못한 것이오. 원조는 상무부를 통해서가 아니라 보급 대표단에 의해 전달되기 때문이오. 미국인들은 별도의 부서를 설립하여 이를 조달부로 승격시키기를 원했으나, 나는 국(局) 규모로 만들도록 하였소. …

당신의 제안에 감사하고 그 일에 대해 얼마나 걱정하고 있는지도 알고 있소. 그러나 이미 해임시켰던 사람인 미스터 오를 재임명한다면 그 부서는 우리와 협조가 이루어지지 않을 것이 확실한 김성수의 한민당 손으로 넘어가게 될 것이오. 노블 박사와 모든 사람들이 그를 높게 천거하는 것은 단지 그가 번스와 그 패거리들의 완전한 앞잡이가 될 것이기 때문이라는 것을 나는 알고 있소. 임병직이 인기가 없는 이유는 다른 한국인들처럼 미국인들에게 결코 굽히지 않는 사람이기 때문이오.

모든 일이 편지가 전하는 분위기처럼 암울한 것은 아니었다. 이 박사 부처의 눈코 뜰 새 없이 바쁜 생활 속에 막간의 즐거운 에피소드 하나가 11월 2일자 프란체스카 여사가 보내온 편지에 묘사되어 있다:

올리버 박사님도 아시다시피 우리는 비행기로 도쿄로 여행하였는데 비행계획에 따라 여정을 잘 마쳤습니다. 여행은 정말로 즐거웠고 도쿄 체류 기간 중 하이라이트는 미국 대사관에서 맥아더 장군 부처가 베푼 공식 오찬과 데이코쿠(帝國) 호텔에서의 국무부 대표들이 주관한 리셉션이었습니다. 맥아더 장군의 오찬에는 소련을 제외한 모든 외교사절이 참석하였고, 국무부 리셉션에는 초대한 인사보다 더 많은 사람이 모였는데 여기에도 소련 외교관은 역시 보이지 않았습니다.

도쿄의 일상생활은 정상을 되찾은 듯 보입니다. 일본인들은 옷을 잘 차려입고 있었고 상점들도 호황이었으며 수많은 집들이 이미 지어졌거나 건설공사가 다양하게 진행되고 있었습니다. 내가 1946년에 잠깐 일본에 들렀을 때는 길거리에 버려져 나뒹굴고 있는 철제 금고 같은 것 이외에는 아무것도 없는 비참한 모습이었어요. 도쿄로 가는 도중에도 버려진 철제 금고만 줄을 이었습니다. 이제는 어디에나 집들이 들어찼습니다. 우리는 히로시마 상공을 비행하였는데 그곳도 건설활동이 활발하게 시작되었더군요.

맥아더 부인은 아주 매력적인 주부로 남편의 직위에도 불구하고 소탈한 태도를 보였습니다. 우리는 대사관의 널찍한 응접실에서 오찬에 참석할 장군을 기다리고 있었습니다. 모든 외교관들이 자리를 함께 한 가운데 맥아더 장군이 오찬에 도착하기를 기다리고 있었는데, 그때 장군이 성큼성큼 걸어 들어와서는 부인에게 정답게 키스를 하며 안부를 묻고는 손님들에게 인사를 하였습니다. 이런 장군의 행동이 너무도 자연스레 이루어져서 그 따스함을 느끼지 않을 수 없었지요. 그 자리에 있던 모든 부인들은 그런 키스를 받은 장군의 부인을 부러워하는 것 같았습니다.

신생 공화국이 외교 대표를 선정하는 일도 각료의 선임 못지않게 문제가 되었다. 특히 중요한 것은 초대 주미 대사의 임명이었다. 11월 5일자이 대통령의 편지에서 (여기에도 "올리버 박사 친전"이라는 표시가 있었음) 그가 빈정대듯 지적한 바와 같이, 워싱턴에 파견될 핵심적 인물인 대사의 선정은 실제로 대부분 미국 국무부가 직접 결정한 것이나 다름없었다:

우리는 미국이 임병직을 대사로 받아들이도록 하려고 애를 많이 썼지만 미국 쪽에서는 하위직에 있던 사람을 고위직에 앉힌다는 것은 매우 현명치 못한 일이라 생각하고 있소. 내 생각에 이것은 하나의 구실에 지나지 않지만 우리는 받아들일 수밖에 없소. 주재국 정부에서 환영받지 못하는 사람을 파견하는 것은 이로울 것이 없는 짓이오. … 여러 가지 이유로 내가 임병직을 워싱턴에 보내고 싶어 한 것을 올리버 박사도 알겠지만 우리로서는 어찌할 도리가 없구려. 당신이 귀국해서 그곳 사무실 일을 도와주기 바라오. 우리는 대사 임명이 확정될 때까지 남궁염(南宮炎)을 대사관의 공식 책임자로 임명하였소. … 남궁염은 뉴욕 총영사로 임명될 예정이지만 지금은 워싱턴에 누군가 있어야 하기 때문에 남궁염이 임병직을 대행해야 할 것이오.

일본 주재 대사급 자리도 매우 중요하오. 그런데 그곳에서 다른 외교관들과 충분히 경쟁할 만한 세련된 인물을 찾을 수 없소. 하겠다는 사람이 몇 명 있지만 그들은 흥사단(興士團)[53]에 속한 사람들이오. 한국 교민이 상당히 많은 나라에[54] 그러한 성분의 인물을 임명하는 것은 현명하지 못한 일일 것이오. 그들의 그러한 성분은 상상 이상으로 선명하게 표출되고 있소.

도쿄의 그 자리에는 정한경 박사가 임명되었으나 한국어 지식이 부족해서 잠시 동안만 그 자리에 있었다. 이 대통령은 임병직 대령을 그곳의

---

53) 앞에서도 언급한 바와 같이 흥사단은 피난민으로 월남하였거나 그 이전에 이미 남쪽으로 이주한 북한 출신 사람들의 조직이다. 그 중 일부는 남북한이 공산화될 위험에도 불구하고 북한과의 재통일에 찬동하였다.
54) 일본 패망에 뒤이어 재일교포 약 100만 명이 한국으로 귀환했다. 일본에 잔류하고 있던 60만 명 중 상당수는 공산주의자거나 공산당 동조자였다. 에드워드 M. 와그너(Edward M. Wagner)저 『재일 한국 소수민족』(The Korean Minority in Japan): 1904-1950, 뉴욕 소재 태평양문제 연구소(Institute of Pacific Relations), 1951 참조. 데이비드 콘드(David Conde)가 쓴 "재일 한국 소수민족"(The Korean Minority in Japan), 〈극동 조사〉(Far East Survey)지, 1947년 2월 26일, 41-45페이지를 보면 재일교포들이 일본인들에 의해 저질러진 부당하고 편파적인 대우와 연합군 최고사령부(SCAP)(맥아더의 사령부)의 보호를 받지 못해 어떻게 공산주의로 이끌려가게 되었는가를 보여주고 있다.

상설직에 선임하였으나 연말이 지난 후 곧바로 서울로 불러들여 외무부 장관에 기용하였다. 당시 파리 대표 단장이었던 장면이 초대 미국 대사로 임명되었다.

그는 가톨릭 신자로서 정부에 폭 넓은 지지기반을 많이 구축하였고 그의 중도적 견해와 조용한 성품으로 인해 적을 만들지 않는다는 이유로 초대 주미대사로 임명되었다. 이 대통령은 장면에 대해 상당히 유보적인 마음을 표하였는데 11월 5일자 편지에서 그는 이렇게 말했다. "장면은 나중에 교체해야 할 것이오." 그러나 "정부의 훈령을 수행하기만 하면 괜찮을 것이오." 그는 또한 미시건 대학교에서 이제 곧 박사학위 과정을 마치게 되는 한표욱(韓豹頊)을 만나서 학위과정을 중단하고 워싱턴에서 공직을 맡을 의향이 있는지 알아보도록 나에게 지시하였다. 그리고 나서 장 박사에 대해 또 이런 말을 덧붙였다: "그는 강력한 고문관의 도움을 받아야 할 것이오. … 파리에서의 그의 처신에 대한 정확한 반응을 알려주시오. '미국 고문관들' [즉, 한국 대표단의 "안내"를 담당한 국무부 관리들, 특히 해롤드 노블 박사]에 대한 그의 태도는 어떠했소? 그에게 부족한 점이 무엇이라 생각하시오? 이런 것들을 파악한다면 그에게 특별한 훈령이나 도움이 되는 조언을 제공할 수 있을 것이오."

11월 15일, 나는 이 대통령에게 다음과 같이 장면에 대한 평가를 써 보냈다:

　　　장면 박사에 대한 내 생각을 말씀드리면 그는 훌륭한 대사가 될 것입니다. 그는 착실하고 신뢰감을 주며, 열심히 일하고 체계적인 사람입니다. 또한 매너가 좋고 성품이 온화해서 적을 만들거나 적대감을 주지 않습니다. 그의 개인적 습관과 전체적인 인품에 대해선 나무랄 데가 하나도 없습니다.

　　　판단컨대 그의 큰 단점이라면 다음 두 가지라고 할 수 있습니다. 1) 다른 사람과 팀을 이루어 일하는 것이 힘듭니다. 다시 말해서 권한을 위임하는 일이 어렵고 그래서 자신이 받을 수도 있는 도움들을 최대한 활용하지 못한다는 점입니다. 모든 대표들도 이런 점을 많이 느꼈으리라 생각합니다. 그러나 그에게 적절한 조언을 해준다면 이 것은 극복될 수 있는 결점입니다. 이는 주로 행정경험의 부족과 자신이 직접 최선을 다하고 좋은 결과를 확인해야 한다는 책임감에서 비롯된 것이라고 생각됩니다.

2) 그의 두 번째 결점은 미국 고문관들에게 지나치게 의존하고 스스로 독립 주권 국가의 대변인이라는 생각이 부족한 경향이 있다는 것입니다. 그러나 바로 이런 결점은 당분간 한국이 미국의 경제적 군사적 지원에 의존하고 있다는 단순한 사실로 인해 긍정적인 미덕으로 발전될 수도 있습니다. 따라서 대사는 국무부가 신뢰할 수 있고 또 우리가 지금까지 그렇게 하기 어려웠던 "협조적"이라는 표현에 어울리는 사람이어야 한다는 것은 필수적입니다. 모든 대사들이 그러하듯이 장 박사에게 정부가 추진할 프로그램이 주어진다면 이를 수행하기 위해 그는 최선을 다할 것이라고 확신합니다. 그러나 어떠한 경우라도 모든 기본적 정책 결정은 한국에서 내려져야 할 것입니다.

장면은 주미 대사로 임명되었다. 그러나 유엔이 새 정부를 승인하고 (유엔의 승인일은 12월 12일이었음) 미국과 한국이 대사를 교환하기로 공식적으로 합의한 다음에야 대사직에 부임할 수 있었다. 이것은 다음 해 초에 이루어졌다. 1949년에 해리 트루먼 대통령의 최초의 공식 활동은 한국에 대한 유엔의 "승인"에 뒤이어 한국을 공식적으로 승인하는 일이었다. 새 시대가 밝아오고 있었다.

우리에게 이러한 "새 시대"가 의미하는 것은 위태로운 경지에서 벗어나는 일이었으나 여전히 재정사정이 어렵기는 마찬가지였다. 이 해의 우리 사무실 연간 총예산은 2만 달러에 불과하였으나 실제 지출액은 약 22,000달러에 달했다. 봉급 수준은 형편없었다. 나의 비서와 사무실 관리자는 2,800달러라는 꽤 넉넉한 연봉을 받았다. 이 대통령은 내 권고에 따라 홍보 대리인으로서 파리의 기자 한 사람과 런던의 잡지 편집인 한 사람의 시간제 근무에 대해 각각 매월 50달러를 지불하는 것을 승인하였다. 각각 연봉 4,000달러를 주는 직원 4~5명을 증원하겠다는 여러 번 반복된 내 건의는 받아들이지 않았다. 한편, 이 대통령은 한국 국민에 대해 "독재적" 압제를 가한다고 미국과 세계 언론으로부터 점차 맹렬한 비난을 당하고 있었다. 이것은 주로 일련의 공산주의자의 반란을 진압시키기 위해 경찰력을 동원한 것 때문이었다. 그는 이러한 적대적 매스컴의 집중 공세에 아주 민감하였다.

11월과 12월에 쓴 몇 통의 서한을 통해 그는 우호적인 보도가 매일 INS, UP 그리고 AP 통신사에 의해 전송되어 미국의 각 신문에 실릴 수 있도록 "보장"할 수 있는 "영향력이 큰" 홍보 전문회사를 찾아보라고 나에게 촉구하였다. 그는 이렇게 단언했다. "이런 일이 당신이 하는 일에 지장을 주지는 않을 것이오." 고액을 받고 (5만 달러의 봉급과 수백만 달러의 연간 계약이 일반적이었음) 대한민국을 대변할 용의가 있다는 여러 대행사와 개인을 만날 수 있었으나 어느 누구도 우리가 원하는 결과를 보장하지는 않았다. 실제로 벌어진 일은 11월 5일 우리 사무실 예산을 현재 수준으로 유지하는 데 사용될 5천 달러짜리 수표를 받은 것이었다.

12월에는 한국에 군사 및 경제원조로 1억 1천만 달러를 제공하기로 한 원조 법안이 미국 의회를 통과하고 대통령이 서명하였다. 이 원조는 폴 호프만이 이끄는 새 부처인 경제협조처(Economic Cooperation Administration: ECA)를 통해 집행되도록 되어 있었다.

한국은 이 경제원조가 절실하게 필요했고 절박하게 추구해 오던 것이었다. 그런데도 이 대통령의 첫 번째 반응은 원조가 제공되는 기반에 대해 묻고자 하는 것이었다. 그는 비록 새 정부가 기본적으로 또 당연히 "자유로운" 정부라고 하더라도 절대적으로 불가피하게 "의존적"일 수밖에 없는 하나의 정부를 관리하는 갖가지 난관을 뼈아프게 인지하고 있었다.

위급할 때에 만일 한국이 자신의 두 발로 자립할 수 없다면 스스로 버틸 만큼 충분한 지원을 결코 받을 수도 없고 주지도 않을 것이다. 물론 새 정부의 "의존성"은 가능한 한 극도로 제한되어야 했다. 반면 미국 정부와 납세자들은 남의 나라에 대규모 원조를 제공하는 것이 실질적으로 자신의 이익에 부합되지 않는다면 그러한 원조를 제공할 이유도 없고 의사도 없다는 상반된 사실도 그는 인식하고 있었다. 이것은 어떤 원조가 제공되든지 거기에는 틀림없이 "부대조건"이 붙는다는 것을 의미하였다. 한국이 꼭 누려야 할 주권의 질과 양을 누리도록 하면서도 미국이 가져야 하는 통제권을 어떻게 가지게 하느냐 하는 방법론의 문제였다. 자연히 이러한 두 가지 관점 사이에는 당연히 의견이 일치되지 않는 "애매한 영역"이 있게 마련이었다.

미국이 한국에 제공하는 돈이 미국이 추구하는 목표 달성에 효과적으로 사용되는 것을 확실하게 하려는 것은 당연한 일이었다. 미국의 목표는 남한이 경제적 자급자족 수준에 도달하는 것을 지원하는 것이었다. 당연히 이 대통령도 미국과 마찬가지로 원조계획이 자신이 추구하는 목표 달성을 확실하게 해주도록 노력했다. 그의 목표는 경제적 자급자족뿐만 아니라 이에 병행하는 정치적 독립과 국가 방위를 위한 충분한 군사력이었다. 이것은 양측이 이해하고 존중하고 받아들일 수 있는 기본적 입장이었다. 그러나 서로 받아들이기 어려운 이견도 있었다.

이 대통령은 11월 25일자 편지에서 그런 세 가지 이견에 대해 알려왔다:

원조 계획에 관해 우리는 아직도 협상을 진행 중이오. 협상이라기보다 정체상태에 빠져 있소. 경제협조처(ECA)가 모든 컨설턴트를 채용하고 단지 누구를 채용하는지만 우리에게 알려주겠다는 규정에 우리는 서명하지 않을 것이오. 또한 ECA 대표가 수출입에 지출되는 자금 전체를 관리한다는 데도 동의하지 않을 것이오. … ECA가 우리가 관리하도록 남겨 주겠다는 5%의 자금을 제외한 한국의 원화 계정 자체를 자기네가 관리하겠다는 것에도 동의하지 않을 것이오. 이 정도까지 우리 주권을 포기하느니 차라리 원조를 받지 않을 것이오. 미국의 원조를 받는 다른 나라는 이러한 제약을 받지 않는데 왜 우리만 그래야 한단 말이오?

이러한 이견의 저변에는 공식적인 협상 목적을 위해 양측 모두 명확히 밝히고 싶지 않은 다른 문제점들이 깔려 있었다. 예를 들어서 미국측은 엄격한 관리가 유지되지 않으면 원조 자금이 한국 관리들의 부패로 낭비될 수 있을 것이라고 우려하였고, 한국측은 ECA에 의해 선발되고 ECA에 책임을 지는 미국 컨설턴트들은 한국의 이익보다는 미국의 이익을 추구할 것이고 실제로 한국인의 필요와 요망을 이해하지 못할지도 모른다고 우려했다.

컨설턴트를 채용함에 있어서 이 대통령의 마음을 무겁게 한두 가지 다른 문제가 있었다. 그 하나는 고국을 떠나서 "저개발" 국가에서 "고생하는" 자리에 근무해야 하는 미국인의 입장에서는 ECA 컨설턴트의 봉급이 아무리 합리적이라 할지라도, 단돈 몇 푼을 받으며 그들과 나란히 함께 일하는 한국인들에게는 지나치게 높게 생각될 것이라는 점이었다. 이것은 아마도 해결 불가능한 문제였지만 그럼에도 여전히 속을 뒤끓게 했다. ECA가 "십자군" 정신은 전혀 없는, 그저 단순히 될 수 있는 대로 많은 보수를 받을 수 있는 좋은 일자리를 찾는 데만 관심을 가진 사람을 많이 채용한 사실도 이해할 수도 있고 또 불가피한 일이긴 하나, 그 때문에 속은 더욱 뒤틀렸다.

국제 원조기관을 위해 일한다는 것은 그 자체의 관행과 윤리가 있는 일종의 전문직이 된 것이다. 이러한 전문 직업인들은 대부분 그 자신의 경력을 쌓고 또 거기서 직무재능을 개발하기를 바라는 것도 이상한 일이 아니다. 또한 한국인들이 이런 사실을 알고 자신들의 기회는 비교할 수 없을 만큼 제약되고 있는 그 격차에 대해 분개하는 것도 이상하지 않은 일이다. 그런데 이 대통령이 직면한 다른 문제는 오랫동안 한국을 위해 수고를 아끼지 않았던 미국인 친구들이 많았는데 이제 그들은 고위직 임명으로 그 보상을 바라고 있다는 사실이었다. 일부는 조급하게 그들의 희망과 기득권이 있다는 듯이 고위직에 대한 권리를 나에게 제시하였다. 이 대통령은 가능한 한 그러한 사람들을 임명하고 싶어 했다. 그것은 단지 보상 차원뿐이 아니라 이 대통령의 입장에서는 자신과 한국의 이익을 위하여 그들의 입증된 충성심이 높이 평가되어야 할 것으로 판단했기 때문이다.

이 대통령의 11월 25일자 서한은 이 문제에 대해 구체적으로 설명하였다:

이곳 한국에는 미 군정청에서 근무했던 많은 사람들(이 대통령 사람)이 있는데, 이들은 우리의 임명 요청에도 불구하고 "명단"에 조차 오르지 않았소. 우리는 우리에게 무엇이 필요한지를 자발적으로 조사하고 계속해서 일을 하고자 하는 사람들의 명단을 만들고 있소. 현재 원조 관계 일을 하는 사람들은 모두 반도호텔에 자리를 잡고 있고 재무부에는 한 사람의 컨설턴트도 없는 형편이오. 일을 하는 데 정말 관심 있는 사람들은 귀국 예정자 명단에 들어 있소. 그 중 몇 사람에 대해 부탁해 보았지만 그 사람들은 적격자가 아니라는 것이오. 이들이 한국을 위해 일하려고 한다는 것과 자금 낭비를 막으려 하기 때문인 것 같소. …

　우리는 우수한 종합계획 기획 입안자가 필요하오. 이 직책은 다른 어떤 직책보다 더 중요하오. 상무(商務) 부문에는 좋은 사람이 있지만 농업, 철도, 체신 분야의 인력은 빈약하오. 굿펠로우가 워싱턴에 사무실을 갖추고 국정 전반의 고문 역할을 하고 싶어 하오. 그가 그러한 업무에 대한 계획서 하나를 제출하였소. 그런데 올리버 박사도 알다시피 우리는 미국인들과 될 수 있는 대로 원활한 관계를 유지하려고 노력하고 있소. 그에게 공식적인 계획 중에서 성사 가능한 것을 조사하도록 요청하였으니 몇 가지 사업 계획을 제출할 것이오. 그가 제시한 몇 가지 다른 사안에 관해서도 성사 가능한 것을 조사하여 보고하도록 요구하였소. 우리는 그에게 어떤 언질을 주거나 약속 같은 것을 하지는 않았소. 한민당의 정상배들은 그와 접촉하느라고 분주하다오. 한민당 사람들은 그가 중요한 거래를 성사시킬 것으로 생각하기 때문이오. 지금 우리의 상황이 상당히 어려운 편인데 그에게는 여분의 자금이 없다고 설명해 주었소.

　전력 사절단이 몇 가지 보고를 해왔는데 머지않아 남한에서도 과거 북한으로부터 송전 받았던 만큼의 전력을 생산하게 될 것이라고 하오. 이것은 상당히 고무적인 일이라고 생각하오.

　상충되는 이해관계를 가능한 한 만족시키기 위해 "구두(口頭)로" 양해가 이루어져서, 이 대통령은 ECA 자금으로 급료가 지급되는 여러 주요 직책에 자기가 선택한 10명 이내의 미국인들을 임명할 수 있게 되었다. 나는 워싱턴의 ECA와 국무부로부터 이러한 사람들의 선정은 반드시 ECA의 동의를 받아야 하고 또한 그들이 ECA 관리직원들과 긴밀하게 조화를 이루고 협력하면서 일하겠다는 확약이 있어야만 한다고 다급하게 통보받았다. 이를 토대로 하여 양측은 마지못해 단서를 붙여 합의에 도달하였다. 실제의 그 집행 과정에서 이 대통령은 그에게 일자리를 열렬히 요망한 사람들 거의 전부의 임명을 거부하였고, ECA측에서 원조 계획을 거의 전적으로 좌우하였다는 사실은 첨언되어야 할 것이다. 그러나 상대에 대한 의심과 상처받은 감정은 계속 응어리진 채 남아 있었다.

12월 12일, 이 대통령은 경제원조 협정서에 서명하였고 폴 호프만이 새 원조 프로그램의 착수에 대한 3일간의 정중한 회담을 위해 서울에 도착하였다. 12월 10일자 편지에서도 밝혔듯이, 국회 안에서도 호전된 분위기를 나타내는 징후가 보였다:

> 한민당은 퇴로를 찾느라 애를 쓰고 있소. 여기에 대해 내가 내건 조건은 국회를 더럽히는 이간자 몇 명을 제거하라는 것이오. 일전에는 조소앙(趙素昻)이 찾아왔었는데 아주 부드럽게 보이려고 하였소. 여운홍(呂運弘)[55]은 가능한 한 어떤 식으로든 협조하기를 원하고 있소. 남조선 과도정부(SKIG)로부터 넘어온 일부 부패요소를 정화하기 시작하였소. 가능한 한 신중하게 이를 처리하려고 하오. 광고할 필요는 없지요. 내무부 장관을 교체해야겠지만 더 잘할 만한 사람이 어디 있나요?

그러나 12월 14일자 편지에는 불안한 징후가 드러나 있다. 폴 호프만이 서울에 있는 동안 그는 이 대통령을 방문하는 데 겨우 30분만 할애하였는데 그것도 대통령의 말을 듣기보다는 자기 할 말을 하는 데 소비하였다. "우리는 그와의 회담을 위해 몇 가지를 준비하였지만 상황이 돌아가는 것을 보니 그가 말하고 싶어 하는 것을 알 수 있었고 나는 그의 얘기를 듣는 것이 더 흥미로울 것이라고 생각되었소. 시간이 30분 정도로 제

---

55) 1945~47년 동안 두드러진 활동을 보였다. 작고한 여운형의 동생.

한되어 있어서 '전력 사절단' 과 같은 문제는 거론도 하지 못했소. 이 사절단은 반도호텔에 죽치고 앉아서 아무런 하는 일도 없이 조사팀의 도착만을 기다리고 있소."

이 대통령의 편지는 계속된다:.

몇 달 동안 때로는 낮이나 밤이나 정전이 된다오. 드레이퍼 사절이 작성한 모든 제안 사항이 '잘 진행되고' 있기 때문에, 영월의 탄광은 폐쇄해야 할 것이오. 이곳에는 탄광 전문가가 현지에 나가 있는 한 명뿐인데, 이 사람의 보고가 자기들 마음에 들지 않는다고 해서 그를 이곳에 두는 것을 원치 않고 있소.…

사절단 단장이라는 사람이 너무도 귀하신 분이라서 하루 종일, 한 달 내내 반도호텔에 앉아만 있소. 그러나 이 사람은 조사단과 협의하도록 미국인들이 선택한 사람이오. 그는 발전소의 상태도 전혀 모르고 있소. 밖으로 돌아다니기에는 날씨가 너무 춥다는 것이오. 우리가 듣기로, 조사단은 12월 15일까지 그 목적을 완수하게 될 것이라고 했는데 지금은 그 조사로 모든 것이 완성될 것이라는 말을 하고 있소. 게다가 1950년도 계획이 미국 의회에 제출되었는데 나는 그것을 구경도 못했소. 이제 올리버 박사도 '협력한다' 는 것이 얼마나 어려운 일인지를 이해할 것이오.

국내 문제와 더불어 지극히 불안한 외부 상황의 변화가 전개되고 있었다. 미 전쟁부(펜타곤)는 12월 28일 주한 미군의 보병 1개 사단 전체를 철수시킨다고 발표하였다. 이틀 뒤 모스크바 라디오 방송은 모든 소련 병력이 북한으로부터 철수했다고 주장하였다. 이미 1947년 5월 7일에 미국 전쟁부 장관 로버트 패터슨은 한국으로부터 미군 전 병력을 철수시킬 것을 건의한 적이 있었다.

그는 한국은 미국에게 전략적 가치가 없다고 공언하고 한국에서 아시

아 지상전이라는 "함정"에 빠질 우려가 있다고 주장하였다.56) 한편, 한
국군을 강화해야 한다는 이 대통령의 절박한 탄원을 미국은 무시하고 있
었는데, 한국군의 증강은 오로지 미국의 무기와 훈련으로만 가능한 일이
었다.

소련은 남한에 군사 기지를 유지한다고 "미 제국주의"를 비난하고 있
었고, 세계 여론은 미국이 서둘러 철군을 해야 한다는 미국의 국내 여론
에 힘을 실어주고 있었다.

이 시기는 소련이 "세계 평화"의 선도적인 옹호자임을 자처하고 있었
고, 그러한 자신감이 폭 넓은 지지를 받고 있던 때였다. 주요 선전 노선
은 소련 공산주의가 사해동포주의(四海同胞主義)를 상징한다는 것이고, 이
와는 대조적으로 미국은 소련권 주위에 위협적인 군사기지 포위망인 "철
의 고리(iron ring)"를 유지하고 있다는 것이었다. 자본주의는 전쟁을 필요
로 하고 전쟁을 원한다는 식의 주장은 급속히 퍼져나갔고, 공산주의는 단
결과 조화와 정의를 위한 인민의 강력한 의지를 대표한다는 것이었다. 전
쟁에 지친 세계의 인민들에게는 이러한 선전 노선은 호소력이 있었다.

소련 정부는 이 선전 노선을 한국에 적용하여 모든 외국 군대를 완전히
철수시키도록 심하게 압박을 가하고 있었다. 〈프라우다〉(Pravda)지는
1948년 9월 14일자 사설에서 이렇게 주장하였다: "모든 외국 군대를 동
시 철수시키면 무질서 상태나 내전까지도 이를 수 있다고 하는 주장은
전혀 근거 없는 것이고 한국 국민의 민족적 존엄성을 모독하는 것이
다." 그와 같은 주장은 어떻게 해석되어야 했을 것인가? 그것은 "긴장
완화"였던가? 계획된 침공을 눈가림하기 위한 위장전술이었던가? 미국
의 정책 입안자들은 한국으로부터 미군 철수를 용이하게 해주는 것이라

---

56) 『포레스털 일기』(미국 초대 국방장관 James Vincent Forrestal), 월터 밀리스
   (Walter Millis) 편, 뉴욕: 바이킹 출판사 1951년 간행, 273페이지.

면 무엇이든 환영했다. 사람들은 누구나 간절히 바라는 것이 사실일 것이라고 믿는 경향이 있다. 그리고 그 누가 알겠는가. 그런 것을 믿는 것이 상호신뢰에 기여하고 그에 따라 평화적 해결을 가져오게 되는 데 도움이 되지 않는다고? 만일 이승만이 미군철수의 위험이 극에 달했다고 생각한다면, 이것이야말로 그가 하나의 "극단주의자"라는 또 하나의 증명이 아니겠는가?

이러한 것들이 우리가 맞서 싸워야 했던 논지요. 문제점이었다. 우리는 우리가 정답을 가지고 있다고 믿었다. 그러나 우리가 이용할 수 있는 자원을 가지고 이러한 정답을 받아들이도록 만드는 일은 또 다른 문제였다.

제 10 장
시험대에 오른 대한민국(1949년 봄)

새해에 들어서면서 국제정세는 엄청나게 위태로웠을는지 모르나 우리에겐 감사해야 할 일들이 많이 생겼다. 미국이 이끄는 비 공산국가들은 한국의 합법성에 대한 소련의 반대에도 불구하고 신속하게 그리고 진심으로 신생 대한민국을 승인해 주었다. 미국의 원조 프로그램은 절실하게 필요한 경제복구를 약속했을 뿐만 아니라 이 아시아의 전초기지인 한국에 등을 돌리지 않겠다고 외견상 나타내는 하나의 보증이기도 하였다. 폴 호프만은 서울로부터 귀임하여 가진 워싱턴 기자회견에서 "한국은 아시아 민주주의의 보루"라고 말했다. 우리가 보기에도 이제 미국의 정책 결정은 보다 우호적이 되었고 계속되는 문제를 해결할 수 있도록 책임질 적절한 총괄 기구도 설치되었다.

민주주의나 어떤 대규모의 행정관리 같은 것을 전혀 경험해 보지 못한 한국 국민들의 자치능력에 대한 불안감을 적어도 가라앉히기에 충분할 정도로 한국 정부는 일을 잘 해가고 있었다. 실망스러운 징후와 정말 고무적인 징후가 공존하고 있었다.

한 가지 크게 흐뭇한 일은 국회에서 무르익어 가던 대통령에 대한 반란이 안 일어났다는 사실이다. 이것은 일면 반대 집단들이 충분히 효과적으로 상호 협조할 수 없었기 때문이기도 하였고, 또 어느 면에서는 반대 집

단의 입장에서 이 대통령 행정부의 전복을 위한 총공세를 할 호기가 아니
었기 때문이기도 하였다. 유엔의 한국 정부 승인은 12월 12일까지 이루
어지지 않았고, 이 무렵 새로운 ECA 원조 프로그램은 이미 시작되고 있
었다. 국민적 단결이 크게 필요했던 시기였다.

1월 13일, 이 대통령은 전개되고 있는 당시의 상황 아래서 자신의 입장
과 계획을 설명하는 한 성명을 워싱턴의 우리에게 보내왔다:

> ECA의 한국 경제 통제에 관하여: 우리는 우리 주권에 대한 그들의
> 일부 침해를 눈감아 줄 용의가 있음. 지금까지 우리가 그들의 계획을
> 모두 그대로 받아들이기에는 그들이 약간 지나친 행보를 하고 있다는
> 것을 알고 있음. 그러나 우리는 ECA 계획이 그 동기에 대해서는 의문
> 의 여지가 남지 않을 만큼 정리될 때까지 상황이 진전되는 것을 그냥
> 두고 보기로 하고 있음. 그렇게 함으로써 우리는 우리의 입장을 세워
> 나갈 작정임. 우리가 그 문제를 들고 나가면 그들이 핑계를 대기 어려
> 울 것임.

> 한편 우리는 무초 대사의 영향력을 통해서 일부 ECA가 잘못 판단
> 하고 있는 견해를 바로 잡도록 노력할 것임. 무초 대사는 ECA와 진심
> 으로 협력을 하고 있지는 않는 것으로 생각됨. 고려해야 할 가장 중요
> 한 사실은 ECA의 호프만이 원조 자금을 증액시키도록 노력할 것이라
> 는 점이며, 나는 그가 의회의 외교 분과위원회에서 영향력을 발휘하는
> 데 성공하기를 바라고 있음. 그때까지는 우리 입장에 유리하지 않은
> 큰 변동이 일어나지 않기를 바라는 바임.

> 우리 쪽에서는 침묵을 지키는 사이에 미국의 우리 친구들이 잘못된
> 정책을 바로 잡기 위해 정부의 최고위층을 통해 먼저 행동하여 영향력
> 을 행사할 수 있도록 조용히 상황을 알려주어야 할 것임. 어떻게 하든
> 지 간에 이것을 바로잡는 데 성공한다면 더할 나위 없는 좋은 일이 될
> 것임. 만일에 성공하지 못한다 하더라도 이 사람들에게 제공된 정보는

그것이 공개적인 쟁점이 될 때 크게 도움이 될 것임. 예를 들어, 우리는 우리에게 바로 달려와 지원해 줄 친구들이 필요하지만 … 지금까지는 그러한 벗들을 갖지 못했음. 원조 자금의 처분권은 한국정부 수중에 있지 않음. 우리 정부 자금과 ECA 자금 사이에 분명한 선을 긋기 위해 노력하고 있지만 아직은 이 문제를 명확히 하지는 못한 실정임.…

이 박사 편지의 그 다음 부분은 특히 내가 관심을 기울이도록 표시가 되어 있었다. 그것은 우리의 홍보 프로그램은 반드시 "조심스럽게 서서히" 진행되어야 한다는 경고였다. 만약 이 프로그램이 사람들의 관심을 끌게 된다면 미국 정부 내에서 원조 자금이 홍보 목적으로 사용되는 데 대한 반대의견이 제기될 수 있기 때문이다.

한편, 홍보는 "미국과 한국 모두에게 재앙이 될 정도로 미국 정치인들과 일반 대중의 마음속에 잘못된 인상을 심어주어 온 … 거의 반세기 동안 지속된, 일본의 사실이 아닌 중상"을 불식시키기 위해서 미국대중을 충분히 "재교육"해야 한다고 하였다. 한 아시아 정세에 대한 미국인들의 해석이 친일적으로 편향되지 않고 올바른 한국관을 갖도록 하기 위해서 내가 "미국 언론에 자유로이 접근할 수 있는 길"을 확보하도록 그는 요구했다: "올리버 박사가 만약 점진적으로 대중의 감정을 이런 바탕 위에 정착시킬 수만 있다면 대중 감정을 상당히 폭넓게 규합시키는 데 성공할 수 있으리라 생각하오."

그 다음 구절은 나와 함께 장면 대사에게도 보내진 것이기 때문에 특히 의미심장하였다. 이즈음 이 박사의 오랜 언론인 친구 제이 제롬 윌리엄스는 워싱턴 한국 대사관의 "고문"으로 임명되어 있었다. 임병직은 서울로 돌아가 외무부 장관에 취임할 예정이었지만 아직도 워싱턴 주재 대사가 되지 못한 것에 깊은 실망을 느끼고 있었다. 이 대통령은 그러한 상황에서 내 입장이 미묘하다는 점을 조심하라는 경고였다:

한동안 내 마음을 떠나지 않던 또 한 가지 일은 일부 한국인들과 미국인들이 막연하게 올리버 박사가 임병직의 권위를 넘어서는 나의 개인 대표라고 생각한다는 사실이오. 나는 당신이 그러한 인상을 만들어내지 않는다는 것을 알고 있지만, 간접적인 방법으로 이 점을 명확히 해두는 것이 도움이 될 것이오. 박사는 비공식적인 자격으로 나를 대표하고 있지만 공식적으로는 이제 막 한국 대사관으로 바뀐 한국위원단(the Korean Commission)이 나의 정식 대표인 것이오. 내가 정부 대표자보다 더 큰 권위를 행사할 수 있는 사람을 내 측근에 둔다는 것은 총체적으로 부당한 일이오. 그러나 이제는 다 지난 일이고, 나로서는 이러한 인상을 바로잡기 위해 특별한 노력을 하지는 않을 것이오. 그러나 올리버 박사는 그 한계를 분명히 하기 위한 모든 노력을 다 해야 할 것이라는 생각이 드오.

이틀 후인 1월 15일, 이 대통령은 같은 문제에 대해 이번엔 다소 흥분된 어조로 다시 편지를 보내왔다. 틀림없이 ECA 관리들이 그에게 워싱턴에 홍보 기구를 구축하기 위해 미국 원조자금을 사용하는 것이 아니냐고 불만을 제기하였을 것이 분명하다. 우리의 지출 경비는 최대 매월 1,800달러 정도에 불과했다는 것을 여기에 다시 한 번 밝히고 싶다. 이것은 나 자신과 직원 1명 그리고 비서 1명의 급료, 사무실 임대료와 소모품비 및 모든 인쇄물과 우편 요금이 포함된 금액이다. 그 정도밖에 안 되는데도 우리의 프로그램은 그들의 정책이나 전술에 대한 비판을 두려워 한 일부 관리들을 불안하게 할 만큼 인상적이었음에 틀림없다. 우리는 지난날 미 군정청의 운영을 비판해 왔기 때문이다. 이 대통령은 편지에 이렇게 썼다:

홍보 프로그램에 대해서는 지나치게 공개적으로 이야기하지 말기 바라오. 프로그램에 관련된 모든 교섭은 대외비로 해야 하오. 우리는 그 프로그램에 사용할 돈도 없고 당장은 업무를 확대할 준비도 되어 있지 않소. 월터 톰슨 광고대행사가 우리의 제안을 거절했다는 사실과 J. 윌리엄스가 그 일을 할 수 있다는 당신의 전보는 나에게 충격적이었소. 한국 대통령이 한낱 홍보업자를 고용하여 워싱턴의 자신의 개인 대표를 통해 선전조직을 만들고 있다면 이에 대해 사람들이 뭐라고 하겠소? 애초에 나는 올리버 박사가 말하는 홍보와는 아무런 관련이 없다는 내용의 전보를 박사에게 보낼까 고려했었소. 그러한 전보를 보낸다면 박사의 성명서가 오해로 인한 것이라는 점을 사람들에게 보여줄 수 있을 것이라고 생각했기 때문이오. 아무쪼록 그러한 계획은 한국에 있는 다른 그룹 사람들이 원하는 것이지 한국 정부나 대통령이 계획한 일이 아니라는 점이 알려지도록 무슨 대책을 강구해 주기 바라오. 이것은 중요한 일이오.

이 대통령은 같은 날 쓴 별도의 편지로 내가 홍보 프로그램을 담당하는 것으로 생각하여 그의 옛 친구인 제이 제롬 윌리엄스가 크게 상심하고 있다고 지적하였다. 대통령은 덧붙였다: "당신은 윌리엄스가 나의 오랜 친구일 뿐만 아니라 오랫동안 현재 당신이 하고 있는 일을 해왔다는 사실을 잊고 있소. 올리버 박사가 그것[어떤 기준으로 그가 프로그램에서 일해야 할지에 대해 내가 윌리엄스에게 물어봐야 한다고 한 이 대통령의 권고]을 냉정한 업무 제안으로 생각한 것은 우리 사이에 어울리는 일이 아니오."

그러고 나서 대통령은 이 점에 대한 자신의 딜레마의 성격을 밝히려고 하였다:

이것은 대외비입니다. 내가 올리버 박사의 예산이나 다른 누구의 예산을 ECA에 요구할 것이라고 생각해서는 절대로 안 됩니다. 할 수 있는 때가 되면 누구에게도 아무 말 하지 않고 자금 염출을 하겠소. 우리는 호프만이 요구한 바와 같은 "협력"을 하기 위해 할 수 있는 모든 노력을 기울이면서도 우리의 주권을 지키기 위해 열심을 다하고 있소. 그것은 '상대하기 힘든 고집쟁이 늙은이'라는 지난날의 하지의 악담을 되살리지 않는 방법으로 이루어져야 할 것이오. 내가 그렇게 되면 의회에 제안된 우리의 ECA 요청에 해가 될 것이오.

이 대통령의 1월 17일자 편지에는 2월 1일부로 워싱턴의 한국 대사관이 공식적으로 개설되고 구미위원부는 영구적으로 폐쇄될 것이라고 하였다. "어려운 상황에서 전시 중 구미위원부의 의장직을 성실하게 수행해 온 임병직 대령에 대한 한 마디 언급이 있어야 할 것이며, 우리 모두는 그의 충성스럽고 성실한 봉사에 고마워하고 있소."라고 그는 말했다.

이 모든 사안에 대한 답변으로 나는 1월 28일자 편지로 대통령에게 "심심한 사과"를 표하면서 이렇게 말했다: "대통령께서는 장황한 설명이나 변명 같은 것에는 흥미가 없으시다는 것을 알고 있습니다."

그러나 대통령에게도 나에게도 골칫거리였던 애매모호한 나의 지위 문제는 여전히 남아 있었다. 이 대통령과의 밀접한 관계로 인해 나는 적어도 경우에 따라 대통령과 다양한 한국 관리들, 때로는 미국 관리들 사이의 "중개자" 역할을 계속하는 것이 불가피하였다. 이 편지에서 장면 대사가 이 대통령과 원만하게 해결하지 못하고 있었던 점을 예로 들었다:

다음 문제는 상당히 미묘하면서도 좀 당혹스러운 일입니다. 장면 대사가 대통령께서 제안하신 대사관의 예산에 대해 저와 상의하면서 이에 관해 대통령께 편지를 보내줄 것을 부탁하였습니다.

각하의 사적 대표로서의 제 역할은 다른 사람들이 원하는 바와 같이 각하의 생각을 바꾸도록 각하를 설득하는 것이 아니라 그 생각을 다른 사람들에게 납득시키는 데 있다는 것을 저는 잘 인식하고 있습니다. 이 점을 염두에 두고 장 박사가 최대한의 내핍이 필요하다는 사실을 받아들이도록 설득했습니다. 대통령께서 "예산 투쟁"을 벌이면서 균형예산을 위해 애쓰시는 한편으로 예산 문제와 관련된 모든 사실도 아시기 원하실 것이 틀림없습니다.

우리가 파악한 바에 의하면, 워싱턴에 주재하는 해외공관 중 예산이 가장 적은 곳은 엘살바도르 공관입니다. 이 나라는 자국 대사에게 월 1천 달러의 급여와 5백 달러의 판공비를 지급하고, 장 대사에게 주어진 인원의 약 2배의 인원을 둘 수 있습니다. 현재 워싱턴의 생활비는 전쟁 직전보다 약 2배 높은 수준입니다. 이들은 각하께서 국내의 여러 거절하기 어려운 요구와 균형을 맞추려고 하시면서 그에 관련된 사항을 고려해 보시기를 원하는 그런 요소들이라 생각합니다.

또 한 가지 덧붙일 것이 있습니다. 대통령께서는 장 박사의 경비에 대한 전반적인 자세에 대해 크게 만족하실 것이라고 생각합니다. 그는 전혀 사치스럽지 않고 또 그렇게 살고 싶어 하지도 않습니다. 그러나 그는 대사관 사무실의 위신은 지키고 싶어 합니다. 언젠가 자동차가 없어서 겪었던 곤란한 상황에 대해 이야기했습니다. 얼마 전 그가 중화민국 대사관을 나왔을 때 비가 심하게 내리고 있었습니다. 그는 빗속에서 30분이나 택시를 기다려야 했고, 그동안 중국인들은 한국 대사가 비를 맞으며 서 있는 광경을 창문을 통해 내다보고 있었습니다. 물론 그가 워싱턴에 익숙해질수록 더 잘 요령있게 지낼 수 있는 방법을 배울 것입니다. 그러나 검토 중에 있는 예산심의에 회부하기 위해 책정된 예산으로는 보통의 생활수준조차 유지하기 어려울 것입니다.

다음에는, 앞서 내가 부인했음에도 불구하고 대통령의 몇몇 동료들의 분노를 자아내게 했던 일에 대해 할 수 있는 최선의 설명을 올렸다: "대학교수로서의 평생의 경험을 통해 저는 사고와 행동 면에서 독립성이 상당히 몸에 배게 되었습니다. 이로 인해 때로는 모든 뒤따르는 영향이나 결과를 충분히 고려하지 않고 필요하다고 생각되는 바를 다소 성급하게 행동으로 옮기거나 말을 하게 되었습니다. 사실 대통령께서는 제가 할 수 있는 최선의 판단을 내리기를 원하시는 것으로 확신합니다. 그렇지 않다면 저는 대통령께 쓸모가 없을 것입니다. 그러나 앞으로 과거에 그랬던 것처럼 전적으로 어김없이 각하의 정책적 틀 안에서 글을 쓰고 행동하도록 노력하겠습니다."

저개발 국가에 대한 원조에 관한 "대담한 새로운 프로그램"을 요구하는 "4대 목표"를 천명한 트루먼 대통령의 취임사가 있은 후, 1월 31일 나는 이 대통령에게 다음과 같은 편지를 썼다:

만약 그 제안이 실제로 주요 정책으로 발전된다면 세계사에서 하나의 대 전환점을 기록하게 될 것입니다. 이는 전 세계의 모든 국민들이 경제적 안정과 발전에 대한 공정한 기회를 가져야만 비로소 민주주의가 수호되고 공산주의를 물리칠 수 있다는 인식입니다.

이것은 유럽이 이미 풍성하게 받아왔던 도움과 배려와 같은 혜택을 마침내 아시아와 아프리카 그리고 중남미까지 제공하고자 하는 것입니다. 그러나 아시아 각국이 서유럽 국가들이 그랬던 것처럼 함께 회동하여 공동으로 이에 대해 검토하지 않으면 실제로 아무것도 이루어지지 않을지도 모릅니다. 한국은 이미 ECA 프로그램 대상국이기 때문에 이 제안은 한국에 대해서는 다른 나라들보다 의미가 적습니다. 그러나 장기적으로 볼 때 한국의 복지는 아시아 전체의 복지 수준에 의존하지 않을 수 없을 것입니다.

이 대통령을 난처하게 했던 나와의 관계 문제에도 불구하고 그는 여전히 공식 채널 이외에서는 계속해서 나를 자신의 "개인 대표"로 두는 것이 바람직하다고 생각했다. 1949년 2월 5일자 서한에서 그는 굿펠로 대령과 다른 사람들을 채용하지 않았던 이유가 자금이 부족해서가 아니라 "우리는 그를 고용하기를 원하지 않기 때문"이라고 설명하면서 비밀유지를 당부하였다. 그는 또 이렇게 덧붙였다: "앞으로 내가 당신에게 보내는 서신들도 대외비로 유지해야 하고, 대사와 의논하도록 구체적으로 내가 언급하는 경우에만 그 문제를 대사와 의논하기 바라오." 그리고는 ECA와의 모든 협상은 워싱턴의 대사관을 통하지 말고 서울의 자기 집무실에서 수행될 것이라고 말했다. 그 이유는 다음과 같은 것이었다:

> 대부분의 ECA 문제는 대통령의 서명이 요구되고 있소. ECA에 보내는 모든 서신은 "늙은 고집쟁이"라는 또 다른 선전거리를 만들 구실을 제공하지 않도록 조심스럽게 작성될 것임을 믿어도 좋을 것이오.

한국 국내의 혼란상은 미국과 세계 언론에서 극도로 부정적인 반응을 불러 일으켰다. 그들은 이 대통령의 공산주의자들의 반란진압과 국회와의 원만치 못한 관계가 바로 그가 반동적이고 국민에게 인기가 없는 "증거"라고 인용하였다. 2월 5일에 그는 이러한 편지를 보내왔다: "솔직히 말해서 미국보다 한국에 더 많은 민주주의가 허용된다고 생각되오. 이런 말을 하는 것은, 우리가 미국 민주주의의 단계에 도달했다는 의미가 아니라 우리나라 국회가 내가 알고 있는 어떤 대의기관보다도 더 민주주의적이라는 뜻이오."

이 대통령은 그 후 2월 12일에 "한국의 현재의 정치적 상황"을 다루는 자신의 문제점들과 정책을 심층적으로 설명하는 장문의 비망록을 장면 대사와 나에게 보내왔다. 이것은 그가 최초로 한국의 안전은 오로지 무력에 의한 국가통일에 달려 있다는 자신의 신념을 나에게 명확하게 표명했기 때문에 주목할 만하다. 이것은 또한 미국의 아시아 외교 정책에 대한 그의 반응에 대한 설득력 있는 설명이기도 하다. 장문이기는 하지만 전문을 검토해볼 가치가 있을 것이다:

〈한국의 현 정치정세〉

공개적으로는 관심거리가 아니라고 보이려 하는 우리의 노력에도 불구하고 중국의 최근 정치적 변동은 한국에서 광범위하고도 심각한 불안과 우려를 낳고 있습니다. 중국에서의 국민당 정부의 몰락과 그에 뒤따른 공산분자들의 득세는 한국에 반드시 불리한 영향을 미칠 것입니다. 그러나 우리가 우려하는 주된 이유는 이러한 공산주의자들의 성공에 있는 것이 아닙니다. 크게 우려되는 점은 아시아에서 공산주의 문제를 해결하고자 미국이 사용하고 있는 그 방법에 있습니다. 다음은 이에 대한 설명입니다.

미국의 극동정책의 목적은 중국이 강력한 통일 민주국가가 되도록 지원하는 것이었습니다. 이러한 정책 아래 미국은 소련과 협조하고 있는 공산당에 대항하여 싸우는 국민당 정부를 보위하기 위해 여러 번에 걸쳐 시차를 두고 막대한 자금과 물자 그리고 무기를 제공하였습니다. 이제 미국이 뒤로 물러남으로 해서 지난 여러 해 동안 제공해 온 도움과 원조는 모두 완전히 허사란 것이 입증되었습니다. 어떻게 일이 그 지경이 되었습니까?

그 대답은 간단합니다. 미국의 정책 수립은 한 사람이 하는 것이 아니라 민주주의 원칙 그대로 여러 명의 정책 수립자가 함께 합니다. 모두가 자기 나름의 견해를 가지고 있고 그것을 관철시키려 합니다.

그런데 만일 정책 수립자 중 한 사람의 견해와 일치하는 무슨 일이 세계 어느 곳에서 일어나면, 그는 자신의 생각을 다른 사람들에게 설득시키는 데 성공하게 됩니다. 따라서 그것이 그 부서의 정책이 됩니다. 나중에 같은 문제에 관해 다른 곳에서 다른 사람의 견해에 적합해 보이는 어떤 사안이 발생한다면, 그 다른 견해를 따르기 위해 그 이전의 정책은 폐기됩니다. 이런 까닭에 어떤 일정 기간을 두고 고정된 정책이라는 것이 결코 있을 수 없을 정도로 정책 변경이 수시로 일어나게 되는 것입니다. 이것이 이를테면 지난 10년 동안 미국이 중국의 상황을 처리해온 방법이었습니다. 이러한 상태로 어떤 특정 사건에 대해 10년 또는 그 이상 동안 일정한 정책을 유지하고 있는 소련과 어떻게 성공적으로 경쟁할 것으로 기대할 수 있겠습니까? 지난 10년 동안 미국으로부터 무엇을 기대할 수 있을지, 미국이 어느 방향으로 전환할지 아무도 알 수 없었습니다. 미국의 정책은 때로는 반공적이었고 때로는 친 연안(延安) 정책을 폈으며, 어떤 때는 이것도 저것도 아니었습니다. 그 결과 국민당은 의존할만한 꾸준한 지지세력을 확보하지 못한 반면, 중국 공산당은 대규모의 추종세력을 확보하는 데 필요한 모든 고무적인 상황과 시간을 벌었습니다. 일반 인민대중은 미국의 정책을 신뢰할 수 없게 되자 결국 아무것도 이룰 수 없다는 결론에 도달하여 미국에 대한 기대를 포기하고 내분을 일으키기 시작하였습니다. 그러자 미국은 발을 빼기로 결정한 것입니다.

왜 이러한 상황에 대해 한국 사람들이 우려해야 할까요? 1945년 11월과 12월, 38선 이남에서 가장 널리 알려진 3인의 공산주의 지도자 중 하나인 박헌영은 남쪽의 공산주의자 수가 2천 명에 이른다고 자랑스레 말했습니다. 이들은 거의 전원이 북쪽에서 침투해 들어온 사람들이었습니다. 그 숫자가 맞는다고 가정합시다. 남쪽의 2천 만 이상이나 되는 인구 중에서 2천 명이라면 조족지혈에 불과합니다. 만약 우리가 최선이라고 생각했던 방식으로 이 상황을 처리하도록 허용되었더라면 어려움 없이 이들을 제압하여 북쪽에서 남쪽으로 들어오지 못하도록 막을 수 있었을 것이며, 적어도 지금 남쪽만이라도 공산당 문제로 골머리를 썩이지 않아도 되었을 것입니다.

그러나 우리는 그렇게 하도록 허용되지 않았습니다. 우리의 미국 친구들은 설립된 어떠한 정치적 기구에서도 공산당 지도자들과 협력해야 하며, 만약 그들 중 일부를 참여시키지 않으면 정부도 국회도 가질 수 없게 될 것이라고 몰아붙였습니다. 그들은 우리에게 공산당을 비난해서도 안 되고 그들의 근거도 없는 반미, 반한의 선전 선동을 억제해서도 안 된다고 권고했습니다. 우리의 문서 파일을 보면 공산당에 대한 서술이 지나치게 가혹하다는 이유로 검열관들이 라디오 방송을 위해 작성된 연설문의 많은 부분을 삭제시킨 것을 발견할 수 있습니다.

최근 순천과 여수에서 일어난 반란 사건은 국방경비대에 어떤 부류의 사람들이 들어와 있는지에 대해 알고 있던 사람들은 오래 전부터 예상했던 일입니다. 국방경비대를 조직하도록 하지 사령관이 임명한 프라이스 대령은 많은 적색분자들이 국방경비대에 참여하는 것을 허용하였습니다. 우리는 여러 차례 이에 대해 경고하였으나 그는 그들은 믿을만하니까 누구도 문제를 일으키지 않을 것이라고 장담하였습니다. 따라서 이러한 반란 사건은 조만간에 예상되었던 일입니다. 결국에는 충성스러운 한국인들이 국방경비대 내의 공산분자들에 의해 살해되고 불태워졌습니다. 수많은 부상자와 불구자가 발생한 것은 말할 것도 없고 사망자만 5천명이 넘었습니다. 지난 2년 동안 공산당을 다루는 방식이 불확실하고도 안정적이지 못한 까닭에 거의 아무것도 없는 황무지에서 공산당 조직이 구축되었고, 그에 따라 남한의 공산당 문제가 생기게 되었습니다.

지금까지 미국이 진행해온 일에 대해 검토해 봤습니다. 그러면 현재는 어떠합니까? 미국인들은 확고한 정책이나 분명한 계획도 없이 똑같이 불안정한 방식을 답습하고 있습니다. 세계의 대다수 민주국가들의 승인에 의해 탄생한 독립정부이므로 한국인들은 자신의 국가와 국경선을 지키도록 허용되어야 한다고 우리는 믿습니다. 한국인들이 북쪽으로 올라가서 그곳의 질서를 회복하도록 하는 것이 허용되지 않는 이유가 무엇입니까? 소련은 한국에서 이미 철수하였다고 주장하였고 또 지금도 그렇게 주장하고 있습니다. 자기 나라를 복구하고 유지하며 전 국토를 자신의 관할권 아래에 두기 위해 충분한 군사력을 구축하는 것은 당연히 한국 정부가 해야 할 몫입니다. 우리가 다른 나라의 영토를 침략하지 않는 한, 그것은 한국의 내부 문제이고 한국 정부가 자국 영토 내에서 행하는 일에 대해 미국 정부는 책임이 없습니다.

소련이나 그 밖의 어떤 나라에 의한 한국침략이나 한국의 내정 간섭을 방지하는 것은 미국과 세계의 모든 명예로운 국가들의 책임이고, 유엔총회 공식 결의사항의 이행을 위해 자신의 모든 힘을 경주하는 것은 유엔 회원국 모두의 책임입니다.

그러나 우리는 38선을 넘어가지 않도록 할 것과 만약 공산주의자들이 이 선을 침범해 올지라도 38선을 넘어서 그들을 추격해서는 안 된다고 합니다. 적에게 대항하지 않고 어떻게 우리의 생명과 가정을 지킬 수 있습니까? 만약 우리에게 그러한 것이 허용된다면 당장 38선을 넘어가 파괴분자들을 처벌하고 즉각 질서와 평화를 확립시킬 수가 있습니다.

최소한의 유혈사태와 파괴로 신속히 이를 수행할 수 있도록 우리에게 가장 효과적인 최신식 무기를 공급해 줄 것을 요구합니다. 만약 우리 남한의 군대가 구식의 보병과 포병으로만 구성된다면 북한의 소수 공산군 병력만으로도 북한이 중국과 그리스의 공산주의자들이 본받았던 것과 같은 게릴라 전술을 특별히 채택하는 경우에 장기적이고도 소모적인 군사작전을 필요하게 할는지도 모릅니다.

　우리는 미국의 원조에만 의존할 수 없고, 또한 우리 스스로 무장과 훈련으로 대비하지 않고 가만히 있을 수는 없습니다. 북한의 우리 쪽 사람들은 반역자들을 처단하기 위해 공산군 내에 있는 동조자들의 협력을 받아 일치단결하여 봉기할 때 그들을 지원해 줄 것을 우리에게 간청하고 있지만, 우리의 미국 친구들은 국제 전쟁의 발발을 두려워하고 있기 때문에 우리는 그들을 도울 수가 없습니다. 우리는 미국의 정부 정책을 무시해서는 안 되겠지만, 반면에 우리가 미국 정책 입안자들의 불안정하게 흔들리는 정책을 따른다면 조만간 한국은 어쩔 수 없이 제2의 중국이 될 수밖에 없을 것입니다. 그러므로 우리는 미국 친구들이 무슨 말을 하든, 어떤 행동을 하든 관계치 않고 양심의 명령에 따라 우리 자신의 계획을 밀고 나갈 결의를 굳히고 있습니다. 우리 자신이 서서히 재갈에 물리고 족쇄가 채워져 결국 저항하기에는 때가 너무 늦어지기 전에 차라리 싸우다가 옥쇄하겠다는 것이 한국의 전반적인 분위기입니다.

그 당시 대사관 고문이었던 제이 제롬 윌리엄스(Jay Jarome Williams)는 나의 간섭 같은 것에 민감한 편이었고, 또 이 대통령도 자기의 분명한 허락 없이는 장면 대사와 어떤 문제도 논의하지 못하도록 엄명을 내린 바 있었으며, 게다가 장 대사와 나는 특별히 서로 마음이 통하는 그런 사이도 아니었기 때문에 우리 두 사람은 이 비망록이나 그것이 내포하고 있는 의미에 대해 논의하지도 않았다. 그럼에도 불구하고 이 비망록에 의해 제기된 문제들은 심각해지고 있었다.

2월 17일, 이 대통령은 같은 주제에 대해 더욱 다급하게 요청하는 서신

을 보내왔다:

우리는 자주 방위가 가능할 정도의 무기를 신청하였소. "적절한" 채널을 통해 무더기로 요청했지만 얻은 것은 거의 없소. 38선 너머의 저쪽에서는 사거리가 긴 소총으로 우리에게 사격할 수 있지만, 그런 소총을 갖고 있지 못한 우리 경찰은 여기에 속수무책이오. 우리 군대는 사태를 악화시키지 않도록 38선 주위에 주둔하는 것이 허용되지 않고 있소.

우리는 침략적 전쟁을 시작할 의도는 없지만 최소한 우리 자신을 방어할 권리는 갖고 싶은 것이오. 지금까지는 그러한 권리를 갖지를 못했소. 우리는 탱크, 화염방사기를 비롯해서 그 밖의 현대식 무기를 요구했소. 그러나 그들의 답변은 언제나 "곧 보낼 것이다." "탱크는 한국 지형에 적합하지 않다" 등등 딴전만 부리고 있소. 최근의 "화두"는 기병대를 창설한다는 것이오. 이것은 단지 우리의 요구를 미루기 위한 구실이란 생각이 드는구려. 우리는 한국의 책임자로 남아 있는 윌리엄 L. 로버츠 장군에 대해 아주 실망하고 있소. 그는 곧 퇴역할 사람으로 어떤 사소한 분쟁에도 끼어들기를 원하지 않소. 그가 무엇 때문에 그렇게 하겠소? 그는 3월 31일이나 6월 30일에 퇴역한다는 계획을 잡고 있소. 우리는 한국이 '너무 부족했다'느니 '너무 늦었다'느니 하는 또 하나의 이야깃거리나 되지 않을까 크게 걱정하고 있소.

한편, 대통령의 1월 서한에서의 경고에도 불구하고 나는 다시 한 번 대통령의 오랜 친구인 프레스턴 굿펠로우 대령과의 성격상의 문제에 깊숙이 말려들고 있음을 깨달았다. 굿펠로우는 그때에 월드 커머스라는 회사에 들어갔는데 이 회사는 한국과 상당한 사업을 하게 될 것으로 기대하고 있었다. 그는 장 대사와 내가 가능한 한 신속히 한국 구매사절단을 구성하기 위한 조치를 취해 주기를 촉구하고 있었다. 나는 2월 23일자 편지로 이 대통령에게 그런 상황에 대해 알렸다. 그 바로 후에 대통령이 2월 5일 자로 보낸 편지를 뒤늦게 받았다. (이것을 보면 당시 편지들이 외교 행낭 시스템이 되어 있지만 우리가 이용하던 우편 서비스가 얼마나 문제가 많았는지를 알 수 있다.) 그는 이 편지에서 모든 구매는 ECA를 통해 이루어지고 있다고 말했다:

> 우리는 가능한 한 ECA와 우호적이고 원만하게 지내려고 무척 노력하고 있소. … 그리고 몇 가지 사항에 대해 합의하였소. 올리버 박사는 아직 모르겠지만 향후 6개월간의 모든 구매와 조달은 이미 실질적으로 완료되었소. 그러므로 이 점에 대해 다투는 것은 거의 소용없는 일이오.

이 무렵에 나는 뿌리치기 어려운 유혹에 직면하고 있었다. 그것은 펜실베이니아 주립대학교 스피치학과 학과장이 될 수 있는 초빙이었다. 나는 이 문제와 관련해서 이 대통령에게 편지를 썼다. 그날은 마침 1919년의 "독립만세 운동" 기념일인 3월 1일이었다. 그 사건을 계기로 그는 망명정부의 대통령으로 지명되었고, 한국은 이 날을 언제나 조국 독립의 진정한 예명이라고 축하하였다. 나 자신도 독립을 열망하고 있었다. 나는 대통령에게 펜실베이니아 주립대학교에서의 기회와 그것이 나에게 주는 직업적인 매력에 대해 설명한 다음, 지난 7년 동안 그와 내가 가졌던 관계들을 되돌아보았다:

> 저는 이 기념일에 지난 수년간 각하께서 개선의 결실을 맺으신 각하의 그 사업에 제가 그토록 허물없고 신뢰 받는 자격으로 봉사하는 특권을 누려온 데 대한 감사와 기쁨의 감정을 다시 한 번 정리하면서 벅찬 감동을 느끼고 있습니다. 각하와 제가 처음 만났던 1942년에 제가 각하의 대의에 조금이라도 보탬을 드려야겠다고 감동을 받게 된 것은 각하의 신념과 용기 때문이었습니다. 1947년 1월 각하의 요청으

로 내가 워싱턴에 왔을 때, 저는 각하께서 지키고자 싸워 오신 원칙들은 근본적으로 옳은 것이기 때문에 실패할 리가 없다는 확신이 있었습니다.

각하께서 제게 동참할 것을 요청하시던 임무는 달성되었습니다. 저는 그 임무에 기여할 수 있었다는 생각을 하면 어느 정도의 자부심을 느낍니다. 투쟁의 세월을 거쳐 마지막 성공을 이룩한 이 몇 년의 세월은 너무도 값진 시기로 제 추억 속에 뚜렷이 언제나 남아 있을 것입니다. 별도의 봉투에 넣어 보내드린 [제5장에 인용된] 힐드링 장군의 2통의 서한은 우리의 과업이 미국의 정책과 한국 역사의 나아갈 방향을 바꾸는 데 영향을 끼쳤다는 사실에 대한 가치 있는 증거가 될 것입니다. 파리 출장은 유엔을 통해 우리가 벌여온 투쟁의 또 하나의 행복한 절정을 이루게 된 것을 볼 수 있었던 훌륭한 것이었습니다.

모든 정치 싸움이 그러하듯이, 당연히 약간의 상처도 있었습니다. 한국과 미국 일각에서 제기된 것으로 알고 있는 저의 동기에 대한 비판과 의구심에 대해 제가 완전히 무감각할 수는 없습니다. 이런 것들 그 자체는 별것이 아닙니다. 각하께서 오랜 세월을 불굴의 투혼으로 견뎌 오신 일에 비하면 이것은 아무것도 아니라고 생각합니다.

그러나 이 문제에는 다른 측면이 있습니다. 한국에 대한 저의 관심은 언제나 대의명분을 위해 싸우는 십자군의 그것과 다르지 않았습니다. 아무리 좋은 일자리라 하더라도 단순한 밥그릇에 연연하는 입장으로 빠지게 된다면 그것은 쓰라린 용두사미로 끝나게 될 것입니다. 한국의 부흥과 통일을 성취하기 위해 아직도 벌여야 할 십자군 행군이 남아 있고 그만큼 어려운 싸움이 기다리고 있다는 것은 알고 있습니다. 그러나 주권 공화국의 수립, 대사의 임명, ECA와 군사원조의 존재 등 이 모든 것의 결과를 달성하는 데 제가 나름대로 기여하고 있으나, 그러나 제가 이바지할 수 있는 여지는 매우 적습니다. 필연적으로

"올리버는 무슨 일을 하냐, 또 왜?"라는 물음은 다른 사람들뿐 아니라 제 자신에게도 떠오를 수밖에 없는 의문입니다.

대통령께서는 크게 자부심을 가질 수 있는 훌륭한 능력과 충성심을 겸비한 인사들로 내각을 구성하셨습니다. 각하께서는 그들과 함께 일을 추진해 나갈 것입니다. 동시에 미국인, 한국인을 불문하고 일자리를 찾으려는 사람들이 수도 없이 모여들고 있다는 사실에 대해 각하께서도 알고 계시고 저도 알고 있습니다. 저 자신이 그런 무리 중의 한 사람으로 치부된다는 것은 저로서는 견딜 수 없는 일입니다.

이틀 후인 3월 3일, 이 대통령으로부터 편지를 받았는데 그것은 대통령이 나의 3월 1일자 편지를 받아보기 훨씬 전에 쓴 것이었다. "여러 가지 일을 함께 의논할 여러 가지 일이 있으니 한국에 잠시 다녀갔으면 좋겠소. … 특히 우리의 장래 계획에 여러 모로 도움이 될 것이오. … 문제가 아주 많소." "함께 의논하려면 이번 방문에는 적어도 한 달 정도는 이곳에서 머물러야 할 것이오."

그의 편지는 내게 익숙해진 문구를 되풀이하면서 끝을 맺었다: "마음에 간직해 두어야 할 것이 한 가지 있소. 몇몇 친구가 우리가 지금 제공하기 어려운 봉급을 바라면서 한국으로 오려고 하고 있지만 지금으로서는 어떤 치밀한 프로그램을 시작할 수가 없소. 올리버 박사는 현재의 예산 범위 안에서 그대로 일을 해갈 것으로 알고…"

존 무초(John Muccio) 대사는 잠시 서울로부터 워싱턴으로 귀환하여 국무부로 나를 불러서 장시간 대화를 가졌다. 그 내용은 3월 3일자로 보낸 편지로 이 대통령에게 보고하였다.

무초 대사는 세 가지 사항을 주로 염두에 두고 있었다:

1. 나에 관해: 이제 대한민국이 수립되었기 때문에 〈페리스코프〉지에

게재하는 내용에 대해 상당히 신중을 기해야 한다. 그것이 불가피하게 "한국 정부의 정책"으로 해석되기 쉽기 때문이다. … 나는 더욱 신중을 기하기로 하였다! (마음이 아프지만!)

2. 워싱턴의 우리 친구들에 관해: 그들 중 일부가 마치 ECA가 한국에 대해 공정하지 않은 것처럼 말하고 있는데 무초의 말처럼 이것은 터무니없는 말이다. 첫째, 모든 ECA 자금은 국회에 의해 책정되고 반드시 지침에 따라 지출해야 한다. 둘째, 무초가 번스보다 상급자이고 한국에서 최고의 권한을 갖고 있다. 셋째, 미국의 대 한국 정책은 확고하고 명확하다. 정책이 약화되거나 변경되지 않을 것이다. …

3. 한국 상황에 관해: 무초는 몇 가지 이유 때문에 일본인의 점유 재산 대부분을 조속히 한국인들에게 매각하기 위한 조치를 취해야 한다고 통감하고 있다. 그 이유는 (1) 대한민국이 그 매각에 의해 세입을 얻고 그리하여 균형예산을 달성하고 또한 원화 유통을 줄일 수 있다. (2) 기업 의욕을 고취하여 한국인들의 경제활동을 더욱 활발하게 해야 할 것이며, 그리고 (3) 현재 부동산 가격이 급격히 하락하고 있기 때문이다. …

무초는 이러한 조언을 이 대통령에게 전달하는 데 장 대사를 통하지 않고 나에게 전해 주기를 요청한 이유에 대해서는 설명하지 않았다. 이 대통령의 최근의 책망에도 불구하고 나는 외교채널 노릇을 하는 데 너무 습관화되어 있어서 우리 논의의 적절성 여부에 대해 의문이 미처 떠오르지 못했다. 거기에는 언제나 "비공식적"이라는 딱지를 붙일 수 있었다.

3월 7일, 내가 대통령에게 보낸 다음의 편지에서 나는 펜실베이니아 주립 대학교의 초빙 제의와 관련된 상황에 대해 분명히 밝히고, 그것이 결과적으로 한국 관계에 미칠 수 있는 영향에 대해 설명하였다:

펜실베이니아 주립대학교의 학과장직을 수락하게 되면 제가 한국을 위해 할 수 있는 일을 하는 데 크게 도움이 될 것입니다. 처음 학장의 제안을 받고, 대통령께서 주시고자 하는 어떠한 역할이든 한국을 위해 일하는 것을 중단해야 한다고 요구한다면 결코 그 자리를 고려할 수 없노라고 바로 학장에게 말했습니다. 학교는 제가 계속해서 각하를 도와드리는 것을 기꺼이 수용할 것이라고 학장이 대답했습니다. 그리고 제 강의시간 부담은 아주 가벼울 것(1주일에 3시간 내지 6시간)이며, 학교가 제게 주로 원하는 것은 스피치 수업의 특성을 개선하는 데 주도적 역할을 해줄 것과, 완전히 자유롭게 워싱턴에서의 컨설턴트 활동에 원하는 만큼 시간을 쓸 수 있을 것이라고 말했습니다. 다시 말해서, 대통령께서 제게 원하시는 어떠한 '비공식적' 업무를 수행하는 데는 아무런 지장이 없고, 계속해서 팸플릿, 잡지기사 등을 작성하는 데도 많은 일을 할 수 있다는 것입니다. 또한 이곳에서 홍보작업의 전반적인 감독을 계속하는 것도 가능할 것입니다. 적어도 그러한 감독이 더 이상 필요하지 않다는 것이 명확해질 때까지는….

마지막으로 제가 한국을 위해 꼭 하고 싶은 몇 가지 '미완성 과업'이 남아 있습니다. 완벽하고 실질적인 각하의 전기를 쓰고 싶습니다. 그것은 우리 시대 역사에서의 각하의 위치를 정의하고 명확히 밝히게 될 것입니다.… 그것은 내 양심에 비추어 반드시 수행해야 할 저의 책무라고 생각합니다.

내가 1949년 3월 말 한국에 도착했을 때 신생공화국의 첫 6개월 동안의 국정운영에서 이루어진 진전은 인상적이었다. 그 한 가지는 공공의 안녕질서를 되찾고 있었다는 것이다. 미 군정청을 통해 국방경비대에 입대하였던 공산분자들이 제거되었다. 1948년 10월과 11월에 극심했던 공산당의 반란은 진압되고 다시 발생하지는 않았다. 11월에는 남한에서 약

700명이 공산당 반정부 활동 또는 음모 혐의로 체포되었고, 문교부 장관 안호상(安浩相)은 모든 교사들의 개인 이력서 제출을 요구하여 교육계의 분노를 샀다. 한국 신문에 국민들에게 반역적인 행위를 선동하는 기사를 싣는 것이 금지되었다. "진압"을 명령하기는 쉬운 일이었고, 어느 정도 시민의 자유가 축소되었다는 것은 의문의 여지가 없다. 그러나 미군정이 끝난 후 여러 주일 동안 지속되었던 태업, 폭동, 게릴라 봉기 그리고 야만적인 노상 범죄는 현저히 줄어들었다.

경제적 발전 또한 주목할 만하였다. 남한의 개인소득은 연간 약 35달러에서 86달러로 증가하였다. 여전히 극심하게 낮은 수치지만 그래도 대단한 성장이었다. 식량생산은 크게 증가하여 정부는 많은 양의 소비재 수입에 따른 적자를 보전하는 데 도움이 되도록 1949년의 수확 이후부터 쌀 수출의 목표를 정했는데, 그 목표는 실제로 달성되었다. 섬유, 시멘트와 텅스텐 생산이 증가되어 1942년의 20%대의 저조한 제조업 생산고를 40% 수준까지 높이는 데 도움이 되었다. 발전량은 북쪽으로부터의 전력 공급이 차단되어 발생된 전력 손실을 상쇄할 만큼 충분히 증가되었다. 그러나 산업규모가 커지면서 더 많은 전력이 필요하게 되었다. 새로운 석탄 생산지역으로의 3개 철도 부설공사가 시작되고, 남한의 식량자급을 거의 달성할 수 있을 정도로 수리사업과 간척사업이 진행되었다. 과거 일본인 소유의 69개 산업과 공익시설 중에서 52개는 아직 정부가 관리하고 있었으나, 17개는 이미 민영 또는 반관반민(半官半民)의 기업에 이양되었다.

인플레는 아직도 고삐 풀린 상태로 치솟고 정부 예산은 균형을 크게 벗어나 있었다. 통화와 재정문제는 이 대통령과 ECA가 함께 노력해서 바로잡아야 할 중요한 과제였다.

비록 탄압이라는 많은 비난을 받고 있는 가운데서도 정치적 안정 또한 이루어지고 있었다. 국회의원 5명이 반정부 음모 사건에 연루되어 체포되었고, 입법과정에서는 이 대통령에 대한 상당한 반대 발언이 눈에 띄었다. 적어도 입법부는 행정부의 통제로부터 벗어나 "자주적"이었음은 분명하였고, 각 정파들은 대립되는 큰 두 정당으로 통합될 수 있을 것이라는 개연성을 보이기 시작하였다.

신생 정부의 주요 업적은 교육 분야에 있었다. 일본 통치 하의 학교에서는 한국어 사용이 금지되어 있었다. 한국어로 된 교과서는 단 한 권도 없었다. 교실은 취학 적령기의 아동 일부만을 겨우 수용할 수 있었다. 게다가 한국인 교사도 극소수였고 이들 중 상당수는 새로 제정된 "친일파 처벌법"에 의해 학교에서 쫓겨났다. 1949년 봄에는 이미 모든 초등학교와 중학교의 각 학년 학생들을 위한 교과서가 제작 출판되었으며 일부 대학의 교과서도 만들어졌다. 헌법은 무상교육이 가능할 만큼 정부 재원이 마련될 때까지 수업료를 납부해야 한다는 유보조항을 두고, 모든 아동에게 초등학교 과정을 "무상, 의무" 교육의 실시를 약속하였다.

4월과 5월 내내 나는 남한 전국을 돌아다니면서 미국인과 한국인, 대학교수와 농민, 정부 관리와 노동자들을 만나 그들을 관찰하고 질문도 하면서 함께 대화도 나누었다. 1946년 여름에 보았던 사실들과 비교해 볼 때 그 물리적 발전의 증거는 놀라울 정도였다. 당시에 기록한 내가 받은 인상은 내가 감히 소망했던 것보다 더 낙관적으로 보였다: [57]

거리는 포장되어 있고 깨끗하다. 건물들은 수리되고 사람들은 옷도 이전보다 더 잘 입고 잘 먹는다. 식림지(植林地)에는 나무가, 식품점이나 상점들에는 전보다 훨씬 많은 상품들로 채워져 있다. 그러나 다른 무엇보다도 사람들의 정신상태가 달라져 있다.

1946년 당시의 실망과 냉소주의 대신에 어디에서나 희망과 결의를

---

[57] 나의 2부작으로 된 기사로부터 발췌, "한국: 발전 보고"(Korea: A Progress Report)", 〈오늘의 역사〉(Current History), 1949년 9월호 133-136페이지 및 1949년 11월호 261-265페이지.

느낄 수 있다. 공공건물을 경비하는 경찰관들이 근무하지 않는 시간에 화단을 가꾼다. 고등학생들은 교대로 나와서 매일 아침 7시에 거리를 청소한다. 오래 기다리던 비료를 배급받은 농민들은 농사준비에 바쁘다. 이 해는 기록적인 풍년임이 확인되었다.

200개가 넘는 고무제품 공장은 최대의 생산량을 기록하고 있다. 방직공장은 견직물과 면제품 생산을 3배로 증가시켰다. 인천에서 서울에 이르는 18마일에 걸친 도로 연변의 산업지대는 활기가 되살아나고 있다. …

군대의 병영은 멀리 떨어진 곳에 자리잡고 있어서 표면상 남한은 상대적으로 안전한 모습을 보이고 있다. 북쪽의 공산집단으로부터의 공격 위협이 상존하고 있고, 경찰관과 군인들이 많이 눈에 뜨인다. 밤 11시 통행금지가 시행되고 있고, 때때로 정치적 암살사건이 발생한다. 그러나 대다수의 국민은 개인의 공포로부터의 자유와 언론의 자유를 누리고 있다. 정상적인 상태가 개인과 사회 일상생활의 기조가 되고 있다. 그러나 그것은 사람들이 활화산의 산비탈에서 오래 살아왔기 때문에 요동치는 활화산의 위협에 익숙해진 그러한 정상상태인 것이다. …

예상할 수 있는 바와 같이 남한의 수백만 인구의 전반적인 복지 개선은 물질적이고 당면한 일이라기보다는 심리적이고 미래를 향한 것이다. 그림은 그리는 사람의 목적과 관점에 따라서 장밋빛으로도 회색으로도 그려질 수 있다. 경제문제는 여전히 해결되지 않았지만 해결이 가능해 보이는 시점으로 접근하고 있는 것이다. …

한국의 근본적 복지문제는 물자 부족이고, 그것의 주된 증후는 인플레이다. … 사람들이 필요로 하는 것과 그들이 살 수 있는 것 사이의 갭은 여전히 비참하게도 넓다. 내가 아는 아주 지성적이고 열심히 일하는 어느 한국인 전문직 직업인은 두 가지 일을 겸직하면서 한 달에

3만 원을 벌어 겨우 살아간다. 이런 수입은 광부, 트럭 운전사 또는 반 숙련 공장 노동자 수입의 5~6배 정도가 되는 소득이다. 이 사람은 자기의 이런 수입으로는 보통의 생활수준으로 가족을 먹여 살리는데 도 1만 원 정도가 부족하다고 말했다. 부인의 옷 한 벌 가격이 1만5천 원에서 2만 원 정도가 되고 자기 양복은 그 2배나 되며, 가죽 구두 한 켤레를 사려면 비교적 높은 급료로도 1주일분의 수입을 주어야 살 수 있다고 했다. …

수도 서울이 가장 살기 힘든 곳이다. 50만 정도의 인구에 적합한 주택, 교통, 학교, 공공시설을 갖춘 이 도시에 지금은 인구가 150만 이 상으로 불어났다. 수천 명이 길거리에서 잠을 자고 그보다 더 많은 사람들이 토굴이나 그 밖의 임시 거처에서 살고 있으며, 기존의 가옥들도 정상적인 수용 인원의 2배 내지 3배나 되는 많은 사람들로 북적이고 있다. 123대의 전차, 수도, 전화, 전등 시설, 상점, 정비 공장, 학교 등은 모두 본래의 수용능력의 3배나 더 많은 사람들이 이용 하고 있다. 차례를 기다리느라 장사진을 치는 일은 예사로운 일이고, 물자 부족과 높은 물가 또한 관행처럼 되고 있다. 그러나 인내하고 협조하는 정신, 그리고 없이 살거나 남과 나누며 지내자는 마음 또한 일상화되었다.…

인내심도 협조심도 찾아볼 수 없는 하나의 영역이 이 대통령과 국회 사이에 지속되고 있는 고질적인 트러블 관계였다. 입법부와 행정부는 모 두 헌법에 의해 주어진 모든 고유 권한을 행사하기로 확고한 의지를 가지 고 있었다. 입법부나 행정부의 어느 쪽에도 그 행위를 규정짓는 정당 차 원의 규율이나 지침이 될 만한 전통도 없었기 때문에 걸핏하면 싸우고 난동사태가 빈번히 일어나는 것은 놀라운 일이 아니다. 더욱이 신생 공화 국의 실정 때문에 요구되는 여러 조치는 분명히 인기 없는 일이었다. 입법부와 행정부 어느 쪽도 오르기만 하는 세금과 물가, 통화 문제를 비롯해서 과거에 일본인들이 소유했던 재산에 대한 통제를 일층 더 강화할 책임을 지려고 하지 않았다. 그 밖에도 특히 민감하고 논란이 많은 문제도 있었다. 이를테면, 과거 일본인들에게 협력했던 한국 사람들에게 어떤 처벌을 내려야 할 것인가, 부당하게 시민의 자유를 제한하지 않으면서 정부 전복을 기도한 집단과 그러한 행위에 대해 어떤 종류의 제재를 가해야 할 것인가 하는 등등의 문제들이었다. 또 다른 어려운 문제는 국무총리 및 각료들과 국회 사이에 가져야 할 관계였다. 행정부와 입법부 사이에 조화로운 협력을 기대할 만한 이유는 아무것도 없었음에도 비판자들은 여전히 그런 협력이 이루어지지 않는다고 불평하였다.

다른 나라의 입법부와 마찬가지로 국회는 사실이든 추정된 것이든 행정상의 잘못에 대해 행정부를 맹공했고, 일반적으로 다른 입법부와 마찬가지로 힘을 모아 구체적인 해결 방안도 제시하지는 못했다. 유엔 위원단은 국회가 "경제적으로 건전한 상태에서 하나의 능률적인 대의정부의 구축을 위한 지속적인 발전에 도움이 될 희망적인 분위기 가운데" 운영되고 있다고 판단하였다.[58] 그러나 한국인들은 고통스러운 가운데서도 자치능력을 배워가고 있었다.

이 대통령은 6월 17일 기자회견에서 국회 내부의 알력이 지닌 의미에 대한 자신의 견해를 밝혔다:

정부의 명령과 계획에 혼란이 있는 것은 미국이 건국 후 처음 60년 동안 계속 실험했듯이 이 정부가 민주적이고 실험적 단계에 있기 때문입니다. 민주정부는 전체주의 정부와는 다릅니다. 한국인들은 너무 오랜 세월 동안 일본인 지배하에 있어서 최고위층이 명령을 내리면 눈을

---

58) 유엔총회 제4차 회의 공식 기록, 부록 제9호 〈유엔 한국위원단 보고서〉, 1949, 제1권 문서 A/936.

딱 감고 명령에 따랐습니다. 그러나 민주적 정부 형태는 전혀 다릅니다. 내각에서조차 일부 각료는 다른 견해를 가질 수 있고 각료들 사이의 토론을 통해 더 좋은 방법을 찾아내기 위해 노력합니다. 각 부처 내부에서도 이견이 있습니다. 그러나 만약 정부가 확고한 정책을 정했는데도 국민의 뜻이 이에 반대한다는 것을 알게 되면 정부는 정책을 변경할 수도 있습니다.

계속되는 남한의 정치상황에 대한 불리한 보도는 이 대통령의 마음에 크게 부담이 되었다. 그는 6월 28일에 현재의 상황에 대해 '대외비(SECRET)' 라는 표시를 한 장문의 서신을 내게 보내왔다:

그들은 한국 정부와 의회 사이의 충돌을 과장합니다. 국회 안의 소수 친공 반미 분자들이 한편으로는 한독당과, 다른 한편으로는 공산당 조직인 남로당과 관계를 맺고 있소. 이들은 정부 입지를 약화시키기 위한 방책을 찾기 위해 온갖 수단을 획책해 왔소. 그자들이 성공할 수는 없소. 비록 국회 내의 일부 힘없는 의원들을 가끔 자신들의 결의사항을 지지하도록 영향을 줄 수 있다고 하더라도 온 국민이 확고하게 정부를 따르고 정부는 국민의 의사를 통제하고 있기 때문이오.

로버츠 장군은 3인의 친공적 국회의원을 체포한 것이 대통령의 명령에 의해 이루어졌다고 주장하고 있소. 실제로 의문의 여지없는 그들의 유죄 증거가 발견되었소. 법원이 영장을 발부하고 경찰이 이들을 체포한 것이오.

최근 박헌영(朴憲永)의 비서가 한 여인과 함께 38선을 넘어가다가 개성에서 체포되었소. 여자는 비밀 메시지를 숨겨 가지고 있었소. 이들이 붙잡혔기에 메시지가 발견된 것이오. 그래서 그들을 체포하게 된 것이오.

현재 철저한 조사가 진행되고 있는데, 다른 많은 국회의원들이 연루

되어 있는 듯하오. 신익희(申翼熙) 국회의장은 이들 공산분자들을 모두
축출하겠다고 어제 나에게 말했소. 국회는 이 자들이 그렇게 나쁜 사
람들인지 전혀 몰랐던 것이오. 신 의장은 그들의 체포 소식이 전해졌
을 때 정부는 반드시 증거를 즉시 제시해야 하고, 만약 제시하지 못한
다면 국회가 가만히 있을 수 없다고 주장하던 바로 그 사람이오.

가장 충격적인 일은 김구(金九) 씨의 암살 사건이오. 그는 과거 임시
정부에 대한 지지를 맹세하는 집단을 남한의 각 도(道)마다 조직하고,
내년 6월의 국회의원 선거에서 자신의 지지자들을 당선시키려고 준비
하면서 반정부 선동을 하고 있었다는 것은 지금까지 잘 알려진 사실이
오. 그의 비애국적 언사와 행동을 비난하는 사람들 사이에는 그에 대
한 격한 감정이 있었소. 그러나 그의 암살 소식이 전해지자 전 국민은
충격을 받았소.

암살범이 군대에서 그가 신뢰하던 장교 중 하나이고 이 장교가 밀담
을 나누기 위해 자주 그를 방문했었다는 것이 발표되자 모두들 조용해
졌소. 그 암살자는 또한 한독당에서 전략적으로 중요한 지위에 있던
사람 중 하나로 알려져 있소.

내가 들은 바에 의하면, 이 육군 장교가 김구를 방문하였고 김구는
그의 비서를 내보내고 그 장교와 비밀이야기를 주고받고 있었다는 것
이오. 그때 세 발의 총탄이 발사되고 김구는 즉사하였소. 그러자 사람
들이 방으로 달려 들어가 암살범을 붙잡고 그를 얼마나 두들겨 팼던지
의식을 잃은 채로 병원으로 실려 갈 정도였다는 것이오. 암살범은 지
금 의식을 찾고 있다고 들었소. 충분히 회복되면 우리는 그의 모든 동
기와 혹시 배후가 있으면 누구인지 밝혀내게 될 것이오. 이러한 일들
은 인용해서 전달하지 않길 바라오. 반드시 철저한 조사가 이루어져야
하기 때문이오. 조사가 완료되면 이 불행한 사건에 대한 전반적인 보
고가 발표될 것이오.

이 편지의 나머지 부분에서는 한국에 대해 상당히 중요한 두 가지 국제적 문제에 대해 언급하였다. 첫 번째는 "남한의 민주주의 발전"에 관한 유엔 한국위원단이 제출한 보고서에 대한 것이었다. 이 대통령은 이 위원단의 위원들에 대한 자신의 견해를 밝혔다. "그 사람들은 우리를 크게 걱정스럽게 하고 있었소. 그들 중 일부는 매우 의심스러운 태도를 보였소. 그들이 면담한 사람들이나 던진 질문의 내용을 보고 우리는 때때로 그들이 우리 편인지 반대편인지 의심스러운 생각이 들 정도였소. 그러나 결국에는 대단히 훌륭한 보고서를 작성했소. …"

두 번째 국제적 문제는 중국 공산당의 세력 확장에 관한 문제였다. 클레멘트 애틀리가 이끄는 영국의 노동당 정부가 영연방을 조직하여 영국의 상업적 이익을 추구하기 위해 마오쩌둥(毛澤東)을 지지하도록 영연방 각국에 영향을 미치고 있다고 이 대통령은 믿고 있었다. 그는 다음과 같이 썼다:

중국의 상황에 관해: 영국은 중국에 공산체제를 재조직하려 하고 있으며, 영국의 영향력 아래에서 호주와 그 밖의 영연방 국가들이 공개적으로 공산당과의 통상관계의 개설을 공공연히 주장하고 있소. 우리는 이러한 움직임에 반대하는 것이오. 우리는 돈벌이를 위해 우리나라의 민주주의 원칙을 포기하지는 않을 것이오. 상업적이든 다른 이유로든 이들이 공산주의자들과 거래를 하면서 어떻게 공산주의와 성공적으로 싸울 수 있겠소? …

우리는 통상관계를 열 수 있는지를 알아보기 위해 즉시 호주에 사람을 보내기를 바라고 있었지만, 현재 호주는 아마도 영국의 영향력으로 중국 공산당과 통상관계를 주창하고 있다고 듣고 있소. 호주가 그런 상황이라면 그들과 밀접한 관계를 가져야 할 것인지 확신을 할 수가 없소.

제안된 태평양 조약에 관해 호주는 절대적인 찬동을 표하고 있소.

그러나 그러면서도 만약 호주가 한쪽으로는 태평양 국가들 사이에 반
공조약을 주장하면서, 또 한쪽으로는 공산주의자들과의 거래를 시도
한다면, 그들은 사태를 복잡하게 만드는 짓을 하고 있는 것이오. 그러
나 우리가 반공조약을 맺게 된다면 호주가 공산당 손에 넘어가는 것을
막을 수 있다는 논의는 할 수 있을 것이오.

6월 말에 이 대통령으로부터 "또 하나의 급한 서신"이 도착하였다. 그
내용은 이러했다: "국회의원 여섯 명이 추가로 체포될 것이오. 그들은
500명의 미국 군사 사절단의 철수를 요청하기 위해 60명의 국회의원이
서명한 청원서를 유엔 위원단에 제출하였소. 이 청원은 국회에서 통과하
지 못했소. 이것은 명백히 이 나라의 국방계획에 배치되는 일이오. 북한
과 접선하고 있는 것으로 밝혀진 국회 부의장이 이 모든 일의 주모자였
소. 이들이 체포된 것은 국회 전체에 엄청난 파장을 가져올 것이오."

7월 1일, 나는 워싱턴의 반응에 대하여 이 대통령에게 편지를 썼다:
저는 ECA의 존슨 박사와 대화를 나누었습니다. 이 사람은 한국으
로부터의 모든 뉴스와 미국 의회의 의원들에게 미칠 영향 때문에 다소
격앙되어 있었습니다. 그는 이렇게 말했습니다: "우리는 모든 것이 잘
되어간다고 의원들을 설득시키기 위해 최선을 다하고 있는데 별안간
나쁜 소식들이 연이어 들어오고 있습니다."
물론 김구의 사건은 어쩔 수가 없었을 것입니다. 그러나 국회의원들
의 체포는 미국 의회가 원조 법안을 통과시킬 때까지만이라도 연기했
어야 했다고 존슨 박사는 생각합니다.… 나는 그를 크게 비난할 수는
없습니다. 그는 원조법안을 통과시키기 위하여 대단히 열심히 또 효과
적으로 일해 왔는데 지금 한국으로부터의 뉴스에 대한 하원의 반응 때
문에 신경이 곤혹스럽게 되어 있습니다.

원조 법안은 통과될 것이라고 확신합니다. 두 사람의 공화당 외교정책 대변인 격인 하원의 이튼 의원과 상원의 반덴버그 의원이 찬성하고 있기 때문입니다. 그러나 두 개의 다른 집단이 이 법안에 반대하고 있습니다. 즉 (1) 모든 "해외 원조"를 "깨진 독에 물 붓기 식"이라고 반대하는 사람들과, (2) 국무부가 아시아 정책을 너무 망쳐놓았기 때문에 이번 한국 프로그램도 효과가 없을 것이라고 생각하는 사람들이 그들입니다.

며칠 후 7월 6일, 나는 이 박사에게 다시 편지를 썼다. 이번에는 늘 그렇듯이 형편이 좋지 않았던 우리 사무실 재정에 관한 것이었다:

별첨된 "재무 보고서"를 보시면 우리의 자금지출 내역을 알 수 있습니다. 한 달에 약 2천 달러, 연간 2만4천 달러 정도입니다. 그러나 내가 대학으로 떠나게 되면 내 봉급 4천 달러가 줄기 때문에 연간 약 2만 달러 정도로 감액될 것입니다. 이것은 대통령께서 내게 줄여보도록 요구하신 금액이기도 합니다. 우리는 이제 여러 학교와 교회, 여성단체 등에 배포하기 위해 한동안 계획해 온 『한국의 현실』(Facts on Korea)이라는 소책자의 준비를 끝냈습니다. 소요경비가 얼마가 될지 아직 나와 있지 않지만 1천 달러 정도가 될 것입니다. 여유가 없기 때문에 가까운 시일 내에 다른 팸플릿에 대한 계획은 세울 수가 없습니다. 그러나 들어오는 여러 가지 문의에 답하기 위해서나 한국에 대한 반작용에 대해 본보기를 보여주기 위해서도 이와 같은 책자들은 꼭 필요합니다.

새 정부에 대한 비난에 아무리 나쁜 저의가 깔려 있더라도 "반작용의 양식"은 대체로 만족스러운 것이었다. 이 대통령의 확고한 반공주의는 일반 미국인들의 성미에 맞았다. 대한민국은 적어도 한국인들이 단순히 자치능력이 부족하다는 오래된 그러나 진심에서 나온 우려를 잠재우기에 충분할 정도로 잘 운영해 나가고 있었다. 한국에서는 아직 "미국식 민주주의"가 이루어지지는 않았지만 그런 점에서는 초창기에 미국도 마찬가지로 그랬었다.

그러나 이 나라에 자유분방한 개인주의와 개개인의 자유가 아주 많이 허용되고 있었다는 충분한 증거는 있었다. 매일 같이 이 대통령에 대한 혹독한 비난이 한국 신문에 실리고, 그것이 서울 식당들의 저녁 식탁에까지 자유롭게 나돌고, 또 그것이 이승만의 "비인기" 기사로서 정기적으로 인용되고 있다는 사실은 한국인들 스스로가 제각기의 생각을 갖고 있을 뿐만 아니라 자기 생각을 자유로이 말할 수 있다는 부인할 수 없는 증거이기도 했다.

유럽을 위한 마셜 계획의 적지 않은 성과에 필적하지는 못할지라도 이를 본떠서 시도된 트루먼 대통령의 "4대 목표" 프로그램은 태평양의 미국 우방들의 재건을 위하여 적어도 그 조심스러운 첫걸음은 내 디뎌지고 있었다. 조셉 매카시(Joseph McCarthy) 상원의원의 "국무부 안의 공산분자"에 대한 통렬한 공격은 지식인들을 분노케 하였고 소심한 자들을 두려움에 떨게 하였다. 마오쩌뚱의 공산당 손에 중국이 넘어가는 일이 임박해지자 미국 내에서는 중국을 공산당의 지배로부터 지키지 못한 정치가들과 미국의 정책에 대한 비난의 폭풍이 몰아쳤다.

공산주의자에 의한 중국의 지배는 아시아 전체를 휩쓸 심각한 위협이 되었다. 국무부는 자기 방어를 위해, 국무부의 무능으로, 심지어는 "반역행위"로 인해 "중국을 잃게 했다"는 비난으로부터 스스로를 변호하는 1천 페이지에 이르는 문서를 준비하고 있었다. 딘 애치슨 국무장관은 그 책자를 소개하는 "배포문"에 이렇게 기록하였다:

중국 국민당 정부의 실패 원인은 … 미국의 지원이 불충분한 데서 비롯된 것은 아닙니다. 현지의 우리 군사 관측자들은 승패를 갈랐던 1948년의 중대한 시기에 국민당의 군대가 무기나 탄약이 부족하여 전투에서 패배한 경우는 단 한 번도 없었다고 보고하였습니다. 사실은 전쟁 초기에 충칭(重慶)에서 우리 관측통들에 의해 확인된 부패로 인해 국민당의 저항력이 치명적으로 약화된 것입니다. 국민당 지도자들은 그들이 당면한 위기에 대응할 능력이 부족함이 입증되었고, 그 군대는 전의를 상실하였으며, 그 정부는 국민의 지지를 잃었습니다.

반면에, 공산당은 무자비한 군기와 광적인 열성으로 자신들이 인민의 보호자인 동시에 해방자라고 선전하려고 노력하였습니다. 국민당 군대는 싸워서 격퇴시킬 필요도 없었습니다. 그들은 자멸한 것입니다. 역사는 스스로에 대한 믿음이 없는 정권과 사기가 떨어진 군대는 전투의 시련을 극복하고 살아남을 수 없다는 사실을 거듭거듭 증명하였습니다."[59]

중국에서 일어난 사태는 이 대통령과 한국 국민들에 대한 하나의 명확한 경고였다. 이 국무부 문서는 1949년 9월에 공표되었고, 미국이 더 이상 중국 국민당 정부를 지원할 수 없다는 선언이 있은 지 한 달도 못되어 장제스(蔣介石)는 중국 본토로부터 타이완(臺灣)으로 철수하였다. 미국의 지원이 없으면 공산당의 노도 같은 진격을 막을 수 없다는 이 교훈은 분명한 것이었다.

물론 그 밖에 다른 교훈도 있었다. 그 한 가지는 반공정부가 공산당의 침투와 전복공작을 확고하고 효과적으로 막지 못하면 그 나라는 필연적으로 기반이 붕괴되어 끝내는 "무능하다"는 이유로 버림을 받게 된다는 사실이었다.

---

59) 미국 국무부, 『미국의 대중국 관계』(Unites States Relations with China), 1949년도, 14 페이지.

한국에서 이 대통령은 공산당의 침투를 방지하고 파괴분자들을 근절하기 위해 할 수 있는 최선을 다하고 있었다. 이로 인해 그는 해외 우방국들로부터 인정을 받기보다는 더 많은 비난을 받았다. 그와 동시에 남한은 중국에서 공산군의 진군과 거의 비슷한 정도로 파괴적인 38선 상의 군사적 위협에 직면하고 있었다. 대한민국이 이러한 공격에 어떻게 대처해 가야 하나, 또 이에 대한 미국 관리들의 희한한 반응에 대한 대책을 어떤 식으로 강구할 것인가가 앞으로 몇 달 동안의 중요한 문제가 되었다.

우리가 정부 수립 후 첫 해 동안 "대한민국이 치른 시험"을 되돌아 볼 때, 역사가 오랜 한국이라는 나라를 세계에서 성공한 나라의 하나로 재건하기 위해서 미국의 경제원조 프로그램의 도움을 받아 합리적이고 자유로운 분위기 속에서 자치정부가 잘 운영되었다는 증거를 엿볼 수 있게 된 것은 참으로 인상적이라고 생각했다. 어쩌면 한국은 예부터 알려진 "고요한 아침의 나라"라는 표현에 걸맞은 곳이 될지도 모른다.

이것이 우리의 목표이자 우리의 희망이었다. 다행히도 한국이 이를 실현하는 것이 얼마나 요원한가는 우리의 시야가 베일에 가려져 있어서 모르고 있었다. 그러나 우리는 그 위험에 대해서는 알고 있었다. 그러나 해야 할 많은 건설적인 과업이 있었고, 이러한 과업이 일시적인 성공, 궁극적인 성공으로 이어지기를 우리는 바라고 있었다.

중요한 문제는 다음과 같은 것이었다: 세계의 공산주의가 "아시아의 민주주의의 보루"로서의 한국의 성공을 그대로 내버려 둘 것인가? 미국은 한국의 생존에 필수불가결한 방위 조치를 지원해 줄 것인가, 아니면 최소한 승인이라도 할 것인가? 이러한 물음에 대해 드러나고 있는 응답들은 불길한 예감을 느끼게 하고 있었다.

제11장
철의 장막이 불거져 나오다(1949년 7월~12월)

제
11
장

가장 화급한 문제는 군사적인 것이었다. 침략을 위해 소련에 의해 중무장되고 훈련된 북한 김일성 정권에 충분히 대응할 수 있도록 하려면 대한민국을 어떻게 강화시켜야 되겠는가?

장면 대사는 1949년 7월 2일, 이 대통령으로부터 다음과 같은 전문을 받았다:

> 미합중국 대통령 각하께 다음과 같이 전달해 주기 바람. "우리는 민주주의와 인류의 자유 수호자인 가장 위대한 공화국의 탄생일인 7월 4일을 각하와 모든 미국 국민과 더불어 축하드리는 바임. 1776년 스스로의 자유를 위해 싸우도록 미국 국민을 분발시킨 그 신조는 이제 우리 한국인에게 우리 자신의 자유를 위해 싸우고 지키라고 분발시켜주고 있음. 전 세계가 민주주의의 축복을 누리며 자유를 구가하게 될 그날까지 모든 민주 국가들이 공산주의에 대한 각하의 세계정책의 정신을 구현해 나감에 있어 일치단결하기를 기원함."
> 이승만 (서명)

만약 백악관 보좌진이 이 전문을 세계 각 정부로부터 보내지는 의례적인 것으로 취급하여 아무생각 없이 그저 훑어보는 축하 메시지 파일 속에 그대로 철해버리고 말았다면 그것은 큰 잘못을 저지른 것이다. 물론 어느 정부든 다른 나라의 중요한 국경일마다 정중하게 예의를 갖추어 별 뜻이 없는 "경축 한다"와 같은 상례적인 인사를 나누긴 한다. 이 대통령은 이 전문에 대한 아무런 답신도 받지 못했고 서울의 미국 대사관으로부터도 미국의 정책이나 전술을 설명하면서 누군가가 이 전문을 검토했다거나 읽어보았다는 흔적이 전혀 없었다. 이 대통령은 이 전문 속에 자신의 평생 동안의 습관이 그랬던 것처럼 상대방이 자기에게 기대한 말이 아니라 자기가 전하고자 했던 마음을 전했던 것이다. 그 메시지의 흐름 속에는 많은 의미가 담겨 있었다.

"세계 민주주의의 수호자"라는 뜻은 분명히 이 한국 지도자는 미국이 자신이 맡은 세계 순찰 구역의 막다른 골목이나 샛길까지 책임지는 세계 경찰의 역할을 담당하고 있다는 자신의 믿음을 말하고 있는 것이었다. "1776년의 신조가 우리들에게 싸워야 한다는 정신을 고취시켰다"는 것은 한국이 1776년의 미국 식민지 당시나 1860년 북미 연합의 경우와 마찬가지로 "절반으로 분단되고 절반만 점유한" 반신불수의 국가로 남아있는 현실에 만족하지 않는다는 의미였다. "모든 민주주의 국가들이 단결하기를 기원한다"는 뜻은 신생 대한민국을 후원한 유엔은 아직도 통일된 자유민주주의 한국이라는 목표를 달성하지 못하고 있는 데 대한 책임을 면한 것이 아니라는 것이다. "각하의 세계 정책"이라는 말에서 이 대통령은 공산 제국주의에 맞서서 이를 격퇴하고자 하는 트루먼 독트린의 약속을 전적으로 환영하고 받아들이고 있다는 것이다.

1919년 이 박사는 우드로 윌슨(Woodrow Wilson) 대통령의 "민족자결권"이라는 세계에 울려 펴진 선언을 전폭적으로 신뢰하고 있었고, 한국인들은 자신의 독립권을 주장하기 위해 일본 지배자들의 무서운 보복의 위험에도 불구하고 독립만세 운동을 전개하였다. 그러나 베르사이유에서 이러한 믿음은 좌절되었다. 이승만이 사적으로는 친구이자 틀림없는 이상주의자로 생각했던 미국 대통령은 실행 불가능한 타협점을 찾기 위해

자신의 이상을 저버린 한낱 편의주의적 "현실주의자"였음이 입증되었
다. 현재 백악관에는 비지성적이고 과묵한 중서부 출신의 한 중산층 실용
주의자가 앉아 있다. 그는 자신이 "져야 할 책임"을 인식하는 사람이었
다. 윌슨도 실패하였는데 트루먼은 믿어도 될 것인가? 1949년의 세계 상
황은 1919년과는 달랐고 미국의 여론도 달라졌다.

1920년대가 시작되면서 미국과 서구 세계를 휩쓸던 고립주의와 평화
주의는 1948년의 베를린 봉쇄, 1949년의 중국에서의 공산주의자들의 압
도적 승리로 요원의 불길처럼 번지게 된 소련 제국주의와 공산 광신주의
에 의해 일깨워진 공포로 대체되었고, 그리고 자유세계가 공산주의자들
의 고삐 풀린 야망이 가져올 결과를 심사숙고함에 따라 미국에 불어 닥친
매카시즘의 돌풍으로 대체되었다.

이 대통령이 내다본 대로 전 지구 테두리 안에서 한국은 이미 미 · 소
대결의 초점이 되고 있었다. 유럽은 베를린 봉쇄의 충격에서 벗어나 대치
상태 속의 불안한 힘의 균형상태를 유지하고 있었다. 트루먼의 대결 정책
은 동부 지중해 지역에서의 그리스와 중동으로의 소련의 진출을 저지하
였다. 미국은 실제로 공산주의자라기보다는 "농지개혁을 주장하는 자유
주의자"에 가까웠던 마오쩌둥(毛澤東)을 "새로운 중국의 조지 워싱턴"으
로 받아들이고 중화민국은 지워버렸다. 게다가 장제스(蔣介石)는 자립할
힘조차 없었고 외부의 지원으로 일으켜 세울 수도 없는 상태였다.

이 대통령은 남한 내부의 약점으로 인해 자유세계가 우리 민족을 포기
하는 구실을 주어서는 안 된다고 생각하였다. 소련과 중국, 일본을 갈라
놓은 "삼각지대의 중심부"에 위치한 핵심적 보루로서 오래 동안 입증된
한국의 전략적 위치 때문에 적어도 한반도의 남반부만이라도 자유를 유
지해야 할 특별한 중요성이 엄존한다는 사실을 그는 잘 알고 있었다. 그
는 한반도를 소련이나 중국이 지배한다면 한국은 "일본의 심장부를 겨누

는 비수"가 될 것이라는 일본의 역사적인 두려움을 알고 있었다. 만약 공산당이 대한민국을 정복한다면 이로부터 야기될 불안정한 동북아시아의 위협을 미국이 그대로 받아들이지 않을 것임을 그는 믿었다. 또한 자기 나라를 무한정 둘로 나눌 운명을 갖고 태어난 38선이란 영구적인 방어선을 그대로 받아들일 생각은 추호도 없었다.

자신의 입장이 근본적으로 건전하다고 믿고 있는 이 대통령의 신념을 워싱턴에 있는 우리들의 관점에서 정당화시키기는 쉽지 않았다. 한국에 대한 원조법안은 미국 의회에서 심각한 난관에 봉착해 있었다. 딘 애치슨 국무장관은 원조 법안이 통과되지 않는다면 대한민국은 "3개월 이내"에 무너질 것이라고 의회에 대해 경고하였다. 그러나 의회는 중국 국민당의 패주에 실망하고 중국에서 밀려드는 밀물을 바라보면서 졸졸 흘러드는 한국에서의 공산침략의 물결을 막으려는 생각은 하지 않고 있었다.

7월 6일, 나는 이 대통령에게 모스, 반덴버그, 토마스 상원의원과 대화를 가진 것과 "그들 중 누구도 표결 결과가 어떻게 될지 확실히 예측할 수도 그럴 생각도 없다"는 사실을 편지로 보고하였다. 또한 〈뉴욕 타임스〉의 딕 존스턴(Dick Johnston) 기자가 남한은 "육군이 통제하고 있다"는 특별 기사를 보낸 이후 워싱턴의 반응이 아주 좋지 않다는 사실도 보고하였다. 이 편지는 다음과 같이 계속되었다:

우리가 노력하고 있는 것은 미국인들로 하여금 한국은 실질적으로 전쟁상태에 있고 그에 부응해서 행동을 취하지 않으면 안 된다는 것을 이해시키는 일입니다. 요즘 워싱턴의 분위기는 모두들 날카로워져 있습니다. 이는 더위 때문이기도 하지만 주로 의회가 수많은 예산 법안 중에서 자기들 의원 보좌진의 봉급 인상안 말고는 단 한 건도 통과시키지 못해 들끓고 있습니다. 입법부의 혼란은 두려울 정도로 엉망입니다. 의회가 결국 중요 법안들을 통과시키지 않고 서둘러 회기를 끝내게 될지도 모른다는 우려가 대단히 큽니다. 트러블을 일으키는 것은 한국 국회만이 아니라는 것을 알고는 적으나마 위안이 됩니다!

나는 다음날 보낸 편지에서 적어도 한 가지는 밝은 면도 있다는 말을 덧붙였다:

정말로 길고 긴 시간 동안에 우리가 얻은 최고의 홍보 이득은 한국에 대한 미국의 정책 변화입니다. 행정부는 여러 해 동안 공식 성명서에서 한국을 그냥 무시해 버렸고 막후에서는 비우호적인 영향력을 행사하였습니다. 최근 몇 달간 ECA의 호프만과 존슨, 트루먼 대통령 그리고 국무부의 애치슨과 웨브 등은 모두 한국에 대해 아주 우호적으로 강력한 발언을 계속해 왔습니다. 그 결과 한국에 대한 언론보도가 크게 증가하였습니다. 그러나 일부 신문 보도는 여전히 비우호적입니다. 그것은 주로 고립주의와 소위 아시아의 "반동주의" 분자들에 대한 일반적 의구심이 일부 신문사와 의회 의원들 사이에 뿌리깊이 자리 잡고 있기 때문입니다. 그러나 전반적으로 보면 한국을 이해하고 한국에 동정적인 분위기의 논설들이 나오고 있습니다.

여러 해 동안 아시아의 반공 지도자들은 모두가 반동적 성향이 있다고 미국 국민을 가르치는 캠페인이 진행되어 왔고, 특히 현재 미국의 행정부까지 이러한 견해를 견지하고 있었으므로 일부 신문 편집자들도 그렇게 확신하게 된 것은 당연할 뿐입니다. 이런 집요한 선전에 넘어가지 않는 사람들도 많다는 것을 알고 우리는 용기를 내야겠다고 생각하고 있습니다.

같은 날인 7월 7일, 이 대통령은 장문의 편지를 보내면서 "전적으로 사적인 편지임. 읽은 후 파기해야 함. 파일에 철해 두지 말 것"이라고 표시하였다. 내가 파기하지 않은 "민감한" 구절은 다음과 같은 내용이다:

미시건 대학교에서 박사 논문을 끝내기 위해 아직 공부를 계속하면 서 장면 대사의 다음 책임자로 워싱턴 대사관의 공사로 임명된 한표욱 (韓豹頊)이 비록 시간이 다소 걸리더라도 학업이 잘 진척이 되고 있다 고 하니 기쁘게 생각하오. 대사관 근무는 상근직인데 일과 후에 공부 를 하는 사람의 입장을 잘 이해할 수 있소.…

국회는 7월 1일 정부에 반대하는 모든 결의안을 상쇄시킬 결의안 하 나를 통과시켰소. 그들은 마침내 정신을 차린 것이오. 전 내무부 장관 윤치영(尹致暎)이 김약수(金若水)의 후임으로 국회 부의장에 선임되었 소. 총 13명의 공산분자 국회의원들이 체포되고 나니 의원들이 정신을 차린 것 같고 지금은 정치뿐만이 아니라 자기들 직분을 다하기 위해 모두들 노력하고 있는 것 같소.…

조병옥(趙炳玉) 대사는 한국 문제가 재차 유엔에 상정되기를 강력히 바라기 때문에 뉴욕에 머물면서 9월의 유엔총회에 대비해 열심히 일 해야 할 것이오. 그러나 조 대사가 여름에는 할 일이 없다고 생각하 여 귀국하기를 원하고 있소. 어떻게 했으면 좋겠소? 그렇게 하겠다는 것은 "기정사실"이 되어 있고, 그의 심기를 건드리고 싶지는 않소. 나 의 개인적인 추측으로는, 그가 내무부 장관으로 되돌아오고 싶어 한다 는 것이오. 알다시피 그는 경찰의 총수였고 현 내무부 장관은 국회의 공격을 받고 있소. 그는 자신이 문제를 해결할 수 있고 내가 그를 다 시 임명할 것이라고 생각하고 있소. … 그는 지금 쓸 자금이 많고 언 제나 누구보다도 자금조달을 잘할 수 있다는 사실을 당신도 알고 있을 것이오. … 이 말은 철저히 대외비로 해주기 바라오. 올리버 박사도 조 대사의 사람 됨됨이를 파악해 두기를 바란다는 뜻에서 하는 말이 오. …

내가 올리버 박사의 비서와 같다는 생각이 드오. 올리버 박사가 떠 나고 나면 워싱턴의 일은 전과 같지는 않겠지만, 정기적으로 돌아와서 업무를 돌봐줄 것으로 알고 있소. 펜실베이니아로 떠난다는 것은 내 개인적으로 섭섭하다는 것을 박사께서 꼭 알아주기를 바라지만, 다른 한편으로는 박사의 떠나시는 이유를 이해하고 있소.

이 편지가 말하는 몇 가지 중요한 내용은 국내외의 이 박사에 대한 비판자들이 비록 그를 "전제적 독재자"로 확신하고 있다고 하더라도 이 대통령이 행사하는 실제 권한은 보잘 것 없다는 것을 밝혀주고 있다는 것이다. 국회에서의 그의 반대세력은 깊이 자리 잡고 있어서 지속적인 책략으로 겨우 부분적으로 일시적으로만 통제할 수 있었다. 다른 여럿 인물 가운데서도 조병옥은 그에게 유엔에 남아 있어 주기를 바라는 대통령의 요구를 거역할 정도의 막강한 힘을 가졌고, 모든 사람의 개인 예산이 군색하게 제한되는 상황에서도 많은 개인 예산을 요구하고 확보할 능력을 갖고 있었다. 또한 경찰을 장악할 수 있는 내무부장관이란 강력한 지위도 자기 뜻대로 복직할 수 있다는 자신감을 가질 수 있을 정도였다. 나와 이 대통령과의 개인적 친분과 서울이나 워싱턴에서 나의 상근보좌가 필요하다는 그의 거듭된 요구에도 불구하고 내가 대학 학과장직을 받아들이기 위해 떠나가는 것을 막지 못했다. 이 대통령과 친분을 맺고 있던 전 기간 동안, 나는 실제로 그의 권력이 엄격히 제한되어 있다는 것을 알았다. 더욱이 그는 끊임없이 어려움을 겪고 있었다. 간단하게 내릴 수 있는 모든 결정과 기분 좋게 내릴 수 있는 대부분의 결정은 아래 계층의 부하 관료들에 의해 내려졌다. 극히 어려운 결정들, 이를테면 단순히 "옳은" 것과 "잘못된" 것 사이의 선택이 아니라 두 개의 옳은 견해이거나 두 개의 잘못된 견해 사이에서 선택해야 하는 결정들이 매일 같이 그의 책상 위에 쌓여갔다.

서울에 체류하던 1949년 봄 동안 나는 이 특별한 "독재자"가 자기의 직무를 어떻게 처리하는지에 대한 전형적인 실례를 경험하였다. 이 일은 그 이후 줄곧 내 기억 속에 생생히 남아 있다.

내가 도착한 지 얼마 안 되는 3월 하순 어느 날, 나는 한국의 백악관에 해당되는 경무대(景武臺)의 대통령 집무실에서 그와 마주 앉아 이야기를 나누고 있었다. 이 대통령이 우울한 표정을 지으며 이렇게 말했다:

"올리버 박사, 당신도 우리 정부가 엉망이라는 것은 알고 있을 것이오."

나는 그 말에 동의하였다: "예, 알고 있습니다."

그가 말을 이었다: "문제는 장관들이 누구도 자기 부서를 어떻게 운영해야 하는지를 모르고 있소. 그들은 조직도 행정도 이해하지 못하고 있소. 돈도 너무 많이 쓰고 너무 많은 사람을 채용하고 있으며, 책임과 권한을 위임하는 방법도 이해하지 못하고 있소. 예산은 점점 불균형 상태가 되어가고 정부 전체가 혼란스럽고 엉망인 상태가 되어버렸소. 여기에 대해 무슨 조치를 취하지 않으면 안 될 것 같소."

대통령은 한 동안 말이 없다가 다시 말을 이어갔다: "그 중에서도 가장 좋지 않은 것은 임병직 장관도 다른 각료보다 나을 게 없다는 것이오. 그 사람은 큰 부처를 어떻게 관리해야 하는지를 아무것도 모르고 있소. 임병직과 이 문제에 대해 허심탄회하게 의논하려고 불러 들였으니 곧 이리 올 것이오."

나는 자리를 비켜주기 위해 일어났다. 그러자 대통령은 손짓을 하여 나를 도로 앉히면서 말했다: "아니오, 그대로 있어요. 내가 임병직과 이야기 하는 동안 박사가 있어 주면 좋겠소."

바로 그때 비서가 방문을 열고 들어와 "임 장관이 도착하였습니다."고 알려주었다. 나는 이 두 오랜 친구 사이에 불쾌한 대화가 오고갈 것을 생각하며 마음이 무거웠다. 두 사람 모두에 대해 나는 깊은 애정과 존경심을 갖고 있었기 때문이다. 그러나 이런 내 마음은 기우에 지나지 않았다.

이 대통령이 벌떡 일어나 재빠르게 문 쪽으로 다가가서 두 손을 벌려서 임 대령을 끌어안고 집무실 소파로 가서 나란히 함께 앉았다. 대통령이 입을 열었다: "이보게, 벤, 내각 각 부처가 모두 엉망이야. 도대체 장관들이란 사람들이 자기 부처를 어떻게 운영할지도 모르고 있다네. 정부가 온통 결딴이 나고 있다네."

임병직도 동의하였다: "저도 알고 있습니다. 훌륭한 사람들인데 자기 직무에 대해 이해를 못하고 있는 것 같습니다. 어떻게 하면 좋을까요?"

대통령이 말을 이었다: "자네도 알고 있지 않나. 내가 여러 해 동안 자네를 내 친아들처럼 여겨온 걸 말일세. 자네를 외무장관으로 불렀을 때는 기대가 컸네, 정부를 위해서나, 자네 자신을 위해서나. 내가 바라는 것은 자네가 마치 조지 워싱턴 내각의 각료이던 해밀턴이나 제퍼슨처럼 위대한 장관으로 우리 역사에 남기를 바라는 것일세. 벤, 나를 좀 도와주지 않겠나?"

이 말에 임병직은 깊이 감동되어 무슨 일이든지 하겠노라고 약속하였다.

이 대통령은 앞에 놓인 메모지 한 장을 집어서 책상 위에 놓고 종이 한가운데에 선을 한 줄 내려 그었다. 그리고 이렇게 말했다: "내가 자네한테 원하는 건 외무부를 진정으로 효율적으로 재편성하는 걸세. 예산을 절감하기 위해 직원의 절반을 줄일 수 있을 것일세. 절반 정도의 인력으로도 일을 훨씬 더 잘할 수 있어. 내가 그 방법을 일러줌세. 이 한쪽 칸에 외무부가 책임을 맡고 있는 모든 중요한 직무를 적어 넣게. 각 직무의 반대쪽에는 자네가 진정으로 신뢰하는 직원들 이름을 써넣게. 그 다음에는 이것을 가지고 각자에게 그 책임을 지워서 그 업무를 해내도록 지시하는 걸세. 자네가 해야 할 일이란 사무실에 가만히 앉아서 이 사람들의 보고를 받고 각자가 해야 할 일을 제대로 하는지를 확인하기만 하면 되는 것이야. 이 시스템이 제대로 돌아가면 국무회에 참석하여 다른 장관들에게 자네가 하고 있는 일과 그 진행 상황에 대해 설명해 주게. 그렇게 해보겠는가?"

임 대령은 자리에서 벌떡 일어서더니 결연한 눈빛으로 큰 소리로 말했다: "그렇게 하겠습니다. 대통령 각하!"

그는 손에 그 종이를 움켜쥐고 서둘러 집무실을 빠져나가 그것을 바로 실천에 옮기기 위해 외무부로 돌아갔다.

불행히도 그 해결책은 아무런 효과도 내지 못하는 것 같았다. 정부 예산은 여전히 불균형상태였고, 질서와 능률이 자리 잡는 것은 몇 년의 세월을 두고 서서히 진행되었다. 그러나 내가 무엇보다 감명을 받은 것은 이 대통령이 자신의 대통령 권한을 행사하는 방식이었다. 대통령의 견해로는 그 자신이 갖고 있던 그런 힘은 분명 설득의 힘이었다. 그는 상대가 묵묵히 따라오도록 노력하지 않으면 안 되었다. 즉, 명령으로는 따라오게 할 수 없었다. 명령을 내리고 부하들이 두려움에 떨며 수행하게 하는 냉혹한 독재자라는 역선전에 의해 그려지는 모습은 진실과 동떨어진 부조리한 판타지에 불과할 뿐이었다. 그러나 권력은 아무리 집중되더라도 협조적으로 일하는 팀이 그 권력을 행사해 갈 능력과 그러한 열의가 있는 경우에만 힘으로 존재한다. 아마도 이것이 워싱턴과 세계의 다른 수도 못지않게 서울에서도 영향력이 큰 "관료적 통제"가 의미하는 권력의 실상

일 것이다.

그러나 언제나 그러하듯이 우리를 가장 시끄럽게 비판하는 자들은 자신들이 미국 정부에 대해 알게 된 결함보다 자기네가 바다 건너 원조를 하고 있는 정부에서 관찰되거나 의구심이 가는 결함에 오히려 더 많은 관심을 기울였다.

이 대통령이 "독재적"이고 그의 정부가 "강압적"이라는 비난은 두고두고 우리의 가장 큰 문제 거리였다. 이에 대한 역설적 현상이 있는데, 그것은 훨씬 독재적인 북한 김일성 정권에 대해서는 진심으로 관심을 보인 비평가가 거의 없었다는 사실이다. 그들에게 이러한 점을 상기시키면 대답은 으레 다음과 같았다: "물론입니다. 공산주의가 독재체제라는 것은 누구나 알고 있습니다. 거기에서 다른 무엇을 기대하겠습니까? 그러나 미국의 지원에 의존하고 있는 나라에서 우리가 독재를 용납할 것이라고 기대해서는 안 됩니다."

이 정도까지라면 이러한 태도는 이해할 수도 있고 받아들일 수도 있었다. 그러나 황당한 것은 그 다음 단계로 "남한은 차라리 공산당의 지배 아래로 넘어가도록 놓아두는 편이 더 낫습니다."라는 비평가들의 결론이었다.

오언 래티모어(Owen Lattimore)는 〈뉴욕 데일리뉴스〉의 1949년 7월 17일호에 이런 글을 썼다. "우리가 해야 할 일은 남한을 넘겨주더라도 그것이 우리가 밀어 넣은 모양새로 보이지 않도록 해야 한다"는 것이었다.

언론은 이승만이 그의 정치적 반대 세력을 끊임없이 괴롭힌다고 비난하였다. 이에 대해 우리는 북한의 김일성은 자신에 대한 정치적 반대 행위를 철저하게 금지시키면서 일당독재 국가통치로, 감히 자기에게 대적하는 사람은 가차 없이 투옥하였다는 사실을 들어 반박하였다. 한국의 언론과 많은 정치인들을 비롯한 지식인들로부터 퍼부어지는 비난과 비판을 받고 있는 사실로 보아서 이승만이란 사람은 "명백히" 인기가 없다는 것을 증명하는 것이라고 비판자들은 공격하였다. 이에 대한 응수로 우리는 이처럼 그에 대한 험구가 끈임 없이 가해지는 것은 진정으로 자유 분위기가 존재한다는 사실을 나타내는 더 할 나위 없는 증거라고 지적하였다. 그들은 또 비난하기를, 이승만은 강력한 경찰력을 유지하면서 자신을 반대하는 세력을 계속 감시하고 위협하고 때로는 언론 편집인이나 그 밖의 여론 주도자들을 불러들여 문초와 훈계를 일삼고 있다는 것이었다. 그러나 반대와 비판이 계속된다는 사실은 민주주의가 본질적으로 유지되고 있다는 증거라고 우리는 맞받았다. 유엔 한국위원단은 연례 보고서에서 시민권의 여러 "침해" 사례를 인용하였으나, 대한민국에서 기본적 민주주의가 달성되었다고 공표하였다. 비판자들은 이것은 유엔이 후원하는 정부의 잘못을 합리적으로 은폐하는 행위일 뿐이라고 비웃었다.

지금까지 남북한의 정치적 상황에 대한 가장 세심하고도 상세한 객관적인 연구서는 로버트 A. 스칼라피노와 이정식(李庭植) 공저로 캘리포니아 대학교 출판부에서 출간된 2권의 『한국 공산주의 운동사』(Communism in Korea)이다. 불행히도 이 책은 우리의 홍보노력을 위해서 절실히 필요한 시기로부터 25년이나 지난 1972년에야 출판되었다. 이 책이 균형 잡힌 역사적 시각을 확립하는 데는 훌륭했지만, 그것은 중요한 시기인 1948~1950년에 대한민국에 대한 지원을 저해한 비판자들에 대한 답변으로는 활용되지 못하였다.

스칼라피노-이정식의 연구서에서 충분히 볼 수 있듯이, 대한민국이 출범한 이후 남한에서는 강력한 경찰활동이 절실히 요구되었다. 남한에서 당원증을 소지한 실제 공산당원의 수는 4만 명 정도를 결코 넘지 않았을 것이다. 그러나 두 저자가 지적한 바와 같이, 이 수치는 두 가지 이유에서 무의미하였다. 그 한 가지 이유는 공산당의 동조자, 지원자 또는 꼬임에 빠진 자들과 자발적으로 또는 두려움 때문에 공산당의 지령을 수행한 남한 사람들이 훨씬 더 많았다는 것이다. 특히 공산분자들은 노동조합을 계속 지배하였고, 농민 조직과 학생-지식인 집단 양쪽을 모두 장악하였다.[60] 이러한 문제들 이외에도 한민당과 한독당 양당 모두 당원의 대부분이 우익인 정당임에도 불구하고 합법적으로든 불법적으로든 자신들이 생각할 수 있는 모든 수단을 동원하여 이 대통령을 몰아내기로 작심하고 있었다. 이에 더하여 문제를 더욱 복잡하게 만든 요인은 이 박사가 한국 국민들에게 자신을 어느 정파에도 속하지 않은 사람으로서 자기의 주장을 국민에게 직접 호소하는 방법을 택했기 때문에 자신의 대한독립촉성국민회(大韓獨立促成國民會)가 제대로 조직된 자유당으로 발전하는 데는 긴 시간이 걸렸다는 점이다.

이 대통령에 대한 분명한 반대의 목소리는 주로 대도시, 특히 서울, 부산 그리고 대구를 중심으로 터져 나왔다. 이런 곳에는 지식인들이 모여살고 있었고 그들은 국내적인 여러 정치 과정이나 외부적인 뉴스 보도기관과 밀접한 관계를 맺고 있었다. 이것이 의미하는 것은 정부에 대한 반대 기사를 매일 내보내는 기자들이 이러한 비평가들로부터 보도 자료를 취재할 수 있었다는 것이다.

대한민국 수립 이후의 상황에 대한 또 하나의 세심한 역사적 연구서(10년 후에 저술되었음)에서 조순승(趙淳昇) 교수는 미 군정청이 국방경비대와 지방정부에 끌어들인 공산분자들에 의해 주도되었던 '태업, 시위 및 무장 반란'에 대해 상술하였다. 미 군정청이 후원하는 모든 조직은 '엄격

60) 상세한 내용은 스칼라피노(Scalapino)-이정식(李庭植) 공저, 『한국 공산주의 운동사』(Communism in Korea), 제1권 제4장 '미군 점령 하의 한국 공산주의' 및 제2권 11-14장 참조.

히 비정치적'이어야 한다는 지침 원칙으로 인해, 미군정 당국의 철수 이후에 "북으로부터의 파괴분자들의 침투는 급격히 증가하고 국내 불안은 거의 통제 불능 수준까지 격화되었다."[61]

제주도의 공산당 조직은 일본인들이 철수할 때 남겨놓은 다량의 일제 무기를 사용하여 섬으로 이루어진 하나의 도(道)를 대혼란의 무질서 상태로 만들었다. 중남부에 위치한 도시 여수와 순천에서는 국방경비대 제14연대가 포함된 공산당이 주도하는 부대가 반란을 일으켜 약 500명의 관리와 우익 인사들을 처형하였다. 공산군이 중국 전역을 통제하게 되면서 극동의 모든 반공 국가들은 붕괴되기 직전인 것처럼 보였다.

이승만은 그의 비판자들이 비난하는 바와 같은 "작은 장제스(蔣介石)"와는 딴판으로 안보를 되찾기 위해 결연한 자세로 대처해 나갔다. 그런 과정에서 많은 공산분자들이 체포되거나 살해되고, 오후 11시 통행금지가 엄격히 실시되었다. 수많은 경찰과 국방경비대가 거리를 순찰하고 "파괴적인" 소요와 활동은 금지되었다. 당연히 시민의 권리는 위축되었다. 그러나 그 덕에 정부가 보존되었고, 압도적으로 많은 시민들이 정부의 이러한 조치를 지지하였다.

1948년 8월 15일의 정부 수립으로부터 1950년 6월 25일 한국 전쟁 발발까지의 22개월의 전 기간 내내 38선을 사이에 두고 남북 군대 간에는 끊임없는 전투가 계속되었다. 두 개의 한국 사이를 가로지르는 이 분계선은 상상도 못할 최악의 경계선이었다. 38선은 가혹한 경제적 악영향 이외에도 군사 분계선으로서도 방어가 불가능한 터무니없는 경계선이었다.

예를 들어, 인천 항 북쪽의 서해안에 아래쪽으로 돌출해 있는 옹진반도는 남한에 속해 있었다. 그러나 육로로 옹진반도에 가려면 북쪽을 거칠 수밖에 없었다. 서울에서 북쪽으로 40마일도 안 되는 곳에 위치한 남한

61) 조순승(趙淳昇)『세계 정치 속의 한국』(Korea in World Politics), 1940~1950, 앞에 인용한 책 231페이지, 192-95페이지 및 230-33쪽.

의 주요 도시 개성은 북으로부터의 손쉬운 침입 회랑지대에 있었고 38선 바로 북쪽에 위치한 산악 능선 아래의 계곡에 자리 잡고 있어서 공산군은 거의 매일 이 능선으로부터 개성으로 포를 쏘아 댈 수 있었고 실제로도 그렇게 하였다. 옹진반도에 주둔한 6천 명이나 되는 병력은 명백히 전쟁 상태에 있었다. 1949년 7월 이후 한국에 남아 있던 유일한 미군으로 단지 472명으로만 구성된 미 군사고문단(KMAG: American Military Advisory Group)의 반응은 이 대통령이 그 지역을 지키는 것을 비난하면서 그것을 공산당에게 넘겨주라고 요구하는 판이었다.

1949년 5월, 내가 개성을 방문했을 때 어느 상인이 내게 이렇게 말했다: "우리는 두려움을 가지고 잠자리에 들고 하루 종일 북쪽 산에서 눈을 떼지 못하고 삽니다." 38선 전 지역에서 매일 수십 차례 공산군의 공격이 감행되었다. 1949년 9월 한 달 동안에만 약 1,184건의 공격이 항목별로 기록되어 있다.[62] 북조선인민공화국은 남한 내에 조직되고 무장된 7만7천 명의 빨치산이 있다고 주장하였다.

6월 28일, 평양에 있는 '조국통일 민주전선'은 공산 인민공화국 지배하의 한국 통일을 확인하기 위해 9월에 남북한 "총선거"가 실시될 것이라고 발표하였다.[63] 인민공화국은 10월 14일 유엔에 전한 공식 메시지를 통해 공공연히 무력에 의한 한국통일 의도를 선언하고 유엔은 "한국 국민의 소수 배신자와 반역자 집단의 이기적인 이익만을 고려한다"고 맹렬히 비난하였다. 배신자와 반역자는 대한민국의 지도자들을 가리키는 것이었다.

이 대통령은 6월 24일 워싱턴과 유엔 주재 대사들에게 정부의 국방 능

---

62) 도널드 튜크스베리(Donald Tewksbury) 편, 『한국 정치 이데올로기에 관한 자료집』(Source Materials on Korean Politics Ideologies), 뉴욕: Institute of Pacific Relations 간행, 1950, 133-144페이지

63) 미국 국무부 편, 『역사적 한미관계의 개관』(A Historical Summary of United States-Korean Relations), 극동 시리즈 115호, 워싱턴, 1962년 11월, 74페이지.

력에 관한 침울한 평가서를 보냈다:

주한 미군은 이달 말까지 한국에서 철수하게 될 것이오. 나라를 지
키기 위해 우리가 가진 것이 무엇이 있단 말이오? 대부분의 우리 육군
병사는 소총조차 없는 형편이고 경찰과 해군도 마찬가지라오. 국방장
관 보고에 의하면, 우리가 가진 탄약은 실제 전투가 발생할 경우에 겨
우 사흘 정도 지탱할 수 있을 뿐이라는 것이오. 한편 미국의 〈타임〉지
와 그 밖의 신문들은 미 육군이 한국에 모든 무기와 소총을 남겨둘 것
이고 이 정도면 우리가 필요한 것보다도 더 많은 무기를 갖게 될 것이
라고 그럴 듯하게 보도하고 있소. 한국을 방문하는 일부 미국인들 중
에는 우리가 당장 사용할만한 무기도 모자란다는 말을 듣고 상당히 놀
라고 있소. 이들의 말로는 한국 사람들은 자기들이 필요로 하는 전쟁
무기를 모두 가지고 있다는 것이 전반적으로 미국인들이 가지고 있는
인상이라는 것이오.

우리가 여기에 있는 미국인들에게 전투기가 필요하다고 하면 그들
은 한국에는 전투기가 필요하지 않다고 대답하였소. 필요할 경우, 미
국 전투기들이 일본으로부터 즉시 날아올 것이라는 것이오. 우리는 그
들에게 이웃 나라의 선의에 의존하고 싶지 않고 우리의 생명선을 지키
기 위해 우리의 전투기가 있어야 한다고 말했소. …

유엔에 대하여 얼마나 많은 무기를 한국이 보유하고 있고 미국이 우
리에게 제공한 무기의 수량이 얼마나 되는지에 대해 조사하여 그 보고
서를 공표하도록 요청하려고 하오. 미국 의회의 조사위원회가 이곳에
와서 조사 확인하는 것이 매우 중요할 것이오. … 현재 우리의 관점에
서 보면 우리의 자주국방에 필요한 무기를 충분히 공급받는 것이 경제
적 부흥보다 더 긴급한 일로 생각되오. 우리의 국가 안보를 보장할 수
있을 경우에 경제와 그 밖의 모든 것을 재건할 수 있는 것이오. 그러
나 안전이 보장되지 않는다면 모든 것을 다 가진들 도대체 무슨 소용

이 있겠소?

　… 물론 일부 미국인들은 공산주의에 대한 한국의 싸움에 희망이 없는데 무엇 때문에 미국이 에너지를 낭비해야 하는가, 라는 공산주의자들과 같은 견해를 가지고 있다는 사실도 반드시 유념해야 할 것이오. 그러한 생각을 가진 사람들은 모두 사태를 오판하고 있는 것이오. …

　이 편지의 사본을 올리버 박사에게 넘겨서 내 이름은 쓰지 말고 모든 활용 방법을 강구해 보도록 그에게 부탁하기 바라오.

이 대통령의 심중은 만 가지 생각으로 차 있었다. 북으로부터의 끊임없는 공격과 전면침공 위협이 그것이었다. 한국에 대한 미국의 군사정책 때문에 그의 감정은 더욱 격앙되어 있었다. 1949년 6월 29일 한국으로부터 마지막 미군병력이 철수하였다. 이 대통령이 하지 장군과 어렵게 어렵게 이루어 놓은 군사협정도 자동적으로 무효가 되어버렸다. 7월 1일에 미 군사고문단(KMAG: American Military Advisory Group)이 설치되었는데, 명목상으로는 한국군을 훈련시키기 위한 것이지만 북쪽으로 도발을 하지 못하도록 사실상 한국군의 군비를 축소시키기 위한 것이었다. 그러므로 군사 고문단의 주된 기능은 남한이 북쪽에 불안감을 줄 수 있는 정도의 군사력을 증강하지 못하도록 하는 안정장치였다.

대한민국에는 대공포가 없는 지역의 정찰에만 쓸 수 있는 대여섯 대의 항공기 외에는 허용되지 않았다. 한국 군대는 탱크나 다른 장갑차 같은 것도 없었다. 포병이 보유한 무기는 화력이 약해서 탱크를 관통시킬 수 없는 경(輕)바주카포와 대포로 제한되어 있었다. 국무부는 미국의 입장을 설명하면서 이렇게 말했다. "이번 철수는 결코 미국 지원의 약화를 의미하는 것은 아니다."[64] 그러나 대한민국의 영토 보전에 대한 보장도 외부

---

64) 미국 의회 상원 외무위원회, 『1943-1953 미국과 한국 관계 문서』(*The United*

로부터의 공격에 대한 대한민국에 대한 지원 보장도 없었다.

몹시 외로움을 느끼면서도 자신의 입지를 강화할 방도를 찾고 있던 이 대통령은 펜실베이니아 주립대학교에서의 나의 새로운 업무가 이미 시작된 9월 30일 다음과 같은 편지를 내게 보내왔다:

올리버 박사, 당신의 일에 대해 생각해볼수록 당신이 이곳 한국에 있는 것이 더 도움이 될 것이라는 확신이 들기만 하오. 나의 중요한 업무를 돌보아 줄 사람이 필요하오. 그래서 이곳에 와서 나를 도와주도록 대학의 학기가 끝날 때쯤 부탁할까 하고 진지하게 생각하고 있소. 다른 사람들에게는 일체 비밀로 하고 꼭 염두에 두었다가 미국을 떠날 수 있게 되면 즉시 이곳으로 와서 내 집무실에서 나를 위해 일해주기를 바라오. 얼마나 자주 박사께서 여기 있었으면 싶은지 모르오.

그는 계속해서 한국에서 발생하고 있는 위협적인 사태 진전에 대한 자신의 우려를 털어놓았다. 그는 이렇게 썼다: "때때로 한국과 미국에서의 변화무쌍한 사건들에 관한 내 생각을 기록할 수 있는 시간이 있었으면 좋겠소. 지금까지는 그게 불가능했소. 그러나 노력해 볼 것이오. 또 한 가지 일은, 지금 우리의 형편에 대해 간단하게나마 당신에게 설명하고 싶다는 것이오."

매일 같이 계속되는 공산군의 집중포화 공격과, 한국군은 북한의 공격을 "억제"하는 정도를 넘어서는 안 되며, 비록 공격을 저지하기 위한 "억제"반격조차도 도발적이라고 보이게 해서는 안 된다는 미국의 주장에 대한 자신의 반응을 피력한 긴 설명이 뒤를 이었다.

1950년 6월 하순에 북한군이 침공하여 서울을 함락시켰을 때 그들은 경무대 파일에 보관되어 있던 이 편지의 복사본을 찾아내었다. 복사본은

─────────

States and the Korean Problem, Documents, 1943-1953), 26-27페이지, 1953년 워싱턴에서 간행.

즉시 소련에 넘겨지고, 유엔 총회의 토의 중에 소련 외상 몰로토프
(Molotov)에 의해 대한민국이 전쟁을 먼저 시작한 침략자라는 "증거물"로
인용되었다. 소련이 그 편지를 갖게 되었다는 사실 한 가지만 보아도 소
련이 침략 행위에 있어서 인민공화국과 매우 밀접한 관련을 맺고 있었다
는 것이 증명된다.

〈뉴욕 타임스〉 신문에서는 나에게 이 편지에 대해 질문을 해왔고, 당
시에 나 역시 편지를 공개할 준비가 되어 있었다. 그러나 유엔 주재 미국
수석대표 워렌 오스틴(Warren Austin)이 그러한 편지는 결코 존재하지 않고
소련이 조작해낸 상상의 산물에 불과하다고 선언하는 바람에 공개가 불
가능하게 되었다. 그 당시에나 지금에나 내가 판단하기에 그 편지에 표현
된 그의 추론은, 비록 본인도 알고 있듯이, "실현 불가능한 꿈"을 꿈꾸는
것이었다고 하더라도, 이 대통령에게는 자랑거리였다. (1949년) 9월 30일
자 서한의 전문은 아래와 같다:

지금이야말로 우리가 공세 조치를 취하고 북쪽의 공산군 중 우리에
게 충성스러운 자들과 함께 평양의 공산주의자들을 쓸어버릴 수 있는
심리적으로 가장 호기라는 생각이 강하게 드오. 우리는 김일성 병사들
을 산악지대로 몰아넣어 보급을 차단하여 서서히 그곳에서 빠져 나오
도록 할 것이오. 그러고 나서 우리의 방어선을 두만강과 압록강을 따
라 강화해야 할 것이오.

그렇게 되면 우리는 100% 유리한 입장에 서게 될 것이고, 두만강과
백두산을 잇는 천연의 국경선은 충분한 수의 항공기, 두 강 하구를 지
킬 두세 척의 고속 해군함정을 배치한다면 거의 침투가 불가능하게 될
것이오. 전투기들은 제주도를 포함하는 모든 해안선을 방어하게 될 것
이오. 과거 2천년 동안 옛날 한국인들이 당(唐)나라와 수(隋)나라 황제
를 비롯하여 몽고족과 왜구(倭寇) 등의 대규모 침략에 대항하여 나라를
지키던 방식에 따라 우리도 그대로 할 수 있을 것이오.

　나는 우리가 외국의 침략이 반복되더라도 성공적으로 나라를 지킬 준비가 되어 있다고 믿고 있소. 만주와 시베리아에 있는 중국인, 일본인, 한국인으로 구성된 공산군 모두가 자기들이 원하는 무슨 짓을 할지 모르지만 우리는 이들과 싸워 격퇴할 수 있을 것이오. 우리는 다른 나라가 우리나라를 상대로 어떤 일을 벌이든 한국을 방어하기를 원하오. 소련은 지금 당장 침략전쟁을 일으킬 만큼 무모하지는 않으리라 믿고 있소. 우리 국민들은 북진을 원한다고 아우성치고 있소. 북쪽의 우리 동포들은 우리가 당장 북진해 주기를 원하고 있지만 우리는 그들을 달래기 위해 할 수 있는 최선을 다하고 있는데 이는 무척 어려운 일이오.

　나는 올리버 박사가 이러한 실정을 아주 명확하고 설득력 있게 전달해 주고, 이 편지의 사본을 장면 대사와 조병옥 대사에게 보여주기 바라오. 우리는 모두 조용히 이를 추진할 것이오. 모든 사람들이 우리의 공산당 소탕과 국내 치안 확립을 위한 노력에 찬동하도록 박사는 우리의 두 대사와 여러 친구들과 더불어 워싱턴과 뉴욕에서, 그리고 우리는 이곳 서울과 도쿄에서 한 가지 목적을 위해 함께 조용히 노력해야 할 것이오.

　언젠가 처칠이 말했던 "우리에게 연장을 주시오, 그러면 일을 할 것입니다."라는 구절을 말해 보구려. 미국의 정치가들과 일반 대중을 설득시켜서 우리는 이 일을 밀고 나가서 우리의 계획을 수행하겠으니 그들은 우리가 필요로 하는 물자를 지원하는 데 조용히 동의하도록 해 주기 바라오.

　시간을 오래 끌면 끌수록 일은 더 어려워질 것이오. 소련의 냉전은 언제나 소련이 이기는 전쟁이오. 첫째, 그자들은 사람들이 자기들끼리 서로 싸우도록 선동하기 위해서 공산주의 선동분자들에게 돈과 무기와 선전 책자를 제공하고 있소. 그 다음에는 공산당 전향자들을 테러분자, 암살자와 강도 집단으로 훈련시켜서 살인과 방화를 일삼고 인간 사회를 온통 생지옥으로 만드는 것이오. 그들이 약탈을 계속하는 한 충분히 자급자족할 수 있을 것이오.

공산당들은 남을 괴롭히는 일이라면 무슨 짓이든 하는 자들이오. 그렇게 함으로써 공산주의자들은 스스로를 강화시키면서 계속해서 공산주의를 더 널리 확산시키고 깊숙이 파고 들어가고 있소. 약탈을 더 많이 할수록 더 많은 돈을 얻게 될 것이고, 그 돈으로 이들은 살육과 방화를 계속 저지르고 있소.

그러나 민족주의자들은 어디에서도 도움을 바랄 곳이 없소. 그들은 스스로를 방어하기 위해 자신이 가진 모든 것을 동원해야 하며, 이와 같은 일은 해를 거듭해서 계속되고 있소. 민족주의자들은 계속 싸움을 할 수가 없소. 조만간에 손을 들고 말게 될 것이오. 이것이 중국과 다른 여러 나라에서 일어난 일이오.

미국인들이 현재 냉전에서 벌이고 있는 싸움은 패배하는 싸움이오. 우리가 이대로 이길 수 없는 싸움판에 가만히 앉아서 단순히 이러한 깡패 집단을 피하기만 하고 있다면 사람의 능력으로 그리 오래 버틸 수 없을 것이오. 한국인들이 들고 일어나서 단번에 깨끗이 소탕해 버리고자 하는 바로 지금이 심리적으로 이를 실행할 가장 적절한 순간인 것이오. 우리가 이를 실행할 수 있도록 허용만 된다면 적절하게 단시일 안에 이 문제를 모두 해결할 수 있다고 확신하고 있소.

이 모든 이야기를 가장 설득력 있는 성명문에 적어서 각처에 있는 영향력 있는 인사들과 조용히 접촉을 가지고 그들의 지원을 얻어내도록 하시오. 만의 일이라도 이런 발표문의 내용이 트루먼 대통령의 귀에 전해질 수만 있다면 어떤 바람직한 효과를 얻게 될 것이라고 생각하오.

이것이 편지의 전문이다. 즉, 몰로토프로서는 전쟁을 시작한 것이 이 승만과 대한민국이라는 "증거물"로 이 편지를 제시할 수 있었고, 워렌 오스틴은 그런 편지는 결코 존재한 적이 없다고 부인하는 길 외에는 이 문제를 해결할 수 없다고 생각했던 그렇게도 폭발성을 가진 문서였던 것이다. 이 대통령이 워싱턴과 뉴욕에 있는 자기 대사들에게는 사본을 보내지 않고 나에게 이런 편지를 쓴 것은 내가 편지에서 의도하는 자신의 뜻을 잘 설명할 수 있을 것이라고 생각했기 때문이었다. 그가 뜻하고자 했던 바는 너무나 명확하여 편지를 읽은 사람은 누구도 그 요점을 놓치지 않을 것이었다.

그가 간절히 바라고 있었던 것은 한국군의 충분한 무장과 한국군이 북으로부터의 침략에 대한 방위전쟁을 할 수 있도록 미국 정부의 공식적인 지지와 더불어 미국 여론의 지지였다. 당면한 목적은 38선 전역에 걸쳐서 매 시간마다 감행되고 있는 공격을 막아내자는 것이었고, 보다 근본적인 목적은 압록강과 두만강에 걸친 원래의 국경선까지 한국을 재통일하기 위한 방위전쟁을 할 수 있는 능력을 갖는 것이었다.

무엇보다 확실한 것은 그러한 행동을 시작할 의도를 보이거나 발표하지는 결코 하지 않았다는 점이다. 만약 이것이 정말로 그의 의도였다면 워싱턴과 뉴욕에 있는 한국대사들에게는 사본조차 보내지 않고 그의 홍보 대리인인 나에게만 전술한 편지를 보내 자신의 의도를 공개하는 식으로 일을 처리하지는 않았을 것이다. 그가 실제로 원했던 것은, 대한민국이 북한을 다시 되찾을 수 있도록 한국을 강화하는 것이, 공산당이 중국국민당과 동유럽의 민족주의 세력의 방어 능력을 무너뜨렸듯이 그들이 한국의 방어태세를 허무는 동안 뒷짐만 지고 가만히 있는 것보다는, 비교조차 되지 않을 만큼 옳은 길이라는 것을 미국인들에게 납득시킬 수 있도록 도움을 주려는 것이었다.

이 대통령 자신이 벗어나려고 하였던 상황은 로이터 태평양 통신의 원렌 M. 화이트(Warren M. White) 기자가 옹진반도에서의 전투 상황 취재기를 외무부 장관 임병직 앞으로 써서 보낸 1949년 6월 28일자 서신에 잘 나타나 있다. 그가 확인한 것은 그가 서울을 떠날 때 임 외무장관이 그에게 해준 말, 즉 "이는 작은 전쟁이 아니오"란 말이었다. 그는 이렇게 보고했다:

> 김 대령이 나를 전선 앞쪽으로 데리고 갔습니다.… 지난 밤 동안 그의 부대가 기습공격을 해서 그쪽 전선에서 적들에게 난공불락의 진지로 되어 있던, 서로 차지하려고 치열하게 싸워왔던 산 위의 진지를 빼앗았다고 합니다. 적의 전사자는 약 60으로 추정되는 데 비해 이쪽의 전사자는 약 10으로 그 희생은 크지 않았으며, 특히 통계적으로 보면 매우 큰 이득을 보았다고 하였습니다. 그러나 이들에게는 탄약을 비롯한 군수품이 절대적으로 부족하여, 제가 본 바로부터 제가 느끼기에는, 대량의 군수품이 보급되지 않는다면 적들의 대대적인 공격 앞에 2, 3일을 버텨내지 못할 것입니다. 그러나 이는 결코 제가 신경을 쓸 일은 아닙니다.

물론 그것은 전적으로 이 대통령 자신의 일이었다. 그러나 대한민국 군대가 제한적일지라도 38선을 넘어 공격을 감행하여 자신의 방위태세를 개선시키려고 시도할 경우에는 미국과 맺은 협정 위반을 들어 모든 군수품의 보급이 즉시 중단될 것이라고 로버츠 장군은 엄중히 경고하였다. 그러한 제약이 어떻게 운용되고 얼마나 곤란을 겪게 했는지에 대해 나의 친구 변영태(卞榮泰)는 1949년 8월 4일자 편지로 설명해 주었다:

> 공식적으로는 개성(開城)이라고 불리는 중요한 국경 도시 송도(松都)는 매일 같이 분계선의 고지로부터 쏘아대는 북한 빨갱이들의 포격을

당하고 있습니다. 이 도시로부터 피란민들이 남쪽으로 몰려 내려오고 있는데 이것은 심각한 상황이 되고 있습니다. 이 도시를 상실한다면 전략적 타격보다는 심리적 타격이 더 클 것입니다. 공산주의자들의 선전과 그로 인한 국군과 일반 국민의 사기에 미치는 충격 때문에 그것은 쉽사리 전면적인 붕괴상황으로 이어질 수도 있습니다.

남한 사람이라고 해서 모두가 애국자는 아닙니다. 대중이란 주어진 어떠한 조건에서든 살아남으려고 노력하는 인간 집단에 불과합니다. 도시를 방어하려면 반드시 산악지대를 확보해야 하는데 38분계선을 넘는 것이 금지되어 있습니다.

나는 이러한 최소한의 방어적 공격을 그야말로 방어 그 자체라고 하는 국제적인 이해가 있기를 바랍니다. 방어를 목적으로 하는 이런 종류의 공격 작전은 결코 총공세로 확전될 수는 없습니다. 우리 모두가 확신하고 있듯이 한국 이외의 강대국들이 개입하는 대규모 전쟁의 일부로서 수행되지 않는 한, 총공세 작전은 막대한 대가를 치러야 할 뿐만 아니라 비현실적이기 때문입니다. 도시를 내려다보고 있는 산의 우리 쪽 측면이 가장 가파르기 때문에 효과적인 작전이 전혀 불가능합니다. 반면에 적군 지역은 완만한 경사로 되어 있습니다. 미국 군사 사절단이 어떤 예외를 인정해 주지 않는 한 상황은 절망적입니다.

실제로 이러한 상황에서 미국 군사사절단이 어떤 조치를 내렸는지는 임병직이 이 대통령에게 설명한 이야기에 잘 나타나 있다. 이 대통령은 그 내용을 7월 18일자 서한으로 나에게 전해 주었다. 7월의 두 번째 주일 내내 미국 해군은 인천 앞바다에 몇 척의 함정을 정박시켰고, 무초 대사는 이들 장교들에게 뷔페 오찬을 베풀었다. 고풍스러운 한국식 건물인 대사관저 옆의 잔디 정원에서 여럿이 대화를 나누던 중에 임병직, 로버츠 장군, 〈뉴욕 타임스〉의 리처드 존스턴 기자를 비롯한 몇몇 사람이 38선에서 공산군의 공격을 격퇴시키기 위해 계속되고 있는 전투에 관해 논의하고 있었다.

로버츠 장군은 그 문제를 한마디로 일축해 버렸다: "사실 그건 아무것도 아닙니다. 우리가 언제나 주의를 다해 감시하고 있습니다."

리처드 존스턴이 버럭 화를 내며 "좋아요, 장군께서는 감시하고 있지요. 그러면 그들이 총공세를 취해 온다면 어떻게 하시겠습니까? 여전히 팔짱끼고 구경만 하시겠습니까? 장군께서는 무슨 일이 일어나고 있는지 사태의 심각성을 모르고 있어요."라고 말했다.

미 군사 고문단의 운영 원칙은 제자리에서 단순히 감시만 하는 것이 아니라 한국군이 38선을 결코 넘지 않을 것, 공격을 촉발시키지 않을 것, 공격 작전을 가능하게 하는 방식으로 무장, 훈련, 배치되지 않도록 아주 엄격한 통제를 행사하는 일도 포함되어 있었다. 이 대통령에 대한 로버츠 장군의 반복된 조언은 남한 병력을 민감한 지역, 즉 옹진반도 전역과 분계선에 연한 산악 능선 부근, 북한의 포격 목표가 되는 모든 지역으로부터 철수시키라는 것이었다.

미국의 지원이 제한적이고 불안정한 상태에서 이 대통령의 주요 관심 사항은 태평양 반공 방위조약을 준비하는 데 온 힘을 쏟는 일이었다. 7월 들어 최초의 공적인 진행 증거는 장제스(蔣介石)와 필리핀 대통령 퀴리노(Quirino) 간의 회담이었다. 이 생각은 〈새터데이 이브닝 포스트〉(*Saturday Evening Post*)지에 실린 해럴드 노블의 기사와 〈룩 매거진〉(*Look Magazine*)지의 대니얼 폴링이 쓴 기사 등으로 지지를 받았다. 그러나 이 대통령이 이 조약의 가장 일관성 있고 적극적인 지지자였다. 8월에는 장세스 총통이 조약에 대한 논의를 위해 이 대통령의 초청으로 회담을 갖기 위해 한국 남해안에 위치한 진해(鎭海)를 방문하였다. 어려운 문제는 태평양 각국 사이에 단결이 부족하다는 점이었다. 딘 애치슨 국무장관은 1949년 6월에 미국이 이러한 조약의 체결을 지지하지 않는 근본적인 이유에 대해 설명하였다. 태평양 지역에 대한 소련의 태도는 스탈린이 태평양 지역의 공산 정책을 조정하도록 소련의 최고 외교관인 V.M. 몰로토프(Molotov)를 임명한 사실에서 명확히 드러나 있었다. 인도 수상인 자와할랄 네루(Jawaharlal Nehru)는 처음에는 태평양 조약이라는 구상에 반대하다가 8월 13일 이른바 "아시아에 대한 일종의 미국원조 마셜 계획"이라고 하면서 이 계획에 찬동하였다.

9월 30일에는 이 대통령이 워싱턴의 장면 대사에게 "극비" 정책 비망록을 보내어 태평양 지역의 반공국가 총회를 개최하기 위해 모든 노력을 다해줄 것을 당부하였다. 그것이 모든 아시아 국가를 망라한 "반공적" 조약이 되어야 할 것인지 혹은 "지역적" 조약이 되어야 할 것인지에 대해 아시아 지도자들 사이에 이견이 발생하고 있음에 대해 언급하고, 이 대통령은 장면 대사에게 이 문제에 관하여 필리핀 대사 칼로스 로물로(Carlos Romulo)와 상의하도록 하였다:

필리핀 정부가 약 한 달 이내에 이러한 예비회담을 요구할 수 있겠는지에 대해 그에게 물어보시오. 만약 불가할 경우 얼마나 빨리 필리핀 정부가 이를 추진할 수 있다고 생각하는지 확인해 보시오. 만약 합리적인 단시일 이내에 회담 소집이 불가능하다면 조용히 호주, 캐나다, 뉴질랜드 또는 남미 여러 국가와 접촉하여 우리가 추진하고자 하는 제안을 기초로 해서 회의 소집을 할 의향이 있는지에 대해 의사를 타진해 주면 좋겠소.

만약 그 쪽에 어려움이 있다면 우리가 아름다운 한국의 진해만에서 그 회의를 소집하겠다는 뜻을 각국에 알릴 것이오. 그리고 내 생각으로는 회의 일자가 정해진 후 30일 이내에 모든 숙박시설의 준비를 끝낼 수 있을 것이오.

모든 태평양 국가의 동의를 받을 필요는 없을 것이오. 그러나 이에 대한 주요 열강들의 동의를 얻을 수 있다면 은밀하게 회의를 추진해 나갈 수 있을 것이오. 이 회의의 진행 초기에는 미국에 의지할 수도 있고 그렇지 않을 수도 있다는 것을 늘 반드시 유의해야 할 것이오. 만약 미국과 필리핀이 인도를 태평양 문제의 주도적 국가로 삼겠다고 주장하면 우리는 반대하지 않을 것이고 또한 처음부터 국민당 정권의 중국을 제외시키자는 제안을 하더라도 반대하지 않을 것이오. 그러나 우리가 반드시 주장해야 할 것은 모든 참가국들이 공산주의에 반대하는 민주주의적 원칙에 대한 확고한 입장을 약속하도록 해야 한다는 것이오. … 장 대사는 우리가 아무것도 미국에게 숨기려 하지 않는다는 것을 확실히 보여주기 위해 장 대사가 이러한 교섭을 벌이고 있다는 사실을 국무부 고위 관리나 담당관에게 조용히 구두로 알려주는 것도 현명한 일일 것이오.

이러한 노력은 한국전쟁 발발 바로 직전까지 계속되었다.

한편, 이 편지에도 명시된 바와 같이, 조사해야 할 또 다른 관심사가 하나 있었다:

최근에 입수한 정보에 의하면, 미국이 장제스와 국민당 정부를 제외시키고 타이완을 독립국으로 만들 계획을 세우고 있다고 하오. 다시 말해서, 타이완에서 공산당도 국민당 정부도 몰아내고 독립국가로 취급할 예정이라는 것이오. 이 신생 섬나라 정부는 선거에 의해 구성될 것이라 하오. 이 정보 제공자들은 또 영국과 미국이 중국의 공산당 체제를 승인하기로 합의했다고 말했소. 나로서는 그것이 가능하진 않으리라 생각하지만 일부 국무부 사람들이 그런 짓을 할지 하지 않을지 알 수 있는 사람은 아무도 없소. 이러한 일에 촉각을 세워 살피고 가능한 한 많은 정보를 수집하기 바라오.

물론 미국도 조용히 "모든 가능성이 있는 정보"를 수집하기 위해 노력하고 있었다.

10월 5일, 나는 이 대통령에게 다음과 같은 편지를 썼다:

미국 중앙정보부(CIA)에서 우리 학교로 사람을 보내 나와 면담하게 했다는 사실에 대하여 각하께서는 흥미를 느끼실 것입니다. 면담자는 CIA가 여러 정보원(情報源)으로부터 답변을 얻고자 하는 질의 목록을 가져왔습니다. 그들이 얻은 답변은 평가를 거쳐 미국 정책에 어떤 영향을 미칠 것이 확실합니다. 그들이 질문한 내용 중에는 다음과 같은 것이 있습니다.

1. 한국 군부는 한국 정부 내에서 결정적인 영향력을 갖는가?
2. 전라남도 사람들은 정부에 대해 충성스러운가?
3. 젊은이들은 군대에 강제로 징집되는가?
4. 38선을 넘는 불법 공격이 경제 회복에 장애가 되는가?
5. 공산당 테러가 "저항의 의지"를 약화시켰는가?
6. 경찰은 국민을 불평등하게 대하는가?
7. 육군은 효과적인 전투능력이 있는가?
8. 정부는 38선 이북에 대한 공격 계획을 세우고 있는가?
9. 대통령이 궐위될 경우 누가 승계할 가능성이 있는가?

그런 다음 나는 다음과 같이 첨언하였다:

유엔이 한국 위원단의 존속을 승인하는 바람직한 조치를 취한 것은 참으로 고무적인 일입니다. 소련은 틀림없이 남한에 대한 대규모 공격을 명하기 전에 장시간 망설이게 될 것입니다. … 그러나 북한을 되찾을 방법은 가시적인 해결책이 없는 문제입니다.

10월 초, 트루먼 대통령은 소련이 자국의 최초 원자폭탄 실험을 성공시켰다는 중대 뉴스를 발표하였다. 미국에서의 우리 입장으로 보면 이 시기는 분명 경계심을 가져야 할 때라는 생각이 들었다.

10월 10일, 나는 무력에 의한 남북통일을 시도하기 위해 공식적인 의견과 일반 여론의 환기를 위한 준비와 충분한 무장과 지원을 확보하도록 당부한 그의 9월 30일자 비망록에 관해 이 대통령에게 편지를 썼다:

북한을 공격하는 문제에 대해서 저로서는 그 이유도 이해할 수 있고 공격이 최선의 방어이자 때로는 유일한 방어라는 생각에도 공감합니다. 그러나 미국에 있는 우리가 보기에 현재 그러한 공격이나 심지어 그러한 공격을 입에 올리는 것만으로도 미국의 공식적인 지지와 여론의 지지를 잃을 뿐이고 다른 국가들 사이에서 우리의 입지가 약화되리라는 것은 명약관화한 일입니다. 이것이 사실인 것이 너무나 유감스러운 일이지만 저로서는 이것이 사실임을 확신하고 있습니다. 현재 한국, 독일, 유고슬라비아가 똑같이 긴장상태가 고조되어 있고 그리스도 이에 못지않게 긴장감이 감돌고 있습니다.

미국의 관계(官界)와 일반인들 사이에 널리 퍼져 있는 생각은 미국은 침략처럼 보이는 어떤 행위도 피하면서 문제 발생의 책임이 소련에 있음을 분명히 하기 위서 지속적으로 비상한 노력을 기울여야 한다는 것입니다. 4년이나 지났는데도 지금도 여전히 우리는 계속해서 뒤로 물러나면서 유화정책을 쓰고 있다는 점에 대한 각하의 혐오감에 저도 전적으로 공감하고 있습니다. 그러나 상황이 반전되고 소련을 밀어낼 수 있는 시간이 멀지 않았다고 생각합니다.

나는 계속해서 의회가 한국 원조법안을 통과시키지 않고 회기를 마칠 가능성이 있다고 대통령에게 전했다:

방금 이 법안 통과 문제가 아주 좋지 않은 상황에 놓여 있다는 것을 알았습니다. 상원은 오늘 오후에 이 법안을 표결에 부칠 예정이지만 하원이 내년 1월까지 모든 의사활동을 연기할 가능성이 있습니다. 방금 릴먼 하원의원과 통화를 했습니다. 한국을 방문했던 다섯 명의 하원의원들이 내일 아침에 함께 모여 법안을 통과시키기 위해 하원 지도부에 어떤 압력을 행사할 수 있는지에 대해 상의하기로 했다고 합니다. 오늘 출석한 의원은 릴먼 한 사람뿐이었지만 다른 의원들은 내일 아침에 돌아온다고 합니다. 이들은 좋은 친구들로서 각하와 서울의 모습에 아주 좋은 인상을 받았으며 할 수 있는 모든 노력을 기울일 것입니다.

이 원조 법안은 실제로 하원에서 단 2표 차이로 부결되었지만 백악관에서 압력을 가해 나중에 채택되는 데 성공하였다. 법안 반대 이유는 이 대통령이나 대한민국에 대한 반대가 아니라 행정부가 국민당 중국을 "포기"한 것에 대해 분노한 공화당 의원들의 반작용으로 인한 것이었다.[65] 군사원조에 1억 1천만 달러를 책정하는 법안이 통과된 후에 이 대통령은 10월 22일 다음과 같은 편지를 우리에게 보내왔다:

> … 이것이 우리에게 그렇게 큰 의미가 있는 것은 아니오. 결국 미국 당국자들은 한국으로부터 수천 마일 밖에 앉아서 우리와 아무런 상의도 없이 이러한 자금을 처리하고 있소. …
>
> 우리의 10만 병력은 마땅히 갖추어야 할 장비도 무장도 갖추지 못

---

65) 한국 원조법안 주도자들의 면면은 색다른 조합으로 이루어져 있었다. "친공분자"로 알려져서 리차드 닉슨에게 패배 직전에 있는 여성 하원의원 헬렌 가하갠 더글러스(Helen Gahagan Douglas)를 비롯해서 뉴욕 출신 상원의원 제이콥 재비츠(Jacob Javits), 뉴저지 출신 상원의원 찰스 A. 이튼 등이 포함되어 있었다. 이들은 모두 합세하여 미국은 대한민국에 대해 도의적 책임이 있고, 대한민국은 "자유세계가 동북아시아에 갖고 있는 유일한 발판"이기 때문에 한국을 지원하는 것은 미국의 국가 이익에도 부합된다고 주장하였다.

하고 있소. 만약 북한 공산군이 위협하고 있듯이 전면적인 침공을 감행하기로 결정한다면 우리는 스스로를 방어할 탄약조차 충분치 않은 실정이오. 내가 불평불만만 늘어놓는 사람으로 보이고 싶지는 않소. 그러나 우리 상황은 거의 절망적이오. 북한은 언제든지 쳐내려올 것처럼 위협하고 있소. 우리 수중에 많은 액수의 미국 달러가 들어올 것이고 그 자금으로 우리가 충분히 무장되고 장비를 갖출 때까지 공산군이 기다려줄 만큼 착하다면 아무 문제도 없을 것이오. 그러나 미국은 공산당이 그런 전면적인 침공은 감행하지 않을 것이라고 말하고 있소.

이 대통령은 다시 10월 24일 나에게 장문의 편지로 한국에 관한 소련과 미국의 의도에 대한 자신의 우려를 자세하게 설명하였다:

당신은 1941년 2월에 내가 국무부로 보낸 편지에 대해 기억할 것이오. 그 편지에서 나는 만약 한국 임시정부를 인정해주지 않는다면 소련이 들어와서 한국을 점령하게 될 것이고 그렇게 되면 미국의 입장이 난처해질 것이라는 내용을 기록한 것이었소. 2년 후에 비슷한 편지를 보다 강력한 경고와 함께 다시 썼었소. 사람들은 어깨를 한 번 으쓱하면서 이렇게 말한 것을 알고 있을 것이오. "저 친구 무슨 소리하고 있는 거야?" 지금 한국에 소련 사람들이 들어와 있소. 누가 그들을 쫓아내보내겠소?

우리를 중국과 비교해서는 안 되오. 한국인들은 공산당과 싸워서 북한에서 소련 사람들을 내쫓기를 원하기 때문이오. 그러나 한국인들이 미국의 물질적 지원은 고사하고 도의적 지원도 받지 못한다면 아무것도 이룰 수가 없소. 만약 공산주의 중국을 승인하지 않겠다는 미국의 입장이 흔들린다면 극동에 엄청난 결과를 초래할 것이오. 이 점은 미국 여론이 인식하고 있는 사실이라고 믿고 있소. 그러나 한 걸음 더 앞을 내다보아 그러한 변화가 일어난다면 그것은 분명히 한국이 소련의 영향권 안으로 한 발짝 더 다가간다는 것을 의미할 것이오.

우리의 최신 비밀보고에 의하면 추수가 진행될 때쯤이면 북한은 비행기를 비롯한 그 밖의 모든 수단을 동원하여 남한을 공격하여 내려올 준비가 되어 있다는 것이오. 우리는 무엇을 가지고 그들을 막아낼 수 있겠소? 우리 탄약이 이틀을 버틸 수 있는지 두 달을 버틸 수 있는지 논란이 있음을 알고 있을 것이오. 이 말은 각 사단이 각각 다른 시기에 전투를 한다면 두 달을 갈 것이고, 모든 사단이 한꺼번에 싸운다면 이틀 밖에 버티지 못한다는 뜻이오. 만약 소련군이 쳐들어온다면 그것은 분명 축차(逐次)공격이 아니라 전면적인 공격이 될 것이오.

중국에서의 전투는 소련이 큰 관심을 기울일 필요가 없소. 그래도 소련이 가만히 있지는 않을 것이오. 소련이 나서서 유엔이나 미국, 한국 정부에게 한국에 잔류하는 실수를 저질렀다느니, 불편을 끼쳐서 미안하다, 철수하는 것만이 해야 할 옳은 일이라고 생각한다느니 따위의 말도 하지는 않을 것이오. 예상되는 소련의 다음 행동은 그저 시간표를 들여다보면서 예정대로 계속 진행해 나가는 일뿐인 것이오.

중국에서는 중국인들이 싸우기를 원치 않는다는 사정이 있었지만 한국인들은 진정 싸우기를 원하고 있소.…

우리가 군사 국가를 만들기 위해 군사력을 키우고자 한다는 오해를 받거나 생각될까 염려스럽소. 만약 한국이 침략을 받을 경우에 미국이 곁을 지켜주고 한국을 희생시키지 않을 것이라는 보장을 한다면 그것은 다른 문제가 될 것이오. 우리는 미국이 우리의 전쟁을 대신 싸워주기를 원하지 않는다는 점을 언제나 강조해 왔소. 내가 한 사람의 미국인이라도 한국 땅에서 한국을 위해 목숨을 잃는 것을 원하지 않는다는 것을 당신은 알 것이오. 우리가 필요로 하는 것은 우리 자신이 싸울 수 있는 장비인 것이오. 그러나 미국은 우리가 북쪽으로 올라가 우리 땅을 되찾으려고 북진할까봐 두려워하는 것이오. 남북 경계선에서의

충돌은 그 빈도와 강도가 늘어나고 있지만 우리가 한 뼘이라도 38선
을 넘어간다면 미국인들이 철수할 것이라고 말하고 있소.

내 이야기가 두서없지나 않았는지 염려되지만 이러한 것들이 우리
한국이 직면하고 있는 문제점들이고 국민들도 이에 대해 우려하고 있
다는 점을 이해하게 될 것이오.

한국 원조 법안이 최종적으로 부결된 후인 10월 27일에 나는 이 대통
령에게 다음과 같은 편지를 썼다:

전쟁은 불가피할 것 같고 그 시기가 점점 임박해 온다는 느낌을 금
할 수 없습니다. 당장 어느 순간에 기습이 있을지 혹은 천천히 시간을
끌다가 여러 해 후에 침공을 해올 것인지에 대한 문제들을 두고 예측
하기는 불가능한 것으로 보입니다. 그러나 미국 국방부와 국무부의 생
각이 적어도 전쟁이 거의 언제라도 터질 수 있다는 강력한 가능성에
기반을 두고 있는 것처럼 보입니다. 이러한 생각은 장기적인 프로그램
에는 거의 관심을 기울이지 않고 당장 급박한 문제에 관심을 기울이는
방침으로 이어집니다. 네루(Nehru)에게 쏟아지는 아첨과 공식적인 입
장 및 여론의 동향이 마치 동북아시아는 포기했다는 듯이 "동남아시
아"에 집중되는 것은 심각한 상황으로 보입니다.

한국 상황에 대한 이해가 워싱턴의 관리들보다 훨씬 뛰어났던 기민하
고 지성적인 존 무초 대사는 이 대통령과 거의 같은 관점에서 북쪽으로부
터의 공격 위험성을 감지하였다. 11월 15일, 이 대통령은 "비밀문서: 철
하지 말 것"이라고 표시된 비망록을 보내 나에게 이렇게 알려주었다.
"무초 대사는 워싱턴 당국에 한국 공군에 40대의 F-51 전투기를 제공
해 줄 것을 분명히 권고하였소. 제트기 다음으로 성능이 좋은 F-51 전투
기는 지난 세계대전 중 미국이 사용한 최고의 전투기였소." 불행히도 이

권고는 받아들여지지 않았다. 항공기는 한 대도 제공되지 않았다. 한국 "공군"은 무기력한 상태였다. 공격할 능력도 방어할 능력도 없는 느리게 저공으로만 날 수 있는 비행기 몇 대만 제공되었을 뿐이었다. 38선 남북 일대의 제공권은 북한이 쥐고 있었다.

11월 25일, 이 대통령은 군사적 상황에 대한 자신의 깊은 우려와 미국이 대한민국 국군을 위해 무기는커녕 탄약조차 제공하지 않는 데 대한 그의 좌절감을 표명하는 서신을 다시 내게 보내왔다:

미국의 여론은 한국이 충분한 무기와 탄약을 보유하고 있다는 생각을 하고 있는 것 같소. 실제로 우리 군의 보고서에 의하면, 우리가 갖고 있는 탄약은 닷새 이상을 버티지 못할 것이오. 미국 당국은 우리가 5개월 분 정도의 충분한 탄약을 가지고 있다고 주장했소. 일전에는 한국군과 미군 양쪽에게 경무대로 들어와 상황을 설명해 달라고 요구했소. 미군 측은 이렇게 말했소. "공산군은 가끔 소규모 공격을 가해오고 있고, 우리가 탄약을 낭비하지 않는다면 5개월은 쓸 수 있을 것입니다." 이에 대해 한국군 장교가 "공산군이 전면전으로 남침을 해온다면 어떻게 해야 합니까?"라고 묻자 미군이 이렇게 대답하는 것이었소. "그들은 그런 식으로는 남침하지 않을 것으로 우리는 알고 있습니다." 내가 하고 싶은 말은 우리는 반드시 최악의 사태에 대해 대비해야 한다는 것이오. 나는 남한의 2천만 이상의 목숨을 지킬 아무런 방책도 강구하지 않고 가만히 앉아 있을 수는 없소. 우리는 미국의 원조가 있든 없든 우리 자신을 지킬 준비를 위해 우리가 가진 모든 것을 다 쏟아야 할 것이오.

충분한 군수품을 확보하기 위해 미국 정책을 바꾸고자 하는 한국의 노력은 무위로 돌아갔다. 11월 하순경에 다섯 명의 미국 상원의원 일행이 공산군 침공의 위험이란 것이 어떤 상황인지 '직접 자기들 눈으로 확인하기 위해' 남한을 방문하였다. 이 박사의 생각으로는 이런 유람삼아 온 시찰은 별 것이 아니었다. 이 박사는 11월 29일에 이렇게 편지를 썼다: "불행히도 그들의 이번 여행은 24시간짜리 방문에 불과한 것이오. 일행은 점심 때 도착하여 다음 날 새벽녘에 떠나기를 원하는 것이오. 그러나 이런 방문이 없는 것보다는 낫다는 생각이 드오. 부부 동반으로 온 놀랜드 상원의원만이 이틀을 묵었고 그 사람만이 이번 여행에서 어느 정도 실질적인 성과가 있었던 유일한 의원일 것이오. 그는 38선으로 안내되어 군 시설을 방문하였소. 그러나 우리의 요청을 받아들여 반나절에서 24시간으로 방문 기간을 연장한 다른 하원의원 일행은 급하게 겉핥기식 구경만 하다가 갔소."

이 박사는 하루하루 근심이 깊어가는 가운데 12월 2일 워싱턴의 대사관과 나에게 비망록을 보내 군사지원 프로그램을 늘이고 그 범위를 확장시키기 위해 국방부와 의회 및 트루먼 대통령에게 영향력을 줄 수 있는 가능한 모든 방법을 동원하도록 부탁하였다:

군사원조 프로그램 자금으로 한국 방위를 위한 백두산함(白頭山艦)이나 그 밖의 선박을 무장시킬 수 없는 이유가 무엇인지 이해가 되지 않소. 자금을 지상군에만 사용해야 한다는 것은 웃기는 일이오. 해군과 공군은 어떻게 하라는 것이오? 육군이 아무리 강력하더라도 해군과 공군력의 지원이 없으면 무슨 가치가 있단 말이오?

미국인들이 정말로 원조자금을 지상군에만 사용해야 한다고 주장한다면 그것은 북한 공산군에 맞서서 남한을 방어하기를 원하지 않는다는 것을 뜻하는 것이오. 북한은 우리보다 충분히 많은 항공기와 각종 해군 함정을 포함하여 대규모의 육군 병력을 가지고 있는 실정이오.

해군력을 구축하고자 하는 한국의 노력은 일부 희망적인 가능성이 있었음에도 불구하고 이상할 정도로 이렇다 할 성공을 거두지 못했다. 일본에 있는 맥아더 사령부(연합군 최고사령부: SCAP)는 한국인들을 위해 한국에 남겨둘 재산과 다시 일본으로 넘길 재산 등을 결정하는 기준 일자를 1945년 8월 9일로 정했다. 기준일 이후에 한국 수역에 있는 모든 일본 선박은 남한의 미 군정청에 의해 몰수되어 나중에 한국 정부가 보유하게 되어 있었다. 한국에 등록된 모든 선박은 그 위치와 무관하게 모두 한국으로 반환되도록 하였다. 다음은 연합군 최고사령부(SCAP) 결정과 관련하여 일어난 상황이다:

> 1946년 6월 29일, SCAP은 1945년 8월 9일 이전에 한국 수역에 있던 137척의 선박 목록을 작성하여 일본 당국에 그들의 행방에 관한 보고서를 제출하도록 요구하였다.
>
> 1947년 1월 4일, SCAP은 당시 일본에 있던 17척의 한국 선박을 추가로 확인하여 한국에 반환할 것을 명령하였다.
>
> 1949년 2월 15일, SCAP은 일본에 있던 다른 4척의 한국 선박을 확인하여 한국에 즉각 반환할 것을 명령하였다.
>
> 1949년 12월 19일, SCAP은 추가로 18척의 한국 선박을 확인하고 일본인들에게 이들에 관한 보고서를 요구하였다.
>
> 1950년 5월 16일, SCAP은 대한민국으로부터 221척의 선박에 대한 청구서를 추가로 접수하고 일본인들에게 이들에 관한 정보를 요구하였다. 일본 관리들은 그 중 188척은 한국 선박이 아니라고 주장하였으나 나머지 33척에 대해서도 보고하지 않았다.

약 6년에 걸친 기간에 이루어진 이 모든 조사와 명령의 결과로 일본은 실제로 대한민국에 겨우 38척만을 반환했는데 그 중 9척은 침몰되었다.[66] 북한군의 상륙과 침투가 비교적 용이한 길고도 섬이 많은 해안선을 가진 대한민국은 그 방어를 위한 해군력은 사실상 전무하였다.

그해가 저물어갈 무렵에 상황은 좋아지기보다는 점점 나빠지는 것처럼 보였다. 상호 지원을 위한 태평양조약 체결 전망은 점점 사라져갔다. 그 이유는 주로 인도의 네루 수상의 상당한 영향력에 의해 중공을 포함하는 아시아 국가들의 "포괄적인" 집단을 구성하되 대한민국과 국민당 중국을 제외시키는 방향으로 흘러가고 있었기 때문이다. 이러한 생각에 미국 국무부도 동조하는 것으로 보였다. 그 동안에도 남한을 비무장 상태로 유지하고자 하는 미국 행정부의 정책에는 변동의 기미가 없었다.

나는 12월 15일에 이 대통령에게 다음과 같은 편지를 썼다:

〈뉴욕타임스〉의 군사 전문가 핸슨 볼드윈과 저는 약 3시간 반 동안 대화를 가졌습니다. 볼드윈 기자는 제게 상당히 충격적인 이야기를 전해 주었습니다. 각하의 심기를 어지럽혀 드리고 싶지는 않으나 대통령께서도 아셔야 할 일이라고 생각되어 편지를 씁니다. 딕 존스턴 기자는 우리에게 크게 도움이 되지 않는 것 같습니다. 그는 타임스 논설 필진과 장시간 회의를 가지고 그들에게 다음과 같이 한국에 관한 '브리핑'을 하였습니다.

그는 각하에게 경의를 표하고 일부 정부 부처에서 보여준 노력하는 자세에 대해서도 찬사를 보냈습니다. 그러나 그는 일반적인 정치상황이 극단적으로 불안정하고 혼란스러우며 경제상태는 취약하고, 만약 소련이 어느 시점이든 한반도 전체를 점령하려고 작심하면 미국은 이를 완전히 막아내지 못할 것이라고 보고했습니다. 대통령께서는 이런 문제에 있어서는 그리 크게 충격을 받지는 않으시리라 확신합니다. 많은 사람들이 같은 말을 많이 해왔기 때문입니다. 그러나 딕의 결론은 미국이 공산당의 손으로부터 한국을 지키기 위해 현실적인 노력을 해

66) 로버트 T. 올리버 저 『한국의 평결』(*Verdict in Korea*), 펜실베이니아 주립대학교 Bald Eagle Press 출판, 1952, 180-191페이지 참조.

서는 안 된다는 것이었습니다. 이것이야말로 진정 충격적인 일이 아닐 수 없습니다. 타임스는 우리의 최고 친구이며 우리는 이 친구를 잃을 수 없기 때문입니다.

저는 볼드윈과 장시간 이 상황을 놓고 논쟁을 벌였습니다. 그가 손님으로 우리 집을 방문했기 때문에 기회가 좋았습니다. 개인적으로는 그가 한국에 아주 우호적이라고 말씀드릴 수 있어서 기쁘긴 합니다만, 그러나 군사 전문가로서 그는 미국의 방어선이 일본, 타이완 및 필리핀을 통과하지만 한국은 통과하지 않는다고 주장합니다.

저는 그에게 미국의 "정치적 방어선"이 한국을 지나가도록 해야 한다는 것을 납득시키기 위해 노력하였습니다. 왜냐하면, 미국은 우방을 포기하는 관행을 더 이상 계속해서는 안 되고, 만약 그렇게 한다면 조만간 아무도 미국을 믿지 않을 것이기 때문입니다. 볼드윈은 이 점에 대해서만은 선뜻 동의하였습니다.

타임스의 논설위원 로버트 오라 스미스(Robert Aura Smith)는 한국에 대단히 호의적입니다. 스미스와 딕 존스턴(Dick Johnston)은 상당히 사이가 나쁩니다. 그래서 딕의 논평 때문에 스미스의 견해가 약화되지는 않을 것으로 확신합니다. 딕도 역시 대한민국 군대가 야전에서 어떠한 북한군의 공세도 격퇴시킬 수 있을 것이라는 생각을 내비쳤지만 북한군은 단독으로 싸우지는 않을 것이고 중국과 소련으로부터 필요한 모든 도움을 받을 것이라는 말을 덧붙였습니다.

그해가 저물어가던 12월 26일, 나는 이 대통령에게 남한이 기본적으로 지킬 일은 국민의 복지와 충성심이 되어야 할 것이라는 내용의 편지를 썼다. 한국에 대한 동정론을 크게 약화시킨 것은 정부가 "압제적"이라는 비난이었다. 이러한 비판의 전형적인 것으로는 미국 자유인권협회(ACLU: American Civil Liberties Union)의 사무총장 로저 볼드윈으로부터 11월 10일에 받은 편지였다. 그는 한국을 방문한 바가 있는데 그 후에 "공산당식"이 아닌 단지 노동조건의 개선만을 요구하던 노동 지도자들을 한국 정부가 가혹하게 다루고 있다고 비난을 하였던 것이다.(실제로 한국 노동 지도자들은 미국 노동조합을 모델로 삼아 주당 40시간 근무, 고임금, 넉넉한 복리 후생 급부와 같은 것을 요구하였으나 그것은 한국 경제가 감당할 수 있는 선을 훨씬 뛰어넘는 수준이었다.) 볼드윈 사무총장은 나에게 "나는 올리버 박사의 글을 커다란 관심을 가지고 빠짐없이 읽었습니다. 매우 훌륭한 내용이었습니다."라고 하면서 계속해서 우정 어린 경고의 말을 해주었다. "그러나 꼭 한 가지 지적하지 않을 수 없습니다. 공산주의는 위험하지만 보수 반동은 더 큰 위협이 됩니다. 보수반동이 공산주의를 초래하게 되는 것입니다! 때때로 우리는 그 사실을 잊어버리는 경향이 있습니다."

나는 이 대통령에게 편지를 썼다:

각하께서도 저와 같이 깊이 생각하고 계신 것으로 알고 있는 한 가지 문제에 대해 의논드리고자 합니다. 제게 전해지는 한국에 대한 수많은 반응들 중에 트집 잡기 좋아하는 비판자들뿐만 아니라 가장 가까운 친구들로부터도 되풀이, 되풀이해서 들려오는 단 하나의 진지한 비판적인 소리는 경찰의 자세에 대한 것입니다. 각하와 마찬가지로 저도 이해하고 있듯이, 폭발적인 상황을 다루는 데 있어서 엄중하게 다룰 필요는 있습니다. 또한 경찰관들의 박봉과 어려운 생활여건 때문에 그들에게 완전한 기강과 시민의 인권에 대한 존중을 강요하기가 어렵다는 것도 우리 모두는 인식하고 있습니다.

또한 이호(李澔) 내무 장관이 최선을 다하고 있다는 것에 대해서도 전적으로 믿고 있습니다. 그러나 비판이 꾸준히 계속되는 점에 비추어 각하께서 시민의 권리는 반드시 가능한 한 최대한도로 보호해야 하고 보호되고 있음을 강조하기 위한 어떤 조치를 취하는 것이 좋을 듯합니다. 제주도의 반란분자들에게 내린 대통령의 관대한 사면조치에 대해

서는 반응이 아주 좋습니다. 이제는 부지불식간에 실수를 저지른 사람
들에게 관용을 베풀어 준다는 각하의 의지를 극적으로 보여줄 수 있는
유사한 조치를 취할 수 있을 것입니다.

또 다시 크리스마스와 연말이 되면서 휴가 기분을 즐길만한 자그마한
사연들도 있었다. 북으로부터의 위협은 점점 더 커져가고 있었지만 이에
대응할 수단은 비참할 정도로 빈약하였다.

5.30 총선거 후 서둘러 제1차로 공포한 농지개혁법.

– 박현영과 김일성이 예상했던 농민의 호응을 가로막았다.

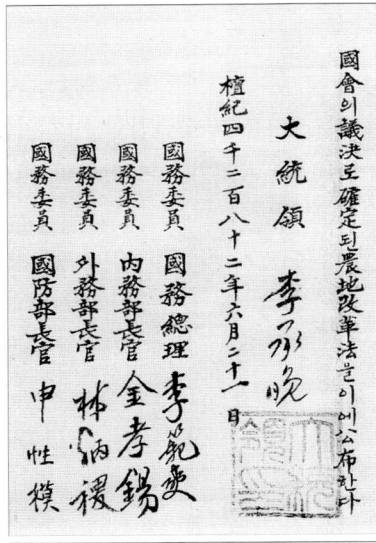

소작농이 자작농으로 변신

북한이 실시한 토지분배는 무상이기는 하나 소유권의 분배가 아니라 경작권의 분배에 불과하였다. 그 점에서 한국의 농지개혁이 유상이기는 하나 소유권 자체를 분배한 것과 큰 차이가 있었다. 때문에 무상으로 분배한다는 좌파의 주장은 그럴 듯하게 들렸다. 그렇지만 이승만 정부가 농지를 서둘러 분배한 덕분에 자신의 농지를 갖게 된 농민들은 6·25 전쟁 이후 북한의 선전공세에도 불구하고 대한민국의 국민으로 충실히 남아 있었다.

– 교과서 포럼 지음, 『한국근·현대사』 (2008, 기파랑)에서

북한은 '지주의 노예' 에서 '정부의 노예' 로

"북한식 농지개혁을 할 경우 정부가 대지주가 되고 농민들은 다 소작인으로 경작하게 되어 전에는 지주의 노예가 되던 것이 이제는 정부의 노예가 되는 것에 불과하다."

– 〈서울신문〉 1948년 12월 7일자에 실린 이승만의 발언

농민이 무식해서 이승만을 지지한 것이 아니라
정부가 농민을 도와주었기 때문에 자유당을 지지했다.

건국과 나라 수호를 위한 이승만의 대미 투쟁(상)

−편지와 일기, 신문기사로 엮은 건국사의 결정판−

2013년 11월 8일 초판 1쇄 발행
2019년 4월 1일 초판 3쇄 발행

저 자 | 로버트 T. 올리버
역 자 | 한준석
펴낸이 | 박기봉
펴낸곳 | 비봉출판사
출판등록 | 317−2007−57 (1980년 5월 23일)

주 소 | 서울 금천구 가산디지털 2로 98(가산동 550-1) IT캐슬 2동 808호
전 화 | (02) 2082−7444
팩 스 | (02) 2082−7449
E−mail | bbongbooks@hanmail.net

ISBN | 978−89−376−0401−0 03910(set)
        978−89−376−0402−7 03910(1권)

값 13,500원

ⓒ 이 책의 판권은 본사에 있습니다.
본사의 허락 없이 이 책의 복사, 일부 무단전제, 전자책 제작 유통 등
저작권 침해 행위는 금지됩니다.